이토 히로부미와 대한제국

이토 히로부미와
대한제국

한상일

까치

저자 한상일(韓相一)

1941년 평양에서 출생. 1965년 고려대학교를 졸업하고 1974년 클레어먼트 대학원(Claremont Graduate School)에서 일본학 전공으로 박사학위 취득. 국민대학교 정치학과 교수를 거쳐 현재 같은 대학교의 명예교수. 스탠퍼드(Stanford), 도시샤(同志社), 프린스턴(Princeton) 대학에서 연구. 주요 저서로는 「일본제국주의의 한 연구」(1980), 「일본의 국가주의」(1988), 「일본 전후정치의 변동」(1997), 「제국의 시선」(2004), 「일본, 만화로 제국을 그리다」(공저, 2006), 「지식인의 오만과 편견」(2008), 「1910 일본의 한국병탄」(2010) 등이 있다.

편집, 교정 _ 이인순(李仁順)

© 2015 한상일

이토 히로부미와 대한제국

저자 / 한상일
발행처 / 까치글방
발행인 / 박후영
주소 / 서울시 용산구 서빙고로 67, 파크타워 103동 1003호
전화 / 02 · 735 · 8998, 736 · 7768
팩시밀리 / 02 · 723 · 4591
홈페이지 / www.kachibooks.co.kr
전자우편 / kachibooks@gmail.com
등록번호 / 1-528
등록일 / 1977. 8. 5
초판 1쇄 발행일 / 2015. 4. 30
    3쇄 발행일 / 2023. 11. 10

값 / 뒤표지에 쓰여 있음

ISBN 978-89-7291-582-9 93900

이 도서의 국립중앙도서관 출판예정도서목록(CIP)은 서지정보유통지원시스템 홈페이지(http://seoji.nl.go.kr)와 국가자료공동목록시스템(http://www.nl.go.kr/ kolisnet)에서 이용하실 수 있습니다. (CIP 제어번호: CIP2015011223)

차례

일러두기

1. 조선의 국호는 1897년 대한제국으로 변경되었으나, 그후에도 조선, 대한제국, 한국이 병기되었다. 이 책에서는 가능한 한 1897년 이전에는 조선으로, 그후에는 대한제국 또는 한국으로 표기했으나, 혼용하기도 했다. 다만 인용문에서는 원문 그대로 표기했다.

2. 인명이나 지명 등 고유명사는 외래어 표기법에 따르는 것을 원칙으로 했으나, 우리에게 익숙한 한자는 우리말 한자음으로 표기했다. 예 : 「朝日新聞」 → 「아사히신문」

3. 인용문은 본래의 뜻을 해치지 않는 범위 안에서 현대어로 바꾸었고 필요한 경우에는 한자를 표시했다.

4. 원문의 일본식 연도 표기는 서력으로 바꾸어 표기했다. 예 : 메이지 5년 → 1873년

프롤로그

1909년 10월 26일 아침 9시.

하얼빈(哈爾濱) 역 플랫폼.

일본제국의 추밀원의장(樞密院議長) 이토 히로부미(伊藤博文, 1841-1909)를 실은 특별 귀빈열차가 서서히 들어오고 있다. 플랫폼에는 러시아 의장병, 러시아 및 청국 관리, 하얼빈 주재 외교관들, 각 단체의 대표들, 일본 거류민 등이 이토를 환영하기 위하여 정렬하여 대기하고 있었다. 기차가 역구내로 진입하여 흰 증기를 내뿜으며 정차하자 의장대가 주악을 연주했다. 초청자이기도 한 러시아 제국의 재무대신 코코프체프가 기내영접을 위해서 열차에 올라 이토를 환영했다. 약 20분 정도 인사를 나눈 후 이토는 코코프체프의 요청대로 환영 사열식에 참석하기 위하여 기차에서 내렸다. 이토는 코코프체프와 나란히 하얼빈 시장의 인도에 따라 플랫폼 좌우에 정렬한 러시아 국경경비대의 철도수비병 사열식에 참석했다. 오른쪽 사열을 마친 후 각국 외교관들과 악수를 끝내고 돌아서서 나머지 사열을 막 시작할 때 머리를 짧게 깎고 양복을 입은 한 청년이 군대 뒤쪽에서 "나는 새처럼" 다가와 이토를 향하여 6발의 총탄을 날렸다. 3발은 이토를 명중시켰고, 나머지 3발은 수행원들이 맞았다.

하얼빈 역 도착으로부터 한 시간 후인 오전 10시 이토 히로부미는 69세의 삶을 마감했다. 그는 파란만장한 일생을 살았다. 가난한 농민의 아들로 태어났으나, 최하위 무사계급의 양자(養子)가 되어 권력을 향한 문턱에 들어섰다. 19세기 중엽 이후 일본이 맞이한 난세는 그에게 더없는 출세의 기회였다. 도쿠가와 막부(德川幕府, 1603-1867) 말기의 유신운동(維新運

動)에 뛰어든 이토는 난세의 파도를 타고 정상을 향해 권력의 사다리를 올라갔다. 1868년 메이지(明治) 정부의 관리로 출발한 그의 정치생활은 생을 마감할 때까지 40여 년 동안 화려했다. 이토는 메이지 체제의 초석을 다졌고, 근대 일본 국가건설의 최대의 공로자였다. 그는 더 오를 수 없는 권좌에 올랐고, 국가의 틀이라고 할 수 있는 헌법의 초안을 기초했고, 오늘까지 맥을 잇고 있는 보수정당을 창당했다. 그의 손을 거치지 않은 법과 제도가 거의 없을 정도로 메이지의 정치와 정부 결정에 깊숙이 관여했다. 그리고 밖으로는 청일전쟁과 러일전쟁을 치르면서 일본의 제국주의적 팽창과 대륙진출의 길을 닦았다.

이토는 대한제국(大韓帝國)의 '폐멸(廢滅)'을 주도했다. 그가 '한국[조선] 문제'에 직접으로 깊숙이 관여한 것은 1905년 러일전쟁 막바지부터 대한제국의 초대 통감(統監)의 직위에서 물러난 1909년에 이르기까지 4년이 채 안 된다. 그의 긴 정치와 관료 생활에서 본다면, 대단히 짧은 기간이었다. 그러나 이 짧은 기간에 이토는, 을사5조약과 일본의 대한제국 병탄* 당시 총리대신이었던 가쓰라 다로가 인정했던 바와 같이, "유사(有

* 일본이 한국을 식민지화한 사실을 어떻게 '이름'해야 할 것인가에 대해서는 한국 학계에서도 아직 견해가 일치되지 않고 있다. 대체로 '합방', '합병', '병합'이 혼용되고 있고, 지극히 예외적으로 '병탄'이라는 단어가 사용되고 있다. 그 동안 일본에서는 식민지화에 앞장섰던 민간 활동가나 단체들은 '합방'이라는 단어를 통해서 한국과 일본 두 나라가 하나로 통합한 것은 자주적이고 평등한 바탕에서 합의에 의해서 이루어진 역사적 사실로 만들려고 했다. 정부 문서나 학술적 성격의 글에서는 병합이라는 단어를 사용하고 있다. 그러나 병합이라는 단어 역시 침략적 식민지화를 은폐하고 위장하기 위하여 만들어진 표현이다. 한국식민지화의 설계도라고 할 수 있는 "대한기본방침(對韓基本方針)"에 최초로 등장하는 병합이라는 단어의 참뜻은 1909년 초 이를 작성한 외무성 정무국장 구라치 데쓰키치의 의도에서 잘 드러나고 있다. 당시 외무대신이었던 고무라 주타로의 특별지시로 이 문서를 작성한 구라치는 "나는 한국을 완전히 폐멸하고 제국 영토의 일부로 되는 것을 명확히 함과 동시에 그 어조가 과격하지 않은 문자"를 찾아내기까지 "상당히 고심했다"고 하면서, "합방이라는 문자는 적절치 않고, 그렇다고 해서 병탄은 침략적 의미가 있어 이 역시 사용할 수 없었다. 여러 가지로 고심한 결과, 나는 지금까지 사용하지 않은 병합이라는 문자를 새롭게 만들었다. 이 글자라면 다른 나라의 영토를 제국영토의 일부로 한다는 의미가 합병보다 더 강하다. 그 이후 병합이라는 문자가 공문서에 사용되었으나, 최초로 사용된 것이 이 대한기본방침"에서였다는 것이다. 즉 침략을 하기는 했지만, 이를 감추자는 것이다. 이런 연유로 '식민지화 사건'을 합방은 물론이고 침략적 의미를 감추려고 한 합병이나 병합을 그대로 사용하는 것은 옳지 않다고 생각된다. 구라치도 침략적 의미가 드러나서 피한 병탄이 적절하다고

史) 이래의 숙제이고 유신(維新) 이래의 현안"인 일본의 한반도 지배를 가능케 만든 인물이었다.[1] 이토는 마지막 정치활동의 3년 반 동안에 대한제국을 지구상에서 소멸시키고, 한민족의 민족성과 언어와 역사를 지우고 일본민족에 동화시키려고 한, 35년 동안 지속된 식민지지배(1910. 8. 29-1945. 8. 15)의 기틀을 마련했다.

하얼빈에서 이토의 죽음은 한국과 일본 두 나라의 근현대사와 한일 관계사에 짙고 긴 어둠의 그림자를 드리웠다. 이토의 죽음은 일본이 오랫동안 기다리면서 준비해온 대한제국 병탄의 명분과 기회를 제공했다. 일본제국은 이토가 하얼빈에서 쓰러진 지 열 달 만에 어렵지 않게 한반도를 병탄할 수 있었다. 병탄은 이토가 한국 초대 통감(統監)으로 3년 반 동안 준비했기 때문에 가능했다. 그후 이어진 35여 년의 시간은 한민족에게 긴 고통의 암흑시대였다.

이토의 죽음 이후 일본의 역사 또한 어둠의 길로 들어섰고, 그 근본 씨앗은 이토가 주도한 천황제(天皇制) 헌법 속에서 싹트고 있었다. 이토와 같이 군대와 관료를 한 손아귀에 틀어쥐고 통솔할 수 있었던 강력한 원로(元老) 집단이 국가경영을 담당했을 때는 문제가 없었다. 그러나 이토를 위시한 원로가 역사의 현장에서 사라지면서 천황의 권위에 가려져 있던 군부의 군통수권 독립을 정치가 통제할 수 없었다. 결국 일본은 군국주의의 길을 걸었고, 그것은 패망과 주권 상실로 이어졌다.

이토 히로부미를 떠나 근대 일본사를 생각할 수 없듯이 또한 이토 히로부미를 떠나 한일관계사를 논할 수 없다. 이 책은 시간적으로 이토의 출생에서부터 하얼빈에서의 죽음까지 전 생애를 대상으로 삼고 있다. 이토는 메이지 국가건설에서 관여하지 않은 영역이 없기 때문에 방대한 자료를

생각한다. 이 책에서는 일본의 한국 식민지화 사실을 병탄으로 표현한다. 다만 인용문이나 인용문에 가까운 글에서는 원문대로 사용한다. 한상일, 「1910 일본의 한국병탄」(기파랑, 2010), pp. 15-19 참조.

남기고 있으나, 이 책은 이토가 정상의 위치로 올라가는 과정과 그 과정 속에서의 조선[한국] 문제, 그리고 대한제국 병탄을 위한 그의 구상과 역할에 국한하고 있다.

2부 15장으로 구성된 이 책의 제1부에서는 메이지 유신 이후 일본이 제국의 지위를 구축하는 역사과정 속에서 이토의 역할을 추적했다. 그 과정에서 메이지 체제 출범과 함께 등장한 조선 문제에 대한 이토를 포함한 메이지 지도자들의 근본 인식과 의도를 밝히려 했고, 청일전쟁과 러일전쟁에서 이토의 역할을 살펴보았다.

제1부에 앞서 제1장에서는 권력에 대한 이토의 집착과 집념을 분석했다. 이토는 벽촌의 한 가난한 농군의 아들로 태어나서 더 오를 수 없는 권력의 자리에까지 올랐다. 뿐만 아니라 30여 년 동안 권력을 관리하면서 하얼빈에서 쓰러지는 날까지 그 중심에 서 있었다. 권력의 사다리를 오를 수 있었고 오랫동안 권력을 관리할 수 있었던 것은 그의 능력이었다. 그러나 출신으로부터 오는 열등감과 이를 감추기 위한 명예욕과 과시욕이 한데에 섞인 권력에 대한 그의 집념은 그를 술수의 정치인이라는 한계를 넘어서지 못하게 만들었고, 근대 일본의 초석을 다졌음에도 불구하고 국민적 영웅이 될 수 없었다.[2] 권력에 대한 이러한 기본인식은 그의 정치역정이나 통감통치에서도 잘 드러나고 있다.

제2장과 제3장에서는 가난한 농군의 아들로 태어난 이토가 권력의 정상에 오를 수 있었던 시대적 상황과 그의 능력과 수완을 찾아보았다. 권력장악을 가능하게 했던 이토의 자질과 노력, 메이지 정권의 최대 실권자인 기도 다카요시, 오쿠보 도시미치, 이와쿠라 도모미의 측근으로, 그리고 무엇보다 메이지 천황이 가장 신뢰하는 신하의 지위에 오를 수 있었던 그의 정치적 술수와 능력 등을 분석했다. 이토가 메이지 체제 안에서 부동의 권력과 지위를 확보할 수 있었던 것은 천황제 헌법을 기초한 데에 근거하고 있다. 헌법제정을 위한 정치과정 속에서 이토가 담당했던 역할과 이를 위하여 유럽에 장기간 체류하면서 구상한 헌정체제를 제5장에서 다루었

다. 그러면서 조선 문제에 대한 그의 인식과 정책을 추적했다. 1873년의 정한론(征韓論)에서 볼 수 있는 것과 같이 조선[한국] 문제는 메이지 일본의 국내외 정책결정에 중요한 변수로 작용했고, 그 중심에 늘 이토가 있었다. 제4장에서 정한논쟁 수습과정에서의 역할, 제6-8장에서는 청일전쟁으로 이어지는 조선정국의 격동 속에서의 일본의 역할, 청일전쟁과 시모노세키 조약(下關條約)과 삼국간섭, 그리고 러일전쟁에 이르는 과정 속에서의 조선 문제와 이토의 역할을 중점적으로 분석했다.

제7장을 포함하고 있는 제2부에서는 이토 히로부미가 대한제국 병탄을 위해서 치밀하게 준비해 가는 과정을 밝히려고 했다. 러일전쟁이 시작되면서 이토의 관심사는 전적으로 조선 문제에 집중되었다. 대한제국 종말의 시발점이라고 할 수 있는 한일의정서(韓日議定書, 1904)를 수습하는 업무를 시작으로, 이토는 대한제국의 재정과 외교를 사실상 장악하는 한일 외국인 고문 용빙에 관한 협정서(韓日協定書, 제1차 한일협약, 1904), 을사5조약(乙巳五條約, 제2차 한일협약, 1905), 대한제국의 내치를 지배하는 정미7조약(丁未七條約, 한일신협약, 제3차 한일협약, 1907)을 직접 주도했다.

1906년부터 3년 반 동안 이토는 대한제국을 완전히 해체하는 작업을 주도하면서 병탄의 초석을 놓았다. 통감으로 부임할 당시 그는 이미 65세의 고령이었다. 뿐만 아니라 이미 여러 차례 총리대신, 추밀원의장, 귀족원의장 등을 역임했다. 그럼에도 불구하고 그가 외직인 통감의 직책을 택한 이유는 무엇일까? 제9장에서 이에 대한 해답을 모색하면서 메이지 지배계층이 가지고 있었던 한국에 대한 근본 이미지와 통감통치의 본질, 그리고 권력을 향한 이토의 집착을 찾아보았다.

이토는 그가 대한제국의 통감으로 부임하면서부터 시정개선협의회를 운영하고, 풍부한 자금 조달과 신속한 법적, 제도적 개편을 수행한 것으로 미루어볼 때, 이미 그는 대한제국의 통치 플랜에 대한 정교한 청사진을 가지고 있었음을 알 수 있다. 오늘날까지 많은 학자들이 통감통치의 성격과 내용에는 관심을 가졌으나, 이토가 구사한 통치의 모델이 어디에서 유래한 것인가에 대해서는 등한시했다. 그가 구사한 그것의 실체와 원형의 유래를 밝히는 것은 통감통치의 성격과 그것이 지향하는 목표가 무엇인지를 규명할 수 있는 중요한 근거가 될 수 있다. 제10장에서는 통감통치의 원형을 추적했고, 제11장에서는 이를 바탕으로 이토가 고안한 통치의 제도적 장치와 메커니즘을 분석했다.

이토는 대한제국의 문명화, 근대화, 식산흥업(殖産興業)을 통치와 지배의 명분으로 내세웠다. 일본의 통치는 대한제국을 식민지화하기 위함이 아니라, 독립의 기틀을 튼튼히 하고, 대한제국과 연대하여 동아시아의 평화와 번영의 기틀을 마련하기 위함이라고 내외에 천명했다. 이에 근거하여 이토를 긍정적으로 평가하는 동시대 또는 후대의 사가들은 이토는 자비로운 통치를 했고, 문명의 사도였고, 또한 대한제국을 병탄할 의도가 없었다고 주장하고 있다.[3] 그러나 현실에서 나타난 이토의 통치는 문명화가 아니라 식민지화의 기틀을 마련하는 강압통치였다. 또한 이토가 통감으로 통치하는 기간 동안 대한제국의 주권을 말살하는 정책을 총지휘했음은 역사가 증언하고 있다. 제12장과 제13장에서 이를 추적했다.

이토는 통감직에서 물러날 때까지 대한제국 병탄에 반대했다는 것이 통설처럼 되어 있다. 그렇다면 병탄 반대론자로 알려졌던 이토가 1909년이라는 시기에 이르러 병탄을 공개적으로 지지하고 나선 이유는 무엇일까? 그는 참으로 병탄 반대론자였을까? 유화정책에서 강경정책으로 선회한 이유는 무엇일까? 이러한 의문에 대한 해답에 의해서 이토의 진의를 알 수 있다. 제14장에서 이에 대한 해답을 모색했다. 제15장에서는 이토의 죽음과 그후에 전개된 대한제국 병탄과정을 간단히 살펴보았다.

이 연구를 진행하는 과정에서 끊임없이 제기되었던 문제는 사료, 특히 이토가 통감으로 부임한 이후에 남겨진 자료의 신뢰성이었다. 사실의 역사 기록이라기보다는 어떤 목적, 즉 일본의 한국병탄은 한국인의 문명화와 식산흥업과 동양 평화를 위한 조치였음을 부각하기 위하여 만든 기록이 아닐까 하는 의구심이다. 최근에 벌어지고 있는 역사교과서나 종군위안부 또는 난징(南京) 학살의 역사를 다시 쓰거나 지워버리려는 일본정부의 시도 속에서 대한제국 병탄을 문명화의 역사로 만든 지난날의 일본을 다시 보는 듯하다. 에필로그에서 이에 대한 저자의 생각을 간단히 적었다.

제1장

이토 히로부미와 권력

이토 히로부미는 끊임없이 권력을 추구한 정치가였다. 그리고 더 이상 오를 수 없는 권력의 정상에 오른 인물이었다. 그는 권력을 추구하고 획득했을 뿐만 아니라, 또한 획득한 권력을 유지하고 관리할 줄 아는 사람이었다.

이토가 새로 들어선 메이지 체제 안에서 부동의 권력을 확보하기 시작한 것은 유신 3걸(維新三傑)이라는 사이고 다카모리(1827-77), 기도 다카요시(1833-77), 오쿠보 도시미치(1830-78)가 역사의 현장에서 사라진 뒤, 특히 1878년 오쿠보가 암살당하고, 그 후임으로 내무대신의 자리에 오르면서부터라고 할 수 있다. 그후 이토는 1909년 하얼빈 역두에서 쓰러질 때까지 30여 년 동안 최고의 권좌를 유지하면서 늘 정치권력의 중심에 서 있었다.

이토는 때때로 그와 비슷한 출생배경과 성장환경에서 절대적 권력을 장악했던 도요토미 히데요시에 비유되곤 한다. 오다 노부나가의 짚신을 들고 다니던 하인의 신분에서 몸을 일으켜 태합(太閤 : 천황을 대신하는 최고위 정무직인 關白 자리를 아들에게 물려준 사람, 특히 도요토미 히데요시를 일컫는다)의 자리에 오른 도요토미는 일본역사에서 무(無)에서 최고의 권력을 만들어낸 상징적인 인물이다. 그러나 도요토미도 이토와 같이 오랫동안 권력을 누리고 관리하지는 못했다. 일본 근현대사를 통해서

30년 넘게 권력의 중심에서 정치를 움직인 인물은 오직 이토뿐이다.

정치권력을 향한 인간의 심리와 행동을 깊이 파헤친 해럴드 라스웰의 가설에 의하면, 인간은, 특히 정치가들은 "가치박탈(deprivation)에 대한 보상(compensation)의 수단"으로 권력을 추구한다고 한다. 권력을 통해서 자아의 특성과 자신이 존재하고 있는 환경을 변화시켜 자신에 대한 저평가를 극복하려고 한다는 것이다. 달리 표현하면, 권력이야말로 자신이 당한 가치박탈을 극복하거나 제거할 수 있는 그 어떤 가치보다도 더 확실한 것이라고 믿고 권력에 집착하게 된다는 것을 뜻한다. 가치박탈이 심할수록 권력에 대한 집착은 더 강해지게 마련이다.[1]

라스웰의 가설은 이토에게도 그대로 적용된다. 이토처럼 미천한 가정에서 태어난 사람의 경우, 가치박탈에 대한 가장 확실한 보상은 권력을 통해서 얻을 수 있고, 난세일수록 그 가능성은 더 커진다. 이토에게 이를 입증해줄 역사적 인물이 있었다. 앞에서 이야기한 도요토미 히데요시의 케이스가 그것이다. 이토는 어렸을 때부터 그를 존경했고, 자신의 롤 모델로 삼았다. 이토와 동시대 인물로서 유신 역사가, 특히 조슈(長州)의 역사를 기록한 나카하라 구니헤이는, 이토의 행적을 잘 알고 있는 "하기(萩)의 노인으로부터 직접 들은 이야기"라고 하면서, 이토가 글씨 연습을 할 때면 "반드시 인형을 그리고 '이것이 태합 히데요시'라고 말했는데, 연습 글씨 끝에는 언제나 인형을 그리는 것이 습관이 되었다"고 기록하고 있다.[2]

이토가 권력의 사다리를 오른 과정도 도요토미와 비슷하다. 사농공상(士農工商)이라는 사회적 신분제도가 확립되어 있던 도쿠가와 체제 안에서 권력은 지배계층을 이루고 있는 사족(士族), 즉 사무라이 계급[武士階級]의 전유물이었다. 농공상(農工商)의 평민에게는 먼 거리에 있었던 권력에 다가가기 위해서는 무엇보다 먼저 무사계급으로의 신분상승이 필요했다.

도쿠가와 막부의 신분제도는 세습에 의해서 지속되었다. 사무라이의 자손은 사무라이로, 평민의 자손은 평민으로 이어졌다. 그러나 이웃 나라 조선과는 달리 계급 간의 이동이 전혀 불가능한 것은 아니었다. 조선의 경우, 권력은 양반에 속했고, 양반의 신분은 세습에 의해서 보장되었다. 그리고 양반과 평민 사이의 신분변화는 기대할 수 없었다. 대를 이어가면서 양반은 양반이었고, 평민은 평민이었을 뿐, 양반과 평민 사이의 계급이동은 거의 불가능했다. 그러나 일본에서는 달랐다. 양자 제도가 보편화되어 있었던 일본 전통에서는 상속자가 없을 경우 혈연이 아니라도 양자로 입양하여 집안의 대를 이어가게 하는 것이 보편화되어 있었다. 물론 무사계급이 평민으로 이동하는 경우는 있을 수 없었으나, 무사계급이 평민의 자식을 양자로 입적시켜 대를 잇게 하는 것은 흔히 있는 일이었다. 가난한 농군의 아들로 태어나서 태합의 자리에까지 오른 도요토미 히데요시가 그 대표적 인물이라고 할 수 있다.

이토 히로부미의 경우 또한 다르지 않았다. 이토는 매우 가난한 집안에서 태어났다. 지독한 가난으로 관미(官米)를 유용한 탓에, 더 이상 고향에서 살 수 없어 쫓겨나야만 했던 그의 부친은 자신과 가족이 당한 가치박탈을 보상받기 위하여 권력을 지향했고, 그 첫 관문이 무사계급으로의 신분상승이었다. 이토의 아버지는 온갖 고생 끝에 그 길을 열었다. 그는 평시에는 잡역에 종사하지만, 전시에는 보병이 되는 아시가루(足輕)인 이토 나우에몬의 양자로 입적할 수 있었다. 아버지가 마련한 아시가루를 발판으로 삼아 히로부미는 권력의 사다리를 타고 정상에 오를 수 있었다. 그러나 권력의 바탕이 마련되었다고 해서 누구나 다 정상의 권력을 장악할 수 있는 것은 아니었다. 히로부미에게는 자질과 능력이 있었다.

1. 권력의 바탕 : 인간적 매력과 노력

이토는 태어나면서부터 사람을 끌어당기는 매력과 타인에게 호감을 주는 성품을 지니고 있었다. 그러한 성격을 그의 스승인 요시다 쇼인은 "주선가(周旋家)의 자질"이라고, 동시대의 정치평론가 이케베 산잔은 "팔방

미인 같은 인물"이라고 평했다.[3] 다시 나카하라 구니헤이의 평가를 인용하면, 이토는 "소년시대에도 애교가 있어 주변 사람들에게 사랑을 받았고 미움을 사지 않는" 성품을 보였다.[4]

이토가 권력의 사다리를 올라가는 데에는 여러 사람의 도움이 있었다. 이러한 도움은 타인에게 호감을 주는 그의 타고난 성품에서부터 시작되었다. 정신적으로 백지상태나 다름없었던 이토를 처음으로 '지적 훈련'을 시킨 구루하라 료조(1829-62), 스승 요시다 쇼인(1830-59), 그의 '주인'이라고 할 수 있는 기도 다카요시(1833-77), 후원자인 오쿠보 도시미치(1830-78)와 이와쿠라 도모미(1825-83), 지사(志士) 운동의 선구자라고 할 수 있는 선배 다카스기 신사쿠(1839-67), 평생 동지라고 할 수 있는 이노우에 가오루(1836-1915), 그리고 누구보다도 그의 가장 큰 배경이라고 할 수 있는 메이지 천황(1852-1912, 1867년 즉위)이 그들이다. 이토의 인생역정에서 그들이 없었다면 권력의 정상에 오르기도 힘들었을 뿐만 아니라, 그처럼 오랫동안 권력을 유지할 수도 없었을 것이다. 이러한 후원자들과 인연을 맺을 수 있었고, 또 지원을 받을 수 있었던 것은 이토의 성품과 무관하지 않았다. 이토와 동시대 인물로 메이지 최대의 언론인이며 역사가로 평가받는 도쿠토미 이이치로에 의하면, 이토는 "선배로부터 사랑받고 쓰기에 편리한" 인물이었다. 도쿠토미는 이토가 최고의 권력자가 될 수 있었던 자질을 다음과 같이 설명하고 있다.

> 오쿠보 도시미치는 자력(自力)으로 메이지 정부의 중심 인물이 되었지만, 이토 히로부미는 오히려 타력(他力)에 의해서 중심 인물이 되었다. 타력이라고 해서 본인이 무력(無力)하다는 의미가 아니다. 다만 사방팔면에서 이토를 지원하고 받쳐줘서 점차 그 지위를 견고하게 만들었다는 뜻이다.[5]

그가 기회가 있을 때마다 자신의 지원세력을 넓혀나갈 수 있었던 것도 그의 성품과 무관하지 않았다. 그렇다고 해서 이토의 권력상승이 전적으로 타고난 성품이나 또는 다른 사람의 힘에 의존해서 이루어졌다는 것은 아니다. 그는 권력의 정상에 오르고 이를 관리하기 위하여 메이지 권력구조 안에서 누구보다 더 많은 노력을 기울인 정치가였다. 미셸 푸코가 분석한 마키아벨리의 통치기예(art of government)를 빌려서 설명한다면, 이토는 "문제의 본질을 파악하고 대응방안을 모색하는 능력을 키우고, 세력관계를 조작하는 기술"을 익히는 것을 게을리 하지 않았다.[6]

1868년 메이지 신정부에 관리로 등용된 이후 이토는 국가의 진로와 정체(政體) 확립, 제도개혁, 대륙정책, 산업 및 교육개혁 정책 등의 다방면의 국가정책에 관여했고, 수없이 많은 의견서를 제출했다. 유신 이후 유신주도세력들 사이의 복잡한 권력갈등 속에서 조종자의 역할을 자임했고, 또 조종자로서의 역할을 해냄으로써, 자신의 지위를 보강해 나갔다. 바로그 위에서 국가경영과 체제확립에 필요불가결한 존재의 지위를 굳혔다.

어느 기회에 이토는 자신의 입신과 출세가 노력의 결과라는 것을 다음과 같이 비유해서 설명하고 있다. 자신이 정치적으로 성공할 수 있었던 비결은 처음부터 거대한 뜻을 품고 "요행(僥倖)"에 기대거나 "사술(詐術)"을 부리지 않고, 자기에게 주어진 일에 전문적 지식을 습득하기 위해서 노력한 결과였음을 강조했다. 그러면서 출세의 비결을 다음과 같이 설명하고 있다.

사람은 누구나 (출세하기 위해서는) 지위가 높은 선배가 의존하지 않을 수 없는 존재가 되어야 한다. 이와 같은 마음가짐이 가장 중요하다. (그러기 위해서는) 끊임없는 노력과 철저한 준비가 필요하다. 내 자신의 경험에 비추어볼 때 오쿠보 내각의 참의(參議) 겸 공부경(工部卿)으로 임명되었을 때 나는 내각에서 제일 연소했다. 이미 고인이 되었으나, 그때 산조, 이와쿠라, 기도 등 여러 사람들이 나에게 기대한 것은 적시에 필요한 대안을 제시하는 것이었다. 이를 위해서 나는 그들이 문제를 제기하기 전에 장래 문제가 될 수 있는 사안에 대하여 충분히 조사하여 대안을 준비해두었다가 필요할 때에 그들에게 제시하곤 했다. 이런 일이 두 번 세 번 반복되다 보니 드디어 크고 작은 정치의 중요한 정무에 참여하게 되었다. 그것이 비결이라면 가장 중요한 비결이다.[7]

전문지식과 대안의 중요성을 강조하고 있는 것이다. 이토는 늘 남보다 앞서서 생각하고 대안을 마련하기 위해서 끊임없이 노력한 정치인이었다.

이토가 설명하는 그의 출세의 비결은 그가 권력의 핵심부로 진입하고 그곳에 오랫동안 머무를 수 있었던 중요한 두 가지 원칙과 삶의 철학을 보여주고 있다. 하나는 항상 윗사람이 필요로 하는 사람이 되어야 한다는 것이고, 다른 하나는 이를 위하여 미리 앞을 내다보고 준비해야 한다는 것이다. 유신 이후 정부에서 자리를 잡아가면서 이토는 늘 윗사람들이 필요로 하는 존재가 되기 위해서 부단히 노력했고, 윗사람들이 자신에게 의존하도록 만드는 데에 성공했다. 메이지 초기 최대의 실력자였던 오쿠보 도시미치도 정한논쟁(1873) 이후 모든 중요한 국정 사안을 이토와 협의해서 진행할 정도로 이토에게 의존했다. 다시 도쿠토미의 인물평을 보면, 이토는 "일을 잘 처리하고 말을 잘하여 오쿠보 도시미치조차 하루도 이토 없이는 일을 꾸려나갈 수 없을 정도"로 자신의 위치를 굳혔다.[8] 이토는 오쿠보뿐만 아니라, 이와쿠라 도모미, 그리고 나아가서 메이지 천황까지도 자신에게 전적으로 의존하게 할 만큼 윗사람이 필요로 하는 사람으로서의 지위를 굳혔다.

윗사람이 필요로 하는 인물이 되기 위하여 이토는 남보다 한걸음 더 앞서 정책을 구상하고 대안을 만들어나갔다. 메이지 정권이 출범한 후 그는 누구보다 먼저 폐번치현(廢藩置縣), 정체(政體) 정립, 관료제도 및 내각제도의 확립, 헌법제정, 조약개정 등과 같은 국가 중대사에 대하여 끊임없이 건의서를 제출하고 대안을 마련했다. 그러면서 그는 국가가 필요로 하는 존재로 부상하게 되었다.

이토가 이와 같이 한걸음 앞서서 국가의 장래를 구상하고 대안을 만들 수 있었던 것은 지칠 줄 모르는 그의 학습결과였다. 스승 요시다 쇼인이 이토를 "재능도 떨어지고 학문도 미흡한" 인물로 평가한 것과 달리, 그는 "지혜와 재치"를 가지고 있었다.[9] 그의 뛰어난 재능은 학습을 통해서 축적된 것이었다.

출신이 미천했던 이토는 정규교육을 받을 기회를 가지지 못했다. 서당에서 기초 한문을 익힌 정도였다. 이토가 처음으로 체계적인 지적 훈련을 받은 것은 구루하라 료조를 만나면서부터라고 할 수 있다. 그리고 이어서 쇼카손주쿠(松下村塾)에서 요시다 쇼인의 가르침을 받으면서 재능을 키워갔다. 그러나 국정운영의 원천이라고 할 수 있는 그의 재능의 근원은 독학이었고, 여러 차례 해외여행을 통해서 얻은 국제정세에 대한 자신의 식견이었다.

이토의 취미는 술과 여자를 제외하고는 오직 독서와 한시(漢詩)라고 할 정도로 지독한 독서광이었다. 그는 여러 분야의 책을 폭넓게 읽었으나, 늘 실용성을 염두에 두고 책을 가까이 했다. 특히 정치가들의 전기나 정치사에 관한 책을 많이 읽었는데, 그 이유는 그들의 성공과 패배의 원인을 찾아 자신의 정치생활에 거울로 삼기 위함이었다고 스스로 밝히고 있다. 역사를 움직였던 과거의 또는 당대의 정치지도자들의 전기를 자신의 정치적 전훈집(戰訓集)으로 삼아 분석하여 자기의 상황에 응용했고, 그것은 그의 정치적 성공의 비결이라고 할 수 있는 앞을 내다보고 준비하는 정책구상에 직결되었다. 실제로 그의 중요한 정책구상이나 정책대안은 이러한 독서로부터 유래한 것으로 알려져 있다. 예컨대 그가 1868년 제안한 판적봉환 건백(版籍奉還建白)은 에도 시대(江戸時代) 후기의 대표적 역사학자이며 사상가였던 라이 산요의 「일본정기(日本政記)」에서, 1887년 실시한 보안조령(保安朝令)은 비스마르크의 전기에서, 청나라와의 전쟁준비를 위해서 고위관리들의 봉급의 10%를 헌금으로 유도하기 위하여 천황이 먼저 실천한 1893년의 천황 내탕금 하사는 이탈리아의 정치가 카보우르 백작의 전기에서 시사받은 것이었다.[10] 1906년 이후 대한제국을 지배한 이토의 통감부 정책구상과 실천도 예외가 아니었다. 뒤에서 자세히 보게 되겠지만, 이토는 통감통치의 구상과 실천을 영국의 이집트 지배, 특히 이집트 지배의 전권을 장악하고 있던 크로머로부터 시사받은 바 컸다.

일본이나 중국에서 출판되는 고전이나 신간은 물론, 영어권의 책도 많이 읽었다. 일찍부터 영어가 가능했던 그는 책, 잡지, 신문 등 영어 출판물을 늘 가까이 했다. 이토의 독서벽을 잘 알고 있는 재외공관의 대사나 공사들도 수시로 신간 서적을 구입하여 그에게 전했다. 오랫동안 이토의 비서를 지낸 후루야 히사쓰나의 표현을 빌리면, 이토는 책을 통해서 "앉아서 신지식을 거두었다."[11] 그는 시사성이 있는 여러 종류의 잡지와 신문을 정기 구독하여 세계정세의 흐름을 꿰뚫고 있었다. 이토가 당대의 누구보다도 세계정세에 정통할 수 있었던 것은 이러한 독서에서 얻은 정보에 근거한 것이다.

2. 성격과 행동

흔히 이토는 그의 얼굴이 둥근 것처럼 원만주의자이고 매사에 신중을 기하는 점진주의자이며 온건주의자로 알려져 있다. 그래서 그를 "허리가 약한 사람"으로 평가하기도 한다. 그러나 이는 그가 권력의 상당한 지위에 올랐을 때부터이다. "젊은 날의 슌스케(俊輔)를 생각한다면, 뒷날의 히로부미(博文)는 전혀 다른 사람"이라고 할 정도로 그는 행동적이고 폭력을 서슴지 않는 과격한 인물이었다.[12] 젊은 날의 이토는 민첩한 상황판단에 따라서 과감하게 행동하는 행동력을 지닌 인물이었다. 잃을 것이 없는 이토는 소위 지사(志士) 활동에 참여하면서부터는 과격한 행동을 서슴지 않았다. 어쩌면 미천한 자신의 출신배경을 의식해서나 또는 선배나 동지들로부터 신임을 얻기 위해서 보다 더 적극적으로 과격한 행동에 주도적으로 참여했는지도 모른다. 그는 살인도 마다하지 않았다.

이토가 초기 유신 활동에 참여하면서 가깝게 다가간 인물은 다카스기 신사쿠였다. 요시다 쇼인이 가장 신임하는 제자였을 뿐만 아니라, 고급무사의 자식인 다카스기는 조슈(長州)에서 전개되고 있었던 양이운동(攘夷運動)의 선구적 인물이었다. 메이지 유신이 이루어지는 것을 보지 못하고 죽었지만, 유신의 물꼬를 튼 인물들 중 한 사람이라는 데에는 이론이 없다. 비록 무사계급에 속해 있었다고 해도, 가장 하층계급이고 또한 미천한 출신인 이토로서는 다카스기와 같이 행동한다는 것은 상당한 신분상승이 아닐 수 없었다. 이토는 테러 행동을 통해서 다카스기로부터 "동지"로서 인정받을 수 있었다. 뒤에서 자세히 볼 수 있는 것과 같이, 그는 양이운동으로 외국 공사관에 불을 질렀고, 존왕(尊王)이란 이름으로 정치권력과 무관한 학자를 참살하는 행동을 서슴지 않았다.[13]

이토는 일을 처리하는 데에도 과단성이 있었다. 그의 결단력을 보여주는 행동은 영국 밀항에서의 귀국이나 고잔지 거병(功山寺 擧兵)에 참여한 데서도 잘 나타났다. 서양에 대하여 깊은 관심을 가지고 있던 이토는 비록 밀항이었지만, 조슈 번의 묵시적 승인 아래 이루어진 양행(洋行)의 행운을 얻을 수 있었다. 1863년 5월 이노우에 가오루를 포함하여 다섯 명이 영국을 향해 양행 길에 올랐다. 그러나 그의 영국 유학 기간은 6개월에 불과했다. 일본에서 양이운동이 격해지자 영국, 미국, 프랑스, 네덜란드 등 4개국 연합함대가 조슈의 시모노세키(下關)를 공격하기에 이르렀다는 소식을 들었다. 조슈의 운명이 풍전등화와 같았다. 서양을 직접 눈으로 보고 양이가 얼마나 무모한 것인가를 깨달은 이토는 번의 노선을 '양이'가 아니라 '개국'으로 바꾸기 위하여 어렵게 얻은 유학의 행운을 버리고 이노우에와 함께 귀국하여 개국의 필요성을 역설했다. 결정적인 시기에 결단을 보여주는 대목이라고 하지 않을 수 없다.

고잔지 거병에 참여한 것 또한 그의 과단성 있는 행동의 한 면을 잘 보여주고 있다. 조슈 번의 번론(藩論)을 양이에서 막부를 무너뜨리는 도막(倒幕)으로 바꾸는 데에 결정적 계기를 만들어준 이 사건은 "직접적으로 유신의 문을 연 발화점"으로서 메이지 유신의 이정표가 되었다.[14] 다카스기 신사쿠는 1863년 뒷날 조슈 번의 육군의 근간이 된 신분제도를 초월한,

일본 최초의 국민 의용군이라고 할 수 있는 기병대(奇兵隊)를 조직했다. 그는 1865년 이 부대를 동원하여 번의 정규군을 상대로 싸워 번의 실권을 장악했고, 기도 다카요시와 더불어 번의 방침을 존왕도막(尊王倒幕)으로 전환하는 데에 결정적 계기를 마련했다. 노선의 변화를 시도한 이 거병은 생명을 건 사건이었다. 평생 정치적 경쟁자였던 야마가타 아리토모가 다카스기의 지원 요청을 묵살하고, 형세를 관망하는 기회주의적 태도를 취한 것과 달리, 이토는 30명의 마을 청년들을 이끌고 다카스기를 도움으로써 그의 거병 성공에 기여했다. 이토의 이러한 과단성 있는 행동은, 을사5조약 체결, 헤이그 사건 후의 고종의 강제 퇴위, 정미7조약, 군대해산으로 이어진 조치에서도 잘 드러나고 있다.

3. 권력의 파도 속에서

낮은 신분의 이토가 지사 활동을 할 수 있고 또한 유신운동에 참여할 수 있었던 것은 전적으로 그의 '주인'이라고 할 수 있는 기도 다카요시가 길을 열어주었기 때문이다. 유신 전의 지사들과의 교류, 번의 무기구입에의 참여, 영국 밀항, 신분상승, 유신 후의 출사(出仕) 등 모든 것이 기도가 있었기 때문에 가능했다. 그러한 의미에서 기도는 이토가 솔직히 인정하고 있는 것처럼 "청년시대부터 부모처럼 가르침을 받은 은인"이었고, "형제 이상의 관계"였다.[15]

사이고 다카모리, 오쿠보 도시미치와 함께 유신 3걸의 한 사람인 기도 다카요시는 조슈를 대표하는 인물이었고, 메이지 정부의 최대 주주의 한 사람이었다. 그가 나서지 않았다면, 사쓰마와 조슈의 연합도 불가능했을 것이다. 조슈 제1의 검객이면서 서양포술에 익숙한 기도는 조슈 번 무사계급의 지도적 인물이었다. 그는 다카스기 신사쿠, 구사카 겐즈이를 이끌면서 조슈의 번론을 존왕양이에서 존왕도막으로 전환시키고, 사쓰마와 연대하여 메이지 유신을 가능케 한 인물이었다.

사이고 다카모리　　　오쿠보 도시미치　　　기도 다카요시

　기도는 누구보다도 먼저 신정부가 근대국가의 모습을 갖추기 위해서는 헌법이 필요하다는 것을 인식할 정도로 근대적 사고를 가진 인물이었다. 그러나 그는 자신의 신념을 관철하겠다는 불굴의 결의와 강인함, 그리고 권력에 대한 의지가 약했다. 유신 후 메이지 체제 안에서 국가의 진로와 제도적 개혁을 위한 정책적 대립이 있을 때마다 기도는 이를 뚫고 자신의 주장을 관철하려고 하기보다 뒤로 물러서는 태도를 보였다. 감상적 성격의 소유자로서 천성적으로 투쟁적인 정치인의 자질보다는 학자적 기질, 이토의 표현을 그대로 인용하면, "학문에 통달하고, 시와 문장이 훌륭하고, 서예가 뛰어난 문학 취미가 풍부한" 인물이었다.[16]

　기도에 비하여 오쿠보 도시미치는 강철 같은 의지를 지닌 정치가였다. 이토 스스로 오쿠보를 "생각이 깊고 결단력도 있으면서 경솔하게 행동하지 않는 이른바 정도(正道)를 걷는 사람이다. 그는 뛰어난 자제력을 지니고 있지만, 일단 일이 벌어지면 솔선하여 스스로 모든 일은 도맡아 처리하는" 지도자로서의 자질을 구비한 인물로 평가했다.[17] 사쓰마 번(薩摩藩)의 정치를 통해서 권력의 냉엄함을 일찍이 터득한 오쿠보는 유신체제를 굳히고 권력을 다지기 위해서는 혁명동지라고 할 수 있는 에토 신페이를 서슴없이 처형했고, 대결하기 싫었지만 국가의 장래를 위해서 필요하다고 판단될 때에는 사이고 다카모리에 맞서 자신의 정책을 관철하여 그를 죽음의 길로 몰아넣기를 주저하지 않았다. 그는 오직 "메이지 정부를 위해서 헌신한다는 일념"으로 살았던 정치가였다.[18]

이토는 메이지 체제가 성립되면서부터 권력의 추가 기도에서 오쿠보 쪽으로 옮겨가고 있음을 간파했다. 물론 건강에 문제가 없었던 것은 아니지만, 기도는 자신의 뜻에 맞지 않으면 관직을 사임하고 낙향하기도 했고, 또는 푸념조로 정계은퇴의 뜻을 쉽게 밝히곤 했다. 권력에 대한 집념과 집착이 약했다. 권력지향적인 이토가 기도에게서 서서히 이탈하여 오쿠보 쪽으로 다가간 것은 당연했다. 2년여에 걸친 소위 이와쿠라 미션으로 알려진 미국과 유럽 시찰을 통하여 이토는 윗사람으로부터 신뢰받는 자질을 충분히 발휘하여 오쿠보와 이와쿠라의 신뢰를 확보할 수 있었다. 유신체제 안에서 경쟁적 관계에 있는 오쿠보와 기도 사이에서 오쿠보와의 밀착은 기도와의 관계소원을 의미했다.

오쿠보를 중심으로 이어지는 정치의 흐름과 권력의 향방을 간파한 이토는 동향인이며 은인이기도 한 기도의 그늘에서 벗어나서 실력자인 오쿠보에게로 다가갔다. 메이지 천황의 최측근이라고 할 수 있는 사사키 다카유키가 지적하고 있는 것처럼 이토는 이로 인하여 기도와의 관계는 소원해졌지만, 오쿠보를 통해서 권력의 핵심부로 진입할 수 있었다.[19] 인간적인 면보다 권력 집착적인 이토의 이러한 행동은 결국 당대나 후대에서 비판받는 이유가 되기도 한다.

정한논쟁(征韓論爭) 이후 실질적으로 정국은 이와쿠라 도모미-오쿠보 도시미치-이토 히로부미에 의해서 움직여졌다. 이토는 옛 주인으로서 기도에 대한 예의를 갖추었지만, 권력의 주체로는 생각하지 않았다. 그 대신, 이와쿠라와 오쿠보의 신임을 얻기 위해서 노력했고, 이와쿠라가 "기도와 오쿠보가 죽고 나면 그 후임으로 국정을 맡을 사람은 자네밖에 없네"라고 할 정도로 깊이 신뢰했다.[20] 실제로 1878년 오쿠보가 사망하자 그는 그 뒤를 이어 실권자의 자리에 올랐다.

이토는 가능성의 기예를 통달했고, 또한 난국을 타개해 나가는 재능을 갖춘 인물이었다. 그러나 그의 기예와 재능은 신념에서 나온 것이라기보다는 편의주의와 임기응변에 바탕하고 있었다. 그는 자신의 뜻과 목표를 관철하기 위하여 "일직선으로 행동하기보다는 항상 사방의 형편과 경우를 살피면서 뱀과 같이 구불구불하게" 일을 만들어나가는 편의주의에 능한 정치가였다.[21] 메이지 천황 옆에서 오랫동안 이토의 정치행적을 보아온 사사키는 이토의 능력과 장단점을 다음과 같이 평하고 있다.

> 이토는 이토가 아니라면 해낼 수 없는 그만의 장점과 수완을 지니고 있다. 주의(主義)의 계통을 따져본다면 의당 초연주의(超然主義)에 속하지만, 야마가타나 마쓰카타와 다른 점은 약간의 반대분자가 나타나면 반(半)초연, 반(半)정당(政黨)의 중간에 서는 편의주의, 임기응변주의를 택한다. 의회와 충돌은 하지만 극단에 이르기 전에 타협하고, 타협은 하지만 조화에 이르지 않기 때문에 또다시 충돌하는 강경과 유연, 일진일퇴를 순환교대하면서 타협과 투쟁 사이를 자유롭게 넘나든다.[22]

이토는 이처럼 화전(和戰) 양면을 넘나드는 능력과 수완으로 정국을 주도했고, 정치적 생명을 유지했다. 점진주의 노선으로 알려진 1905년 이후, 이토의 조선정책도 이 틀에서 벗어나지 않았다.

그러나 이토가 권력을 장악하고 오랫동안 이를 지속할 수 있었던 최종적 기반은 역시 메이지 천황의 신뢰였다. 이토가 아끼는 측근의 한 사람으로 이토가 죽은 후 그의 전기와 전집 편찬을 주도한 고마쓰 미도리는 이토의 정치적 능력과 천황의 신임을 다음과 같이 설명하고 있다.

> 파란과 소용돌이가 몰아치는 정치의 바다를 종횡으로 헤쳐나가면서도 한번도 물에 빠지지 않는 이토의 처세술은 확실히 교묘한 것임에 틀림없다. 그러나 실은 문무겸전의 메이지 천황이 그의 배후에서 마치 스승처럼 그를 신임한 것이 그의 지위를 반석처럼 안전하게 만든 바탕이다. 천황을 모시는 식사 자리에서도

같은 원로인 야마가타나 마쓰카타는 항상 몸을 굽혀 황송해하는 모습을 보이지만, 오직 이토만은 조금도 거리낌 없이 때때로 웃어가면서 큰소리로 이야기할 정도로 신임을 받았다.[23]

메이지 천황은 이토가 "서양 문화에 무조건적으로 경도하는 데에는 찬성하지 않았으나", 이토를 신뢰하고 그의 능력을 인정했다. 그의 평가에 의하면 이토는 "무슨 일이라도 처리할 수 있는 재능을 가진" 인물이었다. 그러면서 그는 "오늘 이토 정도의 인물이 더 있다면 서로 돕고 견제하면서 모든 일을 잘 해낼 수 있지만, 그런 사람이 없다"고 아쉬워 할 정도로 이토의 재능을 인정했다.[24] 그러나 천황도 그를 전적으로 신뢰하지는 않은 것 같다. 그에 의하면 이토는 "때때로 자신의 주장을 바꾸어 언제까지나 신뢰하고 함께 일을 도모할 수 있는" 인물은 아니었다. 즉 재능은 충분하지만 오쿠보에게서 볼 수 있는 것과 같은 국가의 주춧돌로서의 자질은 부족하다고 판단하고 있었다.[25] 그는 이토가 모든 정무의 집행을 마치 "천황의 위임이 있는 것처럼" 행동하지만, 실은 "자기 뜻대로 실행한다"는 것, 그러다가도 "어려움에 처하면 그의 소맷자락에 숨어서 책임을 회피한다"는 것도 잘 알고 있었다.[26] 그러나 그는 판단이 어수룩한 구로다나, 성질이 급한 야마가타, 또는 판단이 둔하고 느린 마쓰카타보다는 늘 재능이 있는 이토를 신뢰했고 중용했다.[27] 이처럼 권력의 근원이라고 할 수 있는 메이지 천황이 배후에 버티고 있었기 때문에 이토의 권력은 오래 지탱될 수 있었다.

이토는 죽을 때까지 메이지 권력의 가장 중심에 서 있었다. 정치, 재정, 산업, 정당, 언론 모든 중요 정책과 집행에 그의 손을 거치지 않은 것이 없었다. 그리고 국가의 틀이라고 할 수 있는 메이지 헌법의 초안을 직접 기초했다. 조금 과장되게 표현한다면, 이토가 없었다면, 메이지 국가도 다른 모습을 했을지도 모른다. 이처럼 중요한 인물이었음에도 불구하고, 이토는 당대나 후대에 인망 있는 경세가(經世家, statesman)로서는 평가받지 못했다. 다만 권력을 장악하고 관리에 능한 용의주도한 정치가였을 뿐이다. 1892년 야마가타 내각의 붕괴로 정국이 혼란하고 그 중심에 이토가 있을 때, 메이지 천황을 가까이서 보필한 사사키는 천황에게, "이토가 비록 재주와 지식이 있지만, 아무리 해도 국가의 주춧돌이라고는 할 수 없습니다. 지혜가 다소간 부족하더라도 될 수 있는 대로 옛날 대신의 풍모가 있는 인물을 선택함이 좋을 듯합니다"라고 또다시 이토 중용을 반대한 이유도 여기에 있었다.[28]

물론 이토에게 애국심, 국가건설, 부국강병에 대한 의지가 없었다는 것은 아니다. 누구보다 더 강한 의지를 가지고 있었다. 그러나 그 밑바닥에는 라스웰이 제시하는 가치박탈에 대한 보상으로서의 권력에 대한 집념이 강하게 자리잡고 있었다. 이토에게 이 집념은 도쿠토미가 지적하고 있는 것처럼 "치기가 넘쳐날 정도"로 자기현시, 공명심, 명예욕 등에 대한 집착으로 나타났고, 출신성분에 대한 열등감이 이를 더욱 부채질했다.[29]

메이지 헌법을 둘러싼 정치와 제정과정을 심도 있게 연구한 조지 아키타는 이토가 유럽에 장기 체류하면서 헌법 연구에 몰두할 수 있었던 "중요한 모티브의 하나는 명예를 추구하는 그의 욕망과 열정"이었고, 이는 출신과 성장배경에서부터 나타나는 "불안한 감정을 이겨내기" 위함이었던 것으로 규명하고 있다.[30] 출신이 미천한 이토는 자신의 외양을 권위적으로 치장하기 위하여 자기현시적인 명예나 위계, 또는 훈장과 같은 것에 병적으로 집착했다. 이토의 정치활동의 원천적 동기를 공명심으로 규정하고 있는 이케베는, "훈장을 만든 사람도 이토 공이고, 귀족을 만든 사람도 이토 공이다. 즉 이토 공은 명예를 표창하는 기구(器具)를 많이 만들었고, 또한 자신이 가장 많이 취했다"고 냉소적으로 그를 평했다.[31]

이토는 자신의 위상을 유럽의 비스마르크나 중국의 리훙장과 대등한 것으로 늘 과시했으나, 결코 존경의 대상은 아니었다. 세평처럼 그는 "술에 취할 때는 미인의 무릎 사이의 깊숙한 곳에 묻혀 있고, 깨어나서는 천하의 권력에 몰두하는" 정치인이었을 뿐이다.[32] 다시 이케베 산잔의 평가를 보면, 이토는 동시대는 물론 미래에도 결코 존경의 대상이 되지 못할 인물이었다.

이토는 지혜재각(知惠才覺)의 정치인이다. 그러나 그의 지혜재각이라는 것은 때와 장소에 따라서 변화하기 때문에 일관된 것이 아니다. 언제나 변화할 수 있는 여지가 있고 바뀌고 또 바뀐다. 인망이 없는 원인이기도 하다……이토에 게는 결코 인망이 따르지 않고, 앞으로도 그럴 것이다. 어린이, 학생, 그리고 보통 일반인으로부터 기꺼이 숭배하는 인물이 결코 되지 못할 것이다. 공(公)이 사망한 후 문부성이 이토에 관하여 홍보할 것을 학교생도들에게 훈령했으나, 공에 대한 숭배는 효과를 보지 못한 모양이다. 모르긴 해도 앞으로도 그렇지 않을까 생각한다.[33]

이케베의 예상은 적중했다. 메이지 유신의 거점이고 유신운동의 요람이 라고 할 수 있는 하기(萩)의 요시다 쇼인 신사(神社)와 기념관에는 지금도 참배의 발길이 끊이지 않고 있다. 그러나 쇼인의 신사에서 직선거리로 100 미터도 떨어져 있지 않는 이토의 유적지는 찾는 사람이 거의 없다. 그저 적막감만이 돌 뿐이다. 권력을 추구하고 관리하는 능력은 평가받았지만, 결코 존경의 대상은 아니었다.

제1부

권력을 향해서

제2장

소년시대와 청년시대

이토 히로부미가 태어나서 활동하기 시작한 19세기 중엽의 일본은 난세였다. 260여 년 동안 지속된 도쿠가와 막부(德川幕府)는 그 생명력이 다해가고 있었다. 막부의 지배계층은 시대적 변화를 깨닫지 못했고 경직과 부패로 몰락의 길을 재촉했다. 더욱이 서양이라는 타자와의 접촉에서 막부는 무능함을 드러내면서 사회통제력을 잃어가고 있었다. 혁명의 기운이 사회저변에서 확대되고 있었다. 체제가 무너지고 세상이 뒤바뀌어도 잃을 것이 없는 이토와 같은 사람에게 난세는 기회였다.

1. 하기(萩)의 이토

이토 히로부미는 1841년 10월 22일(음력 9월 2일) 조슈 현(長州縣) 구마게 군(熊毛郡) 쓰가리무라(束荷村)라는 빈촌(貧村)의 가난한 농가에서 태어났다. 오늘날의 행정구역으로는 야마구치 현(山口縣) 히카리 시(光市) 오아지 쓰가리(大字束荷) 2250-1이다. 대한제국 병탄 직후인 1910년 9월 12일 이토의 고향을 방문한 그의 기록 담당 비서관이었던 후루야 히사쓰나의 표현을 빌리면 "산골짜기에 묻혀 있는 작은 벽촌"이었다.[1]

어렸을 때 이름이 리스케(利助)인 히로부미의 아버지 이름은 쥬조(十藏), 어머니는 고토코(琴子)였다. 쥬조의 성이 무엇인지 정확히 알 수 없을 정도로 보잘것없는 가문이었다.[2] 손바닥만 한 농지를 일구면서 살아야 하는 쥬조의 집안은 하루하루 생활이 어려울 정도로 가난했다. 쥬조는 자신의 땅을 갈아 농사를 짓는 일 외에도 다른 사람의 농토를 소작하는 것은 물론이고, 시간이 있으면 원근을 따지지 않고 짐도 날랐다. 어머니 고토코 역시 농사는 물론 닥치는 대로 일을 하면서 생활을 꾸려갔다.

가난에 찌든 쥬조는 쓰가리무라의 관미(官米)를 유용했고, 이로 인하여 마을에서 더 이상 삶을 이어갈 수 없게 되자 1846년 처자를 처가에 맡기고 혼자 조슈의 수도인 하기(萩)로 나갔다.[3] 리스케가 6세 때였다. 1909년 하얼빈에서 이토의 임종을 지켜본 후루야 히사쓰나는 쥬조가 고향을 떠나지 않았다면, 일본역사는 다른 모습으로 전개되었을 것이라고 주장하면서, 그의 출향(出鄕)을 역사적 사건으로 평가했다. 그의 표현을 그대로 인용하면,

만일 쥬조 옹이 이때 하기로 나가는 중대한 결단을 하지 않았다면, 유신 이후, 특히 1881년 이후의 일본의 역사는 전혀 다른 종류의 것이 되었을 것을 의심하지 않는다. 메이지 초기 서구문명의 수입자 이토 참의(參議) 겸 공부대신(工部大臣)도, 헌법 기초자 이토 백작도, 입헌체제 하의 이토 내각 총리대신도, 톈진(天津) 조약과 시모노세키(下關) 조약을 조인한 이토 전권변리대신(全權辨理大臣)도, 보호정치의 창시자이며 운영자인 이토 통감도, 30년간 절대적 신임을 받으면서 오직 천황을 보필한 양신(良臣) 이토 공 그 사람도 우리 역사에 나타나지 못했을 것이다. 당시 쥬조 옹의 진퇴가 이처럼 우리의 국가운명에 지대한 영향을 미치게 될 것이라는 것을 누가 상상이나 했겠는가! 오직 하늘만이 알고 있었을 뿐이다.[4]

하기에 발을 붙이면서 쥬조는 어떻게 해서든지 "부력(富力)보다 권력에 다가간다"는 것을 자신의 삶의 목표로 정했다. 자신이 감내해야만 할 박탈감을 보상받을 수 있는 길은 오직 권력이라고 확신했기 때문이었다. 그는 그 동안 가업으로 삼아온 농업이나 축재수단인 장삿길을 택하지 않고, "한걸

음이라도 무사에 다가갈 수 있는 길"을 모색했다. 이를 위해서 그는 하기에서 "권력가문의 천노(賤奴)의 길을 마다 않고 후원 재배, 경작, 쌀 찧는 일, 허드레 일 등 모든 어려움을 이겨내야만" 하는 "악전고투의 삶"을 이어갔다.[5]

온갖 궂은 일을 감내해야만 하는 쥬조의 삶은 고달팠다. 그러나 그가 번(藩)의 창고 관리인인 미즈이 부헤에의 눈에 들어 그의 머슴이 되면서 최저의 생활이지만 그런 대로 안착할 수 있게 되었고, 처와 아들 리스케를 하기로 불러와서 다시 가정을 이루었다. 리스케가 9세 때였다.

쥬조의 머슴살이는 그가 권력에 한걸음 다가갈 수 있는 기회를 제공했다. 쥬조는 주인의 성을 따라 자신의 성도 미즈이(水井)로 했다. 후사가 없었던 미즈이 부헤에가 1854년 성과 이름을 이토 나우에몬(伊藤直右衛門)으로 바꾸면서 쥬조를 양자로 삼았다.[6] 자연히 쥬조의 성도 이토가 되었다. 나우에몬은 무사계급의 최하위인 아시가루에 불과했지만, 그의 양자가 되면서 쥬조 부자도 쥬조가 꿈꾸었던 사무라이를 향해서 한걸음 더 다가갈 수 있었다. 리스케도 성명을 이토 슌스케(伊藤俊輔)로 바꾸었다. 비록 그것이 최하위의 계급이지만, 평민 미즈이 리스케가 사무라이 이토 슌스케로 신분상승한 것이다. 그의 나이 14세 때였다.

하기에서도 슌스케의 생활은 고생의 연속이었다. 10세의 어린 나이였지만, 벌이가 되는 일이라면 무엇이든 마다지 않았다. 관청의 급사로, 짐을 나르는 일꾼으로, 또는 여기저기 무사계급의 허드레 일을 하면서 아버지를 도와 가계를 꾸리는 데에 힘을 보탰다. 그런 가운데서도 쥬조는 아들의 교육에 정성을 기울인 흔적이 있다. 하기로 옮겨오면서 슌스케를 틈틈이 사찰에 보내 한문과 역사서를 공부하도록 했다. 슌스케는 이곳에서 훗날 유신운동의 선구적 인물인 다카스기 신사쿠를 만날 수 있었다.

사람들은 일생을 살아가는 데에 몇 번의 행운을 맞이하게 된다. 그 행운을 어떻게 거머쥐느냐가 미래의 행로를 가름하게 된다. 이토도 예외가 아니었다. 어린 슌스케가 맞이한 첫 행운은, 비록 그것이 최하위의 무사계급이었지만, 그의 부친이 사무라이 반열의 문턱에 들어설 수 있었다는 것이다. 그러나 그것은 자신의 행운이라기보다는 아버지의 것이었다. 물론 그 것이 바탕이 되었겠지만, 슌스케도 조슈의 무사 구루하라 료조(1829-62) 를 만나는 행운을 얻게 되었다. 후루야의 표현에 의하면, 슌스케가 히로부 미와 같이 "위대한 인물로 성장할" 수 있었던 것은 구루하라와의 만남이 있었기에 가능했다.[7]

오랜 평화 속에서 사회적으로 몰락한 무사계급, 계급의 붕괴와 경제적 어려움으로 불만에 가득한 하급무사, 세상이 뒤집혀도 잃을 것이 없는 사 무라이들에게는 경천동지의 변화가 필요했다. 1853년 페리의 내항과 그후 에 전개된 일본 국내정치의 변화는 격동의 난세였다. 그러나 그 난세는 위축되어 있던 사무라이들이 새로운 도약을 위해서 오랫동안 기다렸던 기 회이기도 했다.

슌스케에게도 기회가 오고 있었다. 그리고 그 기회의 실마리는 구루하 라 료조와의 만남에서 시작되었다. 구루하라는 근대 일본 국가의 출범을 보지 못하고 34세라는 젊은 나이에 요절했지만, "무예와 학문과 기개를 겸비한 무사정신이 완벽한 훌륭한 무사"였고, "도량이 넓으면서도 날카롭 고 남에게 지기 싫어하는 승부사적 기질을 가진 인물"이었다.[8] 그는 어려 서 번의 학교에서 교육받았고, 에도의 조슈 번저(藩邸 : 다이묘와 그의 가솔들이 도쿄에서 생활하던 집)에 근무하면서 학문과 병법을 익혔다. 그 는 일찍이 나가사키에서 난학(蘭學, Dutch Learning)을 공부하여 서양 무 기의 위력과 기술을 터득했을 뿐만 아니라 역사를 넓게 섭렵하여 문무를 겸했다. 그는 조슈의 군제개혁을 주도했고, 번과 에도의 연무장 교관으로 후진양성에 기여하기도 했다. 또한 그는 유신운동의 이념을 제공한 막말 최대 사상가로 알려진 요시다 쇼인이 가장 존경하는 친구였고, 기도 다카 요시의 여동생을 아내로 두고 있었다. 구루하라는 당시 조슈에서 존왕양 이 운동을 이끌었던 중요한 리더의 한 사람이었다.

페리의 내항으로 최대의 위기를 맞게 된 막부는 에도(江戸) 경비를 위해 서 각 번에 병력 차출을 명했다. 이에 따라 조슈 번도 미우라 반도(三浦半

島)의 미야다(宮田)에 진영을 설치하고 수비대를 파견했는데, 구루하라가 이곳의 방어책임을 담당했다. 1856년 가을, 무사계급의 최말단인 16세의 순스케도 경비병으로 뽑혀 현지근무 명령을 받아 미야다에 파견되면서 구루하라와 만날 수 있었다. 드디어 이토에게 행운의 기회가 찾아온 것이다. 구루하라와의 만남은 "이토의 생애에 들어오기 시작한 입신출세의 단서" 였다.[9] 사람들에게 친근감을 주는 이토는 곧 구루하라의 눈에 들어 그의 수행비서격인 종자로 발탁되었고, 이때부터 구루하라의 특별한 배려 속에서 개인적인 가르침을 받았다.

구루하라는 당시의 엄격한 계급의 구별을 무시하고, 이토를 열심히 보살폈다. 정신적으로 백지상태나 다름없는 이토에게 체계적인 지적 훈련을 시켰다. 매일 아침 일찍부터 시경(詩經), 경서(經書), 역사, 무술, 승마 등을 가르쳤다. 뿐만 아니라 무사가 치켜야 할 도리와 길을 포함한 무사도를 가르쳐주기도 했다. 겨우 무사의 문턱에 들어선 이토로서는 상상도 할 수 없는 특별대우였다. 이토의 한 전기 작가는 구루하라의 가르침을 다음과 같이 기록하고 있다.

구루하라 선생은 순스케에게 독서와 무예를 가르쳤다. 그의 가르침은 대단히 엄격했고 또 맹렬했다. 겨울에도 새벽에 잠자고 있는 순스케를 깨워 촛불 아래서 글을 가르쳤다. 추운 겨울이나 더운 여름에도 짚신을 신는 것을 허락하지 않았다. "무사는 전장에서 신발을 신을 수 없는 때도 있을 수 있기 때문에 평상시부터 맨발로 걷는 습관을 들이지 않으면 안 된다"고 엄하게 훈련시켰다. 또한 몹시 추운 날 "춥다"고 하면, "춥다고 말한다고 해서 추위가 따뜻해질 리가 없다. 그렇기 때문에 처음부터 춥다고 말할 필요가 없다. 무사는 어떠한 어려움이라도 참고 견딜 줄 알아야 한다. 푸념과 약한 모습을 보이는 것은 무사에게는 금물이다"라고 독려하여 훌륭한 무사를 만들기 위하여 열성을 다했다.[10]

이토에 의하면 구루하라는 "내가 감복하지 않을 수 없는 인격의 소유자"

였고, "한학에 소양이 깊고, 경세적 식견이 높고, 정신적으로 단련된 인물로서 당시 단연 군계일학(群鷄一鶴)과 같은 존재"로서 "문무를 겸비한 달인"이었다.[11] 이토는 "구루하라는 나의 은인"이었고, "그의 가르침은 진실하고 간절하기 이를 데 없는 것으로서 내 평생 잊을 수 없는 훌륭한 교육"이었다고 회상했다.[12] 뒷날 다카스기 신사쿠가 이토에게 구루하라와 기도의 인물됨을 물었을 때, 이토는 주저함 없이 "처세술에서는 기도가 구루하라를 앞서지만, 학문, 식견, 인격에는 구루하라가 기도를 훨씬 능가한다"고 답할 정도로 구루하라를 존경했다.[13]

구루하라와의 1년은 이토에게 귀중한 시간이었다. 군복무가 아니라 무사로서의 학문과 훈련의 기회였다. 후루야에 의하면, "성품을 단련하고 도야하여 훗날의 이토와 같은 큰 그릇"이 만들어질 수 있는 바탕을 다지는 시간이었다.[14] 1857년 가을 1년간의 군복무를 끝내고 하기로 귀향할 때, 구루하라는 슌스케에게 고향에 돌아가면 쇼카손주쿠(松下村塾)에서 학문을 계속할 것을 권유하면서, 쇼카손주쿠의 주인인 요시다 쇼인에게 슌스케를 당부하는 추천장을 써주었다.[15]

이토는 귀향하면서부터 요시다 쇼인 밑에서 학문을 닦았다. 쇼카손주쿠의 2년은 이토에게 또다른 행운이었다. 그곳에서 요시다 쇼인으로부터 존왕사상과 국권사상을 배우는 한편, 막부 말기의 유신운동과 메이지 국가건설에 기여한 기라성 같은 많은 인물들과 교류할 수 있었다. 다카스기 신사쿠, 구사카 겐즈이, 이리에 구이치, 마에바라 잇세이, 야마가타 아리토모, 시나가와 야지로, 야마다 아키요시, 노무라 야스시 등이 그들이다.

2. 입신

구루하라가 "은인"이었다면, 요시다는 '스승'이었다. 요시다 쇼인(1830-59)은 막부 말기에 조슈가 배출한 현실감각이 뛰어난 최고의 사상가이면서 동시에 행동파였다. 그는 막말 유신운동의 동력이라고 할 수 있는 존왕사상을 정치현실에 투영한 인물이었다.[16] 유신 후 메이지 국가건설에 참여한 조슈의 인재들은 거의 모두가 쇼인의 문하생이기도 했다.

29년이라는 짧은 쇼인의 삶은 매우 드라마틱했다. 니주잇카이모시(二十一回猛士)라는 그의 호가 상징적으로 보여주고 있는 것과 같이 그는 현실주의자이면서도 대단히 격정적이고 행동적인 인물이었다. 조슈 번의 명문가에서 태어난 쇼인은 어렸을 때부터 번의 학교에서 문무의 교육을 받았다.[17] 그는 번의 중요한 관직을 맡았던 숙부로부터 특별 지도를 받기도 했다. 군사학과 서양 군사무기에 관하여 특별한 관심이 있었던 그는 에도로 유학해서 서양학문에 밝은 사쿠마 쇼잔과 같은 사상가들을 만나 학문과 외세의 사정을 익혔다.

서양의 물결이 일본으로 넘어오기 시작한 1850년대에 들어서면서부터 쇼인은 일본을 지키기 위해서는 이른바 양학(洋學), 즉 서양학문을 수용할 필요가 있다는 것을 확신하게 되었다. 행동적인 그는 페리가 1854년 재차 내항했을 때 서양 사정을 보다 정확하게 알고 직접 체험하기 위해서 시모다(下田) 항에 정박 중인 페리 함대에 숨어들어 미국 밀항을 시도했다. 그러나 막부정부에 발각되어 밀항은 실패하고 영어의 몸이 되었다. 그후 요시다는 조슈으로 이송되어 얼마 동안 감옥에 있었으나, 그의 재능을 잘 알고 있는 번 정부는 특별한 배려로 그를 감형시켜 번의 청년들을 교육시킬 수 있도록 조치했다. 쇼카손주쿠를 열고 청년들을 받아들인 것이 1856년이다.

그의 강의는 조슈 번의 학교에서 가르치는 전통적 교육과 달리 현실적이었다. 공리공론의 학문이 아니라 현실과 연결된 것이었다. 밀항을 시도했던 그의 이력처럼 행동적이었다. 그는 학생들에게 학자의 공론보다 행동하는 지식인의 역할을 가르쳤다. 그는 학생들과 더불어 일본이 당면한 과제와 타개책을 토론했고, 국내의 정치동향에 민감한 반응을 보였다. 라이 산요의 「일본외사(日本外史)」를 가르쳤고, 또한 존왕사상을 고취했다. 그는 개국의 불가피성과 필요성을 인정하고 있었으나, 대포를 앞세운 서양에 굴복하는 개항을 반대했고, 또한 고메이 천황의 뜻을 따라 양이(攘夷)를 지지했다. 그는 막부가 체결한 미국과의 통상조약을 고메이 천황으로부터 승인받기 위하여 선발된 막부의 사신인 마나베 아키가쓰 암살계획에 연루되어, 막부에 의하여 1859년 10월 27일 에도에서 처형되었다.[18] 그의 나이 29세 때였다.

요시다는 역사의 현장에서 사라졌으나, 그의 사상적 영향은 유신운동과 메이지 국가건설에 지대한 영향을 미쳤다. 막부 말기 존왕양이운동의 선구적 인물이었던 다카스기 신사쿠, 구사카 겐즈이, 기도 다카요시를 위시해서 유신 후 메이지 건설에 참여한 이토 히로부미, 야마가타 아리토모, 야마다 아키요시, 시나가와 야지로, 노무라 야스시, 정한론 이후 반란을 주도한 마에바라 잇세이 등이 요시다 쇼인의 교육을 받은 인물들이다.

이토 히로부미는 쇼인의 마지막 2년 동안 그의 가르침을 받을 수 있었다. 2년이라는 짧은 시간이지만, 이 기간은 이토에게 다시 한번 도약할 수 있는 받침대를 마련해주었다. 그는 뒷날 쇼카손주쿠의 시절을 다음과 같이 표현하고 있다.

도덕이 담긴 문장으로 지극한 이치를 펼치고(道德文章敍彝倫)
지극히 충성스러운 큰 절개는 묘진을 감동시키네(精忠大節感明神)
오늘날 국가의 기둥이 될 만한 그릇들은(如今廊廟棟梁器)
거의 모두가 쇼카손주쿠에서 가르침을 받은 사람이네(多是松門受敎人)[19]

페리의 내항과 그 이후 전개된 막부의 대외교섭은 국내정국에 커다란 파장을 몰고왔다. 메이지 유신으로 몰려가고 있는 페리 이후의 정국 변화는 이 연구의 영역 밖이다. 이곳에서는 다만 이토가 도약할 수 있는 기틀을 제공한 부분에 대하여 간단히 살펴보기로 하자.

페리 내항 이후 막부는 전쟁이냐 개국이냐의 기로에서 선택이 필요했다. 결국 막부는 개국을 택했다. 1854년 3월 막부는 가나가와 조약(神奈川

條約)이라는 미국과의 화친조약을 조인했다. 일본의 진로가 '쇄국'에서 '개국'으로 바뀌는 순간이었다.

가나가와 조약에 따라 막부는 시모다(下田)와 하코다테(箱館) 두 항구를 개방하고, 미국 영사의 일본주재를 허용했다. 이어서 1858년 6월에는 고메이 천황의 승인 없이 미국과 통상조약 및 무역장정을 조인했다. 이는 가나가와, 니이가타, 효고, 나가사키의 개항, 오사카의 개시(開市), 관세율 협상, 영사의 재판 관할권 등을 포함한 불평등조약이었다. 막부는 이에 대해서 번주(藩主)들에게 자문을 요청했다. 막부로서는 화친조약이나 통상조약 모두 불가피한 것이었고, 또한 대부분의 번주들도 이에 동의했다. 그러나 과거와 달리 막부가 번주에게 자문을 구하는 그 자체가 곧 막부 권위의 허약함을 스스로 나타내는 형세가 되었다.

더욱이 막부가 미국과의 통상조약을 정당화하기 위하여 천황으로부터 이에 대한 승인을 받으려고 한 조치는 오히려 막부의 취약성을 공개적으로 드러냈고, 천황을 정치핵심으로 끌어들이는 결과를 자초했다. 천황을 중심으로 한 교토(京都)의 황실은 막부가 조인한 조약승인을 거부했고, 그러자 막부는 정치적으로 위기에 처하게 되었다. 막부는 도쿠가와 체제 존립의 중요한 원칙이었던 쇄국정책을 스스로 폐기하는 결과를 초래했고, 통상조약을 반대한 고메이 천황은 양이운동의 구심점으로 등장했다. 그리고 막부가 천황 의사에 반하여 조약을 조인함으로써 전통적으로 인정되었던 천황권의 대리자라는 신임과 자격을 스스로 버리게 되었다. 1854년과 1858년의 조약을 통해서 취한 막부의 대외정책은 서양과의 충돌을 피할 수 있게 한 것은 사실이지만, 동시에 막부 통치의 정당성과 권위를 상실하는 결정적 계기를 만들었다.[20]

고메이 천황이 통상조약을 부인하는 태도를 분명히 하면서 양이운동은 점차 가열되었다. 이토가 소위 지사(志士) 활동에 본격적으로 참여하기 시작한 것도 바로 이러한 시기였다. 그 실마리를 요시다 쇼인이 제공했다. 이토가 쇼카손주쿠에서 공부한 지 1년 후인 1858년 일본 국내정치는 혼미의 수렁으로 깊이 빠져들고 있었다. 막부가 미국과 수호통상조약을 조인했지만, 고메이 천황이 이를 승인하지 않았기 때문이었다. 정국이 혼란스러워지면서 천황이 살고 있던 교토가 정치 중심지로 부상했다. 이제까지와 달리 번 정부들도 교토의 움직임에 민감해질 수밖에 없었다. 조슈 번 정부도 교토의 정국을 탐색하기로 결정하고, 요시다 쇼인이 추천하는 6명의 문하생을 밀사로 파견했다. 그 중의 한 명이 이토 히로부미였다. 요시다의 추천은 요시다도 이토의 능력을 인정하고 있었음을 의미했다. 이토가 막말의 정치현장에 직접 참여하게 된 첫걸음이었다. 업무수행을 위해서 교토로 떠나기 전 요시다는 교토에서 활동하고 있는 그의 제자 구사카 겐즈이에게 보낸 사신에서 리스케도 발전하고 있으며, 훌륭한 "주선가(周旋家)"가 될 것 같다고 이토의 능력을 평가했다. "주선가란 당시 정치활동을 잘할 수 있는 사람"을 의미했다.[21]

3개월의 교토 출장은 이토에게 두 가지 점에서 중요한 계기가 되었다. 하나는 체험을 통해서 당시 일본이 직면한 위기상황을 확인할 수 있었다는 점이다. 쇼인의 가르침을 통해서 관념적으로 알고 있던 위기론의 실체를 교토에서 벌어지고 있는 정치에서 실감할 수 있었다. 오랫동안 지속해 온 막번체제(幕藩體制)의 수명이 종국으로 치달아가고 있음을 깨닫게 되었다. 또다른 하나는 교토에서 활동하고 있는 각 번의 사람들과의 교류였다. 이토가 비록 무명의 하급무사에 지나지 않았지만, 조슈 번의 밀사라는 직책은 당시 정치의 중심지라고 할 수 있는 교토에서 활동하는 많은 지사들을 만날 수 있는 기회를 만들어주었다. 이토도 드디어 전국적 정치 무대에 얼굴을 내밀 수 있는 존재로 성장하는 계기를 잡게 되었다.

교토에서 하기로 돌아온 이토에게 또다른 업무가 기다리고 있었다. 조슈 번은 일찍부터 서양병술을 익히기 위하여 나가사키(長崎)에 거점을 마련하고 무사들을 보냈다. 이들을 감독하기 위하여 서양병술에 조예가 깊은 구루하라 료조를 파견하기로 결정했고 이토가 구루하라를 수행토록 명했다. 1858년 10월 이토가 나가사키로 출발할 때, 요시다 쇼인은 구마모토

기도 다카요시

(熊本) 존왕파의 거두인 도도로키 부베에게 이토를 소개하면서, "리스케라고 부릅니다. 죄인인 저와 함께 있는 것을 즐거워합니다. 재능도 떨어지고 학문도 미흡합니다. 성격이 좋지만 화려하지는 않습니다. 그러나 저는 그의 그런 점을 좋아하고 있습니다"라고 소개하면서 찾아가면 따뜻하게 가르침을 줄 것을 당부했다.[22] 이처럼 요시다는 이토의 앞길을 배려하는 것을 잊지 않았다.

구루하라를 수행한 이토는 나가사키의 조슈 번주의 저택에 머물면서 병기훈련, 소총뇌관 제조 등의 서양병술을 익혔다. 나가사키는 이전에 이미 도쿠가와 막부가 쇄국정책을 국책으로 삼으면서도 외국을 향해 열어둔 유일한 창구였다. 이곳을 통해서 일본은 서양 사정을 접하고, 서양의 과학과 문물을 받아들였다. 이토의 나가사키 체류는 서양의 위력을 직접 보고 체험할 수 있는 좋은 기회였다. 8개월 후인 1859년 6월에 하기로 돌아오니, 기도 다카요시를 만날 수 있는 기회가 그를 기다리고 있었다.

당시 기도 다카요시는 번 정부의 명령을 받아 하기와 에도와 교토를 왕래하면서 중앙정치에 깊숙이 관여하고 있었다. 에도에서 조슈 번을 대표하여 중책을 맡았던 기도를 만날 수 있었던 것은 이토의 앞날을 보장하는 결정적인 계기가 되었다. 인연의 고리는 역시 '은인' 구루하라 료조였다. 기도의 매부이기도 한 구루하라는 에도로 가는 기도에게 이토를 장래성 있는 젊은 사람으로 소개하면서 종자로 삼아 에도로 데리고 가서 견문을 넓히고 뜻을 연마할 수 있는 길을 터줄 것을 당부했고, 기도도 이를 받아들였다. 뒷날 이토는 자신과 기도의 관계가 단순한 주인과 종자의 관계가 아니라 기도로부터 "사랑받는 형제 이상의 관계"였고, 기도는 "나에게 넓게 각 번의 유지들과 교제하고, 견문과 지식을 넓힐 수 있는 기회를 주었다"고 회상하고 있다.[23] 기도는 이토를 자신의 수행비서격인 종자로 삼아 1859년 9월 에도로 함께 떠났다.

이토는 1863년까지 기도와 함께 에도의 조슈 저택[藩邸]에 머물면서 기도를 보좌하는 한편, 교토와 막부와 번 사이에서 전개되는 정치를 보고 체험할 수 있었다. 이곳에서 이토가 평생 동지라고 할 수 있는 이노우에 가오루를 만날 수 있게 된 것은 그에게 큰 행운이었다. 또한 그는 에도에서 활동하는 다른 번의 많은 활동가들과 교류하면서 행동의 폭을 넓혔다. 이토는 기도가 외출할 때 그를 늘 수행했기 때문에 당시의 많은 유지들과 교류할 수 있는 기회가 자연스럽게 만들어졌다.

이토가 에도에서 기도를 도와 활동하고 있을 당시 일본 정국은 한치 앞을 내다볼 수 없는 혼란과 급변의 시대였다. 존왕양이, 좌막개국(佐幕開國 : 막부를 도와서 개국정책을 펴야 한다는 주장), 공무합체(公武合體 : 조정[公]과 막부[武]가 제휴하여 막번체제를 강화재편해야 한다는 주장), 존왕도막(尊王倒幕) 등이 뒤범벅이 된 시대였다. 이토는 기도와 함께 에도의 조슈 번저에 머무르면서 기도를 도와 정세변화를 관찰하고 에도에서 활발하게 활동하고 있는 다른 번의 활동가들과 교류했다. 점차 양이운동이 활발해지자 이토도 직접 행동에 가담했다. 그가 실행한 행동은 테러로서 방화와 살인이었다.

존왕양이라는 이름으로 이토가 가담한 첫 번째 테러는 에도의 시나가와(品川)에 위치한 영국 공사관 방화였다. 양이운동이 활발하게 전개되자 여기저기 흩어져 있는 외국 영사관의 경비에 어려움이 있어 막부는 미국, 영국, 프랑스, 러시아, 네덜란드 등 다섯 나라의 공사관들을 한 지역에 신축했다. 이에 대한 공격은 양이의 상징적 의미를 지니고 있었다. 1862년 12월 12일 다카스기 신사쿠, 구사카 겐즈이, 이노우에 가오루 등 조슈의 양이활동가 12명이 목숨을 걸고 시도한 방화 테러에 이토도 참여했다. 이토가 맡은 역할은 방화 당시 공관의 관리들이 뛰쳐나오면 그들을 죽이는 것이었다. 이토가 실천한 첫 번째 양이활동이었다. 공사관 건물은 이미 완공되었으나, 아직 사람이 살지 않아서 방화로 인한 인명피해는 없었다. 대체로 조슈 번 무사들의 범행이라는 것을 알고 있었으나, 막부나 조슈 정부 모두 수사에 소극적인 태도였기 때문에 외교문제로 비화하지 않고 그런 대로 넘어갈 수 있었다.[24] 방화사건은 양이론자들을 자극한 행동으로서 양이론자들 사이에서 이토의 위상을 굳혔다.

그러나 보다 더 적극적인 행동은 '살인'이었다. 이토는 두 차례 존왕이라는 이름으로 살인을 감행했다. 첫 번째는 이토가 영국 공사관 방화 직후 막부의 밀정으로 지명된 우노 하치로를 번저 안에 있는 연무장으로 유인하여 동지들과 함께 살해한 것이다. 우노의 목을 친 사람이 이토였다.[25]

우노를 죽인 며칠 후인 12월 21일 밤 이토는 또다른 살인을 감행했다. 그는 야마오 요조와 더불어 국학자 하나와 지로와 그를 수행한 그의 제자를 에도에서 살해했다. 이토의 설명에 의하면 하나와가 "안도 노부마사의 내명을 받아 폐제(廢帝)의 고사(故事)를 조사한다는 소문이 존왕양이 지사들 사이에 퍼져 있었기 때문"이었다.[26] 앞에서 지적했듯이 막부가 미국과 통상조약을 체결했으나, 이를 고메이 천황이 승인을 거부하자, 막부는 그를 폐위시키기 위하여 그 전례를 조사한다는 소문이 나돌았다. 다카스기 신사쿠와 구사카 겐즈이 또한 소문에 분개하여 하나와 지로가 그처럼 불경스러운 일을 조사하고 있다니, 대의를 위해서 천벌을 가해야 한다고 살해를 적극적으로 권장했다. 그러나 소문은 사실이 아니었다. 대역에 대한 천벌이라고 스스로 평가했지만, 실은 음산하고 잔혹한 행위로서 날조

다카스기 신사쿠

된 소문에 근거한 경거망동으로 정치권력과 무관한 힘없는 학자를 습격하여 참살한 살인행위였다.

이토는 직접 행동으로 양이활동에 참여하면서부터 다카스기 신사쿠로부터 특별한 후원을 받았다. 이토보다 2세 위인 다카스기는 이토와 달리 상급무사의 집안에서 태어났을 뿐만 아니라, 요시다 쇼인도 식견과 기백에서 다카스기와 견줄 사람이 없다라고 높이 평가할 정도로 문무를 겸한 인물이었다. 그는 조슈의 기병대를 편성하고 번론(藩論)을 개국의 방향으로 돌려 유신의 물꼬를 트는 데에 결정적으로 기여했다. 그는 이토에게 조슈의 지사 활동의 주류로 참여할 수 있도록 길을 열어주었고, 적극적으로 지원했다. 히로부미(博文)라는 이름도 다카스기가 「논어」의 "옹야편(雍也篇)"의 "박약어문"(博約於文 : 文을 통해서 널리 배운다)에서 따와서 붙여준 것이다. 그리고 이토가 나중까지 애용한 호인 슌보(春畝) 역시 다카스기가 권유한 것이다. 이토는 늘 다카스기에게 고마운 마음을 가지고 있었다. 그를 "용감하고 창업적 재간이 뛰어난 인물"이라고 평가한 이토는, 훗날 "다카스기는 재주와 학식이 뛰어나 앞길이 창창한 젊은이였으나, 불행하게도 폐병에 걸려 요절했다. 참으로 유감스럽기 그지없다"라고 못

준사무라이야토이에
임명되었을 당시의 이토

내 아쉬워했다.[27] 이토는 뒷날 다카스기의 비문을 지었다. 비문은 다음과
같이 시작한다.

움직이면 번개 같고, 일어서면 비바람 같다(動如雷電 發如風雨)
사람들은 감히 그를 똑바로 바라보지 못한다(衆目駭然 莫敢正視焉)
그 누구를 도고 다카스기에 견줄 것인가(此非我東行高杉君乎)[28]

1856년 구루하라를 만난 후 1862년 하나와 지로를 살해할 때까지 이토
는 하기와 교토, 오사카, 나가사키, 에도를 내왕하면서 존왕양이 운동에
참여했다. 물론 그의 활동은 독자적 판단이라기보다는 구루하라, 요시다,
기도의 지시와 옹호를 받아 실행되었다. 이러한 활동의 대가로 이토는
1863년 3월 20일 기도 다카요시의 종자 자격으로 준사무라이야토이(準士
雇)로서 무사 대열에 올랐다.[29] 평민의 자식이 사무라이(士)의 반열에 오
른 것이다. 드디어 이토가 입신의 기회를 붙잡을 수 있었고, 그 결정적
계기가 양행(洋行)이었다.

3. 양행

막부 말기, 일본 전체가 여전히 쇄국에 머물러 있을 때, 서양 사정에 눈을 뜨기 시작하여 앞서간 번들은 한편으로는 양이운동을 전개하면서도, 다른 한편으로는 서양의 정세, 특히 서양의 과학과 병술에 깊은 관심을 보였다. 조슈도 예외가 아니었다. 당시 조슈의 활동가들 사이에서도 "우리가 양이와 개국을 논하지만, 외국 실상을 보지 않고서는 단정적으로 말할 수 없다. 그렇기 때문에 어떻게 해서든지 한번이라도 양행을 하여 실제의 상황을 보지 않으면 안 된다"는 분위기가 점차 무르익어가고 있었다.[30]

1854년 이후 조슈는 서양 실정을 보다 정확하게 파악하기 위하여 때때로 번에서 관리들을 선발하여 막부 관리를 수행하는 형태로 미국, 유럽, 중국 등으로 파견했다. 특히 번의 실력자로서 근대화를 추진하는 스후 마사노스케와 야마다 우에몬이 이를 주도했다. 그들은 양이가 번의 정책노선이기는 했지만, 서양 사정을 아는 것이 대단히 중요하고, 번의 실력강화와 근대화를 위해서는 서양 지식을 수용할 필요가 있다고 판단했다. 특히 항해학을 익혀 증기선을 조종할 수 있는 인재 양성이 시급했고, 이를 위해서 젊은 인재들을 서양에 파견하여 서양의 기술과 지식을 습득하는 것이 필요하다고 믿었다.[31] 그러나 막부 허락 없이 번이 독자적으로 양행을 할 수 없었기 때문에 막부 관리를 수행하는 형태를 취했다. 1861년에는 번의 스기 마고시치로를 막부 사절단에 참가시켜 구미로 파견했고, 1862년에는 다카스기 신사쿠와 같은 열렬한 양이활동가를 막부의 관리를 수행하여 상하이(上海)를 거점으로 하여 서양 정세를 파악하기 위하여 중국으로 파견하기도 했다.

양행을 체험한 인물들은 한걸음 앞서갔다. 예컨대 상하이의 형세를 살펴본 다카스기는 "청국인은 모조리 외국인의 심부름꾼이다. 영국이나 프랑스 사람이 길거리를 지나가면 청국인들은 모두 피하여 그들에게 길을 내준다. 상하이의 땅은 중국에 속해 있으나, 실제로는 영국이나 프랑스의 속지(屬地)나 다름없다"라고 평가하면서 "우리는 지금의 현상이 무엇을 의미하고 있는지 가슴 깊이 새기지 않으면 안 된다. 결코 오늘 중국에서 전개되고 있는 모습은 결코 중국인만의 일이 아니다"라고 강조하면서 개국에 눈을 뜨기 시작했다.[32]

서양에 대하여 깊은 관심을 가지고 있었던 이토 또한 "일찍부터" 양행의 기회를 희망했다. 그러나 그의 신분을 생각한다면 양행은 과욕이었다. 1860년 12월 구루하라에게 보낸 편지에서 이토는, "작년 영국 수업을 지원했으나 이루어지지 않았습니다.……지난 8월에 기도 씨에게 의뢰했으나, 성사되지 않은 것은 천만유감입니다"라고 쓰고 있다.[33] 이 글에서 그가 얼마나 양행을 원하고 있었는지 알 수 있다.

그러나 행운의 여신은 늘 이토의 편이었다. 1863년 5월 이토에게 양행의 길이 열렸다. 1863년 4월 조슈 번은 독자적으로 외국 실정을 파악하기 위하여 이노우에 가오루, 야마오 요조, 이노우에 마사루 세 사람을 영국으로 파견하기로 내부적으로 결정했다. 그 배경에는 조슈가 당장은 존왕양이를 위하여 노력하지만, 그렇다고 양이가 영원할 수는 없고, 머지않은 장래에는 개국의 방침을 택하여 외국과 교류하게 되면, 결국 그들과 화의하고 통상무역을 하지 않으면 안 될 것이라는 판단이 자리잡고 있었다. 그때에 외국 사정에 정통한 사람이 없으면 유리한 조약을 맺을 수 없기 때문에, 미리 대비해서 젊은 인재들을 유럽으로 파견해야 한다는 것이었다. 스후의 표현을 빌리면 "죽은 무기가 아니라, 살아 있는 무기"를 구입하기 위해서였다.[34]

세 사람의 영국 파견 소식을 접한 이토는 이노우에 가오루에게 어떻게 해서라도 자신도 동행할 길을 찾아줄 것을 부탁했다. 그러나 허락을 받기에는 시간이 없었기 때문에 번의 묵시적 승인 아래 밀항하는 양행의 길을 택했다. 부족한 재정은 기도가 무기구입을 위해서 보관하고 있던 번의 자금 일부를 번의 묵인 아래 유용하여 마련했다. 출발 직전에 이토는 고향에 있는 아버지에게 "오늘 가장 시급한 과제는 서양의 실정을 정확하게 파악하는 것입니다. 또한 해군의 항해기술을 익히지 않는다면, (오늘의 형편이)

조금도 달라질 것이 없습니다. 3년 정도 공부하고 귀국하겠습니다"라고 양행 목적과 기한을 편지로 전했다.[35] 그리고 5월 12일 이토와 엔도 긴스케를 포함한 다섯 명의 젊은이들은 '무사의 혼'이라는 상투를 자르고 상하이를 향해서 요코하마(橫濱)를 출발했다. 이토의 나이 22세 때였다.

상하이에 며칠 체류한 일행은 두 팀으로 나뉘어 영국을 향하여 상하이를 출발했다. 이토는 이노우에와 함께 300톤급의 페가서스(Pegasus) 호에 몸을 싣고, 인도양과 희망봉을 경유하여 출발한 지 4개월 만에 영국 런던에 도착했다. 그들은 자딘 매디슨 회사 사장의 "아버지 같은 자애롭고 현명한 보살핌"으로 런던에 도착할 수 있었다.[36] 이토는 노무라, 엔도와 함께 당시 한 대학의 화학 교수의 집에 체류하면서, 영어를 익히고, 박물관, 조선소, 해군설비, 각종 공장 등을 돌아보았다. 이들 일행은 런던에 온 최초의 일본 유학생으로 기록되었다. 유학이라고 하지만 이들의 유학은 학문을 위한 것이라기보다는 견학과 정세판단의 성격이 더 강했다.

이토와 이노우에의 유학은 6개월이라는 짧은 시간으로 끝났다. 일본에서 양이운동이 격해지면서 영국, 미국, 프랑스, 네덜란드 등 4개국 연합함대가 조슈의 시모노세키를 공격하기에 이르렀다는 소식을 접하면서, 그들은 유학을 중단하고 1864년 3월에 귀국 길에 올랐다. 비록 이토의 런던 체류 기간이 짧았고, 보고 체험한 것이 대단히 단편적인 것이었지만, 양행은 그에게 엄청난 충격과 중요한 계기를 만들어주었다.

무엇보다도 가장 큰 충격은 양이가 얼마나 허황되고 무모한 것인가에 대한 깨달음이었다. 런던에 도착한 그들은 앞서가는 서구 문화와 과학 발달에 놀라지 않을 수 없었다. 웅장한 성당과 높은 건물들, 의사당, 버킹엄 궁전과 같은 모습은 상상하지도 못했던 장관들이었다. 그들은 박물관에 진열되어 있는 서구문명의 유산, 산업화 이후 발전하고 있는 제조공장의 기계화, 생필품의 대량생산, 군사훈련 모습, 웅장한 군함, 부두에서 들어오고 나가는 물품들, 대중들이 어디에서나 구입할 수 있는 풍부한 생활필수품 등 모두가 놀랍고 부러운 것들이었다. 이처럼 눈에 보이는 것뿐만

1863년 영국으로 유학을
떠난 조슈의 5인. 왼쪽부
터, 이노우에 가오루, 엔
도 긴스케, 이노우에 마
사루, 이토 히로부미, 야
마오 요조

아니라, 눈에 보이지 않는 공중성이나 치안유지와 같은 도덕적이고 제도적인 것 또한 놀랍지 않을 수 없었다. 런던 시민 한 사람 한 사람 모두가 자유롭게 자기 생업에 종사할 수 있고, 여자들도 밤에 자유롭게 대로를 활보할 수 있는 사회질서와 치안유지는 그들의 상상을 훨씬 뛰어넘는 것이었다. 그야말로 "보고 듣는 것 모두가 가슴을 크게 놀라게" 했다. 그러면서 그들은 "조슈에서는 양이라는 것을 외치고 있지만, 이와 같은 모습을 볼 때 양이는 전혀 가능한 것이 아니다. (일본은) 이를 빨리 깨달아야 한다"라는 데에 모두 의견을 같이했다.[37] 국제적 격동 속에서 일본이 살 길은 양이가 아니라 개국이라는 것을 깨달았다.

두 번째 충격은 '나라[國]'에 대한 인식이다. 이토를 포함한 당대의 모든 일본인들이 인식하고 있는 나라는 자신이 속해 있는 번(藩)을 의미했다. 즉 이토나 이노우에가 생각하고 있는 나라는 조슈를 의미했고, 일본열도를 뜻하는 것이 아니었다. 그래서 도쿠가와 시대에는 각 번에서 교토나 에도에 갔다가 다시 자신의 번으로 돌아올 때 이를 "귀국(歸國)"이라고 했다. 그러므로 그들의 일차적 충성(loyalty) 대상은 번이었지, 도쿠가와 막부가 아니었다.

그러나 이토가 본 영국이라는 나라는 어느 특정 지역을 의미하지 않았다. 영국이라는 나라를 역동적으로 이끌어가고 있는 행정, 경제, 사회, 문화 등의 모든 조직과 운영은 전국적이었고 어느 특정지역에 국한된 것이 아니었다. 영국정부의 정책결정과 집행은 모든 영국인을 대상으로 한 것이었기 때문에, 그들의 충성 대상은 영국이라는 나라였다. 일본인 모두가 충성 대상으로 삼는 나라 일본을 건설하기 위해서는 막번체제의 종식과 개국이 우선해야 한다는 깨달음이었다.

양행이 이토에게 준 또 하나의 큰 선물은 평생 동지라고 할 수 있는 이노우에 가오루(1835-1915)와의 깊은 우정이었다. 앞에서도 설명했지만, 이토에게 가장 큰 영향을 미치고 출세의 길을 열어준 은인은 구루하라 료조, 요시다 쇼인, 기도 다카요시, 다카스기 신사쿠와 같은 인물들이었다. 그러나 평생을 벗으로 지내면서 이토 자신에게 부족한 부분을 메워준 사람은 이노우에 가오루였다.

1835년에 태어난 이노우에는 이토보다 다섯 살이나 많았다. 뿐만 아니라 그의 가문은 상급무사 가문으로 이토와는 신분상에 엄청난 차이가 있었다. 두 사람이 처음 만난 1862년 당시, 이토는 기도 다카요시의 종자에 불과했지만, 상급무사의 아들 이노우에는 검도와 난학(蘭學)과 포술을 익힌 번의 엘리트였다. 다카스기 신사쿠의 지도 아래 영국 공사관 방화에 함께 참여하기는 했지만, 두 사람이 평생 친구이면서 동지의 관계로 발전할 수 있었던 계기는 영국 양행을 통해서 맺은 인연이었다. 4개월이 넘는 말로 다할 수 없는 고생스러운 영국행 배 속에서의 생활, 영국에서의 활동, 또다시 귀국 길의 경험을 통해서 깊은 신뢰와 우정을 쌓을 수 있었다.

유신의 격동기를 거치면서 두 사람 모두 메이지 국가건설에 적극적으로 참여했다. 이노우에는 이토처럼 권력의 정점이라고 할 수 있는 총리대신직에 오르지 못했고, 또한 공작의 작위도 받지 못하고 후작에 머물렀다. 그러나 두 사람의 관계는 한결같았다. 이노우에는 이토의 출세를 질시하지도 않았고, 이토를 보좌하는 데에 조금도 인색하지 않았다. 반면에 이토는

이노우에 가오루

경제문제를 평생 이노우에에게 의존했다. 이토와 이노우에의 정적(政敵)이기도 했던 오자키 유키오는 예산과 같은 국가의 경제와 재정에 대한 이토의 지식은 "놀랄 정도로 유치했다"고 평가하면서, 그 원인은 "이노우에가 경제와 재정에 수완이 있고, 이토가 이를 전적으로 신뢰했기 때문에 경제와 재정에 관한 이토의 지식은 일생 발전하지 않았다"고 했다.[38] 동시대의 평론가 도야베 슌테이는 두 사람의 관계를 다음과 같이 묘사하고 있다.

이노우에 백작의 단점은 이토 후작의 장점으로 보완될 뿐만 아니라, 이토 후작의 단점은 이노우에 백작의 장점으로 보충되고 있다. 뿐만 아니라 서로 큰 잘못이 없었기 때문에 두 사람은 이성동체(異性同體)의 붕우로서 줄곧 헤어질 수 없는 관계인 것을 모두가 잘 알고 있다.[39]

뒤에서 보게 되겠지만, 이토와 이노우에 두 사람은 일본의 대한제국 지배정책과 정략의 상당 부분을 공동으로 수행하면서, 이노우에가 이토의 역할을 대행했음을 알 수 있다.

4. 도막(倒幕)과 개국

이토의 일행이 양행을 택한 1863년 5월부터 막부는 본격적으로 양이를 행동으로 옮겼다. 조슈 번 또한 막부의 명령에 따라 적극적인 양이노선을 택했다. 5월에 미국의 상선을 시모노세키 해협에서 공격하고, 도요우라(豊浦)를 지나가는 프랑스의 군함을 포격했고, 또한 네덜란드의 선박을 공격하여 10여 명의 사상자를 냈다. 이에 대한 보복으로 6월에는 미국의 전투함이 시모노세키 해협을 공격하여 조슈 번의 군함 두 척을 격침시켰고, 프랑스의 함대도 시모노세키를 공격하고 상륙하여 150여 명의 사상자를 낸 사건이 있었다. 그리고 7월에는 영국의 함대가 사쓰마(薩摩)를 공격하여 가고시마 만(鹿兒島灣)에서 해전을 벌여 세 척의 사쓰마 군함을 격침시켰다[薩英戰爭]. 이는 1년 전 시마즈 히사미쓰를 호위하는 사쓰마의 사무라이가 영국인을 요코하마의 나마무기(生麥)에서 참살한 사건에 대한 영국의 보복이었다. 본격적인 무력충돌의 시기를 맞았다.

어느 정도 영국 생활에 적응해가고 있던 이토 일행은 3월 신문을 통해서 급박하게 돌아가는 본국의 사정을 접했다. 특히 영국, 프랑스, 네덜란드, 미국 네 나라가 연합하여 시모노세키를 공격하기 위하여 준비하고 있다는 소식을 알게 되자 그들은 더 이상 영국에 머물러 있을 수 없었다. 서양의 위력을 직접 보고 체험한 이토와 이노우에는 조슈 번도 양이의 노선을 버리고, 개국으로 전환하지 않으면 결국 망할 수밖에 없다는 것을 확신하고 있었다. 이토는 만일 조슈가 서양 강대국과 전쟁을 결행한다면, 앞으로 어떤 재난을 겪어야 할지 예측하기 어렵기 때문에 하루라도 빨리 귀국하여 서양의 실상을 설명하고 번의 양이의 방침을 개국으로 돌려야만 한다고 판단했다. 이토의 당시 상황인식은 다음과 같았다.

조슈가 양이전쟁을 계속한다면 결국 패배하게 될 것이고, 그 결과는 엄청난 배상금을 물거나, 광대한 토지를 떼주어야 할지도 모른다. 최악의 경우에는 멸망할 수도 있다. 우리가 이곳 외국까지 와서 해군을 연구한들 나라가 망한다면, 무슨 소용이 있겠는가? 따라서 취학을 중단하고 일단 귀국해서 군주를 위시한 요로의 중요한 인물들을 설득하여 양이의 방침을 개국의 방침으로 바꾸도록 해야 하지 않겠는가? 조슈가 개국으로 바꾸면 결국 일본 전체도 개국의 방침을 택하게 될지도 모른다. 물론 양이론의 소용돌이 속에 뛰어들어 개국론을 주장한 다는 것은 죽음을 각오하지 않으면 안 된다.[40]

세 사람은 남아서 유학을 계속하기로 하고, 이토와 이노우에 두 사람은 전쟁을 막기 위해서 서둘러 귀국 길에 올랐다. 1864년 3월 중순 런던을 떠나 6월 10일 요코하마에 도착했다.

요코하마에 도착한 이토와 이노우에는 영국 유학을 주선해준 영국 영사 제임스 고워를 찾아가서 귀국하게 된 사정을 설명했다. 고워는 그들에게 그 동안의 변화를 전해주면서 만일 모든 외국 배가 시모노세키 해협을 자유롭게 통행할 수 있는 권리를 보장하지 않는다면, 그리고 20일 이내에 확답을 보내지 않는다면, 연합함대를 시모노세키에 파견하여 조슈를 응징 한다는 데에 4개국 공사가 합의했다는 사실을 알려주었다. 이토와 이노우 에는 다시 영국 공사 러더퍼드 올콕을 찾아가서 조슈에 평화적 해결 방법 을 모색하도록 설득한다는 전제로 4개국 연합함대의 행동을 연기해줄 것 을 부탁하고 23일 조슈의 야마구치를 향해서 요코하마를 떠났다.

이토와 이노우에는 25일과 26일 이틀에 걸쳐 번주 모리 다카치카를 위 시하여 중신들에게 자신들이 보고 들은 서양 사정을 설명하면서, 총체적 으로 조슈의 양이노선을 수정하여 개국의 방침으로 전환하지 않으면 안 된다는 것을 역설했다. 그리고 당장 4개국 연합함대의 공격을 피하기 위해 서 "단연 양이의 방침을 중단하고, 그 방침을 영국, 프랑스, 미국, 네덜란 드 4개국 공사에게 통보하여 무익한 전쟁을 피하는 것이 가장 좋은 방책" 이라는 것을 강조했으나, 그들의 노력은 아무런 보람 없이 무위로 돌아갔 다. 결국 번의 방침은 개국을 받아들이지 않고 의연히 양이의 방침을 지속하는 것으로 결정했다.[41] 그 결과는 참담했다.

변론이 확정되기 전후해서 조슈는 내우외환이라는 난국에 부딪치게 되었다. 조슈 번의 급진적 양이론자들은 교토 정국의 주도권을 장악하기 위하여 1864년 7월 19일 교토의 하마구리몬(蛤御門)에서 막부와 사쓰마(薩摩), 아이즈(會津)의 연합세력과 충돌하여 크게 패하고 교토에서 밀려났다. 금문의 변(禁門の變)이라고도 불리는 이 사건으로 인해서 조슈는 쇼카손주쿠 출신으로 번의 중요한 인재인 구사카 겐즈이, 이리에 구이치, 마키 이즈미 등 많은 인재들을 잃었을 뿐만 아니라 막부의 응징대상으로 결정되었다.

이어서 4개국 연합함대 17척이 몰려와 조슈를 공격했다. 양이의 정신만으로는 근대 무기를 이길 수 없었다. 안팎으로 적을 맞아 존망을 예측할 수 없는 상황에 처한 조슈는 먼저 외국과 강화를 체결하여 외부로부터의 어려움을 극복하고, 그후 막부의 군대를 맞아 싸울 수밖에 없다고 결정하고 강화의 길을 모색했다. 다카스기 신사쿠를 강화사절 대표로, 그리고 이토와 이노우에를 통역으로 임명했다. 14일 체결된 조약의 내용은 모든 외국선박의 시모노세키 해협 통과, 석탄, 음식, 물, 그밖에 배에서 필요로 하는 생활용품의 자유구입, 폭풍이나 고장으로 항해할 수 없을 경우 정박 허용, 그 동안 외국 선박이 입은 손실에 대한 보상 등을 포함했다.[42] 이는 조슈의 개국을 의미했다.

개국의 불가피성이 대세로 등장하면서 체제변혁을 위한 구체적인 움직임이 급박하게 부상했다. 조슈에서는 관념적 양이론에서 보다 현실적 양이를 위해서 필요한 것은 부국강병이고, 이를 위해서는 외국과 무역을 강화하고, 그리고 개국과 개혁이 필요하다는 데에 공론이 모아졌다. 하마구리몬 사건 후 권력에서 물러나 있던 기도 다카요시가 다시 조슈의 중심세력으로 부상하면서, 내정개혁과 군대근대화를 위한 길을 모색했다.

한편 막부체제를 무너뜨리고 새로운 정치체제가 불가피하다고 확신하고 활동해온 도사(土佐)의 사카모토 료마는 나가오카 신타로와 함께 막부 토벌을 위한 사쓰마와 조슈의 동맹을 모색했다. 1864년 금문의 변 이후 사쓰마에 대한 조슈의 감정은 도저히 화합할 수 없는 '구적(仇敵)'의 관계였다. 그러나 막부 토벌이라는 명분과 사카모토와 나가오카의 적극적인 노력은 불가능을 가능케 했다. 1866년 1월 사쓰마의 사이고 다카모리와 조슈의 기도 다카요시 사이에 막부 토벌을 위한 삿초동맹(薩長同盟)이 이루어졌다. 이어서 왕정복고를 목표로 하는 대정봉환(大政奉還)을 위한 사쓰마와 도사의 맹약(薩土盟約)이 성사되었다. 사쓰마의 오쿠보 도시미치, 조슈의 시나가와 야지로, 궁정의 이와쿠라 도모미 등이 왕정복고를 협의하고, 그리고 최종적으로 메이지 천황을 대변하는 이와쿠라가 1867년 10월 막부 토벌을 명하는 밀칙(密勅)을 사쓰마와 조슈에 내렸다.

조슈 내의 번 정치, 번과 번, 번과 막부와 궁중의 상호 협조와 갈등과 투쟁이 급전하는 1865년 이후의 상황전개 속에서 이토는 자신에게 주어진 임무에 충실했다. 이토는 삿초동맹 후 조슈 번의 명령을 받아 이노우에와 함께 나가사키에서 무기와 선박을 구입하는 일에 전념했다.

메이지 유신을 위한 역사의 전개과정에서 이토의 역할은 조연에 불과했다. 역시 주연은 교토의 이와쿠라 도모미와 산조 사네토미, 사쓰마의 사이고 다카모리와 오쿠보 도시미치, 조슈의 기도 다카요시와 다카스기 신사쿠, 도사의 사카모토 료마와 나가오카 신타로 등과 같은 인물들이었다. 그러나 유신의 주역들은 혁명 전야 또는 직후에 모두 역사의 현장에서 사라졌다. 그리고 이토를 위시한 혁명과정에서 조연을 담당했던 인물들이 유신 이후 근대 국가건설의 주역으로 등장했다.

이토의 전기들은 유신전야의 그의 역할을 과장해서 설명하고 있는데, 많은 부분은 사실과 다르다. 이토의 배경이나 지위에 비추어볼 때, 그가 주도적 역할을 할 입장은 못 되었다. 다만 짧은 기간이지만, 영국 유학으로 영어를 알고 있었기 때문에 외국인들을 접촉했고, 무기를 구입하기 위하여 나가사키를 내왕하면서 기도를 보좌했을 뿐이다. 물론 이토도 번의 지시에 따라서 존왕도막의 소용돌이 속에서 조슈가 개국의 주도권을 장악할 수 있도록 노력했다.

5. 왕정복고

고메이 천황의 사후 1867년 황위를 계승한 15세의 무쓰히토(睦仁)가 메이지(明治)라는 연호를 사용하는 천황으로서 즉위식을 가지게 되는 1868년이 밝아오면서 정국은 급박하게 돌아갔다. 사쓰마의 사이고 다카모리와 오쿠보 도시미치, 조슈의 기도 다카요시, 그리고 궁정의 이와쿠라 도모미는 서로 연대하여 신정부 수립을 위한 수순을 밟아 나갔다. 1월 10일 도쿠가와 요시노부 이하 막부의 27명의 관위를 벗기고, 막부의 영지를 신정부의 직할지로 귀속시켰다. 15일에는 신정부 수립과 왕정복고를 일본주재의 각국 공사들에게 통보했다. 새로 들어선 정부는 17일에는 과거의 관제를 모두 철폐하고 새로운 직제를 정하고 양이정책을 공식으로 파기하고 외국과의 화친을 도모한다는 것을 국내에 선포했고, 20일에는 막부가 외국과 체결한 조약을 준수한다는 것을 각국에 통고했다. 그리고 3월 14일에는 신정부의 국정지침이라고 할 수 있는 5개조 서문(五箇條の御誓文)을 발표했다. 메이지 국가의 기본방침[國是]이라고 할 수 있는 다섯 조항은 다음과 같다.

1) 널리 회의를 열어 나라의 정치를 공론(公論)에 따라서 결정할 것
2) 상하가 마음을 하나로 하여 나라의 방책을 성실히 행할 것
3) 서민에 이르기까지 모두 그 뜻을 펴서 인심에 불만이 없도록 할 것
4) 지금까지의 누습에서 벗어나서 천지의 공도를 따를 것
5) 지식을 세계에서 구하여 크게 황국의 기초를 다질 것

모든 정치적 대변혁은 사회적 혼란을 몰고오게 마련이다. 메이지 유신 이후의 일본도 예외는 아니었다. 260여 년 동안 지속된 도쿠가와 체제가

무너지고 새로 들어선 메이지 체제가 정착하기까지 상당한 혼란과 진통이 뒤따랐다. 메이지 유신이 비록 무혈혁명이라고 할지라도 정상적인 정권교체가 아니었고, 또한 준비된 체제도 아니었다. 오랜 평화 속에서의 사회적 변동과 19세기에 나타난 서세동점(西勢東漸)이라는 국제적 상황이 정치적 대변혁을 촉진시켰다. 또한 유신세력이 일사불란하게 통합된 세력도 아니었다. 사쓰마, 조슈, 도사, 히젠 네 번의 연합으로 이루어졌다. 혁명 후 반혁명이 나타나듯이 반(反)유신세력이 등장했고, 유신 주체세력 사이에서도 주도권 장악을 위한 권력투쟁도 일어났다. 더욱이 서양 세력이 밀려오고 있었다. 혼란이 뒤따른 것은 너무나 당연했다.

후세의 사가들은 메이지 유신을 봉건과 근대의 이정표로 보고, 근대 국민국가의 출발점으로 높이 평가하고 있다. 이는 당시 메이지 정부가 국내외적 혼란을 극복하고, 부강개명(富强開明)이라는 국가진로의 성취를 위해서 국민통합을 이루고, 그리고 서양의 강대국과 대등한 국민국가를 만들어가는 기점이 되었기 때문이다.

모든 혁명정권에서처럼 새로 들어선 메이지 정부도 전국에 걸친 지배권의 강화라는 기본적 문제해결이 시급한 과제였다. 유신체제가 도쿠가와 막부를 무너뜨리는 데에는 성공했으나, 그렇다고 해서 정치적 통일을 완성한 것은 아니었다. 메이지 신정부의 지배 아래 들어온 것은 도쿠가와 막부로부터 몰수한 토지뿐이었고, 나머지 지역은 여전히 번의 지배 아래 있었다. 각 번의 영주는 변함없이 토지와 농민을 관할하여 세금을 걷고 사무라이라는 군사력을 유지하고 있었다. 유신에 직접 참여했던 고토 쇼지로가 지적하는 것처럼 "일본은 한 국가가 아닌 300개의 작은 독립국으로 되어 있다. (메이지) 정부는 까마귀 떼[烏合]의 정부로 조령모개(朝令暮改), 일정한 방침도 없는 마치 사상누각(沙上樓閣)과 같은 상태"였다.[43]

메이지 정부는 과격한 변화보다는 번의 전통적인 자치를 어느 정도 인정하면서 체제를 정비해 나가려고 했다. 그러나 번 체제를 그대로 유지하면서 통일적 중앙집권체제를 만들어간다는 것은 그리 쉽지 않았다. 행정체계가 번에 따라 달라 통일성을 이룰 수 없었고, 번의 관리들도 신정부의 명령을 거부하는 태도도 나타났다. 그러나 무엇보다 우려되는 것은 번이 존속하는 한 국민의 충성은 번과 신정부로 갈라져 국가통합의 의식이 약화되고 있다는 사실이었다. 사태의 심각성을 파악한 사쓰마 번의 오쿠보와 조슈 번의 기도는 번의 독립적 성격을 무력화시키기 위한 방책을 강구했다.

오쿠보와 기도는 어려운 협상 끝에 1869년 3월 사쓰마, 조슈, 도사, 히젠 4번의 다이묘(大名)로 하여금 번의 영지와 백성을 관장하는 문서[版籍]를 조정에 바친다는 판적봉환(版籍奉還)을 선언하도록 설득했다. 네 명의 번주(藩主)는 국정을 새롭게 회복하고, 해외 각국과 병립하기 위하여 판적을 거두어 조정에 바친다는 것을 연서하여 발표했다. 이를 본받아 200여 번이 판적봉환을 신청했고, 6월에 이르면 메이지 천황은 판적봉환을 결정한 뒤에 스스로 청하지 않은 번에게 봉환을 명했다. 이는 1871년 8월 번을 폐지하고[廢藩], 새로 현을 설치하는[置縣] 폐번치현의 조치로 발전했다. 그리고 번의 군대도 모두 해산했다.

제2의 유신이라고도 할 수 있는 폐번치현을 통해서 메이지 신정부는 명실상부하게 중앙집권체제를 확립할 수 있었다. 번이 폐지되면서 전국을 3부(府) 72현(縣)으로 하는 행정체계를 새로 정하고, 중앙정부의 지방통제가 강화되면서 옛 번의 흔적은 점차 사라져가게 되었다. 지방관리는 중앙정부에서 임명하고 파견했다. 번 내셔널리즘이 점차 약화되었고, 번에 대한 충성은 중앙정부로 이전되면서 메이지 체제의 기반이 다져졌다.

제3장

"순풍에 돛을 달고"

1. 지역정치에서 국가정치로

막부 말기 이토 히로부미의 역할은 기도 다카요시의 수행비서격인 종자로서 주로 조슈 문제에 국한되었다. 그는 기도의 종자로서, 4개국 연합함대가 시모노세키(下關)를 공격할 당시 협상 대표인 다카스기 신사쿠의 통역으로서, 막부의 조슈 원정에 대항하기 위하여 필요한 무기와 배를 나가사키의 서양인으로부터 구입하는 구매자로서, 또는 사쓰마와 조슈의 연합을 위하여 기도의 심부름꾼으로서 역할을 하기도 했다. 자신의 구상과 판단에 따른 행동이라기보다는 조슈라는 지역적 틀 속에서 기도 또는 번의 지시에 따라서 행동했다.

이토는 왕정복고의 결정적 과정에서 직접 공을 세운 경력이 없다. 쇼카손주쿠의 요시다 쇼인 밑에서 함께 공부한 야마가타 아리토모가 군대를 이끌고 막부 토벌 전쟁[戊辰戰爭]에 참여했던 것과는 달리, 이토는 유신 전야에 전개된 급박한 상황에서 행동으로 참여할 기회를 가지지 못했다. 메이지 유신 이후 논공행상에서 야마가타는 포상 명단에 포함되어 포상을 받았으나, 이토가 빠진 것도 이러한 연유에서일 것이다.

메이지 유신 이후 새로운 체제가 성립하면서 이토는 군인이 아니라 문관의 길을 택했다. 그러면서 행정가, 정치가, 외교가로서의 두각을 드러내기 시작했다. 여기에는 물론 기도 다카요시의 후원, 주선가적 자질, 독서와 여행을 통해서 습득한 서양의 새로운 정보와 지식, 정확한 상황판단과 행동력과 같은 개인의 자질이 크게 기여했다. 그러나 무엇보다 크게 작용한 것은 그의 첫 양행의 경험이었다. 비록 그것이 반년밖에 안 되는 짧은 기간이었으나, 양행의 경험은 그로 하여금 남보다 한걸음 앞서 생각하고 행동하게 했다. 첫 번째 양행에서 이토가 보고 경험한 서양에 대한 견문은 그에게 서양을 일본이 따라가야 할 모델로 삼고 끊임없이 정보와 지식을 추구하게 했다. 학생의 한 명으로 이와쿠라 사절단에 참여했던 마키노 노부아키가 뒷날 지적하고 있는 것처럼, 이토가 "정무 중심의 입장에서 시종 일관 시대에 앞선 여러 정책을 만들고 앞날을 내다보며 정무를 다룰 수 있었던 것은 첫 외국여행의 영향"이라고 할 정도로 첫 양행은 그의 삶에 중대한 영향을 미쳤다.[1]

공직생활을 하면서도 이토는 서양의 움직임을 항상 주의 깊게 관찰하고, 자신이 습득한 정보와 지식을 정책 구상과 집행에 응용했다. 그는 국제정세와 서양의 동태를 파악하기 위하여 신문, 시사잡지 등 상당히 많은 외국의 출판물을 구독했다. 이토의 비서인 후루야 히사쓰나에 의하면, 이토는 「런던 타임스 위클리(*London Times Weekly*)」, 「컨템퍼러리 리뷰(*Contemporary Review*)」, 「19세기와 그후(*Nineteenth Century & After*)」, 「노스 아메리카 리뷰(*North American Review*)」, 「그래픽(*Graphic*)」, 「일러스트레이티드 런던 뉴스(*Illustrated London News*)」 등을 정기적으로 구독하고", 기사의 내용 가운데서도 "극동 문제에 관한 논문에 특별한 주의"를 기울였다. 그는 서양으로부터 "신지식을 습득하는" 일을 게을리 하지 않았다.[2]

이토는 1868년 1월 12일 개항장인 효고 현(兵庫縣)에서 외교문제를 담당하는 사무관으로 신정부의 공직생활을 시작했다. 이는 아마도 그가 짧은 기간이지만 영국에 유학할 수 있는 기회를 가졌고, 유신운동 기간에도 배와 무기를 구입하기 위하여 여러 차례 나가사키를 왕래하면서 외국인들을 접촉했던 경험 때문이었을 것이다. 비록 짧은 영어였지만, 당시 새로

들어선 정권에서 영어를 구사할 수 있는 능력을 지닌 사람은 지극히 소수에 불과했다.

메이지 정권이 들어서면서 개국을 선포했으나, 여전히 양이의 전통이 그대로 남아 있었다. 특히 개항장을 중심으로 여기저기서 서양인을 습격하는 사건이 빈번히 일어났고, 이는 중대한 외교문제로 발전했다. 이토에게 주어진 첫 임무는 외국인과 충돌한 사건을 원만하게 처리하는 것이었다. 그가 현지에 부임하기 전후해서 히젠(肥前) 번의 무사들과 프랑스, 미국, 영국 군인들 사이에 충돌한 고베(神戶) 사건, 도사(土佐) 번의 병사들이 사카이(堺)에 상륙한 프랑스 수병에게 발포하여 15명이 죽고 5명이 부상한 사카이 사건, 그리고 영국의 주일공사 파크스가 자객에 의하여 습격당한 사건 등이 일어났다.

불평등조약 상태에 있는 신정부는 대체로 서양 국가들의 요구를 들어주고 사건을 수습했다. 이토가 처리한 사건들도 크게 다를 바 없었다. 이토는 고베 사건을 처리하기 위하여 영국, 프랑스, 이탈리아, 미국, 페루, 네덜란드 등 6개국 공사와 협상하여 재발 금지를 약속하고, 책임자가 사죄하는 것으로 협상을 마무리했다. 사죄의 징표는 외국인을 공격한 부대 책임자가 할복하는 것으로 매듭지었다. 할복 예식에 참석한 이토는 훗날 당시의 상황을 "다키는 삼보(三寶)에 놓인 단도를 잡아 배를 一자로 가르고 단도를 다시 본래의 위치에 놓았다. 그리고 머리를 앞으로 내밀자 그의 부하가 칼을 휘둘러 머리를 잘랐다. 열석한 외국인의 얼굴에는 간담이 서늘한 모습이 역력히 드러났다"라고 회상했다.[3] 사카이 사건도 프랑스 공사 레옹 로쉐가 요구하는 대로 가해자 20명을 처형하고, 피해자 유족 및 부상자에게 15만 달러를 지불하고, 중앙정부와 도사 번이 사죄하는 것으로 종결되었다.[4]

비록 수세적 입장에서 수행한 협상이기는 했지만, 이토는 이러한 사건들이 더 이상 외교문제로 발전하지 않도록 신속하고도 원만하게 처리했다. 그 결과 "기도 다카요시의 추천"에 의해서 1868년 2월 20일 이토는 징사참여직외국사무국판사(徵士參與職外國事務局判事)로 임명되었고, 이어서 오사카 부(大阪府)의 고위직을 거쳐, 5월 23일 효고 현의 지사로 임명되었다. 농군 출신의 하급무사 이토는 그의 나이 28세에 자신이 구루하라 료조를 수행하여 하기를 떠나 격동의 시대에 뛰어든 지 12년 만에 중소(中小) 번주와 동격인 지사의 자리에 오를 수 있었다.[5]

효고 현 지사가 처리해야 할 업무의 상당 부분은 외국과의 관계를 조율하는 것이었다. 이토는 영어와 주선가의 능력을 발휘하여 개항장인 고베와 효고를 중심으로 벌어지고 있는 강대국과의 교섭을 비교적 신속하고도 원만하게 처리했다. 외국과의 관계를 협상하면서 이토가 절실하게 깨달은 것은 서양열강과 체결한 불평등조약을 하루 속히 폐기하는 것이었고, 이를 위해서는 경제력과 군사력을 바탕으로 한 부강한 국력이 필요하다는 것이었다. 그리고 이러한 국력을 배양하기 위해서는 봉건적 행정조직을 혁신하고 강력한 근대적 중앙집권체제의 국가를 건설하는 것이 무엇보다 시급한 과제라는 것을 확신했다.

새로운 국가건설을 위한 구상에서도 이토는 누구보다 앞서가는 인물이었다. 그는 일찍부터 봉건체제의 해체, 중앙집권 하의 상비군체제 구축, 판적봉환 등과 같은 혁명적 조치를 주장하고 나섰다. 1868년 4월 새로 들어선 정부가 어려운 재정을 충당하기 위한 방편의 하나로 조슈와 사쓰마가 일부 재정을 헌납하는 방안을 검토할 때, 이토는 이를 반대하면서 기도에게 보다 본질적인 개혁을 다음과 같이 촉구했다.

영주의 영지 일부를 헌납하는 데에 그치고 번 체제를 지속하는 것은 일시적 방편에 지나지 않습니다. 왕정복고라는 것은 완전한 대권의 환원이라는 것을 뜻하기 때문에 봉건을 폐하고 군현을 설치하고, 병력과 재정을 조정(朝廷)이 모두 장악하고, 모든 번을 폐하고 조정의 권력이 직접 전국에 미치게 해야만 할 것입니다. 그럼으로써 비로소 모든 진보와 개량을 도모할 수 있습니다. 그렇지 않을 경우 왕정복고의 본뜻을 관철하지 못할 뿐만 아니라, 결코 서양 국가들

효고 현 지사 당시의 이토

과 맞설 수 없을 것입니다.[6]

1869년 이토가 정부에 제출한 건백서[國是綱目]의 주장을 그대로 인용하면 "정치와 병마의 대권을 조정에 귀속시켜" 국력배양을 정부가 주도적으로 이끌어야 한다는 것이었다.[7] 이는 각 번 스스로가 배타적으로 소유하고 있던 번의 토지, 인민, 병권, 재정권 등 모든 권력을 포기하는 것을 의미하고 있었다.

이토는 누구보다도 먼저 봉건적 무사제도를 폐기하고 근대적 징병제를 실시할 것을 주장한 인물이기도 하다. 10월 이와쿠라에게 제출한 의견서에서 이토는 유신 저항세력을 응징하기 위하여 출전하였던 병력을 재편성해서 정부의 상비군으로 삼을 것을 제안했다. 그는 "봉건제에서는 조정의 병권은 이름뿐이고 그 실권은 제후들이 장악하고 있었기 때문에 조정의 힘이 약할 수밖에 없습니다. 조정의 힘이 약하면, 조정은 실제로 아무것도 할 수 없습니다"라고 지적하면서 군사제도를 근본적으로 바꿀 것을 다음과 같이 제안했다.

북벌(北伐)군사(유신 저항세력을 응징하기 위하여 출전했던 군대/필자)의 개선을 맞이하는 이번 기회를 이용하여 이들을 조정의 상비군으로 개편하여 총독(總督), 군감(軍監), 참모(參謀) 이하 모두에게 적당한 작위를 부여하고 이들로 하여금 병사를 관리하도록 해야 할 것입니다. 병사 또한 기능에 따라서 반을 나누어야 할 것입니다. 여러 나라의 군제를 참조하지만, 특히 유럽 각국의 병제를 절충하여 새로운 일본식 병제로 개혁하고, 조정이 친히 이를 통솔한다면 일본의 병력은 대륙[北地]으로 보낼 만큼 강해질 것입니다. 그리고 그들을 훈련시키고 연마케 한다면 그 힘이 더욱더 강해져서 안으로 모든 불안을 제어하고 밖으로 만국에 대응할 수 있을 것입니다.[8]

징병제를 실시한다는 것은 무사제도를 폐기하고 무사의 특권을 몰수하는 또 하나의 혁명적인 조치였다.

농군출신의 아시가루였던 이토에게 막부는 타도의 대상이었다. 자신의 나라였다고 할 수 있는 조슈 번 또한 예외가 아니었다. 번으로부터 별다른 혜택도 받지 못한 이토로서는 번 해체에 대해서도 어떠한 부담도 없었다. 양행과 효고 현 지사의 업무를 수행하면서 국력의 중요성을 절감했고, 이를 위해서는 강력한 중앙집권체제가 필요하다는 것을 확신한 이토는 구체제를 해체하고 붕괴시키는 데에 적극적이었고 급진적이었다. 신정부에서 그의 지위는 아직 낮았지만, 변혁을 위한 의견서를 끊임없이 중앙정부에 제출했다.

새로 출범한 메이지 정부가 당장 풀어야 할 정치적 과제는 「미구회람실기(美歐回覽實記)」의 저자 구메 구니타케가 그의 서문에서 밝히고 있는 것과 같이 "첫째는 쇼군(將軍)이 배타적으로 소유하고 있던 모든 정치권력을 천황 친정으로 이관하는 것이고, 둘째는 각 번의 장악하고 있던 권력을 폐기하고 중앙정부가 모든 정치를 관장하는 중앙집권체제로 개혁하는 것이고, 셋째는 서양열강과 교류를 확대해야 한다"는 것이었다.[9] 이토가 제출한 많은 건백서의 요점도 여기에 맞추고 있다. 이토의 표현을 빌리면,

"황국의 안위를 위해서는 무엇보다 먼저 정체(政體)를 확립"하고, 이를 위해서는 각 번이 가지고 있는 "모든 권한을 조정에 귀속시켜" "전국의 정치를 한 곳에 집중해야"하고, 중앙정부는 "신의를 바탕으로 한 외국과의 교류를 확대해서" "문명국으로 발돋움해야 한다"는 것이었다. 이러한 그의 생각은 봉건제도를 지탱해온 무사제도를 폐기하고 대신 상비군제도를 도입해야 한다는 신병 창설론, 막번체제 속에서 번주들의 배타적 지배 아래 있던 토지와 인민과 병권 모두를 새로 들어선 중앙정부에 넘겨야 한다는 판적봉환(版籍奉還), 판적봉환 이후 국정운영의 방향을 제시한 국시강목(國是綱目), 그리고 그의 폐번론(廢藩論) 건백서에 잘 나타나 있다.[10]

신정부 수립 당시 이토의 이러한 개혁정책은 이와쿠라 도모미, 오쿠보 도시미치, 기도 다카요시 등과 같은 최고 정책결정자들의 관심을 끌기에 충분했다. 동시에 번주의 세습과 권력포기를 골자로 하는 급진적 개혁노선은 기득권을 가지고 있었던 보수세력들이 이토를 견제할 수 있는 빌미를 제공하기도 했다. 그러나 새로 들어선 메이지 정부는 구체제를 답습하기보다는 새로운 체제 확립을 필요로 했고, 이를 위해서는 이토와 같은 혁신적인 인물을 필요로 했다.

지방에 머물러 있던 이토는 1869년 5월 회계관권판사(會計官權判事 : 현재의 대장성의 국장급)로 승진하면서 신정부의 중심지인 도쿄(1868년 교토[京都]에서 천도하여 수도가 되면서 에도[江戶]에서 도쿄[東京]라는 이름으로 바뀌었다)로 진입했다. 그 동안 그가 지방에서 외국과 관계된 업무를 다루었다면, 이제부터는 중앙의 핵심부서라고 할 수 있는 대장성에서 금융, 무역, 상업, 운송 등 광범위한 영역의 경제문제를 다루게 되었다. 관제개혁과 함께 그는 7월에는 메이지 정부의 실세인 오쿠보 도시미치를 보좌하는 대장성(大藏省)의 소보(少輔)에 임명되었고, 8월에는 민부(民部) 소보를 겸하게 되었다. 그의 출세는 마치 "순풍에 돛단 배"처럼 거침이 없었다.[11]

재정과 지방행정을 담당하는 이토는 1869에서 70년 사이에 기도가 신뢰하는 오쿠마 시게노부, 이노우에 가오루와 함께 재정과 행정 개혁을 적극적으로 추진했다. 조폐 담당 책임자인 이노우에 가오루와 협의하여 조폐법과 조폐제도를 정리, 개선했다. 그리고 오사카, 가와치(河內), 사카이(堺), 나라(奈良) 등의 현의 분할과 병합 등을 주도했다. 영국 밀항을 통해 철도와 산업화의 중요한 연관성을 체험한 이토는 도쿄-요코하마 철도부설을 계획하고, 1870년 6월에는 영국의 오리엔탈 은행으로부터 이를 위한 자금 100만 파운드 차관 도입을 성사시켰다. 그리고 7월 1일부터 오사카 등지를 시찰하면서 지방관을 독려하고, 오사카-고베 철도노선을 선정하고 토지수용 등의 필요한 계획을 수립했다.

이토가 대장성 소보로 임명될 당시(1869)만 해도 일본은 옛 막부와 각 번이 발행한 각종의 통화와 신정부가 임시로 발행한 불환지폐가 함께 유통되고 있었다. 이는 물가 불안의 요인으로 작용했고, 국민의 일상적 경제생활은 물론 외국무역에도 막대한 지장을 초래했다. 경제안정과 정상적인 국내외 상거래를 위해서는 금융 및 화폐제도의 개혁과 시정이 시급했다. 1870년 10월 이토는 근대적 화폐제도와 자본주의 국가의 재정과 통화 및 그 운영기법을 조사하고, 이를 바탕으로 일본 금융제도의 근본적인 개혁과 확립의 필요성을 강조하면서 미국 출장을 정부에 건의했다. 건의는 즉각 받아들여졌다. 그는 1870년 11월 새 지폐발행에 따른 재정 및 통화 사정과 근대적 금융거래를 조사하기 위하여 미국 출장길에 올랐다. 이토의 첫 번째 미국 출장이었다. 그는 요시카와 아키마사, 후쿠치 겐이치로 등 21명의 수행원을 이끌고 있었다. 8년 전 이노우에 가오루와 함께 배 밑바닥에서 갖은 고생을 다하면서 영국으로 양행했던 것과는 너무나 큰 차이였다.

이토는 반년 가까이 샌프란시스코, 워싱턴, 뉴욕 등지를 돌아보고 많은 미국 관리들을 만나 미국의 재정운영, 화폐통화정책, 금융기법 등을 조사했다. 그리고 그는 현지에서 화폐발행법의 제정, 금본위의 지폐 채용, 공채증서 발행, 국립은행 설립 등의 필요성을 주장하는 건백서를 본국에 보냈다. 이토는 특히 금본위체제 하의 화폐의 필요성을 강조했다. 그에 의하면 "문명화한 유럽 여러 나라의 석학들은 다년간의 연구와 경력을 통하여 금화를 본위화폐로 정했다. 오늘 만일 새로운 화폐를 주조하는 법을 만든다면, 반드시 금화를 본위로 해야 한다는 것은 조금도 의심의 여지가 없다. 이를 볼 때 우리나라가 새로운 화폐를 주조할 경우 다른 나라의 경험에 기초하여 금본위체제로 해야 할 것이다."[12] 메이지 정부는 이토가 건의한 대로 금본위제도를 채택하기로 했다.

1871년 5월 9일 귀국한 이토는 미국 출장에서 보고, 듣고, 조사한 것을 정리하여 대장성의 직제개혁안을 제출했다. 이토가 제출한 대장성 개혁안에는 대장성이 전국의 재정을 지휘 감독하며, 관청의 경비 지출, 세법 개혁, 금본위 화폐 확정, 공채 모집, 농업과 상공업 발달을 지휘하는 것이 포함되었다. 그러나 이토가 의도했던 보다 중요한 부분은 국가 전체의 재정, 금융, 세제를 담당하는 대장성의 제도와 업무를 대대적으로 개혁하여 대장성의 역할을 확대 재편하고 동시에 대신의 권한을 보다 명확히 하는 데에 있었다.[13]

그러나 오쿠보 도시미치의 반대로 이토의 대장성 개혁은 좌절되었다. 기도 다카요시가 지원하고 있는 이토를 중심으로 오쿠마 시게노부, 이노우에 가오루, 시부사와 에이이치 등이 주도하는 대장성 개혁을 오쿠보는 탐탁지 않게 여겼다. 기도가 국가재정을 장악할 수도 있다는 것을 우려했던 것이다. 대장성 대신으로 자리를 옮긴 오쿠보는 대장성의 기도 인맥을 정리했다. 오쿠마는 대장성을 떠나 참의로, 이노우에는 민부 소보로, 그리고 이토는 조세와 조폐 담당 책임자로 전임되었다. 대장성의 제도개혁은 후퇴할 수밖에 없었다. 대장성 개혁계획이 좌절되면서 이토는 정치권에서 오쿠보의 지위와 실력을 재확인할 수 있었다. 권력 향방에 민감한 이토는 오쿠보와의 관계정립의 길을 적극적으로 모색하기 시작했다.

이토가 수행한 미국 출장의 중심 임무는 미국의 화폐제도와 재정구조, 금융운영에 관한 조사였다. 그러나 그는 조약개정에도 지대한 관심을 가지고 있었다. 이토가 미국에 출장 갔던 시기는 도쿠가와 막부가 미국과 체결한 통상조약의 유효기간이 끝나갈 무렵이었다. 불평등조약의 문제점을 개항 현장에서 직접 체험한 이토가 조약개정에 관심을 가지게 된 것은 너무나 당연한 일이었다. 1871년 5월까지 미국에 머무르면서 이토는 조약개정에 대한 현지 분위기를 파악하고 미국 관리들을 만나 개정 가능성을 타진하기도 했다. 일본 국내에서도 도쿠가와 막부가 1854년부터 1860년 사이에 미국을 위시한 유럽의 여러 나라와 체결한 수호통상조약의 만기일이 다가오면서 유럽과 미국에 사절을 보내야 한다는 논의가 진행되고 있었던 때이기도 하다.

2. 이와쿠라 미션

페리 내항으로부터 1년 후인 1854년 3월 도쿠가와 막부는 미국과의 화친조약[神奈川條約]을 체결했다. 260년의 쇄국에서 개국으로 국가진로가 전환하는 것을 상징하는 사건이다. 이어서 1858년 6월에는 미일수호통상조약이 조인되었다. 그리고 이후 일본은 영국, 러시아, 프랑스 네덜란드 등을 위시한 서구열강과도 유사한 조약을 체결했다.

일본이 이처럼 막부 말기에서 메이지 초기에 걸쳐 미국이나 유럽의 여러 나라와 조인한 모든 조약은 일본에 불리한 소위 불평등조약이었다. 불평등조약을 대등한 조약으로 개정하는 것은 서양으로부터 일본의 문명화를 공인받는 중요한 외교적 과제였을 뿐만 아니라 국민적 소망이기도 했다.

조약개정이 가능한 최초의 기회가 1872년으로 다가오고 있었다. 도쿠가와 막부가 1858년 6월 미국과 체결한 미일수호통상조약의 만기일이 1872년 7월이었다. 이는 수호통상조약 제13조가 "지금으로부터 171개월 후(1872년 7월) 쌍방의 합의에 의하여……(조약문을) 보완하거나 개정할 수 있다"고 개정의 시기와 방법을 명시하고 있었기 때문이다. 특히 첫 번째 조약개정이라고 할 수 있는 미국과의 협상은 다른 나라와의 개정에도 영향을 미칠 수 있기 때문에 중요한 의미가 있었다. 메이지 정부는 각국의 사정을 보다 정확히 파악하고 조약개정의 분위기를 성숙시키기 위하여 사절단 파견의 필요성을 인식하고 있었다.

조약개정 문제가 임박했다는 것을 잘 알았던 이토도 화폐와 금융 제도를 조사하기 위하여 미국에 체류하는 동안 나름대로 이에 대한 정보를 수집하고 가능성을 타진했다. 이토에 의하면 조약개정은 "장래 나라의 안위, 국민의 빈복(貧福), 교류의 영욕(榮辱), 교역의 손익"을 결정하는 "일대기원(一大紀元)"이었다. 그러므로 일본정부가 본격적으로 조약개정 협상에 임하기 전에 서양 각국의 제도와 법률, 경제와 회계방법, 교육제도, 세목의 득실을 조사하고 연구할 필요가 있었다. 이를 위해서 이토는 미국에 체류하는 동안 일본정부가 사절단을 미국과 유럽에 파견할 필요가 있다는 것을 강조하면서 이를 적극적으로 검토할 것을 건의했다.[14]

사절단 파견 문제는 이토가 미국에서 귀국한 직후인 9월부터 정부에서 본격적으로 논의되었다. 그리고 11월 4일 천황의 재가를 받아 이를 확정했다. 처음부터 사절단 대표로 내정된 이와쿠라 도모미는 이토가 부사(副使)로 수행할 것을 요구했다. 이토는 당시의 상황을 다음과 같이 회상하고 있다.

> (이와쿠라가 부사로 수행할 것을 요구했을 때) 물론 나는 즐겁게 동행할 것을 생각했다. 그러나 시찰 결과를 실행한다는 점을 고려한다면, 정부 안의 유력자가 참여해야 할 필요가 있다고 판단했다. 그래서 기도와 오쿠보의 동행을 진언했고, 이와쿠라는 나의 제안을 즉시 받아들였다.[15]

시찰뿐만 아니라, 시찰 결과를 정책화하고 집행하기 위해서는 기도나 오쿠보와 같은 정부의 실세가 참여하는 것이 바람직하다는 것이 이토의 판단이었다. 시찰 이후 전개될 사항에 대해서도 미리 예상하는 이토의 주도면밀함을 보여주고 있다.

기도와 오쿠보의 동행이 결정되면서 사절단은 처음 의도했던 것과는 달리 대규모로 구성되었다. 대사와 부사를 포함한 공식 사절 46명, 수행원 18명, 5명의 여성을 포함한 유학생 43명이 확정되었다. 유학생 가운데에는 가네코 겐타로, 나카에 죠민, 단 다쿠마, 마키노 노부아키, 무샤노코지 사네아쓰 등과 같이 뒷날 정계, 재계, 문화계를 이끈 인물들이 포함되었다. 사절단을 이끌 특명전권대사에 이와쿠라 도모미가 임명되었고, 특명전권 부사(副使)에 기도 다카요시와 오쿠보 도시미치, 그리고 부사로는 31세의 최연소자이지만 해외경험이 많은 이토 히로부미와 외무성을 대표하는 야마구치 마스카 등 4명이 임명되었다. 사절단의 중심이라고 할 수 있는 이와쿠라, 기도, 오쿠보는 영어 소통이 불가능했다. 야마구치는 영어가 가능했으나, 언어뿐만 아니라 외국 경험, 관료생활, 그리고 무엇보다 이와쿠라, 기도, 오쿠보와의 관계를 고려할 때 출발부터 이토가 사절단의 주도권을 가지게 된 것은 당연한 결과였다.

사절단은 1871년 11월 12일 미국을 향하여 요코하마를 출발했다. 메이지 정부의 최고 책임자인 태정대신(太政大臣) 산조 사네토미는 사절단이 출발하기 직전 "외국과의 교류는 나라의 안위에 직결됨으로써 사절의 능력 유무는 나라의 영욕에 관계"가 되고, 앞으로 일본이 헤쳐나가야 할 "외교와 내치의 대업은 실로 이번 행사의 성패에 달려 있다"고 그 중요성을 강조하고, 모두가 "동심협력(同心協力)하여 소임을 다해줄 것"을 당부했다.[16]

미국을 거쳐 유럽 14개국을 순방하는 여행 일정은 10개월 반으로 확정되었다. 그러나 이와쿠라가 최종적으로 귀국한 것이 1873년 9월 13일이므로, 사절단의 여정은 만 2년에 가까웠다. 이처럼 일정이 예정보다 1년 가까이 더 길어진 원인의 빌미는 이토가 제공했다.

이와쿠라 사절단은 일본의 문명개화에 실마리를 제공하는 데에 크게 기여했다. 봉건체제를 무너뜨리고 쇄국에서 개국으로 이끈 메이지의 지도자들이 직접 서양의 선진 문명과 제도를 현장에서 체험할 수 있는 기회였다.[17] 공식 기록원인 구메 구니타케에 의하면, 미국과 유럽 순방을 통해서 사절단은 "국제상황의 변화가 자동차 바퀴의 회전처럼 빠르고, 세상 변화

샌프란시스코에 도착한 이와쿠라 사절단. 왼쪽부터 기도, 야마구치 마스카, 이와쿠라, 이토, 오쿠보

또한 참으로 파도처럼 크다"는 것을 깨달을 수 있었다.[18] 학생의 한 명으로 선발된 오쿠보의 둘째 아들인 마키노 노부아키는 뒷날 그의 회고록에서 미국과 유럽 순방은 "유신 후 새로운 국가건설의 기초를 다진 가장 중요한 사건"이라고 회상하고 있다.[19]

동시에 외교에 대한 사절단의 무지, 상황판단의 오류, 개인적 야심 등으로 많은 문제를 야기한 것 또한 사실이다. 첫 방문지인 미국에서 조약개정 문제를 둘러싼 잘못된 판단은 사절단 내부의 갈등을 만들었고, 이후 일정에 많은 차질을 가져왔다. 미야케 세쓰레이의 표현을 빌리면, "기도가 오쿠보와 이토의 경솔함을 비난했고, 오쿠보 등은 이를 받아들이지 않고 기도도 이에 동조했음을 주장하여 서로 반목을 드러냈고", 그러면서 미국을 지나 유럽을 순방하면서 출발 때 가졌던 "포부와 기대는 환멸"로 변했다.[20]

출발 당시의 포부와 기대가 환멸로 변한 원인, 사절단 내의 복잡한 인간관계와 정치적 갈등, 사절단과 도쿄 정부 사이의 미묘한 입장 차이, 사절

단의 구체적인 행적이나 성과 등은 이 연구의 관심 영역 밖이다. 다만 이곳에서는 이토 히로부미에 국한하여 사절단에서의 그의 역할과 득실을 살펴보자.

사절단이 순방의 첫 기착지인 미국의 샌프란시스코에 도착하면서부터 이토는 적극적으로 활동했다. 12월 14일 환영회에서 그는 미국의 문명과 문화를 높이 평가하면서 일본이 서양문명을 받아들이기 위해서 적극적으로 노력하고 있음을 '영어'로 연설했다. 뒷날 "일장기 연설"로 알려진 이 연설에서 이토는 일본국민은 읽고, 듣고, 시찰을 통해서 모든 외국의 정체(政體), 풍속, 습관에 대한 보편적 지식을 획득하고 있고, 일본 정부나 국민이 열렬히 희망하는 것은 선진국이 향유하고 있는 문명의 최고점에 도달하는 데에 있다는 것을 강조했다. 또한 일본은 미국의 현대적 발명과 축적된 지식의 성과를 경험의 사범으로 삼아 생산과 통상을 증진하고 국제무대에서의 활동을 신장할 수 있는 건전한 기초를 다지기를 희망한다고 역설했다. 그러면서 일본은 앞으로 태평양에서 전개될 새로운 통상시대에 참가하여 대(大)통상국민으로서 일본은 미국에 열심히 협력할 것을 다짐했다. 이토는 연설을 다음과 같이 끝맺었다.

우리나라 국기의 중앙에 위치하고 있는 붉은색 원(red disk)은 더 이상 제국을 봉인하는 봉랍(封蠟, wafer)을 뜻하는 것이 아닙니다. 이제부터는 사실상 본래의 의장(design)인 떠오르는 아침 해의 고귀한 휘장이 되고, 세계의 문명국가들 대열에 맨 앞으로 그리고 또한 위로 나갈 것입니다.[21]

공명심이 강한 이토는 미국에 도착하면서부터 마치 물고기가 물을 만난 것처럼 매사에 앞장섰다. 다른 사람들과 달리 영어를 구사할 수 있는 능력은 그의 행동을 더욱 자극했다. 그러나 그의 경솔한 판단과 행동은 결국 워싱턴에서 외교적 실책을 범하게 했다. 그가 앞장서서 주도한 미국과의 조약개정 교섭이 완전히 실패로 끝나면서, 사절단의 의미가 크게 위축되었을 뿐만 아니라 내부갈등을 조장하는 원인이 되기도 했다. 특히 그 과정에서 오쿠보와 기도의 갈등이 첨예화되었고, 순방계획에 혼선을 빚었고, 또한 일정에 커다란 차질을 가져왔다.

사절단은 샌프란시스코, 새크라멘토, 솔트 레이크, 시카고를 거쳐 1872년 1월 21일 미국의 수도 워싱턴에 도착했다. 그랜트 대통령 부인이 이와쿠라 대사에게 "훌륭한" 화환을 호텔로 전달할 정도로 미국정부로부터 성대한 환영을 받았다. 구미 구니타케는 "화환의 금액은 300불에 이른다고 한다. 이는 서양에서 가장 격식 높은 선물"이라고 기록하고 있다.[22] 사절단 일행은 백악관으로 미국 대통령을 예방하고 메이지 천황의 친서를 전달했다. 또한 상원과 하원, 사법부, 행정부의 각 부처를 방문하고 그들로부터 대대적인 환영을 받았다.

대통령 율리시스 그랜트는 사절단 접견 자리에서 "일본과 화친무역을 최초로 개시한 미국이 오늘 또다시 이처럼 일본의 사절단을 처음으로 맞이하게 되니 참으로 광영입니다. 이번 기회에 조약의 안건을 잘 헤아려 무역교통의 규정을 수정할 것을 나는 희망합니다"라는 취지의 발언을 했다. 당시 주미 일본 대사격인 모리 아리노리는 미국의 환대와 대통령의 외교적 발언을 과대평가하여 조약개정이 생각보다 어렵지 않다고 판단했다. 그리고 그는 메이지 정부의 핵심세력으로 구성된 사절단이 다만 조사에만 그칠 것이 아니라, "이번 기회에 조약개정의 실현을 위한 교섭을 추진할 것"을 강력히 권유했다.[23]

모리의 제안에 이토가 적극적으로 동조했다. 야심에 찬 이토가 이 기회를 그대로 지나칠 리 없었다. 그는 국가적 최대과제인 조약개정을 앞당기는 역할을 주도함으로써 한 단계 더 도약을 꿈꾸었다. 그는 조약개정을 위한 협상에 도움이 된다면, 기독교 금지를 해제할 것을 제안하기도 했다. 조약개정에 대한 이토의 이러한 무비판적 태도에 대해서 서양의 법제도를 관찰하기 위하여 동행한 사사키 다카유키는 다음과 같이 신랄하게 비판했다.

조약개정을 위해서는 풍속, 습관, 종교 모두가 구미와 같지 않으면 독립국이 아니라고 생각하는 사람이 있지만, 우리나라 특유의 정신까지 희생하면서 독립한다는 것은 실은 독립이 아니라 서양에 항복하는 것이고 그들의 종속국이 되는 것과 다를 바가 없다. 그런 정신이라면 이처럼 고심할 필요가 없다. 차라리 하루 속히 구미 시찰을 접고 귀국하는 것이 옳다. 구미 시찰의 목적은 어디까지나 그들의 장점을 받아들이고 우리의 단점을 보완하는 데에 있다.[24]

이토는 조약개정을 위해서는 가능한 모든 조치를 취해야 한다는 입장이었다. 31세의 이토는 사절단의 정-부사 가운데 가장 어렸다. 그러나 비록 그는 짧은 기간이었으나 일찍이 영국에 유학했고, 유신 후 신진관료로 두각을 드러냈고, 미국 출장의 경험도 있었다. 뿐만 아니라 영어가 비교적 자유로웠던 이토의 판단과 주장이 외국경험이 전혀 없고 외교에 문외한인 대사와 부사의 판단에 영향을 미치게 된 것은 매우 자연스러운 현상이었다. 그는 조약개정의 가능성을 적극적으로 받아들이고, 이와쿠라와 오쿠보를 설득하고, 기도까지 끌어들였다. 그러나 이토와 모리의 외국경험이라는 것은 외교와는 전혀 무관한 것이었다. 이들은 그랜트의 노회한 외교적 언설 속에 담겨져 있는 진정한 의도, 즉 거주조건 및 재일(在日)미국인에게 부과되는 제한을 완화하는 협상을 희망하고 있음을 알아채지 못했다. 이토는 그랜트의 교묘한 외교적 발언 속에 숨어 있는 참뜻을 제대로 깨닫지 못하고 조약개정이 손쉽게 이루어질 수 있다고 착각했다.

일본을 출발할 때부터 사절단에게 주어진 임무는 어디까지나 국제친선을 넓히고, 이를 통해서 조약개정을 위하여 서양문명을 조사하는 것이었지, 조약개정의 교섭이나 조인 그 자체가 아니었다. 교섭과 조인에 관한 임무와 권한은 출발 당시부터 사절단에게 부여되지 않았다. 미국과의 공식적인 교섭을 추진하기 위해서는 권한이 부여된 새로운 전권위임장이 필요했고, 미국도 이를 요구했다.

이토는 일본에 유리한 조건으로 기존의 조약을 개정할 가능성이 있다면, 교섭을 뒤로 미룰 것이 아니라 하루라도 빨리 이를 성사시키는 것이 득책이라고 강조하면서 본격적인 협상을 주장했다. 조약을 손쉽게 개정할 수 있다고 착각한 사절단의 지도부는 새로운 전권위임장을 정부로부터 받아오기로 결정하고, 그 임무를 오쿠보와 이토에게 위임했다. 두 사람은 2월 12일 워싱턴을 떠나 귀국 길에 올랐다.

그러나 시간이 가면서 조약개정이 그리 간단치 않다는 것을 깨닫게 되었다. 오쿠보와 이토가 새로운 전권위임장을 받아오기 위하여 도쿄로 떠난 후, 이와쿠라와 기도는 미국 국무장관 해밀턴 피시와 여러 차례 예비회담을 가졌으나 처음에 생각했던 것보다 많은 문제가 나타났고, 대미교섭의 벽이 생각했던 것보다 더 높다는 것을 깨달을 수 있었다. 좌절감은 기도의 후회에 잘 나타나 있다. 기도는 자신이 경솔했음을 일기에 다음과 같이 표현하고 있다.

오쿠보와 이토가 조약개정의 칙허를 받기 위하여 귀국했다. 오늘 이 일을 되돌아보건대 우리들이 외국 사정에 밝지 못한 이토와 모리의 주장에 따라 창졸간에 행동했음이 큰 낭패를 불러왔다. 천황폐하의 뜻을 좀더 깊이 생각지 못했음이 크게 후회된다. 실로 우리들의 죄가 아닐 수 없다. 이토와 모리는 이번 기회에 조약을 외국에서 맺는 것이 유익하다고 멋대로 주장하고 있다. 그러나 실은 이익이라는 것은 하나도 없다.……이토 등이 뉴욕에서 종이와 붓으로 우리들을 가르치려고 했다. 인간이란 말하기는 쉬우나 실제로 행하기는 어렵다. 이제 모든 일을 해결할 기회를 한번에 잃어버렸다. 미국이 원하는 것은 다 주어야 하고 일본이 바라는 것은 하나도 얻을 수 없다. 이 괴로움과 유감에 눈물을 머금지 않을 수 없다.[25]

여기에 더하여 주일 독일공사 막스 폰 브란트가 본국으로 돌아가는 도중에 워싱턴에 들러 이와쿠라에게 들려준 충고는 자신들의 속단을 더욱 후회케 했다. 이와쿠라와 기도를 예방한 브란트는 한 나라에게 준 특전은 최혜국조항에 의하여 다른 열국에게도 똑같이 부여하지 않을 수 없게 된다는 점을 지적하면서, 나라별 교섭이 일본에 불리하다는 것을 깨우쳐주었다. 그때까지 최혜국조항이 무엇인지 아무도 깨닫지 못하고 있었다. 기도는 "재주가 뛰어난 자(이토 히로부미)의 일시적인 그럴듯한 주장을 간파하지 못하여 국가가 어려움에 처하게 되었다"고 탄식했다.[26] 사사키의 표현을 빌리면, 사절단 모두가 "어려운 지경에 빠지게" 되었다.[27]

오쿠보와 이토가 도쿄에 도착한 것은 1872년 3월 24일이었다. 그들이 생각하고 기대했던 것과는 달리 정부로부터 전권위임장을 받는 것도 그리 용이하지 않았다. 각료들은 사절단의 조약개정 교섭과 이를 위한 새로운 전권위임을 반대했다. 외무대신 소에지마 다네오미는 사절단이 출발하기 전에 조정에서 결정한 사절단의 임무가 "빙문과 시찰", 그리고 "조약개정을 위한 준비"에 있다는 것과, 이에 대한 천황의 승인을 들어 정부가 다시 전권위임장을 발부하는 데에 동의할 수 없다는 것을 명백히 했다. 소에지마뿐만이 아니라 다수가 반대했다.

그러나 결국 오쿠보의 입장을 고려하여 전권위임장을 부여하기는 했으나, 특정 국가와 개별적으로 조약을 조인하는 것을 인정하지 않는다는 전제가 붙었다. 오쿠보와 이토가 사실상 실효성이 없는 전권위임장을 들고 워싱턴으로 돌아온 것은 6월 17일이었다. 안팎으로 수세에 몰린 이와쿠라 사절단은 결국 미국과의 교섭을 중단할 수밖에 없었다. 그리고 이와쿠라는 산조에게 조약국 모두와 함께 조약개정을 논의한다는 당초의 결정이 가장 좋은 방침이고, 방문국마다 개별적으로 조약개정을 교섭한다는 것은 바람직스럽지 못하다는 결론을 편지로 보냈다. 사절단의 외교적 행동을 감시하기 위하여 오쿠보와 이토와 동행한 데라시마도 외무대신 소에지마에게 개별적 교섭은 더 이상 없을 것이라 보고했다.[28]

사절단은 필라델피아, 뉴욕, 보스턴을 거쳐 1872년 7월 3일 영국으로 출발했다. 그들이 샌프란시스코에 도착한 것이 1871년 12월 6일이므로 약 7개월 동안 미국에서 허송세월한 셈이었다. 그 동안 새로운 전권위임장을 받기 위하여 오쿠보와 이토가 워싱턴과 도쿄을 오갔지만, 아무런 성과도 거두지 못했다. 사절단은 본국 정부의 비난의 대상이 되었고, 사절단 내부에서도 책임문제가 제기되면서 갈등이 나타났다. 특히 교섭을 적극적으로 지지했던 이토와 이에 동조한 오쿠보의 외교적 실패는 커다란 부담이 아닐 수 없었다. 경솔한 행동에 모두가 후회했다. 이와쿠라 대사도 미국을 떠나기 전 산조 사네토미에게 보낸 서신에서 "아무리 후회해도 이제 다시 어떻게 할 방법이 없습니다.……이제부터 철면피로 각국을 돌아 사명을 수행할 마음입니다"라고 하여 미국에서의 처신을 몹시 후회하고 있음을 나타냈다.[29]

미국과의 교섭이 실패로 돌아가면서 사절단 모두가 실의와 좌절 속으로 빠져들었다. 원인을 제공한 이토의 입장과 모양이 크게 나빠졌고, 기도와의 갈등 또한 그를 난처하게 만들었다. 뿐만 아니라 장기체류로 인한 재정적 손실의 직접적 피해는 조사업무에도 차질을 가져왔고, 조사 실무책임자들의 불만도 커졌다. 그들 가운데 일부는 경비부족으로 자신에게 주어진 사명을 도저히 수행하기 어렵기 때문에 조사의 직분을 사임하고 귀국하기를 희망하는 사람이 나타나기까지 했다.[30] 사절단이 유럽으로 향할 때는 이미 모두가 지쳐 있었다. 일본을 떠날 당시의 기백은 찾아볼 수 없었고, 산조가 당부한 "동심협력"의 마음가짐도 사라졌다.

이토의 공명심과 상황판단의 오류는 사절단의 업무수행에 많은 차질을 가져오게 했다. 그러나 비록 그것이 많은 문제를 일으키기는 했지만, 사절단의 경험은 이토에게 세 가지 중요한 계기를 만들어주었다.

첫째, 미국과 유럽의 여러 나라를 거치는 장기간의 여행을 통해서 이토는 선진 서양제국의 근대적 제도, 군대, 법체계, 행정, 재정 등 각 분야의 실체를 깨달을 수 있었다는 점이다. 영국 유학과 미국 출장, 그리고 그의 끊임없는 독서를 통해서 서양 근대국가의 틀과 운영에 대하여 나름대로 지식을 가지고 있었으나, 정치체제와 법체계의 상이함에 따라서 운영도 달라지는 것을 깨달을 수 있었다. 또한 순방 중에 이노우에 가오루, 오쿠마 시게노부, 소에지마 다네오미 등에게 보낸 서신에서 잘 나타나고 있는 바와 같이 쉽게 생각했던 조약개정이 얼마나 어려운 과제인가를 미국에서 절감했다. 항상 남보다 한걸음 앞서가는 이토에게 이와쿠라 사절단의 경험은 뒷날 정책 구상과 집행에 크게 도움이 되었다.

둘째, 메이지 권력의 핵심이라고 할 수 있는 이와쿠라 도모미와 오쿠보 도시미치에게 가깝게 다가갈 수 있는 기회였다는 점이다. 장기간에 걸친 여행을 통해서 이토는 그들로부터 인정받고 신뢰받을 수 있는 인간관계를 만들 수 있었다. 출신성분이나 신정부의 권력구조 안에서 엄청난 차이가 있었지만, 이토는 장기간에 걸친 여행을 통해서 이와쿠라나 오쿠보가 신뢰하는 관계를 정립할 수 있었다. 이토에 의하면 미국과 유럽 순방을 계기로 이와쿠라와의 관계는 "세월이 흐를수록 우정이 더욱더 깊어졌고", "귀국 후 자신에 대한 공의 신뢰가 더욱 두터워져 죽을 때까지 조금도 변하지 않았다"는 것이다.[31]

특히 사절단 경험을 통해서 만들어진 오쿠보와의 긴밀한 관계는 그후 이토의 출세가도에 중요한 밑받침이 되었다. 앞에서 지적했듯이 이토가 처음부터 주도한 미국과의 조약개정 문제는 실패로 끝났고, 또한 오쿠보를 끌어들여 곤궁한 입장에 처한 것은 사실이다. 그러나 그 과정 속에서 이토는 오쿠보와 '공범적' 관계를 이루었다. 기도도 인정하고 있는 바와 같이 "이토가 오쿠보와 일본에 같이 다녀오면서 친해진 사이"가 되었다. 긴 여행 속에서 오쿠보의 신임을 확보한 것이다. 이토도 뒷날 자신이 오쿠보와 "흉허물 없는 사이가 된 것은 1871년 외국에 사절로 함께 가면서부터 시작되었고, 그후로는 공이 죽을 때까지 거의 모든 일을 함께 논의했다"고 회상했다.[32] 사이고 다카모리와 함께 사쓰마 번의 대표적 인물일 뿐만 아니라 메이지 정부의 실권자인 오쿠보와 가까워질 수 있는 기회를 이토가 결코 놓칠 리 없었다.

이와쿠라와 오쿠보의 신뢰는 이토가 권력의 정상에 오를 수 있었던 큰 자산이 되었다. 미국과 유럽 순방에서 돌아온 후부터 이와쿠라와 오쿠보는 중대한 국사에 늘 이토를 논의의 대상으로 삼았다. 오쿠보와의 긴밀한 관계형성은 그의 주인이기도 한 기도와는 소원한 관계를 만들었다. 그러나 권력의 추가 이와쿠라와 오쿠보로 넘어가고 있음을 간파한 이토는 기도에게서 서서히 떨어져나와 독자적 노선을 가기 시작했다.

셋째, 독일의 비스마르크 수상과의 만남이었다. 이와쿠라 사절단은 영국과 프랑스, 벨기에, 네덜란드를 거쳐 1873년 3월 9일 독일의 수도 베를린에 도착했다. 그들은 독일 황제를 예방하고, 후발 산업국가로서 근대화에 성공한 독일의 공장, 병원, 박물관 등을 관람했다. 사절단이 러시아로 출발하기 전에 비스마르크 수상은 사절단을 초청하여 연회를 베풀고 근대 독일을 일으킨 자신의 신념과 국가관을 설명했다. 이는 근대 산업국가 대열에 늦게 뛰어들어 체험한 서글픈 독일 경험을 지금 막 시작하고 있는 일본에게 들려주는 충고였다.

세계 각국은 표면적으로는 신의를 바탕으로 한 교제를 말하고 있지만, 실은 약육강식입니다. 대국은 자신에게 유리할 때는 만국공법을 고집하지만, 만일 불리하면 언제라도 이를 뒤집어 병력에 호소하는 것이 늘 하는 행위입니다. 나는 스스로 소국의 비운을 체험하고 분개함을 참을 수 없었고, 국력을 강화할 것을 다짐하고, 각고의 수십 년을 지나서 겨우 그 뜻을 이룰 수 있었습니다. 우리나라가 군대를 사방의 경계에 배치하고 있는 것을 보고 공연히 비방하지만, 이는 오로지 자주 국권을 확립하고 대등한 외교를 수행하기 위함입니다. 영국과 프랑스를 위시한 많은 나라들이 해외에 식민지를 탐하여 위력을 강화하고 있고, 항상 타국을 호시탐탐 노리고 있습니다. 유럽의 친목은 아직 기대하기 어렵습니다. 여러분도 반드시 내부 사정을 돌보고 스스로를 경계하는 마음을 잊어서는 안 됩니다. 이것이 내가 소국에서 태어나서 스스로 그 동안 체험하면서 얻은 지혜입니다.[33]

사절단의 다른 사람들도 그렇지만, 특히 이토는 비스마르크의 국권확립의 원칙이라고 할 수 있는 철혈정책에 크게 감명받았다. 그후 이토는 "비스마르크의 담배 태우는 모습까지 흉내"를 낼 정도를 그를 숭배하게 되었다.[34] 이토가 훗날 헌법을 제정하기 위하여 독일에 체류하면서 비스마르크를 자신의 롤 모델로 삼은 것도 결코 우연이 아니었다. 국제질서의 원리를 기본적으로 약육강식으로 인식하는 비스마르크의 세계관은 이후 이토의 국제관에서도 그대로 볼 수 있다. 이러한 약육강식의 논리는 조약개정 교섭에 임하는 이토의 자세에서도 명확히 볼 수 있다.

> 만일 대등한 조약을 체결하려면, 국력을 양성하고 나서 그들과 담판해야 할 것이다.……유럽의 모든 강국들은 동양에 대한 목적은 대개 하나이지만, 각자 그 위력을 신장하려고 할 때는 항상 경쟁하며 한걸음도 양보하지 않고 작은 구멍도 놓치지 않는다. 기회가 오면 뛰어들어 자국의 권위, 자국의 이익을 확충, 부식하고 있음은 실로 놀라지 않을 수 없다. 그렇기 때문에 겉으로는 교제를 위장하고, 뒤에서는 시기와 질투가 왕성하여, 음험한 계책과 비책으로 우리를 꼬드기고, 위협하고, 속이고, 얼러치며 그 틈을 타서 뜻하는 바를 이루려고 한다.[35]

그것은 이토가 대한제국에 대해서 1905년 을사5조약과 1907년 정미7조약을 강제할 때에 동원한 수법이기도 하다.

부사로서 미국과 유럽 순방은 이토에게 권력의 정상으로 올라갈 수 있는 기틀을 만들어주었다. 물론 앞에서 보았듯이 공명심에 들뜬 이토의 조약개정 추진은 실패로 돌아갔고, 이로 인해서 비판과 비난의 대상이 된 것은 사실이다. 그러나 이와쿠라나 오쿠보와 인간적으로 긴밀한 신뢰관계를 형성한 것은 이토로 하여금 귀국 이후 활동의 폭을 넓힐 수 있도록 하는 지지기반이 되었다. 그리고 그는 무엇보다도 국가의 부강과 문명개화는 하루아침에 이루어지는 것이 아니라 역사 속에서 점진적으로 이루어지고, 이를 위해서는 적절한 제도와 법률이 필요하다는 깨달음을 얻었다. 귀국 후 이토가 제도와 법률 개혁에 열성적이 된 것도 이런 연유에서였다.

제4장

정한론

정한론(征韓論)을 당대의 정치적, 사회적 현상과 연결하여 1907년 최초로 분석한 게무야마 센타로에 의하면, "정한론은 유신 직후 우리나라 상하에 팽배해 있던 대국권론(大國權論)의 한 파장"이었고,[1] 힐러리 콘로이의 분석에 따르면, 메이지 시대는 물론 그후 전개된 일본의 국가진로와 한일 관계에 심대한 영향을 미친 "긴 그림자"였다.[2] 이 사건을 계기로 도쿠가와 체제를 무너뜨리기 위하여 일치단결했던 메이지 유신의 주체세력이 분열되었고, 새로 들어선 메이지 체제를 무너뜨리기 위한 무력항쟁의 빗장이 열렸다. 뿐만 아니라 이 사건은 "한국을 향한 일본의 강경하고도 공세적 정책의 전조(前兆)"를 이루었다.[3] 이토 히로부미의 조선에 대한 생각과 정책도 여기에서부터 시작하고 있다.

1. 정한론의 폭풍 속에서

정한논쟁으로 정국이 혼란했던 1873년 당시 이토 히로부미의 지위는 차관급인 대보(大輔)에 불과했다. 최고 정책결정기구인 참의(參議) 회의에 참석할 수 있는 위치에 있지 않았다. 그러나 표면적으로는 드러나지 않았지만, 이토는 정한론의 진행과 결과에 결정적인 역할을 담당했다. 40여 일에 걸친 정한논쟁과 그 결과는 일본의 국가진로에 중대한 영향을 미쳤을 뿐만 아니라, 권력을 향한 이토의 정치역정에도 중대한 이정표가 되었다.

미국과 유럽 순방 중에 사이가 크게 벌어진 오쿠보 도시미치와 기도 다카요시는 순방이 끝나기도 전에 따로 귀국했다. 그러나 이토 히로부미 는 이와쿠라 대사와 함께 일정을 모두 끝내고 1873년 9월 13일 요코하마 에 도착했다. 거의 2년 만에 귀국한 그들을 기다리고 있는 중요한 의제는 한반도 원정군 파견에 관한 문제였다. 소위 정한론으로 알려진 한반도정 책을 확정해야만 하는 문제였다.

메이지 정부가 미국과 유럽에 사절단을 파견할 때만 해도 판적봉환, 폐 번치현, 군제개혁, 행정체제 개편 등 많은 문제를 정리하고, 외국과의 조 약개정을 준비하면서 정국이 어느 정도 안정을 찾아가는 듯했다. 그러나 이와쿠라의 귀국과 함께 등장한 정한 문제는 다시 정국을 소용돌이 속으 로 몰고갔다.

정한논쟁으로 알려진 조선 문제의 발단은 이렇다. 1868년 12월 메이지 정부는 이제까지와 같이 쓰시마 번(對馬藩)의 사절을 통하여 일본에 정권 교체가 있었음을 조선정부에 통고하고 수교의 갱신과 계속을 요구했다. 그러나 조선 측은 이를 받아들이지 않았다. 그 이유는 조선에 보내는 외교 문서에 황(皇), 칙(勅)의 문자를 사용한 문서의 형식을 내세웠다. 그러나 그 이면에는 대원군의 쇄국정책, 일본의 불손한 태도와 조선침략 의도, 그 동안 친선관계를 유지해온 도쿠가와 막부를 무너뜨린 메이지 정권에 대한 불신 등이 복합되어 있었다. 조선정부는 일본의 정치적 변화를 승인 하지 않았고, 또한 메이지 정부가 희망하는 교역과 외교관계의 복원을 승 낙치 않았다. 메이지 정부는 이를 '모욕'이라고 규정하고, 조선에 문책 원 정군을 보내야 한다는 논의가 제기되었다.

그러나 정한 문제가 정책의제로 각의에서 정식으로 논의된 것은 이와 쿠라 사절단이 미국과 유럽을 순방 중인 1873년 여름이었다. 이 시기에 이 문제가 부상하게 된 원인은 5월 한성 주재 일본 공사관의 생활물자

공급과 일본 상인의 무역활동이 조선 관헌의 통제로 어려움을 겪고 있었고, 또한 조선은 대마도 상인 이외에는 무역을 허락하지 않는다는 내용의 현지 보고서가 본국에 도착했기 때문이었다. 외무성은 이를 "실로 무례의 극에 달한 것"으로 평가하고, 사안의 중대성을 감안하여 6월에서 7월 사이에 이 문제를 각의에서 몇 차례 심의하기에 이르렀다.[4] 참의들로 구성된 각의에서는 이타가키 다이스케의 출병론과 사이고 다카모리의 사절 파견론이 거듭 논의되었으나, 청국에 출장 중인 외교책임자인 소에지마 다네오미가 귀국할 때까지 최종 결정을 유보했다.

7월 27일 소에지마가 귀국하자 정한 문제가 다시 논의되었다. 8월 17일 계속된 각의에서 메이지 정부의 실력자인 사이고 다카모리는 일본이 개국할 당시의 페리 제독의 예를 들면서, 조선과의 교섭을 위한 전권대사로 자신을 파견해줄 것을 요구했다. 전권대사로 파견되어 조선의 개국을 촉구하면, 조선은 전권대사인 자신을 "폭살(爆殺)하는" 일이 벌어지게 될 것이고, 그러면 일본은 조선에 군대를 파견할 명분이 확보되고 조선을 응징하여 정복할 수 있게 될 것이라고 주장했다. 그리고 군대파견은 일본 안에서 내란을 바라고 있는 마음을 외국으로 이전시켜 국가의 발전을 꾀하는 원대한 전략이라고 설명했다. 한반도에 원정군을 파견함으로써 국내안정과 대외확장이라는 두 가지 목표를 동시에 달성하겠다는 것이었다. 찬반의 논의가 있었으나, 각의는 사이고의 요구를 받아들였다. 각의의 수반인 태정대신 산조 사네토미는 각의의 결정을 메이지 천황에게 상신했고, 그도 이를 원칙적으로 승낙했다. 다만 최종의 결정은 구미 순방 중에 있는 메이지의 최고행정관인 이와쿠라 도모미가 귀국할 때까지 기다리라는 단서를 달았다.

1873년 9월 이와쿠라 일행이 귀국하면서 이 문제가 다시 부상했다. 사이고 다카모리를 위시한 정한론자들은 이미 8월에 각의에서 결정되고 천황도 승인한 사절파견의 실천을 요구했다. 이에 반하여 미국과 유럽의 여러 나라를 시찰하고 돌아온 이와쿠라, 기도, 오쿠보 등은 사절파견을 반대했다. 오쿠보는 사이고가 주장하는 "응징 사절" 파견을 반대하는 이유를 확실히 했다. 그에 의하면 사절파견은 전쟁과 직결되고, 이 시점에서의 전쟁은 외국으로부터의 차관을 어렵게 만들고, 재정적 파탄을 가져오고, 러시아의 조선 진출 명분을 제공하게 될 것이라는 것을 지적했다. 뿐만 아니라 시급하게 해결해야만 할 불평등조약 개정에 차질을 가져올 수 있다는 것을 강조했다.[5] 그렇기 때문에 필요한 것은 전쟁이 아니라 국내안정과 국력배양이라는 것이었다. 그렇다고 해서 오쿠보가 정한론의 폐기를 주장한 것은 아니었다. 다만 연기할 것을 제안했을 뿐이다.

정한론자와 반정한론자 사이의 치열한 대결이 벌어지게 되었다. 10월 15일 개최된 각의에서 사이고의 위세에 눌린 태정대신 산조는 사이고의 편을 들어 그를 사절로 파견하기로 한 8월 17일의 결정을 재확인했다. 그러자 이에 반대해온 이와쿠라, 오쿠보, 기도가 사표를 제출하면서 "사정은 더욱더 복잡해지고 분란 속으로 빠져들었다."[6]

이 갈등은 정한파의 승리로 끝나는 듯했다. 그러나 천황으로부터 최종 재가를 받는 과정에서 "내치당(內治黨 : 반정한파)의 음모와 암계(暗計)"[7]가 시작되었고 그 중심에 이토 히로부미가 자리하고 있었다. 이토는 우유부단한 산조가 사이고의 정한 주장을 지지하는 태도를 취하면서 방향 감각을 상실한 반정한파의 핵심세력인 이와쿠라, 기도, 오쿠보를 다시 하나로 묶어 이미 결정된 정한론의 연기를 위한 음모를 폈다. 그는 이와쿠라, 기도, 오쿠보 사이를 오가면서 정보를 날랐고, 오쿠보와 협의하여 천황에게 상반된 두 개의 안을 상신하는 비책(秘策)을 꾸몄고, 비책의 실천을 위해서 궁중을 대상으로 물밑 공작을 벌였다. 정한파와 비정한파의 논쟁에 시달렸고, 또한 이와쿠라, 기도, 오쿠보의 사표로 충격을 받은 산조가 "주체할 수 없는 우려의 결과로 정신에 이상을 나타내어" 18일 쓰러지는 사태가 벌어졌다.[8] 이토는 오쿠보, 기도와 협의하여 산조의 역할을 이와쿠라가 대신할 수 있도록 상황을 만들어갔다. 그리고 22일 이와쿠라가 천황에게 사이고를 대사로 파견하는 결정의 부당성을 펼치면서 두 개의 상반된 안을 상신했다. 24일 천황은 이와쿠라의 안을 받아들였고, 전쟁을 유도한다는 특사 파견은 무기연기하기로 확정되었다. 반정한파의 승리였다.[9] 이로써 6월 이후 메이지 정부의 국가진로를 가름하는 중대한 국정의제였던 정한론은 연기하는 것으로 끝났다.

정한 문제를 둘러싼 정치역학 과정에서 이토는 요시다 쇼인이 평가한 것과 같이 주선가로서의 능력을 충분히 발휘했다. 이토는 이 사건을 통해서 조정, 결단, 음모, 기획과 추진 능력을 입증했다. 이토는 오쿠보나 기도는 물론이고, 이와쿠라나 산조와 같은 최고 행정관에게 필요한 존재로 자신의 지위를 굳혔다. 권력의 정상을 향하여 한걸음 더 다가갈 수 있었다.

사이고 다카모리를 위시한 이타가키 다이스케, 고토 쇼지로, 소에지마 다네오미, 에토 신페이 등 정한론자들은 메이지 정부에서 물러났다. 이로써 도쿠가와 체제를 무너뜨리는 데에 하나로 뭉쳤던 유신세력은 분열의 위기를 맞았다. 이후 지속된 정한파와 비정한파의 대립은 결국 1877년 서남전쟁(西南戰爭)으로 이어졌고, 사이고를 중심으로 한 정한파가 전쟁에서 패배하면서 정국의 안정을 되찾을 수 있었다. 이와 함께 정한론은 더 이상 정책문제로 논의되지 않았다. 그렇다고 조선 정복의 의지가 소멸된 것은 아니었다. 오쿠보를 위시한 반정한론자의 선택은 조선 정복 그 자체를 반대했기 때문이 아니라, 일본이 식민지적 상황에서 벗어날 수 있는 최우선의 길은 근대화를 위한 개혁, 즉 내치에 국력을 기울여야 한다는 일본이 처한 상황에 대한 현실적 평가와 판단에 따른 것일 뿐이었다. 달리 표현하여 정한의 시기가 적절치 않았고, 그 시기에 성공 가능성이 희박하다는 판단 때문이었다.[10] 정한의 의지는 심층에서 더 강하게 내연하고 있었다.

2. 정한론 : 권력투쟁의 산물인가, 병탄의 기점인가?

일본학계에서는 정한론을 유신 직후 복잡한 정치적 상황에서 전개된 국내정치의 한 부분이라고 할 수 있는 권력투쟁의 산물로 평가하려는 경향이 있다. 달리 표현하여 정한논쟁은 한반도를 정복하기 위한 군대를 파견할 것이냐를 명제로 삼은 메이지 지도자들 사이의 의견대립이 아니라, 국내문제가 정한론이라는 구실로 나타났다는 주장이다. 사절(사이고) 파견 → 조선의 거부(사절 폭살) → 원정군 파견을 계획한 사이고의 정한론은 한반도를 정복하기 위한 것이라기보다는, 복합적인 국내 정치문제를 해결하기 위한 방안이 정한론이라는 형태로 나타났다는 것이다. 사이고의 정한론은 사절 폭살 → 전쟁 가능성을 상정하지 않았던 것은 아니지만, 그 본질은 평화적인 교섭을 통한 수교를 목표하고 있었다는 것이다. 그리고 이는 이와쿠라 사절단의 외교적 실패와 이로 인해서 흔들리는 정치생명의 위험을 극복하기 위하여 오쿠보가 반대파, 즉 정한파를 추방하는 쿠데타였고, 또한 조슈파가 연루된 부패사건을 수습하기 위하여 기도와 이토가 구실로 삼아 문제를 일으킨 정치적 사건이라는 것이다.[11]

최초로 정한논쟁을 종합적으로 분석한 게무야마 센타로에 의하면, 정한론은 "뒷날 논의된 것과 달리, 전적으로 정략적인 산물이다. 그 속에는 존왕양이를 내세워 에도 막부를 무너뜨린 신정부의 당국자가 갑자기 개국진취라는 국시를 내세우는 모순적 입각지를 호도하기 위한 일시의 권력갈등"이었다. 그리고 사이고가 조선에 사절을 파견하고 조선의 폭거로 인하여 일본이 군대를 파병한다는 주장의 참뜻은 "일거에 반도 왕국을 멸망시키고 급박하게 이를 일본의 주권 아래 두겠다는 것이 아니었다"는 것이었다. 이를 통해서 사이고가 진지하게 바라고 있었던 것은 다만 메이지 정부가 "반도에 권력의 기초를 확립하고, 지금까지 조선이 취해온 유일한 대외정책, 즉 항상 유리한 지위에서 행사하려는 외교를 근본적으로 바꾸어놓겠다"는 것이었다.[12] 한반도를 정복하겠다는 뜻이 아니라 조선정부의 외교노선을 교정하겠다는 뜻이라는 것이다.

모리 다케히코는 많은 사료의 분석을 통해서 정한논쟁의 진상을 재조명하고 있다. 그의 결론에 의하면 정한논쟁이라는 것은 "국내외의 어려운 문제에 직면한 미숙한 정부가 안팎으로 축적된 여러 가지 모순과 복잡한 인간관계의 상호작용이 당사자의 예측범위를 넘어, 대립항쟁의 파문이 점차 확대된" 것이고, 그리고 "갈팡질팡하는 동안에 정부가 대분열"까지 하게 된 것으로서 "이는 권력투쟁의 룰이 성숙되지 않은 초창기의 정부를 덮친 불행한 사건"이라는 것이다.[13] 즉 정한논쟁은 메이지 권력 내의 갈등, 인간관계, 원숙치 못한 문제처리에서 나타난 것이지, 한반도를 정복하기 위해서 군대를 파견할 의도는 처음부터 없었다는 것이 정한론의 실체라는 주장이다.

무릇 국내정치나 체제 안팎의 권력갈등과 무관한 대외정책은 있을 수 없다. 모든 대외정책은 국내정치나 권력의 함수와 직간접으로 밀접한 관계를 가지고 있게 마련이다. 정한논쟁 또한 예외일 수는 없을 것이다. 유신체제 내의 권력투쟁, 정비되지 않은 정부의 정책결정, 대응의 미숙성 등과 같은 요인들이 정한논쟁에 작용했음을 부인할 수 없다. 기도 다카요시의 표현과 같이, 서남전쟁의 원인인 정한론은 "몇 사람(3–5인)의 사사로운 원한으로 일어난 사건"으로서 "실로 끝없이 어리석고, 수치스러운" 측면도 있다.[14] 또한 메이지 유신 직후부터 이노우에 가오루를 위시한 조슈의 핵심인물들이 연루된 부정부패 사건을 해결하기 위하여 정략적으로 활용된 측면도 있다. 그러나 정한론의 본질은 한반도 지배에 있었고, 동시에 국내정국을 정리하려는 정략적 요소가 있었다.

유신지도체제를 분열시키고 결국 내전으로까지 발전시킨 정한론은 세 가지 중요한 요소를 바탕으로 하고 있다. 첫째는 한반도를 교두보로 삼아 일본이 자신의 세력을 대륙으로 진출한다는 대륙웅비의 이념이다. 즉 그 대륙진출을 위해서 먼저 한반도를 지배해야 한다는 논리이다. 일본이 한반도를 지배해야 한다는 정한론이 정책으로 등장한 것은 메이지 정권이 출범하면서부터이지만, 그 발상은 도쿠가와 시대로 거슬러올라간다. 도쿠가와 시대의 대표적 지식인의 한 사람인 하야시 시헤이는 1786년 그의 저술인 「해국병담(海國兵談)」에서 한반도는 일본의 국방과 밀접한 관계가 있을 뿐만 아니라, 일본이 대륙으로 진출하기 위해서는 반드시 필요한 지역이라는 것을 지적하면서 조선국 연구의 긴급성을 강조했다. 하야시에 의해서 싹트기 시작된 이와 같은 조선인식의 논리는 사토 노부아키, 요시다 쇼인, 하시모토 사나이, 히라노 노부아키 등과 같은 막부 말기의 지식인들에 의하여 이어지면서 조선공략론으로 발전했다.

이들의 일관된 논리는 서세동점(西勢東漸)이라는 당시의 국제추세 속에서 일본이 독립을 보전하기 위해서는 결국 대륙으로 진출하는 길밖에 없고, 한반도는 그 진출을 위해서 절대로 필요한 존재라는 것이다. 따라서 조선병탄은 일본이 수행해야 할 1차적 과제였다. 이러한 정한론은 막말의 지식인과 지배계층 사이에 상당히 보편화되어 있었다. 그러나 국가적 통합과 체제개혁에 실패했던 당시의 상황에서 정한론을 정책으로까지 발전시킬 수는 없었다.

메이지 체제가 들어서고, 조선이 메이지의 외교관계 요구를 거부하면서 정한론은 하나의 논리가 아니라 구체적 실천과제였다. 메이지 정부가 군대를 파견해야만 한다는 중요한 논거는 메이지 초기에 외교를 담당했던 야나기하라 사키미쓰가 이와쿠라 도모미에게 제출한 의견서에 잘 나타나 있다. 야나기하라는 일본이 열강에 앞서 한반도를 지배해야만 하는 중요한 이유는 "조선은 북만주로 연결되고 대륙에 접한 곳으로서 이곳을 지배하면 실로 황국보존의 기초가 되고 후일 만국경략 진취의 기본"이 되기 때문이었다. 정한논쟁이 벌어진 당시 유신체제의 실력자의 한 사람으로서 외무대신이었던 소에지마 다네오미도 같은 의견이었다. 그는 약육강식의 국제질서 속에서 일본이 영구적 독립을 보전하기 위해서는 결국 대륙을 지배해야 하고, 이를 위한 가장 기본적인 단계는 한반도 지배에 있음을 강조했다. 뿐만 아니라 1868년 이후 조선을 내왕하면서 교섭을 직접 담당했던 실무자들도 조선정벌을 정부에 건의하면서 "조선은 허약하기 때문에 30개 대대의 군대를 파견하면 50일 이내에 정복할 수 있다"고 보고하고 있다. 이들이 가지고 있던 조선관은 "진구 황후(神功皇后 : 200년에 한반도에 출병하여 신라를 정벌했다는 일본의 여자 천황)가 정벌했던 땅"이고,

또한 "도요토미 히데요시의 여광(餘光)이 있는 땅"이었다.[15] 한반도는 일본이 지배해야 할 땅이고 대륙진출의 디딤돌이었다.

정책으로서의 정한론이 담고 있는 둘째 요소는, 도야마 시게키의 연구가 보여주고 있는 것과 같이, 국내 불만을 해소하기 위한 정략적 요소이다.[16] 특히 "폭살 당할 것"을 자임하고 나선 사이고는 대외전쟁을 통해서 유신 이후 등장한 세력들의 "사치와 부패를 바로잡고, 사족들 사이에 차고 넘치는 불만을 일거에 해소할" 의도를 가지고 있었고, 정한론에 동조한 유신동지들도 의견을 같이하고 있었다.[17]

메이지 유신 이후 진행된 급격한 체제변화와 사회변동은 많은 정치적, 사회적 불안과 불만을 조장했다. 특히 폐번치현(廢藩置縣), 개병제(皆兵制) 실시, 신분제 철폐 등과 같은 내정개혁으로 인한 사회적 특권을 상실한 사족(士族) 계급과 경제적 기반을 상실한 하급무사의 불만과 불평이 사회에 팽배했다. 1873년 천황에게 보낸 한 상서에서 무사계급은 "유신 이후의 개혁방법이 과연 선정(善政)의 틀에 맞는 것인지, 아니면 무질서한 나라에서 행해지고 있는 것과 같은 것인지 의심이 됩니다"라고 강조하면서, "만일 우리가 후자의 경우라면 즉시 고쳐서 선조의 법으로 돌아가야 할 것입니다. 10만 리 밖에 있는 외국의 습관을 본뜬 것이 우리에게 무슨 필요가 있겠습니까?"라고 직설적으로 불만을 토로했다.[18]

그들은 신정부가 유신의 원래 목표를 배반했다고 판단하고 있었다. 막부 타도에 앞장섰던 무사들은 구체제인 도쿠가와 체제가 멸망하면서 양이가 이루어지고 무사의 신분이 격상될 것을 기대했다. 그러나 실제는 그 반대였고, 실망과 충격이 클수록 불만과 원한도 깊어갔다. 봉록지급과 대도(帶刀) 관행이 폐지되자 마에바라 잇세이는 "도대체 백만의 사무라이가 무엇을 잘못했다는 것인가? 만약 정부가 이 같은 마음가짐으로 사무라이를 감시하고 죄어간다면 반드시 나라에 커다란 분란이 조성될 것이다"라고 사무라이의 불만을 대변했다.[19]

혼란과 불만이 확대되면서 행동도 과격해졌다. 징병제를 주장했던 오무라 마사지로와 같은 유신주체이면서도 개혁 성향을 가진 인물들이 유신 직후 불만을 품은 사무라이들에 의하여 암살당했다. 신정부를 반대하는 세력들이 지방관리들을 습격하여 불안을 조성했고, 이는 내란의 원인으로 작용했다. 메이지 체제에 무력으로 반대하는 봉기가 전국 도처에서 끊이지 않고 일어났다.

정한 주장은 이러한 국내적 불만을 대외전쟁을 통하여 해소하려는 정략적 발상이었다. 정한파의 수령이었던 사이고의 표현을 빌리면, 정한론은 "내란을 바라고 있는 마음을 외국으로 이전시켜 국가의 발전을 꾀하는 원대한 계책"이었다.[20] 그것은 사이고만의 의견이 아니라 정한논쟁 당시 정한론에 반대했던 기도 다카요시도 같은 견해를 가지고 있었다. 오랫동안 주일 영국공사를 지낸 사토는 그의 일기에 "1869년에는 기도 다카요시가 국내 소요를 진정시키는 수단으로 조선과 전쟁을 주장했고, 사이고 다카모리가 이를 반대했다. 몇 년 후 두 사람의 입장이 바뀌었다"고 기록을 남겼다.[21] 기도는 누구보다도 먼저 한반도 정벌을 위한 파병의 필요성과 그 의미를 밝힌 인물이다. 그는 사이고가 정한론을 주장하기 전 "일본의 국위를 선양하기 위해서는 대륙으로 진출해야 하고, 그 첫 걸음이 조선을 경영하는 것"이라고 강조했고, 파병은 "물산금은(物産金銀)의 이익은 물론이고 황국의 큰 방향을 정하는 데에 억조창생의 눈을 외부로 돌려야만 한다.……수백 년의 악습을 일신하여 대전환을 이룩하는 데에 그 이상의 방법은 없다"라는 것을 확실히 했다.[22] 기도가 후에 반(反)정한으로 돌아선 것은 미국과 유럽을 순방하면서 일본이 당장 해야 할 일은 한반도 정벌이 아니라 내부를 다져 먼저 부국강병의 기틀을 만드는 것이라는 것을 깨달았기 때문이었다.

정책결정자들뿐만 아니라 일선에서 교섭을 담당했던 실무자들도 내치를 위한 원정의 필요성을 피력했다. 교섭을 위하여 조선을 왕래했던 외무성의 관리 모리야마 시게루는 정한론은 유신체제에 불만을 품고 내란을 일으키려고 하는 불평 사족(不平士族)을 한반도에 내보냄으로써 내란의 열기를 밖으로 돌려 국내안정을 이룰 수 있음과 동시에 대륙진출의 거점을 확보할 수 있는 일거양득의 정책이라고 강조하고 군대를 급파할 것을 건의했다.[23] 결국 조선은 일본 안에서 일어나는 불평과 불만의 전출지(轉出地)로 등장하게 되었다.

정한론이 담고 있는 셋째 요소는 김기혁의 연구가 보여주고 있는 것과 같이 천황 친정의 한반도 확대였다. 메이지 유신으로 실현된 천황 친정을 한반도까지 확대하고, 이를 실현하기 위해서는 전쟁이 필요하다는 것이다.[24] 이는 정한론의 주동자라고 할 수 있는 사이고에게서 극명하게 드러나고 있다. 논쟁이 뜨거워지고 있을 때 산조에게 보낸 편지에서 사이고는 자신이 사절로 조선에 가려는 것은 "관계정상화를 위해서가 아니라, 유신 이후 시작해야 할 조선 문제를 수행하기" 위해서임을 명확하게 밝히고, 그리고 자신이 수행해야만 하는 조선 문제라는 것은 유신으로 확립된 천황의 권위가 한반도에도 미쳐야 한다는 것이었다. 사이고는 천황 친정을 위한 정한의 실천은 "모든 국민들로 하여금 조선이 저지른 범죄를 응징해야 한다는 데에 공감대를 형성하게 될 것이고, 지금이 이를 실천할 가장 적당한 시기"라고 강조했다.[25]

정한론을 국내정치의 한 형태로 보는 주장처럼 정략적이고 권력 투쟁적인 요소가 없지 않았다. 그러나 그 본질은 한반도 지배에 있었다. 한반도 지배라는 것은 이론과 논리를 떠나 일본인들이 가슴 속에 오랫동안 가졌던 '무의식의 확신'이었다. 정한론이 "정략적으로" 나타난 것이라고 주장하고 있는 게무야마도 "진구 황후의 정한 이래 한반도는 전적으로 우리의 속국"이라고 주장하면서, 한반도의 일본 귀속론을 다음과 같이 강조하고 있다.

생각건대 인류학적으로나 지리학적으로나, 그리고 역사학적으로나 조선은 일본
으로부터 떨어질 수 없는 관계에 있다. 그렇기 때문에 정치적으로도 (한)반도가
다른 나라의 세력 밑에 들어가는 것을 결코 허용할 수 없다는 것은 실로 수백

년, 아니 수천 년 전부터 우리 국민의 여망으로서 가슴 깊이 품어온 것이다. 우리 세력이 반도로부터 구제(驅除)된다는 것은 한순간도 국민의 뇌리에는 있을 수 없다.[26]

이는 정한론자나 반정한론자나 모두가 함께한 조선관이었다. 정한론을 무력화시키는 데에 결정적 역할을 한 이토의 조선관도 여기에 근거하고 있었다. 이토를 포함한 반정한파가 정한에 반대한 것은 일본인들 가슴속에 자리잡고 있는 '무의식의 확신'에 반대한 것이 아니라, 다만 정책의 우선순위와 시기를 달리했기 때문이었다.

3. 정한론 이후의 폭풍

1873년 여름부터 반년 가까이 정국을 달구었던 정한 파동은 그 막을 내렸지만, 정국이 안정된 것은 아니었다. 정한론의 종식은 문제의 끝이 아니라, 보다 더 큰 문제의 시작이었다. 정한논쟁에서 반정한파가 승리했으나, 그 승리는 폭풍우를 동반했고, 불안한 미래를 예고하고 있었다. 그러나 이러한 격동과 혼란은 이토 히로부미와 같이 "주선가" 자질과 "해결사" 능력을 가진 사람에게는 오히려 기회였다. 이토는 1877년 서남전쟁이 종식될 때까지 계속된 정치적 혼란 속에서 당시 실권자인 이와쿠라, 오쿠보, 기도에게 절대로 필요한 존재로 부상했고, 시간의 흐름과 함께 그에 대한 의존도가 더욱 높아졌다.

유신세력의 균열

정한논쟁에서 패배한 사이고 다카모리, 이타가키 다이스케, 고토 쇼지로, 소에지마 다네오미, 에토 신페이 등 다섯 참의는 정부에서 물러났다. 그리고 그들은 각자 '새로운 길'을 찾았다. 그들이 모색한 새로운 길이라는 것은 자신들이 앞장서서 세운 메이지 체제를 무너뜨리기 위한 저항이었다.

신정부에서 사임한 정한파의 자리는 반정한파 인물들이 차지했다. 정한 논쟁 과정에서 일시 정부에서 물러났던 오쿠보 도시미치가 참의에 복귀하여 신설한 내무성의 수장으로 취임했다. 국가안녕과 인민보호의 사무를 관장하는 내무성은 치안, 경찰, 호적, 측량, 농업 등 광범위한 영역을 총괄하는 막강한 권력을 지니고 있었다. 오쿠보가 다시 권력의 중심을 장악한 것이다. 이와 함께 가쓰 가이슈가 참의 겸 해군경에, 오쿠마 시게노부가 참의 겸 대장경에, 오키 다카토가 참의 겸 사법경에, 데라시마 무네노리는 참의 겸 외무경의 자리를 차지했다. 그리고 정한 파동 당시 이와쿠라, 기도, 오쿠보 세 사람을 하나로 묶어 반정한파의 정책적 승리를 이끌어내는 데에 막후에서 결정적 역할을 한 이토 히로부미가 참의 겸 공부경에 임명되었다. 32세에 장관으로 입각한 것이다. 그러나 이토의 업무는 공부성에 국한되지 않았다. 그는 오쿠보와 이와쿠라의 전폭적인 지지를 받으면서 국정전반에 걸쳐 폭넓게 관여했고, 제도개혁의 중심 인물로 부상했다.

　정한 파동을 계기로 존왕도막이라는 목표를 위하여 일치단결했던 유신세력은 분열의 길에 들어섰다. 1874년 새해를 맞았으나, 벽두부터 험난한 앞날을 예고하는 사건들이 일어났다. 정한론 연기와 함께 정부에서 물러나서 향리인 도사(土佐)와 사가(佐賀)로 낙향한 이타가키 다이스케, 고토 쇼지로, 소에지마 다네오미, 에토 신페이는 오늘의 의회정치라고 할 수 있는 민선의원 설립을 주장하면서 신정부의 권력에 도전했다. 사쓰마와 조슈 파벌을 중심으로 한 관료 전제정치를 비판하면서 애국공당(愛國公黨)을 결성했다. 정당의 효시라고 할 수 있는 애국공당은 1874년 1월 "민선의원 설립 건백서"를 정부에 제출했다. 건백서(建白書)는 "오늘의 (권력이) 위로 제실(帝室)에도 있지 않고 아래로는 인민에게도 있지 않고 오로지 관료에 귀속되어 있다"고 비판했다. 그러면서 메이지 정부가 약속한 대로 국민에게 참정권을 부여하여 군민공치(君民共治)의 길을 열어야 한다는 것을 독촉했다. 이러한 주장의 배경에는 메이지 국가의 기본방침[國是]이라고 할 수 있는 "5개조 서문"의 첫 번째 조항인 "널리 회의를 열어

나라의 정치를 공론에 따라서 결정할 것"에 근거하고 있었다. 물론 이 청원은 묵살되었으나, 평화적 방법을 통한 반정부운동이라는 새로운 길을 열었다.[27]

이타가키 다이스케는 다시 4월에 입지사(立志社)를 그의 고향인 고치현(高知縣)에서 창립하고 조직을 통한 활동을 시작했다. 애국공당을 설립한 이틀 후인 1월 14일 미수로 끝났지만, 메이지 정부의 최고 실권자인 이와쿠라 도모미에 대한 암살 시도가 있었다. 이타가키의 고향이기도 한 고치 현의 무사인 육군장교 출신의 다케치 구마기치 등 아홉 명이 이와쿠라의 퇴청을 노려 습격한 것이다. 이와쿠라는 해자에 몸을 던져 목숨을 건졌으나, 일본 최고의 인기를 누리고 있던 사이고 다카모리를 몰아낸 정한 반대파 지도자들에게는 큰 충격이 아닐 수 없었다. 정국은 다시 혼란의 늪으로 빠져들었다.

본격적이고도 행동적인 반정부운동은 유신동지들의 무력항쟁으로 나타났다.[28] 2월에는 메이지 유신의 핵심 인물이었던 에토 신페이가 사가에서 2,500여 명의 정한론 지지자들을 이끌고 무장봉기를 지휘했다. 물론 봉기는 실패로 끝났고 에토는 형장의 이슬로 사라졌으나, 메이지 체제를 향한 본격적인 무력항쟁이 그 막을 열었다. 5월에는 좌대신 자리에 오른 옛 사쓰마 번주 시마즈 히사미쓰는 급속한 서양화에 반대하여 서양식 예복을 폐지하고 일본식 예복으로 환원하고, 징병제를 폐지하고, 육군을 축소하고 해군을 증강할 것 등을 요구하는 건의서를 산조 사네토미에게 제출했다. 건의서는 또한 오쿠보의 파면과 사이고와 이타가키의 복직을 요구했다. 물론 시마즈가 제기한 건의서의 요구가 관철되지는 않았지만, 불만세력의 열기를 자극했다. 이토 히로부미가 평가하고 있는 것과 같이 이러한 일련의 사태가 만들어내는 "당시의 정세는 사람들로 하여금 더욱더 불안감을 품게" 만들었다.[29]

6월에는 메이지 유신의 영웅인 사이고 다카모리가 고향인 가고시마(鹿兒島)로 귀향했다. 그는 자신과 함께 사직한 군인들을 중심으로 사학교(私

學校)라는 이름의 조직체를 만들고, 독자적으로 군사를 조련하면서 가고시마를 사실상 지배했다. 유신정부의 권력이 미치지 못하는 가고시마는 마치 해방구나 다름없었다. 무사계급의 특권폐지, 폐번치현, 개병제 실시 등으로 불평에 가득찬 몰락한 무사계급과 정한의 꿈을 불태웠던 불만세력들이 전국에서 몰려들었다.

반정한을 주장했던 세력 가운데서도 균열이 나타났다. 그 계기는 사가의 난 진압 이후 등장한 대만 출병 문제였다. 1871년 류큐(琉球)의 난파선원 54명이 대만의 원주민에 의해서 살해된 사건이 있었다. 3년 전 일이지만, 일본정부는 이를 응징하고 류큐를 장악하기 위하여 대만 원정군 파견을 결정했다. 각의의 결정을 주도한 오쿠보의 명분은 류큐인 살해에 대한 보복은 일본정부의 의무라는 것이었다. 그러나 오쿠보가 대만 출병을 구상한 보다 직접적인 원인은 정한논쟁으로 인한 육군 내부의 불만과 재야 사무라이 계급 사이에 넓게 확산되어 있는 불평을 더 이상 방치할 수 없다고 판단했기 때문이었다. 앞에서 지적했듯이 정한파의 이와쿠라 암살시도, 민선의원 설립 건백서, 사가의 난에서 볼 수 있듯이 신정부는 사면초가에 몰리고 있었다. 이러한 상황에서 오쿠보는 류큐인의 희생이라는 직접적 동기가 있었고, 조선에 원정군을 파견하는 것보다 국제적 관심이 약하고, 적은 수의 원정군으로 목표를 이룰 수 있고, 그러면서도 큰 문제 없이 국내치안을 유지할 수 있다는 계산이 앞섰기 때문에 출병을 주도했다. 그는 각의에 대만 출병을 제안하고 오쿠마 시게노부와 협조하여 이를 확정했다. 그리고 정부는 3,600여 명의 원정군을 조직하여 출병시켰다.

정한파의 주장을 반대하면서 대만 출병을 결정한 것은 모순이고 자가당착이었다. 기도 다카요시가 반대에 앞장섰다. 오쿠보가 주도하는 각의에서 대만 출병이 결정되자 그는 이에 항의하면서 참의를 사임하고 고향인 야마구치로 내려갔다. 이토 히로부미는 산조와 이와쿠라로부터 기도 설득을 의뢰받았으나, 각의의 결정과 기도의 뜻이 서로 일치할 수 없다는 것을 그는 간파했다.[30] 정국은 또 한 번 요동쳤지만 대만 출병은 이미 진행되었고, 원정군은 5월 22일 대만에 상륙했다. 청국이 철병을 요구하면서 국제문제로 부상했다. 전권대사로 임명된 오쿠보는 원만한 해결을 위하여 베이징(北京)에서 청국과 회담을 진행했다. 한때 협상이 난항에 부딪쳐 전쟁 위기감마저 감돌았으나, 영국의 중재로 10월 31일 조약을 체결할 수 있었다.

오사카 회의

대만 원정과 베이징 회담은 성공적이었다. 원정 군비와 살해된 류큐인에 대한 배상금 지급, 일본국 속민(屬民)에 대한 국가의 임무 수행, 그리고 류큐의 일본귀속을 간접적으로 확인받은 회담 결과는 오쿠보의 위신을 격상시켰다.[31] 그러나 정국은 여전히 불안했고 사무라이 계급의 불만은 쌓여 갔다. 사이고의 낙향에 이어 조슈의 실질적인 주인이라고 할 수 있는 기도의 낙향은 정부의 커다란 부담이 아닐 수 없었다. 유신 3걸 중 두 사람이 등을 돌린 셈이었다. 정국을 주도적으로 이끌어가고 있는 이와쿠라나 오쿠보도 확산되는 정치적 불안감과 기도의 낙향으로 인한 정부의 취약성을 모를 리가 없었다. 이와쿠라는 기도의 정부 참여를 여러 차례 권유했으나, 그는 움직이려고 하지 않았다.

대만 문제를 해결한 오쿠보로서는 정한논쟁 이후 불안한 정국을 바로잡고 개혁을 추진하기 위해서는 무엇보다도 정부에서 물러난 기도의 협조가 절대적이었다. 오쿠보는 기도와의 관계를 복원함으로써 두 사람을 축으로 한 사쓰마-조슈 체제를 강화할 필요가 절실했다. 이를 바탕으로 조직적으로 반정부운동을 전개하는 이타가키를 위시한 유신의 중심세력들을 다시 정치권으로 불러들여 정한론 이래 고립일로를 걸어온 정부의 기초를 튼튼히 할 필요가 있었다. 그러기 위해서 오쿠보는 기도를 어떻게 해서라도 다시 정부로 불러들일 필요가 있었다.

베이징에서 대만 문제를 종결하고 귀국 직후인 1874년 11월 28일, 오쿠보는 그의 사저로 이토 히로부미를 불렀다. 그는 베이징 회담을 설명하고

국내정치를 바로잡기 위하여 기도의 협조가 필요하다는 것을 다음과 같이
설명했다.

한때 파국에까지 이르렀던 (베이징) 담판도 다행스럽게 평화롭게 끝났네.……
이제 우리는 한걸음 더 나아가 내정을 정리하고 개선을 도모하여 국력을 양성하
고 국가의 번영을 모색하지 않으면 안 되는 시점에 이르렀네. 그러나 이는 용이
한 사업이 아닐세. 나는 유럽에서 돌아온 뒤 이제까지 국가 대사의 모든 일을
기도 군과 협력하여 원만하게 처리하기를 기대했고 또한 노력해왔네. 그러나
대만 사건으로 인하여 의견이 갈리고 거취를 달리하게 되었네.……이제 대만
사건도 무사히 해결되었으니, 나는 다시 기도 군과 함께 힘을 합하여 뜻을 관철
하고 싶네.[32]

그러면서 오쿠보는 기도와 만나서 흉금을 터놓고 대화를 나누기를 원했
다. 필요하다면 기도가 머무르고 있는 야마구치까지도 갈 뜻이 있음을 밝
히면서, 이토에게 만날 기회를 만들어볼 것을 지시했다.

이토는 두 사람이 다시 힘을 합쳐 나라의 일을 처리해 나간다면, 이는
"국가의 큰 경사"라고 찬사하면서 오쿠보의 요구를 받아들였다. 그러나
이토는 기도를 입각시키기 위하여 오쿠보가 야마구치까지 가는 것은 "정
부의 위신에 합당치 않다"고 반대했다. 그러면서 자신이 먼저 서면으로
오쿠보의 참뜻을 설명하고, 기도로 하여금 오사카까지 나오도록 하여 그
곳에서 자연스럽게 만날 수 있도록 주선하겠다고 했다.[33] 여기서 이토의
권력을 향한 그의 한 면을 볼 수 있다. 이토는 조슈의 보스이고 자신의
'주인'이기도 했던 기도보다, 실질적 권력을 장악하고 있고, 앞으로 국정
을 주도할 오쿠보 편에 서 있음을 알 수 있다.

이토는 이노우에 가오루와 함께 서로 등을 돌린 오쿠보와 기도의 재결
합을 주선하기 위해서 바삐 움직였다. 이토는 오쿠보와 기도의 만남이 명
분과 실효뿐만 아니라, "인심의 진정"을 거두기 위해서는 "정치제도의 개

혁과 함께 전제주의를 배격하고 공의(公議)에 순응하는 방책을 강구하는 방향으로 나가야 한다"고 생각하고 있었다. 그렇게 함으로써 기도는 물론, 한걸음 더 멀리 있는 이타가키도 끌어들일 수 있는 명분과 계기를 노렸다.

기도가 오쿠보와의 만남을 승낙하자 이토는 회담에서 논의할 다음과 같은 내정개혁 강령안을 만들어 사전에 두 사람에게 보고하고 협의했다.[34]

1) 과두전제의 폐단을 막고 중지를 모아 입법사무를 개선함과 더불어 뒷날 국회를 세우는 기초를 만들기 위해서 원로원(元老院)을 설치할 것
2) 재판의 권위를 공고히 하기 위해서 대심원(大審院)을 설립할 것
3) 민의를 소통하기 위해서 지방관 회의를 확립할 것
4) 천황 친정의 결실을 거두기 위해서 내각과 각 성(省)을 분리하고, 기도, 오쿠보 두 사람과 같은 원로는 내각에 남아 천황 보필의 임무를 맡고, 각 성에는 2인자를 배치하여 행정 제반의 사무를 전담하게 할 것

1875년 1월부터 2월에 걸쳐 오사카에서 성사된 오쿠보, 기도, 이타가키의 회담은 이토의 치밀한 사전공작과 준비 속에서 진행되었다.[35] 이토는 먼저 오쿠보와 기도 두 사람의 회합을 주선했다. 1월 29일 진행된 오쿠보, 기도, 이토 세 사람의 회합에서 이토가 준비한 4개조의 정체개혁안을 논의하고 합의가 성립되었다. 다음날 이노우에와 함께 오사카에 온 이타가키를 포함한 다섯 사람의 회담에서 개혁안을 다시 논의하고 의견일치를 보았다. 또한 오쿠보가 희망하는 대로 기도와 이타가키가 다시 정부에 참여하기로 했다. 이토의 전기는 당시의 분위기를 다음과 같이 기록하고 있다.

그처럼 어려웠던 기도와 오쿠보의 제휴가 비로소 성사되고, 여기에 이타가키와 이노우에 두 사람이 모여서 옛정을 다시 나누고……서로 가슴을 열고 환담을 나누었다. 특히 정한론으로 분열한 이래 처음으로 얼굴을 마주한 오쿠보와 이타가키도 서로 이해하면서 이야기를 나누었다. 소위 오사카 회의는 이토가 한

달 이상 고심하며 노력한 일로서 기대 이상의 효과를 거둘 수 있었다.[36]

오쿠보와 기도의 재결합을 누구보다도 반가워 한 사람은 태정대신 산조 사네토미였다. 이토로부터 회합의 성사를 보고받은 산조는 "참으로 국가를 위하여 크게 다행스러운 일로서 기쁘고 안심된다"고 하면서, "이는 족하(足下 : 이토)의 진력에 의해서 성사된 것"이라고 이토의 공을 치하하고 있다.[37]

오사카 회의는 일본의 정치체제나 이토 개인의 역량에 있어서 중요한 의미가 있었다. 기본적으로 영국식의 입헌정치체제로의 전환을 성급히 요구하고 있는 민권파의 이타가키가 생각하는 정체와 정권을 장악하고 있는 기도나 오쿠보가 생각하는 정체는 상당한 차이가 있었다. 그렇기 때문에 얼마 지나지 않아 오쿠보와 이타가키의 대립이 다시 나타났고, 결국 이타가키가 정부를 떠나는 사태로 발전했다. 그럼에도 불구하고 오사카 회의의 결과에 따라 일본은 입헌정체 수립을 지향한다는 천황의 칙서가 발표되었고, 따라서 입헌제로 이행할 것을 확실히 했다. 뿐만 아니라 원로원과 대심원을 설치하고 지방장관회의를 개최함으로써 정부조직의 방향을 제시했다고 할 수 있다. 이토 개인의 입장에서 본다면, 정한논쟁 이후 유신의 핵심세력이라고 할 수 있는 오쿠보, 기도, 이타가키의 연대를 재창출했고, 국가의 진로를 확정할 수 있었다는 것이다. 물론 세 사람의 연대는 오래가지 않았다. 그럼에도 불구하고 이토는 사전교섭 능력을 과시했고, 그 과정에서 정국을 움직이는 핵심적 위치를 굳혔다고 할 수 있다.

4. 서남전쟁(西南戰爭)

오사카 회담 이후 정국은 안정되는 듯했다. 기도와 이타가키가 다시 참의로 복귀하고, 오쿠보, 기도, 이타가키, 이토가 참석하는 정체조사국[政體取調局]을 신설하고 구체적 개혁안을 다듬어나갔다. 그 결과 1875년

4월 14일 입법기관으로서 원로원, 사법기관으로서 대심원을 신설하고, 민정을 반영하는 기관으로서 지방장관회의를 설치하여 "점차적으로 국가입헌의 정체를 세워나간다"는 메이지 천황의 결정이 발표되었다.[38] 오사카 회의를 위하여 고안한 이토의 개혁안은 내각과 각 성(省)을 분리한다는 것 하나만 제외하고는 모두 실현되었다.

천황 발표 후 6월 20일부터 20일 동안 지방장관회의가 개최되었고, 기도가 정부를 대표하는 의장에 취임했다. 7월 5일에는 원로원이 개원되었다. 지방장관회의와 원로원의 설치라는 형태로 민권파의 요구를 어느 정도 수용하기는 했으나, 정부에 대한 민권파의 비판이 사라진 것은 아니었다.

정부의 안정은 오래 지속되지 못했다. 점진적 입헌을 주장하고 있는 오쿠보나 기도와 영국식 의회제도를 급진적으로 요구하고 있는 이타가키와의 마찰은 불가피했다. 또한 정권을 장악하고 있는 오쿠보는 강력한 통제정책을 지속하면서, 민권파의 정부비판을 규제하기 위한 법률들의 제정을 강행했다. 정부의 이와 같은 조치는 민권파의 수장으로 정부에 들어와 있던 이타가키의 입장을 대단히 어렵게 만들었다. 이타가키는 수구파의 대표라고 할 수 있는 옛 사쓰마의 실권자였던 시마즈 히사미쓰가 산조 사네토미 태정대신을 탄핵하는 계기를 맞아 시마즈와 함께 정부에서 사임했다. 오사카 체제가 다시 와해되면서 오쿠보의 전제정치에 대한 반발의 힘이 점차 축적되어갔다.

1876년을 맞으면서 정국은 다시 소용돌이 속으로 빠져들었다. 1875년 말 소위 강화도사건으로 조선 문제가 다시 부상하여 내분이 잠시 사그라지는 듯했으나, 1876년 2월 조일수호조약(朝日修好條約)이 완결되면서 내부 문제가 다시 표면화되었다. 지병으로 고생하던 기도는 1876년 3월 다시 참의직을 사임했다. 기도의 사임은 메이지 정부 내에서 이토를 조슈계의 대표자로 만들었다.

1876년 3월 정부가 무사의 폐도령(廢刀令)을 발표하자 메이지 정부에 저항하는 무력항쟁과 농민봉기가 규슈(九州) 일대에서 일어났다. 구마모토, 후쿠오카, 야마구치 등지에서 봉기가 일어났다. 또한 하기 현과 미에 현(三重縣)에서는 농민들이 들고 일어났고, 이는 아이치(愛知), 기후(崎阜), 사카이(堺) 현으로 번져나갔다. 특히 하기의 봉기를 이끈 마에바라 잇세이는 메이지 정부의 핵심인 이토나 야마가타 등과 함께 요시다 쇼인의 쇼카손주쿠에서 동문수학하고 유신운동에도 참여했던 인물이다. 그의 거병은 실패로 끝났고, 마에바라는 형장의 이슬로 사라졌다.

메이지 정부에 대한 최종적이고도 최대의 도전은 사쓰마의 사이고 다카모리로부터였다. 1877년이 밝으면서 사이고가 이끌고 있던 사학교의 젊은 이들이 포병대와 해군성의 무기창고를 습격하여 무기와 탄약을 약탈하면서 반란이 시작되었다.[39] 이 폭동에 사이고가 직접 관여했느냐가 문제가 되었으나, 사이고를 잘 알고 있는 오쿠보는 구마모토나 하기 봉기에 가담하지 않은 사이고가 결코 개입하지 않은 것으로 판단했다. 사쓰마의 반란을 원만하게 수습하기 위하여 오쿠보 스스로 가고시마로 내려가서 사이고와의 회담을, 또는 아리스가와노미야 다루히토를 칙사로 파견한다는 등의 위무계획을 구상했다. 그러나 2월 사이고의 거병이 사실로 확인되면서 사태를 원만하게 수습하기 위한 모든 계획은 무위로 돌아갔다. 정부는 사이고의 군대를 반란군으로 규정하고 토벌방침을 확정하고, 19일 천황의 재가를 받아 폭도토벌의 명령이 내려졌다. 토벌군 총독에 아리스가와노미야 다루히토를 임명했다. 그리고 사령부 본부를 오사카에 설치하고 오쿠보와 이토 두 사람이 총체적 전략을 지휘했다.

8개월 동안 계속된 서남전쟁(西南戰爭)은 정부군의 승리로 끝났다. 그러나 양측 모두 많은 희생을 치렀다. 사이고를 중심으로 한 반란군에 약 4만 명이 가담했다. 정부군은 육군이 4만5,800여 명이, 해군이 함선 19척과 병력 2,200여 명이 참전했고, 전쟁비용은 4,500만여 엔에 달했다. 그리고 전사자는 양측이 합하여 2만6,000여 명에 이르렀다.

이토 히로부미의 표현을 빌리면, 서남전쟁은 "유신 이래 미증유의 대란"이었다.[40] 그러나 서남전쟁은 일본 근대사나 이토 개인사의 분수령을 이루는 몇 가지 중요한 의미를 지니고 있다. 첫째, 일본 근대사의 관점에서 본다면, 서남전쟁의 종식은 유신 이후 지속되어온 불안한 정국의 끝을 의미했다. 그리고 메이지 정부는 그 기초를 튼튼히 하고, 국정지표로 내세웠던 부국강병을 향하여 국력을 한 방향으로 몰고갈 수 있는 계기가 되었다. 앞에서도 지적했듯이 신정부가 들어선 이후 정국은 대단히 불안했다. 260여 년 지속된 도쿠가와 체제가 붕괴되면서 몰고온 사회적 혼란, 급격한 개혁에 뒤따른 사무라이들의 불만, 정한론을 기점으로 한 유신 주체세력의 분열, 정부권력에 대한 무력도전 등이 끊임없이 계속되었다. 그러나 서남전쟁에서 사이고를 중심으로 한 반정부군의 패배는 메이지 정부에 대한 무력도전은 더 이상 용납되지 않는다는 것을 실증적으로 보여주었다.

둘째, 서남전쟁은 유신 이래 미증유의 대란이었을 뿐만 아니라 1600년의 세키가하라 전투(關ケ原の戰い) 이후의 최대의 내전이었다. 그러나 이는 어디까지나 사이고 다카모리의 정한론을 지지하는 사쓰마를 중심으로 한 지역의 불만세력이 중앙의 메이지 정부에 대한 도전이었을 뿐이었다. 달리 설명한다면, 규슈 남부를 제외한 일본 전체는 이 내전에 가담하지 않았다는 사실이다. 이는 메이지 정부에 대한 국민적 불만이 있었지만, 그렇다고 해서 체제를 붕괴시키는 데에 다른 모든 세력이 동조하지 않았을 뿐만 아니라, 더욱이 군사적 행동을 지지하지 않았음을 의미했다. 메이지 체제에 대한 국민적 지지도가 비교적 튼튼했다는 것을 뜻한다.

셋째, 서남전쟁에서 정부군의 승리는 정부가 실시한 징병제의 국민 군대가 봉건적 무사 군대보다 우수하다는 것을 보여주었다. 사농공상이라는 엄격한 신분제가 지속된 도쿠가와 체제에서 정치와 권력은 사무라이, 곧 무사의 전유물이었다. 개병제의 실시는 무사라는 특권계급의 해체를 의미했다. 서남전쟁은 특권계급이라고 할 수 있는 무사와 징병제 실시로 구성된 징병군의 대결이었고, 그 결과는 과거의 무사보다 전 국민을 상대로 징병제로 형성된 근대적 군대가 더 강하다는 것을 입증했다. 즉 봉건적 사무라이 집단이 근대적 군대보다 우월할 수 없다는 것을 보여준 것이다.

넷째, 민권운동의 강화와 정권투쟁의 방향전환이었다. 서남전쟁 이전의 민권운동은 이타가키 다이스케를 중심으로 한 도사에 국한되어 있었다. 서남전쟁의 결과는 힘에 의한 반정부투쟁은 더 이상 실효성이 없다는 것을 입증했다. 체제비판과 반정부운동을 전개할 수 있는 유일한 통로는 조직적인 정치운동, 즉 민권운동 이외에는 다른 길이 없다는 것이 확인되면서 도사에 국한되었던 민권운동이 전국적인 규모로 확대되었다. 정한론을 지지했거나 무력적 투쟁에 가담했던 사람들이 적극적으로 민권운동에 참여했다. 평화적 경쟁은 입헌체제를 지향하는 운동으로 전개되었고, 시간이 가면서 이 운동에는 탄력이 붙었다.

끝으로 서남전쟁의 결과가 일본의 한반도정책의 근본적 전환을 의미하는 것이 아니라, 보다 확실한 정한정책을 추진하기 위하여 당분간 '연기'가 되었다는 점이다. 서남전쟁 이후 상당 기간 정한 문제는 정책의제로 논의되지 않는다. 뒤에서 볼 수 있는 것과 같이 청일전쟁을 계기로 정한 문제가 정식으로 각의에서 다시 논의되기 시작했고, 그후 한반도 지배가 가장 중요한 국가목표로 등장하는 것이 이를 입증한다.

서남전쟁 기간 내내 이토 히로부미는 오쿠보와 함께 오사카의 사령부본부에서 전쟁을 계획하고 지도하면서 전쟁을 성공적으로 종식시키는 데에 크게 기여했다. 전쟁은 이토 개인에게 있어서도 중요한 전기를 마련해 주었다. 첫째는 전쟁 중에 맞이한 기도 다카요시의 죽음이었다. 기도는 1877년 5월 26일 지병인 위장병으로 세상을 하직했다. 죽기 직전에 천황이 직접 그의 병상을 찾을 정도로 기도는 중요한 인물이었다. 공적으로는 유신을 가능케 했을 뿐만 아니라 유신 이후 어지러운 정국을 헤쳐나가는 데에 중요한 역할을 한 인물이었다. 산조나 이와쿠라도 그의 눈치를 살펴야 할 실력자였다. 정한론 이후 정국을 주도적으로 이끈 오쿠보도 늘 그를 의식했고, 정부를 떠나 있을 때는 그의 지원을 얻기 위하여 머리 숙이기를 주저하지 않았다. 유신 3걸의 한 사람인 기도는 사쓰마의 사이고나 오쿠보와 맞설 수 있는 실력자였다. 조슈의 대표 인물이었던 그의 죽음은 사쓰마와 조슈의 세력균형에도 영향을 미칠 수 있는 사건이었다.

둘째로 기도의 죽음은 이토에게도 커다란 의미가 있었다. 기도의 보살 핌과 가르침이 없었다면, 이토는 존재할 수 없었을 것이다. 이토 스스로 말하고 있는 것처럼 그는 기도의 속료(屬僚)였다. 막말 이래 기도를 따르는 많은 속료가 있었으나, 이토는 기도로부터 "형제 이상으로 사랑받은" 속료였다. 미국과 유럽을 순방한 이와쿠라 사절단 이후 이토가 오쿠보에 접근하면서 기도와의 관계가 소원해진 것은 사실이지만, 이토는 늘 기도의 눈치를 살폈고, 그의 비위를 거스르지 않으려고 노력했다. 메이지 유신의 주체가 사쓰마와 조슈라는 데에 이론이 없듯이 조슈의 대표가 기도라는 데에도 이론이 없었다. 기도가 정부 안에 있거나 밖에 있거나, 모두가 그를 의식했고 그의 발언을 주시했다.

기도의 죽음은 조슈를 대표할 인물이 없어졌음을 의미한다. 사쓰마와 조슈의 동맹을 절대로 필요로 했던 당시의 정치적 상황에서 기도를 대신할 인물은 이토 이외에는 없었다. 물론 기도에게는 크게 못 미쳤지만, 그의 자리를 대신할 인물은 이토뿐이었다. 이토는 미국과 유럽 순방을 통해서 이와쿠라와 오쿠보의 신임을 확보했고, 정한론 폐기 때에 막후에서 능력을 보였고, 또한 전쟁 중 대본영에서 오쿠보와 전쟁수행을 직접 지휘하여 승리로 이끄는 데에 중심 역할을 했다. 서남전쟁에서의 승리와 기도의 사망은 이토를 조슈의 잠재적 대표 인물로 만들었다.

서남전쟁이 남긴 또 하나의 커다란 유산은 메이지 정부의 대들보인 오쿠보 도시미치의 암살이었다. 뒤에서 볼 수 있듯이 오쿠보의 죽음은 유신 1세대의 종식을 의미한다. 유신을 이끌었던 1세대가 모두 역사 속으로 사라지면서 이토와 같은 후계세대가 최고의 권좌에 오를 수 있는 길이 더욱 활짝 열렸다.

제5장

메이지의 '입법자'

혁명적 사회변동 이후 혼란이 뒤따르는 것은 역사의 법칙이다. 메이지 유신 이후 일본도 예외가 아니었다. 기득권을 가지고 있었던 구체제 세력과 새로 들어선 세력 사이의 갈등, 유신세력 내부의 권력투쟁, 국가진로에 대한 이견 등은 혼란을 더욱 부추겼다.

정한론 폐기와 서남전쟁 종식을 기점으로 메이지 정부는 본격적으로 정체확립과 제도개혁을 통한 부국강병과 식산흥업을 추진하기 시작했다. 집중된 권력의 합리적 조직화와 통치기구의 근대화에 의한 강력한 지배체제 확립이 시작되었고, 그 중심에 이토 히로부미가 있었다.

1. 입헌제 도입 논의

1873년 말 정한논쟁의 패배자들은 모두 정부에서 물러났다. 그리고 그들은 재야에서 메이지 정부가 출범하면서 천명한 "널리 회의를 열어 나라의 정치를 공론(公論)에 맡긴다"는 국정지표[五個條誓文]에 근거하여 민선의원(民選議院) 개설을 요구하고 나섰다. 이른바 자유민권운동이라는 새로운 형태의 평화적 반정부운동의 빗장을 열었다.

입헌정체(立憲政體)의 필요성은 자유민권파의 공격 때문만이 아니라 정부의 핵심 지도자들도 인식하고 있었다. 이와쿠라, 오쿠보, 기도, 이토 등의 구미사절단이 미국과 유럽 순방을 통해서 깨달은 중요한 교훈의 하나는 근대화를 위한 내부 체제정비뿐만 아니라, 조약개정을 위해서도 일본은 선진국가들의 정치제도와 같은 입헌정체를 채용하지 않으면 안 된다는 점이었다. 그들이 돌아본 서양 강대국과 대등한 법치국가의 틀을 갖추지 않는 한 일본은 문명국으로 인정받지 못하고, 따라서 그들이 해결해야만 할 불평등조약의 개정도 실현시키기가 어렵다는 것이었다. 이토의 표현을 빌리면, "문명의 근원지라고 할 수 있는 유럽에서 오늘에 이르러서는 헌법정치를 실행하지 않는 나라가 없었다."[1] 그러므로 반체제를 지향하는 자유민권운동자들의 요구와는 관계없이 메이지의 지도자들 사이에서도 입헌제를 실시해야 한다는 데에 이미 공감대가 이루어져 있었다. 다만 남은 문제는 언제, 어떤 내용의 입헌제를 채택하느냐일 뿐이었다.

이와쿠라 사절단이 귀국하고 정한 문제가 일단락된 직후인 1873년 말, 최고 정책결정기관인 참의 회의에서 정체 문제가 중요한 의제로 논의되었다. 이 회의에서 미국과 유럽 순방 때 "시찰하고 연구한 정치제도를 참작하고", "여러 종류의 의견을 심사하여 적당한 방안"을 수립하기 위한 정체 조사업무를 실행할 것을 확정했다. 그리고 이토 히로부미와 데라시마 무네노리에게 이 업무를 전담시켰다.[2]

실권자인 기도 다카요시와 오쿠보 도시미치도 일본이 입헌체제를 지향해야 한다는 데에 인식을 같이했다. 또한 유럽의 제도를 참작은 하지만, 무비판적으로 수용해서는 안 된다는 데에도 의견을 같이했다. 지극히 추상적이기는 하지만, 기도는 "구미 선진국의 정수(精粹)를 참작하여" "정규전칙(政規典則)을 확립하고", "입법과 행정을 분리하고", "상하 양원의 설치"를 위해서 준비하고, "사법성과 재판소를 분리해야" 한다는 의견을 제시했다.[3] 오쿠보 또한 유럽 선진국의 제도를 참작하지만, 보다 일본적 정신을 염두에 둘 필요가 있다는 점을 강조했다. 그는 "함부로 유럽 각국에서 실행되고 있는 군민공치(君民共治)의 제도를 본뜨지 말고, 우리의 독특한 황통일계(皇統一系)의 전례(典例)와 인민의 개명 정도를 감안하여" "법헌전장(法憲典章)을 정해야 한다"는 의견을 제시했다. 그러면서 오쿠보는 "입법, 행정, 사법, 삼권을 구별하고", "21세 이상의 화족 호주, 특명선거의 의원(議員), 각 성의 장관으로 구성된 의원(議院)을 조직하여" 모든 법률을 심의할 것을 제의했다.[4]

여기에서 볼 수 있는 것과 같이 이와쿠라 사절단의 중심 인물이면서도 정부의 실권자라고 할 수 있는 오쿠보와 기도가 일본이 만들어야 할 정체의 근거로서 용어는 다르지만, 헌법, 삼권분리, 의회구성의 필요성에 의견을 같이하고 있다는 사실이다. 이는 일본이 나아가야 할 기본방향이 무엇인지를 잘 보여주고 있다. 그러면서도 몇 가지 중요한 원칙들이 있었다. 그것들은 그들이 시찰한 미국과 유럽의 입헌정체를 참작한다는 것, 황통일계를 중심으로 한 일본의 정신과 문화를 염두에 둔다는 것, 그리고 점진적 방법을 택한다는 것이었다. 이는 메이지 헌법이 완성될 때까지 일관된 정부의 근본원칙이었다.

체제정비를 위한 정체 조사업무는 이토 히로부미의 몫이었다. 그러나 1873년 이후 지속된 정한파와 비정한파의 정책대결, 사가의 난을 비롯한 반정부 무력저항운동, 서남전쟁 등은 정체 조사문제를 뒤로 미룰 수밖에 없게 만들었다.

서남전쟁이 종식되면서 정체 문제가 다시 중요한 정치 이슈로 대두했다. 특히 서남전쟁 이후 본격적으로 전개된 반정부활동인 자유민권운동이 정체 문제를 내세워 정면에서 정부를 공격했다. 앞에서도 지적한 바와 같이 서남전쟁에서 봉건무사들로 구성된 반체제세력의 근대적 징병제 군대에 의한 패배는 무력에 의한 반정부운동이 더 이상 지속될 수 없었다는 것을 뜻했다. 자유민권운동이 반정부운동의 주류가 될 수밖에 없었다. 국회개설운동에 초점을 맞추면서 전국적으로 확산된 자유민권운동은 다양한 입헌제 구상을 전개하면서 정부를 압박했다. 이에 맞서 정부도 입헌제 도입문제를 본격적으로 검토하기 시작했고, 이토 히로부미가 입헌제 도입의 중심 인물로 등장했다.

2. 이토 체제의 시동과 정체 문제

정한 문제로 장기간 끊임없이 계속된 정치적 혼란과 유신세력 내부의 갈등은 서남전쟁으로 그 절정을 이루었다. 유신의 영웅인 사이고 다카모리가 1877년 9월 24일 자결함으로써 전쟁이 끝났고, 물리적 반(反)메이지 저항도 종식되었다. 비로소 정부는 정체 문제를 비롯한 국가건설 프로그램을 본격적으로 추진할 수 있게 되었다. 체제정비와 제도개혁은 유신 3걸의 유일한 생존자인 오쿠보 도시미치를 중심으로 추진되었다. 그러나 그의 역할도 그리 오래 지속되지 못했다.

오쿠보 도시미치도 암살이라는 "흉변"으로 그의 생을 마감했다. 그는 1878년 5월 14일 아침 출근길에 6명의 자객의 습격을 받아 마차 안에서 죽임을 당했다. 암살을 주도한 시마다 이치로는 사이고 다카모리를 지지하여 서남전쟁에 참여했던 열렬한 정한론자였다. 오쿠보를 "간신(奸臣)"이라고 부르면서 암살한 그들은 이토 또한 용서받지 못할 "간리(奸吏)"로 규정했고, 암살단의 표적임을 공개했다.[5]

오쿠보의 갑작스러운 죽음은 메이지 국가의 중심 인물로서 이토의 위상 상승을 앞당겼다. 미국 및 유럽 순방과 정한논쟁을 통해서 이와쿠라와 오쿠보의 절대적 신뢰를 얻을 수 있었던 이토는 이어진 체제정비와 서남전쟁을 치르면서 오쿠보의 후계자로 부상했다는 것은 이미 앞에서 쓴 바 있다. 1874년 대만 출병 문제를 해결하기 위하여 베이징으로 출장 갈 때에도 오쿠보는 이토에게 자신의 직무를 대행시킬 정도로 그를 신임했다. 또한 서남전쟁 당시에도 이토는 오쿠보를 가장 가까이에서 보좌하면서 전쟁을 승리로 이끌었다.

오쿠보가 암살당한 다음날인 15일 이토는 참의 겸 내무경에 임명되었다. 오쿠보의 뒤를 이어 가장 강력한 실권자의 지위에 올랐다. 그의 나이

36세 때였다. 오쿠보가 내무경의 직분으로 정부 전반의 실무를 통할 감독한 것과 같이, 이와쿠라의 협력과 지원을 받아 이토 또한 크고 작은 모든 정무를 지휘 감독하게 되었다. 이토는 무엇보다 먼저 오쿠보의 갑작스러운 죽음으로 약화될 수 있는 사쓰마-조슈 연합정권을 강화했다. 사쓰마의 사이고 쓰구미치를 참의 겸 문부경으로, 가와무라 스미요시를 참의 겸 해군경으로, 그리고 이노우에 가오루를 참의 겸 공부경으로 끌어들였다.[6] 이토는 강력한 사쓰마-조슈 연합정권 안에서 자신의 권력기반을 다졌다. 새로운 체제의 시동이었다.

이토는 자신의 권력기반을 세 축을 중심으로 다져나갔다. 첫 번째 축은 이와쿠라 도모미와의 긴밀한 연대로서 가장 중요한 기반이었다. 앞에서도 지적한 바와 같이 이와쿠라는 이토가 신정부 건설을 위하여 다양한 의견서를 제출할 때부터 눈여겨보았고, 미국과 유럽 순방을 통하여 두 사람은 깊은 신뢰관계를 맺을 수 있었다. 이토가 표현한 것과 같이 순방 이후 이와쿠라가 죽을 때까지 두 사람은 함께 일을 도모했다.

권력기반의 두 번째 축은 고향인 조슈의 지원이었다. 유신 이후의 메이지 정부는 삿초(薩長)정권이라고 할 정도로 사쓰마와 조슈의 번벌 연합정권이나 다름없었다. 사이고가 물러난 뒤에도 권력의 중심은 조슈의 기도와 사쓰마의 오쿠보였고, 사쓰마와 조슈의 인물들이 대부분의 중요한 직책을 장악하고 있었다. 자유민권운동을 사쓰마와 조슈를 제외한 인물들이 주도하고 번벌정부 타도를 강조한 것도 이와 무관하지 않았다. 오쿠보 사망 이후 이토는 야마가타와 이노우에 가오루를 연합정부의 기반으로 삼았다. 특히 이토가 내무, 야마가타가 육군, 그리고 이노우에가 재무를 장악함으로써 정부 내에서 중심세력을 유지했다.

이토가 권력기반으로 삼은 세 번째 축은 사쓰마였다. 사쓰마와 조슈는 유신의 중심세력이기도 했지만, 동시에 끊임없는 경쟁관계였다. 그러나 그 경쟁이 사쓰마와 조슈의 연합을 무너뜨리는 데까지는 가지 않았다. 사쓰마와 조슈 모두 권력을 독점할 수 없다는 것과 연합이 깨질 때 권력자체가 붕괴된다는 것을 잘 알고 있었다. 그렇기 때문에 기도가 정부에서 물러나 있을 때는 오쿠보가 그를 다시 끌어들이기 위하여 머리 숙이기를 주저하지 않았고, 또한 중요한 계기마다 기도가 오쿠보를 지원했다. 사쓰마와 조슈 연합의 성격과 의미를 누구보다도 잘 알고 있는 이토는 그 연합을 강화하면서 자신의 권력기반을 사쓰마로 확대하는 것을 게을리 하지 않았다. 오쿠보 사망 직후 사이고 쓰구미치와 가와무라 스미요시를 참의 겸 각료로 영입한 것도 사쓰마와 조슈의 연대를 다지면서 자신의 권력기반을 사쓰마로 확대하기 위함이었다. 뒤에서 볼 수 있지만, 1881년의 정변 직후에 이토가 마쓰카타 마사요시와 오야마 이와오를 참의로 끌어들인 것도 사쓰마에서 권력기반을 다지기 위함이었다.

이와쿠라의 전폭적인 지지를 받으면서 권력의 기반을 다진 이토는 근대 국가를 건설하기 위한 각종 제도개혁을 진두지휘했다.[7] 물론 그 가운데에서도 가장 중요한 부분은 국가의 기본 틀이라고 할 수 있는 헌법 제정이었다.

입헌제 도입이라는 정치적 의제는 서남전쟁 이후 다시 중요한 정치 쟁점으로 부상했다. 정치적 민권운동은 서남전쟁 이후 지역을 초월하여 전국으로 확대되면서 지지기반을 대중 속으로 넓혀나갔다. 1880년 3월 17일 오사카에서 개최된 제4차 애국사(愛國社) 전국대회에는 "2부 22현으로부터 8만7천여 명과 104명의 지방대표가 결집하여" 국회개설을 요구하는 국회기성동맹(國會期成同盟)을 결성하며 그 위력을 과시했다.[8] 동맹회는 도쿄에 본부, 지방 12곳에 지부를 설치하고, 민선의회와 헌법을 요구하는 청원서를 정부에 여러 차례 제출하여 압력을 가했다. 또한 각 단체들은 개별적인 헌법초안을 작성하여 선전하기도 했다.

민중차원으로 확산되고 있는 민권운동의 주장에 대해서 정부도 헌법을 제정하고 국회를 개설한다는 데에는 반대가 없었다. 다만 언제, 어떤 형태의 정체를 만드느냐에 대해서 견해가 일치하지 않았을 뿐이었는데, 대체로 두 방향으로 갈라져 있었다. 하나는 영국식 의회정부와 내각책임제였고, 다른 하나는 독일식의 강력한 군주제와 약한 의회제도였다. 정체에 대한 논의가 정부 내에서도 분분해지자, 메이지 천황은 모든 참의에게 입헌정체에 관한 의견서를 작성하여 1880년 말까지 좌대신 아리스가와노미야 다루히토에게 제출할 것을 명했다.

가장 먼저 의견서를 제출한 야마가타 아리토모는 특선의회(特選議會) 설치를 주장했다. 지방 회의체 의원 가운데 덕망을 갖춘 사람들을 선발하여 의원으로 임명하고, 그들로 하여금 당분간 헌법의 조문과 각종 법령 등을 논의하게 하고, 입법의 대권을 위임하기에 충분하다고 판단되면 이를 민회(民會)로 바꾼다는 것이었다. 이노우에 가오루는 먼저 민법을 만든 다음에 헌법을 제정하고 여론의 동향에 따라서 국회를 개설할 것을 주장했다. 야마다 아키요시는 국민의 참정권을 인정하지만, 몇 년 동안 원로원과 지방장관회의에서 실험을 거친 후 헌법을 제정해야 한다는 의견을 폈다. 오키 다카토는 일본국체에 적합한 제헌 및 정체를 흠정(欽定)한 뒤에 국회개설 시기를 정해 공포할 것을 요구했다. 민권운동을 철저하게 부인하던 구로다 기요타카는 의회구성 문제를 논의하는 것 자체가 시기상조라는 반대의 태도를 명확히 했다.

이토는 1880년 12월에 의견서를 제출했다.[9] 의견서에서 그는 정체논의가 확산되고 있는 이유 두 가지를 제시했다. 첫 번째 이유는 사회적 특권과 생활의 근거를 상실한 사무라이 계급의 불만이었다. 메이지 신정부 수립 이후 시행된 폐번치현, 징병제, 세습적 녹봉 중단 등과 같은 조치는 그 동안 사족들이 누려온 기득권을 모두 무효화했고, 그로 인한 불평과 불만이 그들로 하여금 혁명적인 급격한 논의를 주장하게 만들었고, 평민 계급이 이에 동조하여 사회 전반으로 확산되고 있다는 것이었다. 이토의 표현을 그대로 인용하면, "사족은 힘줄과 뼈와 같고, 평민은 가죽과 살과 같아 근육과 뼈가 움직이면 가죽과 살이 따라가게 마련이다. 사족과 평민의 원기(怨氣)가 단결할 때 조정과 민간을 분리시키고 왕권을 옹색하게 만들기에 충분하다"는 것이었다. 그에 의하면 사족의 향배에 천하의 위기가 숨어 있었다.

이토가 제시한 두 번째 이유는 국제사조의 흐름이었다. 그에 의하면, 100여 년 전의 프랑스 혁명은 "유럽 전체의 변혁"에 영향을 미쳤고, 이는 "오늘에 이르러 대세"를 이루고 있었다. 그리고 머지않아 모든 나라가 그 대세로부터 자유로울 수 없고, 일본도 예외가 아니었다. 그렇다면 그 대세란 무엇인가? 그것은 모든 국가의 정체가 "전제(專制)의 형태를 버리고, 인민과 정치권력을 나누는" 것으로 바뀌고 있다는 점이었다. 유럽의 문물이 일본으로 파급되고 있는 지금, 정체에 대한 논의가 국민 속으로 넓게 확산되고 있고, 이는 다만 방어와 억압만으로 해결될 문제가 아니었다. 그렇기 때문에 안정적 체제를 유지하기 위해서는 국제적 흐름과 상치하지 않고, 국민적 욕구를 어느 정도 수용하는 정체를 정부가 주도적으로 제시할 필요가 있었다. 이토는 이러한 국제적 흐름을 다음과 같이 표현하고 있다. "한 마을의 인심을 제어하는 것은 용이하지만, 한 나라의 물정을 다스리는 것은 쉽지 않다. 한 나라의 형세를 바꾸는 것은 쉽지만, 우주의 기운을 돌리는 것은 대단히 어렵다."

이러한 전제 속에서 이토는 세 가지 구체적 구상을 제시했다. 첫째는 기존의 원로원을 확장하고, 그 구성원을 귀족계층, 즉 화족과 사족에서 선출하는 것이다. 이토는 원로원이 유럽의 입헌정체에서 볼 수 있는 상원의 기능을 담당할 것을 제시했다. 그에 의하면 "유럽 입헌국의 상하원은 자동차의 두 바퀴와 같이 서로 견제하며 형평을 이루고 있고, 제왕국가에서는 원로원, 즉 상원을 설치하여 국가의 운영을 담당하게" 하고 있고, 그 구성원은 대체로 국가 유공자, 석학, 또는 귀족계급에서 선출한다는 것이었다. 일본도 이를 참고하여 1875년 설립된 원로원을 확장하고 그 구성원을 귀족계층에서 선출하고 법률을 심의케 하여 점진적인 길을 가야한다는 것이었다.

구체적 구상의 둘째는 공선 검사관(檢査官)을 두는 것이다. 부현회(府縣會) 의원들 가운데에서 공선으로 검사원(檢査院) 검사관을 선출하여 관선 검사관과 함께 회계검사를 담당하게 한다는 것이다. 이토에 의하면 공선 검사관의 권한은 "회계검사뿐만 아니라 용재(用材)의 대정(大政)에 간섭하는 것을 허락한다"는 것이다. 그리고 이를 통해서 이토가 의도하는 것은 "하나는 재정의 공의(公議)를 위함이고, 다른 하나는 인민으로 하여금 실무에 익숙하고 경험하게 하기 위함"이었다. 즉 재정의 결산기능을 민의에 맡기고, 점차 재정의 민주적 통제를 실현하겠다는 것이다.

셋째는 정체의 최종적 결정은 천황의 의지에 의해서 단행된다는 것을 천하에 공포하는 것이다. 정체와 국회 설립의 방향과 내용에 관한 최종적인 결정권은 오직 천황에게 있다는 것을 모든 국민과 신료들로 하여금 확실히 알게 할 필요가 있다는 것이다. 민심을 선동하여 과열되고 있는 자유민권운동에 의한 국회개설 요구를 다스리기 위해서도 천황이 "점진의 뜻"을 확실히 할 필요가 있었다. 천황이 입법의 권력을 국민과 나누어 공유한다는 것은 인정하지만, 그렇다고 해서 그 방향을 신하가 논한다거나, 또는 완급을 인민과 경쟁할 것이 아니라는 것이다. 이토에 의하면 "여탈의 권력"과 "완급의 결정"은 전적으로 천황의 영역이었다.

이러한 구체적 구상을 다듬어나가는 과정에서 이토가 가장 중요한 원칙으로 제시한 것은 이를 점진적으로 실현한다는 점이다. 의회를 구성하고 군민통치의 대국을 이루는 것은 대단히 바람직하지만, 이는 국체의 변경과 관련된 대단히 중대한 사안이기 때문에 결코 서둘러서는 안 된다는 것이다. 이토의 표현에 의하면, "우선은 터전을 다지고, 다음에 기둥과 기초를 튼튼히 하고, 그리고 끝으로 집을 세우는 것으로서, 실행할 때에 순서와 완급을 중시해야 한다"는 것이다. 이는 이토가 입헌체제를 구체적으로 구상하면서 일관되게 관철한 원칙이다. 급진적 노선을 주장해온 오쿠마를 정계에서 추방한 1881년의 정변은 점진주의와 급진주의의 대결이었다. 그리고 "점진주의의 승리"는 아키타의 연구가 보여주는 것과 같이 "최종적으로 이토의 몫"이었다.[10]

3. 1881년의 정변

이토 히로부미가 모든 정무를 제쳐놓고 입헌정체를 연구하기 위해서 1882년 유럽행을 택하게 된 결정적 계기는 소위 1881년의 정변이었다. 정변의 발단은 오쿠마 시게노부의 "입헌정체에 관한 의견서"에서 시작되었다.

1880년 말까지 모든 참의가 정체에 관한 의견서를 제출하게 되어 있음에도 불구하고, 수석 참의라고 할 수 있는 오쿠마 시게노부는 담당 대신의 독촉을 받고 1881년 3월에야 제출했다. 이 의견서는 메이지 헌법 제정사의 분기점이라고 할 수 있는 메이지 14년(1881)의 정변을 몰고왔다.[11] 이를 계기로 오쿠보 암살 이후 정국운영의 중심을 이루어온 이토와 오쿠마가 정면으로 충돌했고, 이토의 잠재적 경쟁자인 오쿠마가 정권에서 축출당하는 결과를 가져왔다. 그리고 이토 체제를 확고히 정착시키고, 헌법제정 문제를 가속화시키는 계기가 되었다.

1880년 말까지 의견서 제출을 미루어온 오쿠마는 아리스가와노미야의 독촉을 받고서도 문서보다 어전회의에서 구두로 천황에게 직접 보고하겠다는 뜻을 밝혔다. 문서로 의견서를 제출할 경우, 뜻이 잘 전달되지 않을 수도 있고, 내용의 비밀이 유지되지 않을 수도 있다는 것이 그 이유였다. 그러나 오쿠마에게만 문서가 아니라 구두 보고라는 특혜가 용인될 수 없었다. 결국 문서로 제출하게 되었다.

오쿠마는 해를 넘겨 3월에야 의견서를 제출했다. 오쿠마의 참모인 야노 후미오가 집필한 것으로 알려진 의견서에 담긴 내용은 메이지 최대의 정변이라고 할 수 있는 정치적 소용돌이를 몰고왔다. 7개 항목으로 준비된 의견서의 핵심은 영국식 의원내각제를 2년 이내에 실시한다는 것이다. 즉 1881년에 헌법을 제정하고, 1882년 말에 선거를 실시하고, 1883년에 초의회를 개원한다는 것이다. 그리고 입법, 사법, 행정의 삼권을 분립하고, 의회에 다수를 점한 정당의 당수가 천황으로부터 내각조직의 명령을 받도록 한다는 것이다.[12] 이는 영국의 헌법을 직역한 것으로 이제까지 체제 내에서 묵시적으로 인정되어온 점진적인 것과 달리 대단히 급진적인 노선이었다.

이를 접한 이토는 놀라고 당황하지 않을 수 없었다. 그는 "헌법제정이나 국회개설에 관해서 오쿠마는 나와 이노우에 세 사람이 함께 협의하여 계획하기로 약속했는데, 어떠한 의논도 없이 이와 같이 행동을 한다는 것은 대단히 옳지 못하다"고 몹시 분노했다.[13] 오쿠마의 의견서를 정독한 이토는 이와쿠라에게 보낸 서신에 "오쿠마의 의견서를 숙독해볼 때 실로 상상하지 못할 급진론입니다. 아둔한 저로서는 오쿠마의 발끝도 따라갈 수 없습니다. 또 현재와 장래의 대세를 보는 시각도 매우 다릅니다"라고 하면서, "몇번 생각해보아도 관직을 사퇴하는 방법밖에 없습니다"라고 사임의 뜻을 밝혔다.[14] 이토는 오쿠마의 의견서는 시국을 평정할 의도가 없는 것으로 평가했다. 수석 참의인 오쿠마의 의견이 자신의 것과 너무 거리가 멀다는 것을 내세워 이토는 정무를 중단했다.

오쿠마의 의견은 오쿠보와 기도 이래 입헌제 도입에 중요한 원칙이라고 할 수 있는 "일본의 정신과 문화를 염두"에 두고, "점진적 방법"을 택하는 것과는 상당한 거리가 있었다. 더욱이 천황의 권력과 역할도 다만 의회의 다수를 확보한 정당의 당수에게 내각의 조직을 명령하는 것 외에는 명확하지 않았다. 이는 천황의 권위에 대한 도전으로 해석할 수도 있었다. 이토는 도저히 수용할 수 없었다.

이토는 오쿠마의 의견서를 접하고 크게 분노했을 뿐만 아니라 배신당했다고 생각했다. 오쿠마는 그 동안 모든 정무를 자신과 긴밀하게 협의해서 처리했음에도 불구하고 이처럼 중대한 사안에 대하여 전혀 사전에 협의하지 않았다. 더욱이 오쿠마가 의견서를 제출하기 직전인 1월 중순 이토, 오쿠마, 구로다 세 참의가 헌법 대강에 관하여 협의할 때에도 세 사람의 의견이 일치했다. 또한 오쿠마는 자신의 의견서의 내용에 대해서도 전혀 내색하지 않았다. 이토는 자신의 입장을 설명하기 위하여 찾아온 오쿠마에게 "오쿠보가 갑자기 암살당한 후 귀하는 천하가 어지러워지면 나와 함께 마음을 합쳐 난국을 헤쳐나가겠다고 맹서하지 않았습니까? 그런데 이처럼 중대한 문제를 나와 단 한마디 상담도 없이 제출했다는 것은 실로 양해할 수 없는 일입니다"라고 분노를 감추지 않았다.[15] 이토와 오쿠마의 갈등은 심화될 수밖에 없었고, 이토의 정무 중단으로 다시 정국이 혼란스러워졌다. 이토는 이와쿠라와 아리스가와노미야의 적극적인 사태수습과 오쿠마의 사과를 받고 다시 정무를 시작했으나, 오쿠마에 대한 의심이 사라지지는 않았다.

오쿠마의 급진적인 의견서를 접하고 분노한 사람은 이토뿐이 아니었다. 실질적으로 정무를 총괄하는 이와쿠라도 마찬가지였다. 이와쿠라는 오쿠마의 의견을 반박하고 저지할 수 있는 대안이 필요했다. 그뿐만이 아니라, 한걸음 더 나아가서 앞으로 헌법을 만들어갈 때에 반드시 지켜야 할 기본원칙과 틀을 확정해둘 필요가 있다는 것을 절감했다. 그는 이노우에 고와시에게 자신의 뜻을 밝히고 의견서를 준비하게 했다.[16] 이노우에는 메이지 초기(1872) 유럽에 파견되어 정체를 연구하고 귀국한 후 오쿠보 도시미치를 보좌해온 법률전문가로서 이와쿠라가 신뢰하고 있었다.

이와쿠라가 자신의 지침에 따라서 이노우에 고와시가 작성한 의견서가 정부에 제출된 것은 7월 5일이었다. 그의 의견서는 오쿠마가 영국을 모델로 하고 있는 것과는 정반대로 독일의 프로이센 헌법을 바탕으로 하고 있었다. 의견서는 먼저 헌법을 국회에서 제정하는 것이 아니라 "천황이 신민에게 하사하는 흠정(欽定)헌법이어야만 한다"는 것을 명확히 했다. 그리고 천황의 육해군 통솔, 선전포고와 조약체결, 화폐주조, 대신 이하 문무중신의 임면, 훈장수여, 사면, 의회의 개폐 및 해산 권한 등과 같은 넓은 천황대권을 규정했다. 입법권을 분리하기 위하여 원로원과 민선의원 양원을 설치하고, 의회에서 예산안이 통과되지 않을 경우 전년도 예산을 집행한다는 것 등 12개 항목을 포함했다.[17] "이와쿠라 강령(岩倉綱領)"으로 알려진 이 의견서는 이후 정부의 공식적 입헌방침으로 자리잡았다. 1889년 완성된 헌법에도 이러한 내용이 그대로 반영되었다. 그러므로 "메이지 헌법의 기초는 헌법이 완성되기 8년 전에 이미 확정된" 것이나 다름없었다.[18]

이와쿠라 의견서는 이와 함께 헌법기초를 위해서, 1) 공개적으로 헌법조사위원회를 설치하거나, 2) 궁내성 안에 담당국을 설치하고 대신 가운데 한 사람을 총재로 임명하여 비밀리에 헌법을 기초하여 내각에 제시하거나, 3) 극비리에 대신과 참의 1-2명이 칙명을 받아 헌법을 기초하고, 완성한 후 천황이 이를 내각에 회부하는 세 가지 방안을 제시했다. 그리고 "헌법기초는 매우 중요한 일이므로 내각과 참의의 의견일치가 필요하다"는 것을 강조했다.[19]

정부 안에서 정체를 영국식이냐 독일식이냐, 또한 국회개설 시기를 점진적으로 추진할 것이냐, 급진적으로 추진할 것이냐로 의견이 정리되지 않은 상태에서 터져나온 것이 개척사 관유물 불하 사건(開拓使官有物拂下事件)이다. 이 사건은 정당 중심의 의회입헌체제를 주장하는 세력을 정부에서 몰아내는 '정변'으로 활용되었고, 이토가 이를 주도했다.

메이지 최대의 정치 스캔들이라고 할 수 있는 개척사 관유물 불하 사건의 전말은 간단하지만, 그 배후에는 정체 문제와 정국주도권 장악이라는 복잡한 정치적 복선과 암계(暗計)가 숨어 있었다. 그 전말은 이렇다. 홋카이도(北海道) 개척을 위해서 정부가 1869년에 설치한 개척사(開拓使)는 매년 100만 엔이라는 거액이 투자되었으나, 기대했던 성과를 거두지 못했다. 투자에 비해 적자가 계속 누적되자 예산 낭비를 막기 위해서 정부는 그 동안 건립하고 운영해온 관영공장을 민간에게 매각키로 했다. 매각정책이 결정되자 개척사 설립 이후 장관을 지내온 사쓰마의 실력자인 참의 구로다 기요타카는 모든 시설을 자신과 특수관계에 있는 두 민간회사에게 파격적으로 싼 값으로 불하할 것을 결정했다. 10년 동안 약 1,500만 엔에 달하는 막대한 자금을 투자한 개척시설을 단지 38만 엔으로 평가하고, 이를 30년 무이자 분할상환으로 매각한다는 것이었다. 더하여 14만 엔의 영업자금을 함께 대출하기로 했다. 엄청난 특혜였다. 이를 허가한 구로다는

7월 말 각의에서 참의들의 동의를 구했다. 오쿠마가 강력히 반대했으나, 구로다가 자신의 진퇴를 걸고 강경하게 요구하여 참의들의 동의를 받았다. 이는 누가 보아도 부당한 특혜였음에도 불구하고 구로다가 유신의 원훈이고 사쓰마의 핵심이라는 것과 사쓰마-조슈 연합정권이라는 특수성이 정부로 하여금 구로다의 무리한 요구를 수용하게 만들었다. 최종적으로 천황의 재가만 남았을 뿐이었다.[20]

불하가 결정되는 듯했으나, 특혜불하가 언론에 보도되면서부터 형세가 바뀌었다. 8월 5일「조야 신문(朝野新聞)」은 "홋카이도 관유물 불하와 관련하여 각의에서 오쿠마를 위시하여 몇몇 대신들이 동의하지 않는다는 뜻을 밝혔으나, 개척장관은 웬일인지 불하를 강력하게 주장하여 지난 달 말부터 크게 논의되고 있다. 이를 허락하지 않으면 어떤 결과가 일어날지 몰라 대신들도 상당히 우려하고 있다"라고 보도했다.[21] 언론은 이를 "번벌정치의 악폐"로 규정하고 연일 보도하면서 정부를 공격했다. "공명정대해야만 할 우리 정부가 어떻게 이와 같이 기괴한 일을 행하고 있는가?"라고 정부를 비난했고, 여론은 날로 악화되었다.[22]

악화되는 여론에 올라탄 민권파는 불하를 '번벌정치의 악폐'로 규정하고 정부를 공격했고, 이를 국회개설 문제와 연결시켜 '번벌 전제 타파'라는 반정부운동으로 몰고나갔다.

정부로서는 수습책이 필요했다. 산조, 이와쿠라, 이토 등의 핵심인물들은 참의에서 비밀리에 논의된 불하문제를 언론에 누설한 인물로 오쿠마를 지목했다. 그들은 정당 중심의 급진적 입헌정체 노선을 주장했던 오쿠마가 궁지에 몰리면서 불하문제를 언론에 누설하여 이를 정치문제화함으로써 국회개설을 위한 정국을 주도하고, 사쓰마-조슈 연합정권의 붕괴를 의도하는 음모가 있다고 판단했다. 도저히 묵과할 수 없는 행위였다. 특히 이토는 민권파의 반정부세력과 급진적 입헌을 주장하는 오쿠마의 연계를 의심했고, 이를 방치한다면 "삿초의 공적도 수포로 돌아갈 뿐만 아니라 후세에 화근을 남기게 될 것"이라고 우려했다.[23]

아리스가와노미야로부터 오쿠마의 의견서를 가장 먼저 받아본 산조도 오쿠마의 축출을 불가피하다고 판단하고 있었다. 9월 6일 이와쿠라에게 보내 서신에서 산조는 "오쿠마의 의견은 후쿠자와 유키치 파의 의견과 일치하고 있고, 이는 많은 사람을 격분시키고 있습니다. 그렇기 때문에 오쿠마의 문제가 원만히 처리되기는 어렵습니다"라고 정부에서 축출해야 한다는 자신의 뜻을 밝혔다.[24]

이토는 오쿠마를 더 이상 정부에 둘 수 없다고 판단했다. 결론은 오쿠마를 파면하고 정부에서 쫓아내는 것이었다. 오쿠마가 주도하고 있는 영국식 정당정치의 확산을 조기에 차단하고, 들끓는 여론을 잠재우고, 민권론자의 주장을 사전에 제압하기 위한 이토의 대안은 세 가지로 집약되었다. 오쿠마 파면, 개척사 관유물 불하 중지, 국회개설 시기 공포가 그것이었다. 권력의 운명공동체라고도 할 수 있는 사쓰마와 조슈의 실력자들과 이와쿠라와 산조도 이토의 안에 동의했다. 10월 9일 이와쿠라 저택에서 이루어진 참의 회의에서 이토의 제안을 최종적으로 확정했다. 국회개설 시기에 관해서는 이론이 있었으나, 이토가 제시한 10년 후인 1890년으로 확정했다. 물론 이 회의에는 오쿠마를 참석시키지 않았다.

10월 11일 개최된 어전회의에서 오쿠마의 파면과 정부에서의 추방, 그리고 관유물 불하 중지가 결정되었다. 다음날인 12일에는 국회개설에 관한 천황의 칙서가 발표되었다. 칙서는 국가가 어떤 정체를 세울 것인가는 각 국가의 사정에 따라 다르다는 것, 정체를 확립하는 것은 대단히 중대한 일이므로 가볍게 다룰 수 없다는 것, 그리고 충분한 준비기간을 거쳐 1890년에 의원을 소집하고 국회를 개원한다는 것을 천명했다. 이를 위해서 "조야 신민은 필요한 모든 준비를 완전히 할" 것을 당부하는 한편, "국가의 평화를 어지럽힐 수 있는 급격한 변화를 옹호하는 자"는 천황의 뜻을 어기는 것이라고 경고했다.[25] 급진론을 받아들이지 않겠다는 뜻을 명확히 했다.

오쿠마의 의견서로 시작된 정부 내의 의견대립은 개척사 관유물 불하 사건으로 점화되면서 정변으로 발전했고, 그 정변은 오쿠마 축출, 관유물 불하 중지, 민선의회 설립 시간표 확정 발표라는 것으로 끝났다. 여론을 반정부로 몰고가던 민권운동도 수면 아래로 잦아들었다. 어전회의의 결정은 3가지 목적을 일거에 이루었다. 첫째로 오쿠마를 파면하고 정부에서 추방함으로써 정부 내에서 일어나고 있던 영국식 정당 중심의 급진적 조기 국회개설 움직임을 차단한 것이다. 둘째로 국민적 비판과 정부 공격의 명분을 주었던 개척사 관유물 불하를 취소함으로써 여론을 잠재우는 한편 정부의 신뢰를 어느 정도 확보할 수 있었다. 셋째로 입헌정체를 확립한다는 것이 이미 확정된 이상 이를 민권파의 요구에 밀려서 할 것이 아니라 정부가 주도적으로 이끌어가야 한다는 명분을 확보한 것이다. 국회개설 일정과 틀을 정부가 앞장서서 밝힘으로써 앞으로 전개될 입헌문제에 관한 고지를 정부가 선점할 수 있게 되었다.

결과론적인 것이기는 하지만, 정변은 삿초 번벌 정권을 더욱 탄탄하게 만들었다. 이토를 위시한 사쓰마와 조슈의 원로들은 오쿠마가 정변을 일으킬 수 있는 행동을 취한 것은 사쓰마와 조슈가 서로 권력경쟁에 몰두했기 때문에 오쿠마가 그 틈을 이용한 것으로 평가하고 앞으로는 사쓰마와 조슈가 보다 더 튼튼하게 제휴하여 헌법시행에 임하지 않으면 안 된다는 데에 의견을 일치했다. 그 결과 사사키가 지적하고 있는 것처럼 "삿초의 맹약은 점차 더 공고해졌다."[26]

4. 이토 체제의 확립

오쿠보의 사망을 계기로 기초를 다지기 시작한 이토 체제는 1881년의 정변을 치르면서 확실하게 그 뿌리를 내렸다. 오쿠마 축출이라는 정변 속에는 사쓰마-조슈 파벌의 권력독점에 대한 도전을 응징하고, 이와 맞물려 있는 영국식 정당 중심의 입헌체제 주장을 조기에 차단한다는 정치적 의도가 숨어 있었다. 이와 동시에 이토로서는 잠재적 경쟁자라고 할 수 있는 오쿠마를 제거하고 이와쿠라-이토 체제를 확립한다는 정략이 숨어 있었

오쿠마 시게노부

다. 권력에 대한 이토의 집착과 그의 권력관리 능력을 잘 보여주는 사건이기도 했다.

'정변'을 몰고온 오쿠마 시게노부(1838-1922)는 히젠(肥前) 출신으로서 이토 히로부미보다 세 살 위였다. 일찍이 유신운동에 참가하여 공을 세웠고, 신정부가 출범하면서 정부 안에서 자신의 영역을 넓혀나갔다. 1873년 정한논쟁이 중요한 분수령에 이르렀을 때 오쿠마는 이토와 함께 막후에서 정한론을 연기시키는 데에 결정적 역할을 했다. 특히 이와쿠라 사절단이 미국과 유럽을 순방할 때, 그는 정부에 남아서 이노우에 가오루와 더불어 정한파의 독주를 견제했다. 오쿠보 도시미치가 특별히 신뢰할 정도로 능력을 인정받은 오쿠마는 이토보다 4년 앞서 참의직에 올랐고, 정부 내의 중요 관직을 두루 거쳤다. 헌법 논의가 진행될 당시 국가재정을 총괄하는 재무대신의 직책을 담당하고 있었다. 오쿠보 사망 후의 정국운영은 실질적으로 이도와 오쿠마 두 사람을 중심으로 이루어졌다.

뛰어난 웅변가이면서 정무와 재무에 두루 밝은 오쿠마는 여러 면에서 능력을 구비한 인물이었다.[27] 그러나 삿초 번벌정부라는 권력구조 안에서는 소수파였고, 중요한 정책결정에서는 항상 '국외자'였다.

유신과 그후 이어진 메이지 정부는 오쿠보와 기도를 중심으로 한 사쓰마와 조슈 번벌의 연합정권이나 다름없었다. 이는 정부를 대표하는 이와쿠라나 산조는 물론 천황도 잘 알고 있었고 또한 이를 인정하고 있었다. 기도와 오쿠보가 때때로 서로 경쟁하고 견제한 것은 사실이지만, 사쓰마-조슈 연대라는 근본적 틀을 깨는 상황까지는 몰고가지 않았다. 사쓰마와 조슈의 분열은 양자 모두의 권력상실이라는 것을 잘 알고 있었기 때문에 결정적인 시기에는 늘 연대와 협력의 길을 택했다.

오쿠보 사망 후 한때 연합의 강도가 느슨해지는 듯한 것이 사실이었다. 그렇기 때문에 오쿠보의 자리를 이은 이토가 서둘러 사이고 쓰구미치(사쓰마), 가와무라 스미요시(사쓰마), 이노우에 가오루(조슈)를 참의로 보강하여 다수를 확보한 것도 도전받을 수 있는 삿초 정권의 틀을 튼튼히 하기 위함이었다.

이토가 내무경으로서 오쿠보의 자리를 계승하면서 정권의 핵심으로 부상했으나, 오쿠마의 영향력을 무시할 수는 없었다. 서남전쟁 후 사쓰마와 조슈 출신이 아닌 오쿠마가 정부 안에서 지니고 있는 "거대한 세력과 위세"는 메이지 시대의 정치 기상도에서 본다면, 오카 요시다케가 지적하고 있는 것처럼 "대단히 이상한 현상"이 아닐 수 없었다.[28] 오쿠마는 삿초 출신이 아니었음에도 불구하고 오쿠보의 지원을 받아 이토보다 먼저 참의의 자리에 올랐고, 또한 외무, 재무 등의 중요 직책을 담당하면서 정부 내 핵심으로 부상했다. 뿐만 아니라 오쿠마는 정부 안에서 지지 세력을 넓게 확보하고 있었다. 농상무대신 등의 상층부는 물론, 각 부처의 소장관료인 오자키 유키오, 야노 후미오, 나카미가와 히코지로, 우시바 다쿠조, 시마다 사부로 등과 같이 다음 세대를 짊어질 젊은 추종세력을 거느리고 있었다. 오쿠마를 지지하고 있는 세력은 거의 모두 사쓰마나 조슈 출신이 아닌 사람으로서 후쿠자와 유키치가 운영하는 게이오 의숙(慶應義塾)에서 교육받은 진보적 인물들이었다.

점차 커지는 오쿠마의 존재는 삿초 번벌정권은 물론 이토에게도 큰 위협이 될 수밖에 없었다. 그러나 오쿠마의 위세가 사쓰마나 조슈의 정치인들과 같은 번벌의 배경이 없다는 약점을 잘 알고 있는 이토는 서두르지 않고 때를 기다렸다. 바로 이러한 시점에 등장한 것이 오쿠마의 의견서였고 개척사 관유물 불하 사건의 언론화였다. 이토를 위시한 정부의 핵심인물들은 오쿠마가 자유민권운동파와 연대하여 조기 국회개설론을 확대하고, 관유물 불하 사건을 이용하여 사쓰마와 조슈의 연대를 분리시켜 삿초 세력을 타도하려는 "음모"를 꾸미고 있다고 판단했다. 이토의 의중을 들어 보자.

> 정부를 반대하는 자들 가운데 후쿠자와 유키치의 문하생이 많고, 또한 오쿠마가 (三菱의) 이와자키 야타로와 가깝기 때문에, 세상에서는 오쿠마와 후쿠자와가 결탁하고 미쓰비시로부터 자금을 받아 민간정객을 사주하고 언론을 조정하여 (삿초) 번벌정부를 무너뜨리고 정권을 취하려는 음모를 기도하고 있다는 유언비어가 떠돌고 있다.[29]

이토가 말하는 "유언비어"는 자신의 속마음이었다.

오쿠마가 비록 수석 참의였고 위세가 높았지만, 사쓰마와 조슈가 지배하는 정부 안에서는 늘 소수파였다. 삿초 번벌정부의 벽을 넘을 수 없었다. 이토가 간파하고 있었던 것과 같이 입헌정체에 대한 오쿠마의 급진론에는 민선의원 개설이라는 문제를 정부 안에서 주도하면서 민권파와 연대하여 유신 이래 지속되어온 사쓰마−조슈의 연합정권을 타파하고 자기의 정치적 앞길을 넓혀 나가려고 한 것은 사실이다. 그러나 오카 요시타케가 정확하게 지적하고 있는 것과 같이 오쿠마는 자신의 위세와 지위가 "얼마나 불안정한 기초 위에 서 있는지를 망각한" 것이었다.[30]

천황을 오랫동안 옆에서 보좌하면서 이토의 정치적 행적을 주시해온 사사키 다카유키가 적절하게 표현하고 있는 것과 같이 이토는 "사납고 거친 면이 있으나, 지극히 용의주도한" 인물이었다.[31] 매사에 서두르지 않고 기다리다가 때를 포착하면 먹이를 덮치는 매와 같이 신속하고 과단성 있게 행동하고, 철저하게 끝장을 보는 것이 이토의 일 처리 스타일이다. 오쿠마의 의견서에 개척사 관유물 불하 사건이 겹치면서 여론이 비등하고, 민권파의 번벌 전제 타도의 소리가 높아지자 이토는 오쿠마를 정부에서 추방할 때가 이르렀다고 판단했다. 그리고 이와쿠라-사쓰마-조슈의 연대를 통해서 앞에서 설명한 결정을 신속히 처리했다. 이토는 오쿠마를 추방하는 것으로 만족하지 않았다. 정부 내, 특히 국가재정을 담당하고 있는 대장성의 오쿠마 추종세력도 모두 솎아냈다. 철저하게 오쿠마 세력을 제거한 것이다.

그리고 사쓰마-조슈 연합체제를 보강함으로써 이토 체제를 완전히 굳혔다. 이토에게 우호적인 사쓰마의 마쓰카타 마사요시, 오야마 이와오, 도사의 사사키 다카유키, 후쿠오카 다카치카를 참의로 끌어들였다. 특히 마쓰카타를 재무경, 그리고 오야마를 육군경으로 임명함으로써 이토는 조슈를 넘어서 사쓰마로 권력기반을 확장했다. 정변을 통해서 여러 가지가 얽혀 있던 복잡한 문제들을 일거에 해결한 셈이다. 이를 지켜본 미야케 세쓰레이는 "오쿠마가 음모를 꾸민 것에 대하여 사쓰마와 조슈가 다시 여러 층의 음모를 꾸며 음모로써 승리를 거두었다. 그들의 정치는 항상 음침하고 참혹하다"고 평했다.[32]

5. 헌법 조사를 위한 유럽행

1882년 3월 3일 메이지 천황은 헌법 조사를 위한 이토의 유럽행을 명했다. 그는 이토에게 칙서와 함께 조사를 실시함에 있어서 유의해야 할 "훈유요목(訓諭要目)"을 전했다. 31개 항목으로 되어 있는 이 "요목"의 첫째 항은 "구주 입헌 군주 통치국의 헌법에 대하여 그 뿌리를 찾아보고, 그 변천의 내력을 고찰하고, 현재 실행되고 있는 실제의 상황을 검토하여 이해득실이 무엇인가를 연구"하는 것이었다. 그리고 황실제도, 내각제도, 상하원 제도, 사법제도, 각성의 조직에서 지방제도에 이르기까지 조사단이 수행해야 할 구체적 업무를 명시했다. 이는 "천만년 후에도 이어질 제국의 기초가 될 대전(大典)"을 만드는 "미증유의 대사업"이었다.[33]

이토는 이토 미요지, 사이온지 긴모치 등 15명의 수행원을 대동하고 1882년 3월 14일 유럽을 향하여 요코하마를 출발했다. 막부 시절의 양행과 이와쿠라 미션에 이은 세 번째 유럽행이었다. 이와쿠라가 직접 요코하마까지 나와 이토의 성공적 여행을 기원했다. 이와쿠라는 이토가 귀국하기 전에 사망하므로 이것이 두 사람의 마지막 대면이었다.

이토는 홍콩, 싱가포르, 카이로, 나폴리를 거쳐 5월 7일 로마에 도착했다. 유럽의 첫 기착지인 로마에 발을 디딘 이토는 그의 감상을 다음과 같이 한시로 표현했다.

산 빛은 푸르러 눈에 시원하게 들어오고(山色靑靑入眼淸)
기차는 쏜살같이 바람을 가르며 달리네(鐵車如箭截風行)
돌아보니 모두 예전에 왔던 곳(回頭盡是曾遊地)
십 년 지나 다시 로마 성에 왔네(十歲重來羅馬城)[34]

이토는 5월 16일에는 조사활동의 거점이라고 할 수 있는 베를린에 도착했다. 그리고 이어서 독일 수상 비스마르크를 예방했다. 이토는 이미 1873년 이와쿠라 사절단의 한 사람으로서 비스마르크를 만났었고, 당시 크게 감명을 받았었다. 이번에는 헌법 조사라는 중요한 직책의 책임자로 그를 만났고, 그로부터 전폭적인 지원을 약속받았다.[35] 그후 귀국 길에 오른 1883년 6월 말까지의 13개월 동안 그는 독일, 오스트리아, 영국, 프랑스 등을 오가면서 심혈을 기울여 유럽의 헌법을 연구했다.

이토는 정력적으로 조사활동에 들어갔다. 이토와 그 일행은 베를린 대학의 교수로서 당대의 대표적 헌법-행정법학자인 루돌프 폰 그나이스트와 그의 수제자 알베르트 모세에게서 5월부터 7월까지, 그리고 11월부터 다음해 2월까지 매일 헌법 강의를 들었다. 8월부터는 오스트리아 빈대학에서 강의하고 있는 국가학의 권위자 로렌츠 폰 슈타인의 헌법과 행정법, 그리고 정부 조직과 운영에 관하여 강의를 들었다. 또한 독일 황제 빌헬름 1세로부터 군국과 국회의 실질적 운영의 경험담을 경청하기도 했다.

이토는 베를린과 빈을 오가면서 "사지(死地)에 처한 심정"으로 국가운영의 틀과 조직을 연구하고 조사했다. 그 결과, 그는 일본이 만들어야 할 정체의 윤곽을 숙지하고, 자신이 해야 할 일에 상당한 자신감을 가질 수 있었다. 빈에서 이와쿠라에게 보낸 편지에서 이토는 다음과 같은 자신감을 보였다.

> 그나이스트와 슈타인의 가르침을 받고 국가조직의 큰 틀을 깨닫게 되었고, 황실의 기초를 튼튼히 하고, 대권을 안정시킬 수 있는 큰 안목을 충분히 얻었습니다. 실로 영국, 미국, 프랑스의 자유과격론자의 저술을 마치 금과옥조처럼 잘못 믿고 국가를 무너뜨리려는 세력이 오늘 우리나라에 있습니다. 그러나 이를 만회할 수 있는 도리(道理)와 수단(手段)을 얻었습니다.[36]

그러면서 그는 "보국(報國)의 적심(赤心)을 관철하겠습니다"라고 각오를 다졌다. 이토가 보국의 적심을 관철하려는 헌법제정의 근본요체는 황실의 기초를 튼튼히 하고, 대권을 약화시키지 않는 것이었고, 입헌제란 이에 적합한 수단을 의미했다. 천황제 확립과 부국강병의 수단으로서의 이토의 헌법제정 철학은 그가 유럽에 체류하면서 각료들에게 보낸 편지에서도 잘 나타났다. 야마다 아키요시 내무경에게 보낸 서신에서 이토는 "오늘 독일이 부국강병을 이루고 국민의 안녕과 행복을 유지하고 발전시키는 요체는 결코 자유민권의 종자에서부터 싹이 터서 생겨난 것이 아니라, 모두가 선왕[프리드리히 대왕]이 남긴 법과 덕의 여광(餘光)"이라고 강조했다. 일본에서 전개되고 있는 자유민권론은 부국강병에 아무런 도움이 안 된다는 것이었다. 그러면서 그는 "군주국은 왕권을 명료하고 완전하게 하는 데에 있다. 왕권이 완전하지 않을 경우, 이름은 군주국이지만 협화주의[공화주의]와 혼동하여 사리에 어긋나게 된다'고 지적하면서, 그렇기 때문에 "헌법을 제정하고 국회를 개설한다고 해도, 왕권을 분할할 것이 아니라 군주는 헌법 위에 존재해야 한다"는 점을 명확히 했다. 철저한 군주입헌전제체제를 말하고 있었다.[37] 이와쿠라에게 보낸 앞의 편지에서도 "군주입헌정체라면 왕위와 왕권은 입법 위"에 있다는 것을 확실히 했다.

이토는 정당을 평가하지 않았다. 특히 일본에서 전개되고 있는 정당활동은 더욱 그러했다. 유럽에서 헌정사를 공부하고 있는 이토의 눈에 비친 일본의 정당은 정당이 아니라 "도당(徒黨)의 묶음"에 지나지 않았다. 이토의 표현을 그대로 인용하면 일본의 정당은 "다수의 힘으로 군주권을 삭제하고, 약화시키고, 파괴하려는 뜻을 가진 무리들"이었고, "보다 확실하게 말한다면 반역당(反逆黨)"이었다. 특히 그는 정부에서 추방된 오쿠마가 입헌개진당(立憲改進黨)을 창당하고 영국식 의회체제를 주장하며 정당활동을 전개하고 있음을 신랄하게 비판했다. 9월 8일 파리에서 마쓰카타 재무경에게 보낸 편지에서 오쿠마가 정당을 결성한 것은 "우매한 대중을 농락하는" "실로 가련한 행동"이고, 그가 영국식 의회정부를 주장하는 것은 "일정한 견식도 없는 청년서생이 겨우 서양서적 한 권을 읽고 얻은 보잘 것 없는 얄팍한 도리를 마치 만고불변의 정론이라고 주장하면서 실지로 시행을 요구하는 것과 같은 천박하고 피상적인 생각"이라고 혹평했다. 그러면서 "개진(改進) 선생[오쿠마 시게노부]의 거동, 참으로 가련한 모습입니다. 사람도 놓인 위치가 바뀌면 지조까지 변하는 것일까요?"라고 개탄했다. 그리고 자신이 구상하는 정체를 다음과 같이 밝히고 있다.

오히려 자국의 국체와 역사를 도외시하고 무작정 새로운 정부를 창립하려는 것은 일반의 어리석은 생각에 불과합니다. 더군다나 오늘의 경박한 인정을 깊이 깨닫지 못하면서 정당이다, 단결이다 하면서 분주히 뛰어다니며 소동을 부리는 것은 마치 바람을 잡으려는 것과 다르지 않습니다.……1890년에 이르러 헌법이

정해지고 국회가 설립된다고 하더라도 결코 그들[오쿠마 및 민권론자/필자]이 희망하는 국회의원의 많고 적음에 따라 내각과 재상을 진퇴 경질하는 이른바 의회정부(Parliamentary Government)가 일본에는 적합하지 않음은 말할 필요도 없습니다. 그와 같은 것은 순수하고도 완전한 군권정치가 아닙니다. 영국의 특이한 정체는 수백 년의 연역을 거쳐서 만들어진 하나의 사례일 뿐입니다. 오늘의 영국은 고금무비의 정체를 만들어냈으나, 그것은 700-800년의 긴 세월과 흥망의 변천을 통해서 이루어진 것입니다.[38]

이토에 의하면 영국의 의회정부를 모범으로 삼고, 민권과 공화에 편중하여 입헌군주제 정치를 반대하고 있는 오쿠마나 민권론자와 같은 지식인들은 건국의 역사와 정신을 제대로 깨닫지 못하고 있는, 그의 표현을 그대로 인용하면, "풋내기 서생"에 불과했다.[39] 그들이 주장하는 영국식 정당 중심의 의회정체는 일본의 역사와 현실에 적합하지 않을 뿐만 아니라 부국강병에도 전혀 기여하지 못한다는 것이었다.

헌법에 대한 자신의 구상이 서면서 이토는 헌법의 구체적 운영이라고 할 수 있는 행정에 깊은 관심을 가졌다. 슈타인의 강의와 독일의 행정을 관찰하면서 이토가 깨달을 수 있었던 것은 헌법과 의회가 역동적으로 순기능을 하기 위해서는 행정이 제대로 이루어져야 한다는 사실이었다. 그는 아무리 좋은 헌법을 만들고, 좋은 의회를 개설한다고 해도, 행정을 잘 못할 때는 바람직한 성과를 기대할 수 없다는 것을 지적하면서, 효과적인 행정을 원한다면, 먼저 그 조직 규칙을 확정하지 않으면 안 된다고 행정과 규칙의 중요성을 강조했다. 그가 주장하고 있는 조직 규칙의 확정은 총리와 장관의 권한과 책임, 관료의 임면, 관료 채용 규칙, 채용시험의 방법 등과 같은 정부의 행정조직을 확립하는 것을 뜻했다. 이토가 10월 22일 이노우에게 보낸 편지에서 "헌법에 관해서는 충분히 깨우쳤다고 생각합니다. 그러나 administration에 이르러서는 그리 쉽지 않습니다. principle만이라도 깨우치기 위하여 열심히 노력하고 있습니다"라고 행정에 대한 깊은 관심을 전했다.[40] 앞에서 본 것과 같이 이토가 총리로 취임하면서 추진한 행정제도 개혁과 규칙의 확립도 이러한 신념의 실천이었다.

이토는 장기간 유럽에 체류하는 동안 다만 헌법과 정부조직만을 조사한 것은 아니었다. 그는 독일, 프랑스, 영국, 러시아 등의 정치지도자들을 만나 세계정세를 논의하면서 국제적 동향을 주의 깊게 살폈고, 그 속에서 일본의 독립과 부강을 위한 국가진로를 모색하는 것을 게을리 하지 않았다. 그의 관찰에 의하면 당시의 국제정세는 약육강식의 제국주의 노선이었다. 영국은 이집트로, 프랑스는 베트남으로 식민지 확장을 강화하고 있었다. 1883년 정초에 마쓰카타에게 보낸 서신에서, 이토는 "유럽의 정세를 살펴볼 때 열강은 약자를 침략하고" 있고, 서양의 종교가 "동양 민족을 멸시하고 항상 남을 해치려는 마음을 품고" 있다고 위기감을 전했다. 이토가 절감하고 있는 위기감을 그대로 옮기면 "동방의 형세는 누란(累卵)보다 더 위험한" 형편에 처해 있고, "동서의 대세를 비교하고 우리 독립의 안위를 생각할 때마다 편안히 먹고 잠을 이룰 수 없었다." 이러한 정세 속에서 일본이 독립을 보장할 수 있는 것은 "오직 군비를 충실히 하는" 것뿐이었다.[41]

장기간 체류했던 독일을 떠나기 직전(1883. 1. 30)에 이토는 다시 비스마르크 수상을 예방했다. 10년 전 이와쿠라 사절단의 한 사람으로 독일을 방문했을 때 만난 이후 이토는 그를 가장 존경했다. 당시(1873. 3. 15) 비스마르크 수상이 "세계 각국은 표면적으로는 신의를 바탕으로 한 교제를 말하고 있지만, 실은 약육강식입니다. 대국은 자신에게 유리할 때는 만국공법을 고집하지만, 만일 불리하면 언제라도 이를 뒤집어 병력에 호소하는 것이 늘 하는 행위입니다. 나는 스스로 소국의 비운을 체험하고 분개함을 참을 수 없었고……" 이런 말을 들려주었던 국가경영의 '충고'를 이토는 잊지 않고 있었다. 이토는 비스마르크와 장시간 "따뜻하고 친밀한" 회견을 가졌다. 이토는 비스마르크와 일본의 당면과제인 조약개정에 관하여 의견을 교환하고 독일의 협조와 적당한 행정학자를 추천해줄 것을 요청했다.

비스마르크는 이토의 요청에 "적극적으로" 협조할 것을 약속했다.[42]

1883년 2월 29일 헌법 조사의 기지였던 베를린을 출발하여 벨기에의 브뤼셀을 거쳐 3월 3일 런던에 도착했다. 독일을 떠나기 직전 비스마르크가 이토에게 약속한 "잘 단련된 정치학자로서 행정관 경력이 있는 3인"을 선발하여 일본에 보내는 것을 확정했다. 독일 외무성을 통해서 추천한 세 사람은 카를 루돌프(내무고문), 헤르만 테호브(문교고문), 폰 그라마츠키(재정고문)였다. 이들 모두 일본의 정치, 경제, 교육 제도 확립과 개선에 크게 기여했다. 특히 내무고문 루돌프는 이토가 헌법초안을 기초하는 작업에도 합류했다. 또한 브뤼셀에 체류하는 동안 오야마 육군대신이 요청한 포대 건축 고문으로 네덜란드 공병 대위 한 명을 초빙하는 것도 매듭지었다.

이토는 런던에 2개월간 체류했다. 그 동안 그는 영국의 헌정체제, 정당, 의회 등의 운영을 살펴볼 기회를 가졌다. 이는 민권론자의 논리와 주장을 봉쇄하기 위해서도 필요했다. 런던에 체류하는 동안 그는 천황의 특명전권대사로서 5월 27일 모스크바에서 거행된 러시아 황제의 대관식에 참석했다.

일본에 적합한 정체를 만들 수 있는 "도리와 수단"을 가지고 이토는 1883년 8월 4일 수행원들과 함께 귀국했다. 헌법 조사를 위해서 요코하마까지 나와 자신을 배웅해주었던 이와쿠라는 이토가 귀국하기 2주일 전에 사망했다. 이와쿠라가 없는 메이지 정부의 최고 실력자는 이토일 수밖에 없었다. 이와쿠라는 유신 이후 이토의 가장 든든한 후원자였다.

귀국 2주일 후인 8월 19일 이토는 헌법제정의 요체와 방향을 메이지 천황에게 보고했다. 그는 메이지 천황을 직접 대면하고 다음과 같이 헌법 기초의 근본방침을 밝혔다.

우리나라는 고래로 만세일계의 천황이 만기를 총람해왔습니다. 이는 세계 어디에서도 볼 수 없는 만방무비(萬邦無比)의 국체입니다. 이 국체를 기초로 하여 국가 경영의 대강을 세우고, 군주와 인민의 분의(分義)를 명확히 하는 방침에 따라서 대전(大典)을 입안하도록 하겠습니다.[43]

이토는 자신이 지향하는 헌법제정의 원칙이 군주입헌정체 확립에 있음을 다시 한번 확실히 했다.

6. 제도개혁과 초대 총리대신 취임

이토 히로부미가 유럽의 헌법 조사에서 귀국한 다음해인 1884년 3월 정부는 제도조사국[制度取調局]을 설치하고 참의인 이토를 겸임 장관으로 임명했다. 주요 업무는 헌법과 이에 뒤따르는 의원법, 중의원 선거법, 귀족원령과 황실전범을 기초하고, 시세의 진운에 순응하여 정부제도와 관료조직을 개혁하는 것이었다. 조사국은 헌법 조사를 위하여 이토를 수행했던 이토 미요지, 독일법에 정통하면서 법률과 문장의 귀재로 알려진 이노우에 고와시, 하버드 대학에서 영미법을 전공한 가네코 겐타로가 중심이 되었다.

이토가 주관하는 제도조사국의 첫 작품은 작위제도의 제정이었다. 유럽에 체류하면서 작위제도에 눈을 뜬 이토는 귀국하면서 이를 다듬어 1884년 7월 7일 천황의 재가를 받아 공포했다. 유럽의 작위를 모방한 공작, 후작, 백작, 자작, 남작의 5작위 제도였다. 최초로 512명에게 작위가 수여되었고, 이토는 백작의 작위를 받았다.[44]

이어서 이토가 시도한 제도개혁은 이제까지 지속해온 태정관(太政官) 제도를 내각제로 개편하는 것이었다. 태정대신, 좌우대신, 각 성익 경(卿)을 총리대신이 이끄는 근대적 내각제도로 개편하는 것이었다. 중세 이래 정부의 최고 수반이라고 할 수 있는 태정대신의 자리는 누구에게나 열려 있는 것이 아니었다. 오직 특수한 가문과 문벌 출신만이 차지할 수 있는 자리였다. 이토 히로부미와 같은 비천한 출신으로서는 도저히 오를 수 없는 자리였다. 이를 능력본위의 총리대신으로 개편한다는 것은 "전대미문의 대변혁"이었고, 따라서 "많은 어려움이 따르는" 과제였다.[45]

이토는 조선을 뒤흔든 갑신정변의 후속조치라고 할 수 있는 톈진 조약(天津條約, 1885)을 매듭짓고 귀국하면서 정부조직을 내각제로 개편하는 문제를 본격적으로 시도했다. 조슈의 야마가타 아리토모와 이노우에 가오루, 사쓰마의 사이고 쓰구미치와 협의하여 내각제 개편을 추진했다. 누구를 초대 총리로 선임하느냐의 문제가 대두되면서 사쓰마 최대의 실력자인 구로다 기요타카의 비협조와 태정대신 산조가 개편에 부정적 태도를 보이면서 무산되는 듯했다. 그러나 "먼저 조직을 확정하고 나서 인선을 논하라"는 천황의 음성적 지지가 나오면서 개편 문제는 다시 신속히 추진되었다.

조사국이 준비한 내각제 안건은 여러 차례 심의를 거쳐 최종적으로 천황의 재가를 받아 1885년 12월 22일 발표되었다. 이로써 그 동안 지속된 태정관 제도가 끝나고, 오늘날까지 계속되고 있는 내각책임제가 시작되었다. 초대 총리대신으로 이토 히로부미가 임명되었다. 사시하라 야스조는 "초망(草莽) 출신인 이토 히로부미가 초연히 내각 총리대신 겸 궁내대신이 되어 천하의 정치를 통괄하고 황실을 관리하게 되었다는 것은 정치의 복고일 뿐만 아니라 유신의 아름다움[美]이다. 참으로 큰 개혁이라고 할 수 있다"고 메이지 정치사의 중요한 변혁으로서 높이 평가했다.[46]

총리 임명과정에서 이토는 사쓰마의 구로다 기요타카와 경쟁했다. 구로다는 사이고 다카모리와 오쿠보 도시미치 이후 사쓰마의 대표로서 유신과정에서의 공적이나 그후 관료경력에서 이토를 능가했다. 그러나 이토가 "재능과 식견이 뛰어났고, 국내외 정세에 정통할 뿐만 아니라, 의회에 대응할 수 있는 최적임자"라는 데에는 별다른 이론이 없었다. 더욱이 구로다의 "나쁜 술버릇"이 그의 길을 막았다.[47]

미야케 세쓰레이가 지적하고 있는 것과 같이 태정관제가 내각제로 바뀐 것은 외형으로는 "전대미문의 개혁"이었으나, 그렇다고 해서 사쓰마와 조슈 번벌을 중심으로 한 메이지 권력구조의 실상이 바뀐 것은 아니었다.[48] 23일자 「도쿄니치니치 신문(東京日日新聞)」이 내각제 시행이 과감한 대개혁이라고 보도하면서도, "이상은 책임내각제이지만 그 실질은?"이라고 의문을 달고 있다. 형식은 내각제이지만, 실체는 여전히 사쓰마와 조슈를 중심으로 한 삿초 번벌정권임을 지적한 것이다.[49]

그러나 외부로 드러나지 않은 큰 변화는 과거 공가(公家)만이 차지할 수 있는 국정 최고책임자의 자리가 가문이나 혈통과 상관없이 능력 있는 모두에게 열리게 되었다는 점이었다. 미천한 신분 출신인 이토가 초대 총리대신의 자리를 차지했다는 것이 이러한 변화를 극명하게 보여주었다.

총리로 취임하면서 이토는 많은 법령과 조례규정을 공포하고 제도적 개혁을 추진했다.[50] 그는 유능한 인재를 양성하고 전문적 지식을 바탕으로 한 고급관료를 육성하기 위한 제도적 장치를 신설했다. 제국대학령(帝國大學令)을 공포하고 도쿄 대학을 보완하여 제국대학을 설립했다. 그리고 관리임용법을 제정했다. 직업관료의 채용과 승진의 틀을 마련한 것이었다. 이 규칙에 의하면 문관시험을 고등문관시험과 보통문관시험 두 종류로 나누어 실시하고 관리채용의 체계를 세웠다. 이로부터 약 20년 후 러일전쟁을 전후한 시기부터 제국대학 출신 문관시험 합격자들이 정부의 핵심 관료로 교체되면서 일본 특유의 관료제가 자리잡게 되었다.

7. 헌법초안의 기초

정부조직 및 관제개혁을 단행하면서도 이토의 가장 중요한 관심사는 헌법제정이었다. 앞에서도 지적했지만, 헌법제정의 원칙은 "유럽에서 발달한 헌법제도를 참작하면서, (일본) 국체에 적응하는 새롭고 특수한 헌법을 제정하는"것이고, 그 헌법은 "천황이 친히 제정하여 신민에게 하사하는 흠정주의"에 기초한다는 것이었다. 그것은 또한 오쿠보, 기도, 이와쿠라 등이 가지고 있었던 헌법이념에 기초하는 것이기도 했다. 이와쿠라의 의견서에도 잘 나타나 있듯이 흠정헌법, 천황대권, 2원제 의회, 의원내각제 부정, 전년도 예산집행권이 그 기본을 이루고 있었다. 이토가 헌법 조사의 근거를 프러시아로 정한 것도 그런 연유에서였다.

이토가 헌법초안의 기초작업에 착수한 것은 1886년 가을부터였다. 그 동안 입헌제 도입을 위해서 필요한 화족제(華族制 : 메이지 유신 이후부터 1947년까지 존속된 귀족계급), 내각제, 관료제 등을 완성했다. 헌법을 기초하는 작업에는 이토를 제외한 세 사람이 전적으로 참여했다. 그들은 이토에게 가장 큰 영향력을 미친 이노우에 고와시, 헌법 조사를 위하여 이토를 수행했던 이토 미요지, 하버드 대학 출신으로 영미법에 정통한 가네코 겐타로였다. 이들 외에 네 명의 독일인이 지원했다. 그들은 이토에게 헌법을 강의했던 베를린 대학의 헤르만 폰 슈타인과 알베르트 모세, 외교 고문 헤르만 뢰슬러, 내무 고문 카를 루돌프였다. 1887년 5월에 이르러 이노우에는 갑(甲)과 을(乙) 두 개의 초안을 완성했고, 슈타인, 뢰슬러, 루돌프도 초안을 작성하여 이토에게 제출했다.

1887년 4월에 두 개의 초안이 완성될 당시 이토는 도쿄에서 멀지 않은 가나가와(神奈川) 연안의 나쓰시마(夏島)에 베이스 캠프를 차렸다. 그리고 이토 미요지, 이노우에, 이토, 가네코, 뢰슬러 다섯 사람이 본격적으로 초안을 검토하여, 8월 중순 총 7장 89개조로 구성된 나쓰시마 초안(夏島草案)을 완성했다.[51] 초안 심의에 참여했던 가네코 겐타로는 당시 이토가 보여준 지도력과 분위기를 뒷날 다음과 같이 회상하고 있다.

이 회의에서는 귀하들은 비서관이라는 생각을 버려라. 나 또한 장관이라는 관념을 버린다. 우리 네 사람 모두 헌법학자다. 일본국의 장래를 좌우할 중요한 헌법을 심의하기 때문에 그런 염려는 전혀 필요 없다. 나의 설명이 타당치 않다면 얼마든지 공격해도 좋다. 제군의 설명이 잘못되었다면, 나 또한 공격을 멈추지 않겠다. 이처럼 우리 모두 서로 토론과 연구하는 것만이 보다 완전한 헌법을 천황에게 바칠 수 있다.[52]

이토는 나쓰시마에서 논의된 초안에 독일인 법률고문 뢰슬러의 검토와 의견을 반영하는 등 몇 차례의 수정과 재수정의 과정을 거쳐 4월 초 총 7개장 76개조의 상주안을 확정했다. 그리고 4월 27일 메이지 천황에게 제출했다.

초안 완료와 함께 이토는 이를 심의할 기관으로 추밀원(樞密院) 설치를 제안했다. 이토에 의하면 일본의 헌법은 "천황이 친히 제정하여 (신민에게) 하사하는 불마(不磨)의 대전"이고, "초안은 다만 흠정(欽定)의 자료"에 불과할 뿐이었다. 그렇기 때문에 천황이 친히 임석하여 "초안을 정밀히 심사하고 탐구할 조직"으로서 추밀원이 필요하다는 것이었다.[53]

반대가 있을 수 없었다. 추밀원이 신설되었다. 이토는 총리직을 사임하고 4월 30일 헌법초안 심의와 자문에 전념하기 위하여 신설된 추밀원의장에 취임했다. 추밀원에 제출된 헌법초안은 1889년 2월 11일 "천고불마(千古不磨)의 대전(大典) 대일본제국 헌법(大日本帝國憲法)"으로 공포되었다.[54] 이와 함께 의원법, 중의원선거법, 회계법, 귀족원령의 부속 법령이 공포되었고, 황실전범도 제정되었다.

메이지 헌법은 천황이 만들어 신민에게 하사한 흠정헌법이다. 그리고 메이지 지도자들이 의도한 대로 모든 권한은 천황에게 집중되었다. 일본은 "만세일계의 천황이 통치"하는 나라였다(제1조), 천황은 "신성불가침"하며(제3조), "국가의 원수로서 통치권을 총람"(제4조)하는 절대적 존재였다. 천황의 권한 중에는 고위관리 임명권, 입법권, 의회해산권, 관제개정권, 육해군 통수권, 육해군의 편제 및 상비병 규모의 결정권, 선전-강화-조약체결권 등 광범위한 권력을 포함했다. 천황의 입법권과 예산권 행사는 의회를 통할 것을 규정하고 있으나(제4조, 제5조, 제37조), 이는 어디까지나 의회의 승인을 의미하는 것이 아니라 협찬(協贊)을 뜻함을 명시했다. 결코 군주권을 제한하거나 강제하는 의미가 아니었다.

헌법에 나타난 천황제 국가론은 1890년 공포된 교육칙어(敎育勅語)라는 교육정책을 통해서 보다 철저하게 내면화되었고 체현화되었다. 일본인은 만세일계의 황통을 가진 특별한 민족이고, 천황은 신성한 존재이고, 일본사회는 천황[아버지]과 신민[적자]이 함께하는 가족단위 국가로 교육되었다. 가족윤리인 효(孝)는 천황과 국가에 대한 충성의 기본형으로 대체되었고, 따라서 자연히 정치적인 충(忠)은 효로써 보강되었다.

이토는 헌법 조사로부터 만 7년 동안에 이르는 긴 여정 끝에 헌법제정의 '대임'을 마감했다. 헌법반포를 기념하기 위하여 정부는 대대적인 사면을 실시했다. 유신의 영웅인 사이고 다카모리, 유신의 정신적 동력을 제공했으나 유신을 보지 못하고 생을 마감한 사쿠마 쇼잔과 요시다 쇼인, 유신 동지였지만 유신 후 형장의 이슬로 사라진 에토 신페이, 마에바라 잇세이 등이 사면되었다. 그리고 오직 이토에게만 최고의 훈장인 욱일동화대수장(旭日桐花大綬章)이 수여되었다.

제6장

제국의 확대 : 조선 문제

메이지 일본은 1890년대에 들어서면서부터 제국주의적 팽창노선을 대외정책의 근간으로 천명했다. 총리대신 야마가타 아리토모는 1890년 12월 6일 일본역사상 최초의 제국의회(帝國議會)에서 일본이 취해야 할 대외정책의 진로를 주권선과 이익선으로 나누어 설명했다. "시정방침 연설"에서 전개한 그의 논리에 의하면 한 나라가 독립과 자위를 튼튼히 하기 위해서는 주권선뿐만 아니라, "그 주권선의 안위와 밀접한 관계에 있는 지역"인 이익선을 보호해야 한다는 것이었다.[1] 야마가타가 명시적으로 표현하지는 않았지만, 그가 의미하고 있는 이익선 구축의 첫 단계는 한반도에 거점을 확보하는 것이었다.

1873년의 정한논쟁 이후 조선 문제는 메이지 정부에서 더 이상 정책문제로 논의되지는 않았다. 그렇다고 해서 한반도를 지배한다는 정한(征韓)의 의지가 소멸된 것은 아니었다. 다만 파병과 전쟁을 통한 조급한 무력지배라는 의미의 정한은 수면 밑으로 잦아들었을 뿐이었다. 대신 문명과 만국공법을 내세우면서 약육강식의 실리를 추구하는 서양식 룰 속에서 점진적으로 정한을 실현해 나간다는 것이 정책의 기저를 이루었다. 오쿠보 도시미치가 주장한 것처럼 성급한 전쟁이 아니라, 기회가 있을 때마다 한반도에서 그 세력을 확대한다는 점진적 지배정책을 의미하는 것이었다.

조선에서 갑신정변(甲申政變, 1884)이 일어날 때까지, 조선 문제는 이토의 관심권 밖에 있었다. 그렇다고 해서 이토가 조선 문제를 도외시했다는 뜻은 아니다. 강화도사건 당시에는 오쿠보와 기도가 정책결정을 주도하고 있었고, 임오군란(壬午軍亂, 1882)이 일어났을 때에는 헌법 조사를 위하여 유럽에 체류하고 있었다. 물리적으로나 공간적으로나 이토가 깊이 관여할 수 없었다. 그러나 1884년의 갑신정변 이후 조선 문제는 이토의 가장 중요한 관심사의 하나였다. 청일전쟁에 이르는 과정에서 조선과 일본의 관계를 간단히 살펴보기로 하자.

1. 강화도사건과 조일수호조약

1873년이 근대 일본사에서 국가진로의 방향을 가르는 중요한 이정표가 된 것과 같이, 조선왕조사에서도 중요한 변화를 가져온 시기이다. 일본에서 정한론이 연기되었다면, 조선에서는 대원군 퇴진과 고종―민비의 전면 등장이 현실화되었다.

메이지 유신이 일어나기 5년 전인 1863년 철종의 뒤를 이어 고종 시대가 막을 열었다. 고종(1852-1919, 재위 1863-1907)이 왕위에 올랐지만, 아직 그의 나이가 어려(12세) 부친인 이하응[興宣大院君](1820-98)이 전적으로 권력을 행사했다. 대원군이 '사실상의' 지배자였다. 그는 정국을 주도하면서 오랫동안 권력을 독점해온 안동 김씨의 세도정치(勢道政治)를 타파하고, 중앙집권체제를 안정시키고, 부국강병을 지향하는 강력한 내정개혁을 실시하여 왕권을 튼튼히 했다. 그러나 밖으로는 강경한 배외정책을 택하여 국제정세의 흐름에 역행했다. "서양 오랑캐가 쳐들어올 때 싸우지 않는다면 이는 곧 강화를 뜻하고, 강화를 주장하는 것은 나라를 파는 것이다"[洋夷侵犯 非戰則和 主和賣國]라는 글자를 새긴 강화를 배척하는 척화비(斥和碑)를 전국에 세워 쇄국정책을 강화했다.

1873년 11월 대원군이 권좌에서 물러나고, 고종과 민비(1851-95)가 정권 전면에 등장했다. 고종이 왕위에 오른 지 10년 만이었다. 권력의 주인이 바뀌면서 변화의 소용돌이가 움텄고, 조선왕조사의 명운을 단축시키는 권력암투와 혼란이 시작되었다. 대원군과 척족 민씨 일족의 싸움, 개화파와 수구파의 대립, 그리고 친청세력과 친일세력의 반목과 갈등이 격화되었다. 이러한 혼란기에 일본은 한반도에 자신의 '이익선' 구축을 위해서 군사력을 앞세운 진출을 시도했다.

기회가 있을 때마다 한반도로 세력을 확장한다는 점진적 정한의 첫 기회가 운요호 사건(雲揚號事件)으로 나타났다. 1873년의 정한논쟁 이후 메이지 정부는 조선과의 교섭을 일단 중단했으나, 1875년에 이르러 다시 수교를 위한 공문을 보내 교섭을 시도했다. 조선정부는 여전히 이를 수용하지 않았다. 그러자 일본정부는 한반도 근해의 항로측량이라는 명분을 내세워 강화도까지 진출하여 무력시위를 할 것을 결정하고, 1875년 9월 20일 군함 운요호를 파견했다. 운요호는 서해안에서 청국에 이르기까지 항로를 측량한다는 구실로 강화도 초지진(草芝鎭)에 접근했으나, 실제로는 조선에 대해서 무력 시위운동을 실행하는 것이었다.[2] 운요호가 영종도까지 접근하여 강화도 수비대의 발포를 유도했고, 이에 무력보복을 행했다.

근대식 무기로 무장한 운요호는 초지진의 포대를 초토화시켰다. 그리고 육전대가 영종도에 상륙하여 살상과 방화를 자행하고 돌아갔다. 사건 전말을 보고받은 일본정부는 9월 29일 어전회의에서 거류민 보호와 조선정부와의 협상이라는 명분을 내세워 "수척의 군함"을 조선으로 파견할 것을 결정했다.[3] 정부는 참의 겸 개척장관인 사쓰마의 구로다 기요타카를 전권대사로, 조슈의 이노우에 가오루를 부사로 선정했다. 표면상의 이유는 화친과 무역이었으나, 그 뒤에 숨어 있는 실질적 목표는 무력을 동원해서라도 조선을 개국시켜 거점을 확보한다는 것이었다.

군함 2척과 수송선 3척, 그리고 800여 명의 병력을 이끌고 고베(神戸)항을 출발한 구로다는 1876년 1월 15일 부산항에 입항했다. 민비 시해와 밀접한 관계가 있는 오카모토 류노스케 포병대위가 사절단의 일원으로 참여했다.[4] 미국의 페리가 1853년 일본 연안에서 무력시위를 했듯이, 구로다도 대포 10여 발씩을 발사하면서 해전 연습을 지휘하여 근대적 무기의 위력을 과시했다.[5] 부산을 출발한 구로다 함대는 남양, 풍도, 인천, 강화 연해를 오르내리면서 시위를 계속했다.

2월 10일 강화도에 상륙한 구로다와 이노우에는 조선의 대표인 신헌과 협상 테이블에 앉았다. 협상이 진행되는 동안에도 일본 함대는 해로측량이라는 구실을 내세워 연안은 물론 한강까지 오가면서 시위했다. 또한 구로다는 조약이 순조롭게 진행되지 않을 경우, 일본은 출동을 대기하고 있는 4,000여 명의 군대를 동원하여 무력행사를 단행하게 될 것이라고 위협했다.[6]

협상 시작 보름 후인 26일 조일수호조약(朝日修好條約)이 체결되었다. 병자수호조약(丙子修護條約) 또는 강화도조약(江華島條約)이라고도 부르는 이 조약은 국제법 체계 속에서 조선이 외국과 체결한 조선왕조의 최초의 근대적 조약이다. 전문 12개조의 조약은 조선은 자주국이고 일본과 평등하다는 것을 명시하고 있지만(제1조), 개항(제2조), 개항장의 조계 설정(제4, 5조), 치외법권(제7조) 등이 포함된 명백한 불평등조약이었다. 페리의 함포외교를 모방한 일본의 조선 개국을 뒷날 한 역사학자는 다음과 같이 논평하고 있다.

서양열강이 일본에 한 것과 똑같은 행위를 일본은 아무런 양심의 가책도 없이 조선에 요구했다. 즉 조선의 행정과 관세 자치의 주권을 양도받았고, 유럽인이 일본에서 행사할 때 공평과 정의를 짓밟는 짓이라고 비난하던 온갖 치외법권을 조선이 인정하도록 강요했다.[7]

페리의 함포외교로부터 22년, 정한논쟁으로부터 3년 만에 일본은 조선에 자신의 이익선을 구축함으로써 서양 제국주의를 모방하는 첫걸음을 내디뎠다.[8] 그러나 조선은 이 조약의 의미를 정확하게 파악하지 못했던 것 같다. 조선의 협상 대표인 신헌을 수행했던 강위의 기록이 이를 보여주고 있다.

한 가지 괴이한 것은 저 나라에서 우리나라와 통상한 후에 무슨 이득이 있어서 수고와 비용을 아끼지 않고 이렇게 거창한 일을 시행했는가라는 점이다. 이미 서로가 영구히 우의를 돈독히 하기로 약조했으니 명호(名號)를 따지기 위해서 침핍(侵逼)한 일은 아닐 것이요, 또 각국의 호시(互市)에 이미 완성된 규칙이 있으니 상세(商稅)에 편중된 뜻도 아니었을 것이다.[9]

강화도사건을 전후한 정부의 정책결정과 협상내용을 만들어가는 데에 이토 히로부미가 주도적 역할을 한 흔적은 없다. 오쿠보와 기도가 살아 있을 당시에는 최종적 결정은 늘 그들의 몫이었기 때문이다. 그러나 막부 말기 이래 가장 가까운 정치적 동지라고 할 수 있는 이노우에 가오루를 조선 문제에 관여시키는 데에는 이토가 중요한 역할을 했다.

강화도사건 처리 방안을 최초로 논의할 당시에는 기도 다카요시가 사절단 대표로 갈 것을 희망했다. 그러나 산조와 오쿠보가 이를 받아들이지 않았을 뿐만 아니라, 기도 자신도 발[足]병이 나서 더 진전되지 않았다. 그 대신 오쿠보가 추천한 구로다가 특명전권대사로 결정되었다. 그러자 이토는 이노우에 가오루를 구로다를 보좌하는 부사로 오쿠보에게 추천했다. 부사라는 직책을 탐탁지 않게 생각하는 이노우에게 "유신 이래 분규의 중심인 조선 문제를 일거에 해결하는" 것은 정부 안에서의 위상 강화를 위한 좋은 기회라는 점을 들어 강력하게 권유했다.[10] 강화도조약 이후 이노우에는 메이지 정부 안에서 조선 문제의 전문가로 인정받았고, 이토와 더불어 조선 문제에 깊숙이 관여했다.

2. 임오군란과 제불포조약

이토 히로부미가 유럽에서 헌법 조사를 시작한 직후인 1882년 6월 조선에서는 군인들이 주동한 소위 임오군란(壬午軍亂)이라는 군사 반란이 일어났다. 이 사건을 계기로 일본이 조선 문제에 좀더 깊이 관여할 수 있게 되었고, 한반도 주도권을 놓고 청나라와 정면으로 힘을 겨루게 되었다.

대원군의 후퇴와 고종과 민비의 전면등장은 노선과 세력교체를 불가피하게 만들었다. 그러나 이러한 변화는 국력과 국론을 하나의 방향으로 모아 나가기 위한 진통이 아니라, 권력쟁취를 위한 벌거벗은 권력투쟁으로 발전했다. 1883년 이후 한성에 체류하면서 조선 최초 신문인「한성순보(漢城旬報)」발행을 실질적으로 주도한 이노우에 가쿠고로의 관찰이 이를 말해주고 있다. 이노우에의 표현을 그대로 인용하면, "왕족[대원군파]은 척족[민비파]을 꺾으려고 하고, 반대로 척족은 왕족을 능가하려고 하는 서로의 알력 때문에 정국이 평온한 날이 없었다. 그런데도 양반들은 각각 당파를 만들어 왕족이나 척족과 더불어 세도 잡기에 여념이 없었다." 지배계급은 나라와 국민을 염려하기보다 "왕궁을 출입하며 제각기 가문의 이익을 도모하고" 있었다.[11]

조선 백성들의 삶은 끝없이 피폐해지고 빈곤 속에서 허덕이고 있었다. 그럼에도 불구하고 세금은 감당하기 어려울 정도로 무겁게 늘어났고, 지방관리의 횡포도 날이 갈수록 심해졌다. 인구는 감소하고 고유한 풍속이 점차 파괴되고 있었다. 더하여 교통이 정리되지 않아 천연적 부와 농산물이 유통되지 않았다. 나라가 이러한 지경에 이르렀어도 나라의 자주와 독립, 그리고 백성의 삶을 걱정하는 뜻 있는 사람은 없어지고 있고, 오히려 청국이나 러시아 또는 그밖의 외국인에게 아부하여 자기 지위를 확고히 하려는 무리만이 늘어나고 있었다. 1870년대에 조선을 여행한 미국인 윌리엄 그리피스의 눈에 비친 조선은 "만성적 어려움"에 빠져 있었고, 그 근본원인은 지배계층의 "국가의식 결핍"과 사회에 만연되어 있는 "부패"였다. 그의 표현에 의하면, 조선에는 "진정한 애국심을 가진 사람이 없고", "능력 있는 조선인은 케케묵은 혈족이나 양반사회의 사악함과 연루되지 않은 사람이 거의 없는 매우 절망적인" 상황이었다. 그리고 지배계급이 생각하고 있는 "정부와 관리의 관계라는 것은 단지 젖과 그것을 빨고 있는 돼지"와 같았고, "음모와 질투가 끝없이 계획을 방해하고" 있었다.[12]

이와 같은 정치적, 사회적 현상 속에서 진행된 개화정책의 하나로서 1881년 5월 일본의 후원을 받아 별기군(別技軍)이라는 신식군대가 창설되었다. 창설 후 이들은 훈련도감 중 최대 규모의 병영이었던 하도감(下都監)을 훈련장으로 사용했고, 훈련지휘는 일본군인 호리모토 레이조가 담당했다. 별기군은 기존의 구식군대보다 급료나 피복 등에서 월등히 좋은 대우를 받았다.

별기군에 비해 옛 군영 소속 군인들의 대우는 날로 나빠져갔다. 뿐만 아니라 대원군 시대와는 달리 13개월 동안이나 급료가 지급되지 않아 군인들 사이에 불만이 고조되면서 불온한 기운이 감돌았다. 구식군인들은 민씨 정권 이후 빈번하게 일어나는 급료 미불 사태의 원인이 궁중 비용의 남용과 척신들의 부정부패에 있다고 믿었다. 그리고 그 원흉으로는 군의 급료를 관리하는 선혜청(宣惠廳) 책임자이자 병조판서인 민겸호와 경기도 관찰사 김보현이 지목되었다.

선혜청은 7월 19일 옛 훈련도감 군병들에게 1개월분의 급료인 쌀을 지불했다. 그러나 쌀에는 겨와 모래가 섞였을 뿐만 아니라, 양이 절반에도 미치지 못했다. 군병들의 수령 거부와 시위, 이에 대한 민겸호의 강력한 억압책은 군병의 분노를 자극했고, 결국 그들의 집단행동을 유발했다. 군인들은 무기고를 부수고 무기와 탄약을 탈취했고, 경기감영을 습격하고, 민겸호, 민태호를 비롯한 척신과 개화파 관료의 집을 습격하여 파괴했다. 뿐만 아니라 그들이 운현궁의 대원군과 연결되면서 보다 대담한 조직적 행동을 개시했다. 조선의 명실상부한 실력자인 민비를 제거하기 위하여 궐내로 진입했고, 그곳에 피신해 있던 민겸호와 김보현을 발견하여 살해했다. 이러한 소란 속에서도 민비는 궁녀의 옷을 입고 궁중을 탈출하여 충주로 피신하여 목숨을 건질 수 있었다. 결국 고종의 요청에 의하여 대원군이 일선에 등장해서야 겨우 사태를 수습할 수 있었다.

다시 등장한 대원군의 권력은 오래가지 못했다. 강화도조약 이후 일본에 빼앗겼던 조선에 대한 우월권을 탈환하기 위하여 호시탐탐 기회를 엿

보고 있던 청국은 마젠충의 육군과 우창칭과 딩루창의 해군이 육로와 해로로 한반도에 진주했다. 그들은 8월 25일 대원군을 납치하여 톈진으로 압송했고, 다시 민씨 정권이 복원되었다. 8월 29일에는 모든 소요가 종식되었다.

이처럼 소란한 와중에서 난폭해진 군인들은 7월 23일 일본 공사관을 포위하고 습격하여 방화했다. 일본 공사 하나부사 요시모토 등 일본 공관원은 모두 인천으로 도피했으나, 미처 피신하지 못한 한 교관과 공사관을 지키던 순사 등 일본인 13명이 살해되었다.

일본에 도착한 하나부사 공사는 그 전말을 정부에 보고했다. 한반도에 진출할 기회를 엿보고 있던 일본은 곧 군함 4척과 보병 1개 대대를 조선에 파견했고, 조선정부에게 강경하게 책임을 물어 8월 30일 제물포조약(濟物浦條約)을 체결했다. 일본과 두 번째 체결한 이 조약에서 조선정부는 군란 주모자 처벌, 배상금 지불, 일본 공사관의 일본 경비병 주둔, 정부의 공식 사과를 위한 수신사 파견을 등을 약속했다.

임오군란은 조선에서 그 동안 약화되었던 청국의 영향력을 강화시켜주는 한편, 조선은 외세를 끌어들임으로써 자주성 상실을 자초하는 결과를 가져왔다. 청국은 이어서 위안스카이가 지휘하는 군대를 조선에 상주시켜 실질적으로 군권을 장악하고, 마젠창과 묄렌도르프를 고문으로 파견하여 조선의 내정과 외교를 농단했다. 그리고 이어서 협정을 체결하여 청국 상인의 통상 특권을 규정하고 경제적 침략에 적극 나섰다.

조선에서 청국의 우위는 곧 일본의 위축을 뜻하는 것이었다. 일본은 국면전환을 위한 길을 모색했고, 조선의 개화파를 후원하여 일으킨 갑신정변이 그 결과였다.

3. 갑신정변

임오군란 이후 청의 지원을 받아 권력을 다시 장악한 왕실과 민씨 일파는 반대원군, 반일친청(反日親淸) 노선을 강화해나갔다. 일본 또한 조선에서의 영향력 만회를 위한 대안 모색에 부심했다. 임오군란 이후 일본이 택한 조선정책의 기저는 이토 히로부미의 표현에 의하면 "회유방침"이었다.[13] 일본은 제물포조약에서 확보한 50만 엔의 배상금 가운데 40만 엔을 내정개혁을 위한 자금 명목으로 다시 조선정부에 돌려주고, 일본 공사관 경비병을 1개 중대로 감축하는 등의 유화정책을 구사했다. 동시에 박영효, 김옥균, 서광범 등 조선의 개화파 인물들과 보다 긴밀한 관계를 형성하면서 친일세력 확대에 주력했다.

일본은 임오군란의 사후 처리를 위한 제물포조약에 따라 공식 사과 사절로 일본에 건너온 박영효, 김옥균 등에게 세계정세의 변화, 여론의 중요성, 개혁의 필요성 등을 강조했다. 특히 문명개화론자의 대표적 인물인 후쿠자와 유키치는 김옥균, 박영효 등 개화파 지도자들에게 서세동점(西勢東漸)의 동아시아 정세와 독립을 보존하기 위한 개화와 개혁의 필요성을 들려주었다. 뿐만 아니라 개화파 학생들을 자신이 운영하는 게이오 대학(慶應大學)에서 신학문을 익힐 수 있도록 편의를 제공하기도 했다.

1881년 이후 일본을 몇 차례 오가면서 김옥균은 일본의 많은 지도자들을 만났다. 이토 히로부미, 고토 쇼지로 등을 위시한 정부의 실력자들은 물론, 후쿠자와 유키치, 대륙낭인의 대부인 도야마 미쓰루와도 교류했다. 낭만적 대륙낭인인 미야자키 도텐과는 한중일 연대 속에서 동양의 번영을 꿈꾸기도 했다.[14] 특히 김옥균은 새로운 국가건설을 위한 후쿠자와 유키치의 충고에 귀를 기울였다. 그러면서 개화파 인물들은 자연스럽게 짧은 시간 안에 근대화를 가능케 할 수 있는 계기를 만들어준 메이지 유신형의 정치변혁을 모방하는 방향으로 나아갔다. 정변을 통한 정권장악이었다.

조선근대사가 안고 있는 비극의 하나는 개항기의 개화파 지도자들이 가지고 있었던 근대나 서양에 대한 이미지가 일본이라는 프리즘을 통해서 형성되었다는 점이다. 막부 말기에 막부의 지식인이나 번의 지사들은 막부 승인, 또는 밀항을 통해서 서양을 체험했다.[15] 이토 히로부미도 그중의

하나였다. 그러나 조선의 지식인들은 그렇지 못했다. 서양을 경험한 일본을 통해서 서양 사정을 전해 들었을 뿐이었다. 메이지 유신 후 일본은 서양 사정을 보다 정확하게 파악하기 위하여 정부차원에서 이와쿠라 사절단을 미국과 유럽으로 파견했으나, 조선정부는 그렇지 못했다. 일본과 달리, 조선정부는 조선판 이와쿠라 사절단이라고 할 수 있는 62명으로 이루어진 신사유람단(紳士遊覽團)을 일본으로 파견했을 뿐이었다. 결국 조선에서 움트는 개혁이라는 것도 일본을 모방할 수밖에 없었고, 그 계기로 메이지 유신을 모델로 삼은 것은 필연의 결과였다.

갑신정변(甲申政變, 1884년)은 민비와 청국의 지배로부터 벗어나서 보다 근대적 독립국가를 지향하려는 개화파, 조선에서 청국의 세력을 밀어내려는 일본, 청나라와 프랑스의 전쟁이라는 동아시아 정세가 한데 어우러져 나타난 사건이다. 1884년 청불전쟁이 일어나면서 조선에서 청나라의 영향력이 약화될 때, 개화파는 정국을 주도하기 위하여 일본 세력을 활용하려고 했고, 일본은 조선에서 영향력 만회를 위하여 개화파를 이용하려고 했다. 이토의 묵시적 승인과 이노우에 외무대신—다케조에 공사로 이어지는 일본 측과 김옥균, 박영효의 개화파의 이해가 맞아떨어지면서 행동에 옮겨졌다.

김옥균, 박영효, 서광범 등의 개화파는 1884년 12월 4일 저녁 우정국(郵政局) 개국 축하 만찬회를 이용하여 정변을 일으켰다. 민태호 등 친청파 대신 6명을 암살하고, 수비가 편리한 경우궁(景祐宮)으로 고종과 민비를 옮기고, 일본 공사관에 도움을 청하는 국왕의 친서를 보내 호위병 1개 중대로 하여금 경호를 담당케 했다. 그들은 권력을 장악하는 데에 일단 성공했다. 다음 날에는 각국 공사에게 신정부가 들어섰음을 통고하고, 개화파 인물들이 전면에 배치되었다. 그리고 6일에는 14개조의 혁신정강을 발표했다.

정변은 성공하는 듯했다. 그러나 민비 측으로부터 개입요청을 받은 청나라 군대의 책임자 위안스카이의 신속한 반격, 정변주체의 허술한 계획,

다케조에 공사의 안일한 대응, 지원을 약속했던 일본군의 약속 불이행 등은 결국 정변을 실패로 끝나게 만들었다. 개화파의 집권은 삼일천하로 끝났다. 정변의 주역들은 청국 군인에 의하여 살해당하거나, 일본으로 망명했고, 개화파 인물들은 역적으로 낙인찍혔다. 일본 공사관의 이소바야시 신조 대위 등 30여 명의 일본군인이 청국 군인과의 전투에서 사망했다. 다케조에 공사를 위시한 모든 일본인이 공사관을 버리고 인천으로 도주함으로써 사태는 일단 끝났다.

갑신정변을 전후한 시기에 일본의 외무는 이노우에 가오루가 관장했다. 그러나 이노우에는 중대한 외교문제는 언제나 이토와 상담했다.[16] 강화도 사건이나 임오군란의 경우와 달리 갑신정변의 경우 이토는 정변의 기획 당시부터 톈진 조약에 이르기까지 깊숙이 관여했다.

제도조사국 설치(1884. 3) 이후 이토의 주요 관심사는 헌법 기초 작업이었다. 그러나 조선을 둘러싼 정세변화에도 깊은 관심을 가지고 있었다. 그는 청국이 프랑스와의 전쟁에서 고전하고 있고, 조선에서 친일세력과 친청파의 갈등이 격화되고 있고, 또한 김옥균과 박영효를 중심으로 한 개화파 인물들이 정권장악을 위하여 일본의 지원을 요구하고 있는 상황을 잘 알고 있었다. 청국을 압도할 수 있는 기회가 왔다고 판단했다. 이토는 이노우에와 은밀히 논의한 후 다케조에를 조선에서 소환하여 박영효와 김옥균 등의 독립당을 원조할 것을 명령했다.[17]

이토와 이노우에의 밀명을 받고 조선에 돌아온 다케조에 공사는 각계의 인물들을 만나면서 정확한 정세 파악과 독립당 지원의 방안을 모색했다. 그리고 11월 12일 기밀로 분류된 보고서를 이토와 이노우에에게 보냈다. 이 보고서는 조선에서 전개되고 있는 정치적 상황, 조선에서 청국과 일본의 위상, 그리고 국면 타개 방안을 포함하고 있었다. 다케조에에 의하면 조선 정국은 "(내년) 봄에 대원군이 귀국한다는 소식으로 국왕을 위시하여 모두가 당황하고" 있었다. 그러면서도 친청파가 지배하고 있는 조선정부는 "청군에게 마치 노예처럼 아부하면서", 청나라의 위세를 등에 업고 "모든 불법을 자행하면서 권력을 휘두르고"있었다. 그리고 많은 친일세력들을 관직에서 몰아냈다.

다케조에는 김옥균(1851~94)을 높이 평가하면서 지원의 필요성을 강조했다. 김옥균은 개혁의지가 확고하다는 것, 개화세력을 조직하고 확대하기 위하여 청년들을 일본에 유학시키고 있다는 것, 고종의 신뢰를 유지하고 개혁정책을 기회 있을 때마다 제시하고 있다는 것 등을 설명했다. 그러나 그는 친일세력[일본당]으로 알려져 있기 때문에 친청파로부터 적시(敵視)당하고 있었다. 김옥균을 중심으로 한 친일세력을 강화하기 위해서는 그를 보호할 방법을 강구할 필요가 있다는 점을 강조했다.

다케조에 공사는 현상을 타개하기 위한 두 가지 방안을 제시하고 정부의 훈령을 요구했다. 적극적인 정책인 갑안(甲案)은 일본정부가 청나라와 도저히 친목을 기대할 수 없고 또한 전쟁이 불가피하다고 판단한다면, 지체하지 말고 "일본당을 선동하여 조선의 내란을 일으키게 하고", 일본은 "조선 국왕의 의뢰에 의하여 왕궁을 수호하고, 국왕에 저항하는 청군을 격퇴한다"는 것이다. 소극적인 대안이라고 할 수 있는 을안(乙案)은 일본정부가 어떻게 해서라도 동양의 평화를 지속하면서 청나라와의 마찰을 피하고, 조선을 자연의 운명에 맡기기로 결정한다면, "가능한 한 일본당이 큰 화를 입지 않도록 보호조치만 취하도록 한다"는 것이었다. 보고서는 프랑스와의 전쟁에서 청나라가 고전하고 있기 때문에 조선에서 "지나당(支那黨 : 친청파)의 세력이 점차 감축되고 있다"는 것으로 끝맺고 있었다.[18]

결국 일본정부는 적극적인 정책을 택했고, 김옥균, 박영효 등은 일본의 지원을 믿고 정변을 주도했다. 그러나 정변의 주체와 일본 공사관의 어설픈 계획, 고종의 후퇴, 그리고 민중의 지지를 얻지 못한 정변은 실패로 끝났다. 미야케 세쓰레이는 정변 실패의 원인은 다케조에의 어리석음 때문이었음을 인정하면서도, 보다 본질적인 책임은 이토와 이노우에게 있다고 비판했다. 미야케의 표현을 그대로 인용하면, "조선 사건의 책임은 다케조에 한 사람에게 돌아갔고, 그는 심하게 지탄을 받았다. 그러나 다케조에를 활용한 것은 이노우에이고, 이노우에를 선동한 것은 이토였기 때문에, 이토와 이노우에 또한 실패의 책임은 면할 수 없다"고 지적하며 두 사람의 경솔함을 비판했다.[19]

한성조약

정변이 실패로 드러나면서부터 이토가 사태수습을 주도했다. 지방에 체류하고 있는 외무대신 이노우에 가오루가 정부정책 결정에 합류할 때까지 이토는 이노우에를 대신하여 필요한 모든 조치를 주도적으로 취했다. 정변 전말을 보고받은 이토는 11월 13일 외무성에서 참의 회의를 소집했다. 조선에서의 정변은 다만 일본과 조선 두 나라뿐만 아니라 청국과도 관계가 있기 때문에 그 처리는 대단히 복잡하다는 데에 의견을 같이하고, 조선에 사태수습을 위한 전권대사 파견을 결정했다. 사쓰마의 내각고문인 구로다 기요타카가 특파 대사를 희망하고 나섰다. 비록 정변은 실패했으나, 이를 조선에서 청국과 대등한 관계를 수립할 수 있는 기회로 삼아야 한다고 생각하고 있던 이토로서는 정변을 다만 조선 내홍의 여파로만 인식하고 있는 구로다는 적절치 못하다고 판단했다. 이토는 후속조치를 신속히 취했다. 외무성의 구리노 신이치로를 인천에 머물고 있는 다케조에 공사에게 파견하여 사태의 심각성을 전했다. 19일 개최된 각의에서, 산조와 협의하여 조선 사정에 밝고 주무 당사자인 외무대신 이노우에를 전권대사로 결정하고, 조선뿐만 아니라 청나라와도 교섭을 진행한다는 기본방침을 확정했다. 21일 각의의 결정대로 실행할 것을 메이지 천황으로부터 명령받았다.

이노우에는 육군중장 다카시마 도모노스케, 해군소장 가바야마 스케노리를 수행원으로 삼고, 군함 7척과 육군 2개 대대를 이끌고 28일 시모노세키를 출발하여 30일 인천에 도착했다. 이노우에는 출발하면서 이토에게 조선정부가 일본의 요구에 응하지 않을 경우에는 강압적 조치를 취하겠다는 강한 협상 의지를 밝혔다.[20]

이노우에 일행은 호위병을 대동하고 한성에 들어가서 김홍집과 회담하고, 1885년 1월 9일 조약을 체결했다. 한성조약(漢城條約)이라고 불리는 이 조약은 일본의 요구가 그대로 수용되었다. 조선은 사죄의 뜻을 표시하고, 배상금과 파괴된 일본 공사관 증축비를 지불하고, 공관 호위병 병영을 공관 부지 안에 두도록 했다.

일본의 여론은 한성조약에 만족하지 않았다. 청국에게도 책임을 추궁해야 한다는 것이 지배적 여론이었다. 도쿄에서는 개전론(開戰論)을 주장하는 시위가 연일 벌어졌다. 후쿠자와 유키치의「지지 신보(時事新報)」는 청국 응징을 요구하는 강경 논조를 전개했다.[21] 청국과의 전쟁을 공개적으로 주장하고 나선 후쿠자와에 의하면 조선에서의 정변은 결과적으로 청국과 조선은 가해자이고, 일본 혼자 피해자라는 것이었다. 청국과의 전쟁 때에 일본은 반드시 승리할 것이라고 확신하는 후쿠자와는 전쟁의 승리를 통해서 "일본의 국위는 광채를 발하고, 구미열강은 일본을 경외하고, 모든 면에서 동등한 문명국으로 인정하게 될 것이고, 그리고 영원히 동양의 맹주로 우러러보게 될 것"이라는 점을 강조했다. 또한 그는 청국과의 전쟁을 위해서 천황이 친정할 것을 요구했다. 이러한 여론에 힘입은 사쓰마 계의 군부 강경론자들은 더욱 강력하게 전쟁을 주장하고 나섰다.

청국 타도의 여론은 갈수록 강해졌다. 사실상 정변 기간에 사망한 일본 군인들은 모두가 청국군대와 교전에 의한 것이었다. 또한 정변의 결과로 조선에서 청국의 지위는 더욱 강화되었으나, 일본의 위상은 약화되었다. 일본은 강화도조약에서 천명했던 조선의 독립은 사실상 무효화된 것이나 다름없다는 점에 분개했다. 일본은 어떤 형태로든 조선 문제를 놓고 청국과 새로운 관계를 정립하는 것이 필요했다. 이를 위해서 이토 히로부미가 전면에 나섰다.

톈진 조약

이토 히로부미가 청국과의 협상을 위한 전권대사로 임명되었다. 이토는 전권대사의 직을 맡으면서 두 가지를 요구했다. 하나는 자신이 구상하고 있는 협상에 대한 정부의 지지와 재량권이었다. 또다른 요구는 참의 사이고 쓰구미치와의 동행이었다.[22] 이 요구는 항상 대안을 마련하는 이토의 주도면밀함을 보여주는 대목이다. 갑신정변 처리와 한성조약에 대한 불만의 진원지는 군부였고, 그 핵심은 정권 외곽에 있는 사쓰마 파였다. 사쓰마 파의 원로라고 할 수 있는 사이고 쓰구미치를 대동함으로써 청국과의 회담 결과에 대한 사쓰마 파와 군부의 비판과 공격을 사전에 막으려는 이토의 포석이었다. 내각이 찬동하고 사이고가 동의했다.

이토는 측근인 이노우에 고와시, 이토 미요지, 오쿠보 도시미치의 둘째 아들 마키노 노부아키, 육군소장 노즈 미치쓰라 등을 수행원으로 추가했다. 일행은 2월 28일 톈진을 향해서 요코하마를 떠났다. 주청국 공사와 영사가 현장에서 합류했다. 한편 청국은 리훙장(1823-1901)을 전권대신으로 내세웠다.

협상은 4월 4일부터 시작되었다. 이토는 이미 각의에서 밝힌 것과 같이 정변 당시 군사작전을 주도한 책임 장교 처벌, 일본의 피해에 대한 배상, 그리고 양국의 철병을 제시했다. 그러나 리훙장의 태도는 강경했다. 첫 회담 이후 이토가 외무대신 이노우에에게 리훙장은 자신의 논조가 약함에도 불구하고 우리 요구를 하나도 받아들일 태세가 아니라고 보고했다. 이토와 리훙장은 여섯 차례 회담을 거쳐 4월 18일 합의를 이룰 수 있었다. 톈진 조약(天津條約)으로 알려진 이 문서는 3개 조항을 담고 있다. 첫째 일본과 청국 두 나라는 조선에서 군대를 철수하고, 둘째 두 나라는 향후 조선에 군사교관을 파견하지 않고, 셋째 장래 조선에 변란이나 중요한 사건이 일어나 청국이나 일본 어느 한쪽이 파병할 경우 그 사실을 상대방에게 사전에 통고하고, 사태가 마무리되면 함께 즉시 철수한다는 것이 그것이었다.[23]

정변 당시 조선에서 청국군대를 지휘한 위안스카이에 대한 징계와 배상이라는 협상조건을 성취하지는 못했으나, 톈진 조약은 일본의 국가 위상과 함께 이토를 국제적 인물로 만드는 데에 크게 기여했다.[24] 톈진 조약은 일본이 '대국' 청국과 대등한 지위에서 외교적 협상을 벌였다는 데에 큰 의미가 있었다. 그 동안 일본이 체결한 국제조약이라는 것은 대체로 서양 과의 조약이었고, 그것들은 불평등조약이었다. 물론 일본이 강화도조약을 계기로 조선과 불평등조약을 체결했고, 1875년 대만 원정을 매듭짓기 위 하여 오쿠보가 베이징에서 청국과 협상을 가진 일이 있으나, 이는 조약이 라기보다는 약정서의 형태로 문제를 결론지었다. 쇠락하고 있었지만 여전 히 대국인 청국과 대등한 입장에서 일본이 협상을 전개하고, 조약을 체결 했다는 것은 아시아는 물론이고 국제사회에서 일본의 위상을 격상시킨 결 과를 가져왔다.

이토는 19발의 예포로 예우를 표하는 리훙장의 환송을 받으면서 톈진을 출발하여 귀국 길에 올랐다.[25]

강화도조약에서 조선은 독립국임을 선언했다. 그러나 여전히 청국의 영 향권 아래에 있었고, 특히 임오군란 이후부터는 위안스카이가 마치 궁정 의 주인인 것처럼 행동할 정도로 청국은 절대적 우월권을 장악하고 있었 다. 그러나 톈진 조약 결과 일본은 조선에서 청국과 대등한 지위를 확보할 수 있었고, 대등한 지위에서 군대를 파견할 수 있는 길을 확보한 것이다.[26]

톈진 조약은 국제적으로나 국내적으로나 이토의 위상을 크게 높였다. 청국 최대 실력자이고 노련한 정치가로 알려진 리훙장과의 협상과, 일본 에 유리한 조약체결은 국제사회에서 이토의 존재를 부각시켰다. 물론 이 토는 그 동안 미국과 유럽 순방, 그리고 헌법 연구를 위한 유럽 체류를 통하여 비스마르크를 위시한 서양의 많은 정치인들과 교류했다. 그러나 국제무대에서의 정치적 행위는 없었다. 이토는 화려하게 국제 외교무대에 등장했다. 국내적으로도 그의 위상을 강화했다. 조약의 내용이 전해지자 「도쿄니치니치 신문」은 "이토 대사의 공로로 국면을 평화롭게 매듭지을 수 있게 되었다"고 그의 역할을 높이 평가했다.[27]

제7장

청일전쟁 : 권력의 중심에서

청일전쟁(1894-1895)은 정부와 군부는 물론이고, 자유민권을 주장한 정파들, 종교인, 언론과 지식인, 우익집단, 그리고 온 국민이 함께한 전쟁이었다. 문자 그대로 거국일치(擧國一致)의 전쟁이었다. 전쟁과 외교전략을 설계, 진행, 매듭짓는 그 중심에는 이토 히로부미, 이노우에 가오루, 그리고 무쓰 무네미쓰 세 사람이 있었다. 물론 총 연출과 감독은 이토 몫이었다. 이토의 역할은 사이온지 긴모치가 지적하고 있는 것과 같이 "다만 재정과 외교에 국한되지 않았고, 병략에도 지도적 의견"을 제시했다.[1] 그는 전쟁 시작부터 메이지 천황과 함께 대본영의 자리를 지켰다. 이 전쟁은 이토 개인사에서는 생애의 절정기였고, 근대 일본사에서는 실천적 제국주의의 시발점이었다.

1. 제2차 이토 내각의 출범

이토 히로부미는 1888년 4월 총리직을 사임하고 초대 추밀원의장에 취임했다.[2] 헌법의 기초를 마무리짓기 위해서였다. 다음해인 1889년 2월 11일 헌법, 중의원 선거법, 귀족원령이 공포되었고, 황실의 전범(典範)이 제정되었다. 그리고 1890년 7월 1일에는 정부가 이미 발표한 일정에 따라 제1회 총선거를 치렀다.

선거 결과는 민당(民黨)이 중의원을 지배하는 구조가 자리잡았다. 자유민권론자들이 중심을 이룬 민당의 노선은 사쓰마와 조슈를 중심으로 한 번벌(藩閥) 내각을 반대하는 반정부세력이었다. 의회가 개원되더라도 정부는 정당의 활동과 무관하게 정국을 운영할 수 있을 것이라고 확신했던 이토의 판단은 오산이었다. 예산권을 쥔 의회는 정부예산의 삭감을 무기로 삼아 정부와 맞서면서 정당의 위력을 키워갔다. 이에 내각은 헌법 제67조의 "정부의 의무에 속하는 세출은 정부의 동의 없이 의회가 삭감할 수 없다"는 비장의 카드로 대응했으나, 정국은 시끄러울 수밖에 없었다.

1890년 말, 의회가 출발하면서부터 정국은 소용돌이의 수렁으로 빠져들었다. 일본 헌정사상 최초의 제국의회에서 총리대신 야마가타 아리토모는 군비증강을 위한 1891년도 예산안을 제출했다. 군비증강 계획은 그가 밝힌 주권선-이익선 논리에 근거한 것이었다. 그러나 의회는 정부의 예산안을 10% 이상 삭감하려고 했다. 정부와 의회의 충돌이 불가피했고 예산안 심의는 난항에 부닥쳤다. 내각 총사직과 의회해산의 기로에서 이토와 몇몇 사람의 중재로 타협을 이루어 겨우 파국을 면할 수 있었다.

제1회 제국의회는 그런 대로 무사히 끝낼 수 있었으나, 정국운영은 예상했던 것보다 훨씬 더 어렵게 전개되었다. 1891년 말 제2회 의회에서도 예산안을 놓고 정부는 또다시 민당이 장악하고 있는 의회와 정면으로 충돌했다. 야마가타 내각의 뒤를 이은 마쓰카타 마사요시 내각은 군함 건조와 제철소 건설을 포함한 1892년도 예산안을 의회에 제출했으나, 다수를 장악하고 있는 민당은 12월 25일 정부 예산안을 대폭 삭감할 것을 결의했다. 정부는 이에 맞서 같은 날 국회를 해산했다.

1892년 2월 15일 실시된 제2회 총선거는 25명의 사망자와 400여 명의 부상자를 낸 '피의 선거'였다. 마쓰카타 내각의 내무대신 시나가와 야지로는 민당 후보자들의 당선을 저지기 위해서 무력을 포함한 모든 수단을 동원했다. 경찰은 물론 폭력배들까지 동원되어 투표와 개표과정에 관여했다. 그러나 선거 결과는 참담했다. 정부가 노골적으로 선거에 개입했으나,

여전히 민당이 반수를 훨씬 넘는 의석을 확보했다.[3] 선거 후 발생할 정국 혼란이 불을 보듯이 확실해지자, 원로들은 제국의회를 디자인한 이토 히로부미가 수습을 위해서 전면에 나설 것을 요구했다. 이토는 1890년 이후 새로 구성된 귀족원 초대 의장으로 정치현장에서 한걸음 뒤로 물러나 있었다. 이토는 야마가타, 구로다, 이노우에, 오야마, 고토 등 6인의 유신공신이 모두 참여하는 조건으로 총리직을 수락했다. 새 내각의 대외적 권위와 체제 내의 반대를 사전에 봉쇄하기 위한, 원훈을 "인질"로 삼은 이토의 "술책"이었다.[4] 1892년 8월 8일 원훈 총출동 내각으로 알려진 제2차 이토 내각이 출범했다.

이토는 자신의 제2차 내각을 구성하면서 우선적으로 관심을 기울여야 할 국정과제의 핵심은 서양과 맺은 불평등조약 개정과 한반도에서 확대되고 있는 청국의 영향력을 통제하는 것이었다. 그러나 당장 해결해야 할 과제는 그 동안 지연되어온 예산안을 원만하게 처리하는 것이었다. 이를 위해서는 의회의 협조가 필요했으나, 의회는 이토가 제시한 1893년도 예산안 가운데에서 군함 건조비를 부결했고, 또한 세출 총액의 10%를 삭감했다. 정부가 의회 결의를 거부하자, 의회는 2월 7일 181대 103표라는 압도적 다수로 탄핵 결의안을 채택하고, 이를 메이지 천황에게 제출했다.

이토는 정국 돌파를 위한 두 개의 대안을 메이지 천황에게 상신하고 재가를 요청했다. 하나는 천황이 의회에 "정부와 진심으로는 화합하지 않지만 함께 힘을 합하라"는 칙서를 내리는 것이었고, 다른 하나는 의회를 해산하는 방안이었다. 이토는 내심 의회를 해산하는 방안을 바랐으나, 천황은 정부와 의회에 소위 '화합의 길'을 찾는 제3의 방안을 제시하면서 정부와 의회가 "각각의 권역을 잘 지켜 원만한 협력의 길을 찾아 유종의 미"를 거둘 것을 당부했다.[5] 군비증강의 필요성을 명시하면서 스스로 군비증강을 위해서 재정적으로 동참할 뜻을 확실히 하고, 동시에 정부가 스스로 군비증강에 앞장서서 참여하게 함으로써 의회의 반대를 잠재우겠다는 뜻이었다. 의회도 승복하지 않을 수 없었다. 이는 천황의 권위로 반대의견을 무력화시키려는 이토의 책략에서 나온 것이었다. 이토는 때때로 이처럼 어려운 때에는 황실을 정쟁의 해결수단으로 이용했다.[6]

메이지 천황이 개입함으로써 그런 대로 당장은 위기를 넘길 수 있었다. 그렇다고 해서 정국이 안정된 것은 아니었다. 의회 내부의 갈등과 의회와 정부의 마찰은 끊이지 않았다.

1893년 12월 30일 이토는 총선거를 염두에 두고 의회해산이라는 강경책을 택했다. 의회에서 다수 의석을 장악하기 위한 포석이었다. 다음해 3월 1일 실시한 제3회 총선거 결과는 여전히 반정부세력인 민당이 의회의 절대다수를 점했다. 이토의 표현을 빌리면 "헌정 실시 이래 정부와 의회의 항쟁은 점차 더 격심해지고" 있었고, "난국타개의 길"이 보이지 않았다.[7] 이토는 원훈 총출동이라는 권위를 등에 업고 내각을 이끌었으나, 정국운영이 쉽지 않음을 토로하고 있는 것이었다. 그러나 "정부와 의회의 충돌을 해결할" 수 있는 "의외의 사변"이 조선에서 일어났다.[8]

2. 조선에서의 사건

1885년의 톈진 조약 후 한반도에서 일본과 청나라 관계는 외형적으로는 대등했다. 그러나 시간이 흐를수록 청나라 세력이 강화되면서 수면 아래에서 갈등과 긴장이 고조되었다. 특히 위안스카이가 한성에 상주하면서 조선을 청의 확실한 속방(屬邦)으로 만들기 위해서 일본을 끊임없이 견제했다. 갈등이 표면으로 나타나기 시작한 것은 1894년 봄 김옥균의 암살사건이었다. 김옥균은 갑신정변 실패 후 일본으로 망명하여 이와타 슈사쿠라는 일본 이름으로 10년간 전전하면서 재기의 길을 모색했다. 그러다가 1894년 초 확실치 않은 이유로 리훙장을 만나기 위하여 중국으로 가게 되었고, 3월 28일 첫 기착지인 상하이에서 동행한 홍종우에 의해서 암살당했다.[9] 이 사건은 이토 내각에게 "얽히고설킨 복잡한 문제"를 풀어줄 수 있는 "편리한 기구"로 작용했다.[10]

암살의 진상과 원인을 규명하는 문제보다 김옥균의 사체를 어떻게 처리할 것인가가 조선, 일본, 청국 사이에 중요한 의제로 부상했다. 민비와 고종은 '대역죄인(大逆罪人)'인 김옥균의 사체를 강력하게 원했고, 청나라는 방관적 태도를 취했고, 그 동안 김옥균을 후원한 일본의 재야 지도자들은 일본 송환을 요구했다. 사체 송환을 둘러싼 세 나라의 대립 속에서 민비와의 관계개선을 바라고 있던 이토는 사체를 조선으로 송환하도록 조치했다. 결국 김옥균의 사체는 양화진에서 머리-몸-팔-다리를 토막 내는 능지처참의 극형을 다시 겪어야만 했다. 4월 17일자 「도쿄니치니치 신문」은 "상식을 벗어난 한인의 잔인성"이라는 제하에 "어제 양화진에서 김옥균의 유해를 토막 내어 머리와 팔다리 사지를 각각 내걸고, 나머지 부분은 여기저기 땅바닥 위에 버려졌다"라고 전했다.[11]

일본의 국내 여론이 들끓기 시작했다. 암살 배후에 청국이 도사리고 있다고 믿었던 일본에서는 청국 응징론이 거세게 일어났다. 이토에 의하면, 당시의 사회적 분위기는 "민간 정객들은 큰 소리로 청국의 폭거와 오만함을 응징해야만 한다고 절규하면서 정부의 태도가 연약하다고 공격했고", "혈기가 넘치는 장사들은 조선으로 건너가 청국 또는 조선 요인을 암살하여 개전(開戰)의 단서를 열어야 한다"고 목소리를 높였다.[12] 정부의 정책에 반대하던 의회도 한 목소리로 강경책을 요구하고 나섰다. 4월 24일에는 중의원과 귀족원이 합동 회의를 개최하고 정부에 적절한 조치를 촉구했다.

김옥균 암살사건의 후유증이 채 가라앉기도 전에 조선에서 동학농민봉기가 일어났고, 봉기는 민중의 지지를 받으면서 크게 확산되었다. 봉기의 기점은 1894년 2월 15일 전봉준이 주도하여 고부군(古阜郡)에서부터 시작되었다. 학정에 시달리던 농민들은 민씨 세도정치 아래 전형적인 탐관오리인 고부 군수 조병갑을 응징하기 위하여 고부 관아를 습격하고 점령했다. 그들은 정부에 조병갑의 학정을 시정하고 외국상인의 침투를 금지하라는 13개조의 요구사항을 제시했다. 그러나 정부는 사태의 실상과 봉기의 성격을 정확하게 파악하지 못하고 농민의 요구를 무시하면서 탄압으로 일관했다. 이에 격분한 전봉준과 농민은 4월 26일 보국안민(輔國安民)의 기치를 들고 본격적인 봉기를 주도했고, 5월 31일에는 전주성을 장악했다. 6월 초순에는 전라도 일대가 사실상 농민군의 지휘 아래 들어가는 사태로 발전했다.

스스로 농민군을 진압하는 데에 한계를 느낀 조선정부는 6월 1일 위안스카이를 통해서 청국에 출병을 요청했고, 리훙장의 지시에 따라 청국군대가 인천과 아산에 상륙했다. 7일에는 톈진 조약에 따라서 청국은 일본정부에 출병을 통고했고, 일본 또한 군대를 조선으로 파병했다.[13] 갑신정변 후 10년 만에 청국과 일본 두 나라의 군대가 다시 한반도에서 맞섰다. 이후 이토 내각의 정책은 두 가지 목표에 초점을 맞추었다. 하나는 청나라와의 전쟁을 위한 명분 축적이고, 다른 하나는 조선의 지배권을 확보하는 것이다.

외무대신 무쓰 무네미쓰(1844-97)는 스기무라 후카시 임시 대리공사로부터 조선 정국의 변화를 시시각각으로 보고받아 김옥균 암살과 동학봉기 후에 긴박하게 돌아가는 조선 정국을 손바닥 들여다보듯이 꿰뚫어보고 있었다. 이와테 현(岩手縣) 출신의 스기무라는 격동기 최전선에서 조선 문제를 요리한 외교관이다. 막부 말기에 에도의 한 한학자 밑에서 공부한 스기무라는 메이지 초기 대만 정벌(1874)에 참여했고, 그후 1875년부터 「요코하마 마이니치 신문(橫濱每日新聞)」의 기자로 활동했다. 이때부터 그는 조선에 대해서 깊은 관심을 가지고 공부했고, 1880년 외무성 서기관으로 한성에 부임하면서 조선 문제를 현장에서 직접 다루게 되었다. 그후 그는 15년 동안 조선에 체류하면서 임오군란, 갑신정변, 청일전쟁, 민비시해 등과 같은 중요한 문제에 깊숙이 관여했다. 비록 공식 직함은 서기관이었으나, 조선의 사정과 변화를 잘 알고 있는 그는 영사관 내에서 누구보다도 중요한 인물이었다.

스기무라에 의하면 조선에서의 일본 외교관은 다른 나라 주재국의 외교

무쓰 무네미쓰

관과는 근본적으로 성격이 다른 다음과 같은 특수성을 지니고 있었다.

조선 주재 제국 공사의 책무는 다른 나라에 주재하는 제국 공사보다 한층 더
무겁고 넓다. 즉 통상 및 외교사무 외에 사실상 조선의 정치를 감독하고, 그
나라의 안전을 도모하는 책무를 지니고 있다. 조선은 형식상 독립국으로서 우리
나라와 대등하지만, 실제로 우리나라는 (조선을) 보호, 유도, 감독하는 지위에
있음은 숨길 필요가 없는 명백한 사실이다.[14]

일본 외교의 최전선에서 활동한 스기무라는 조선을 보호 감독하고 지배
의 대상으로 인식했다. 이는 스기무라만의 조선관이 아니라 당시 일본 정
치인과 지식인의 공통된 현상이었다.

스기무라는 무쓰의 '복심(腹心)'이었다. 무쓰의 평가에 의하면, 스기무
라는 "조선의 국정(國情)에 매우 밝았고", 그의 보고는 "신뢰할" 수 있었
다. 무쓰는 은밀한 사안에 대해서는 외무성의 공식 루트를 거치지 않고
직접 지시하고 보고받을 정도로 스기무라를 신뢰했다. 동학봉기가 일어나
자, 무쓰는 "동학당의 움직임을 면밀하게 주목함과 동시에 조선정부가 이

에 어떻게 대처하고, 조선정부와 청국 사신과의 관계가 어떻게 움직이고 있는지 주의 깊게 관찰할"것을 직접 스기무라에게 지시했다. 각종 정보를 수집한 스기무라는 "동학당의 난은 근래 조선에서 보기 드문 사건이지만, 정부를 전복시킬 수 있을 정도의 세력은 지니고 있지 못하다"라고 평가하면서도, "군대를 파견해야만 할 필요성에 대비할"것을 당부했다.[15]

조선정부가 청국에 출병을 요청했다는 정보를 입수한 스기무라는 즉시 무쓰에게 이 사실을 보고했다. 1894년 6월 2일이었다. 총리 관저에서 정부와 의회의 알력이 극에 달하여 중의원 해산문제를 협의하고 있던 임시 각의에 이 소식이 전달되었다.[16] 내각은 의회와 대결구도에 놓여 있는 정국을 돌파하고, 한반도에서 청국과 세력균형을 확보할 수 있는 좋은 기회라고 판단했다. 모두가 기다리던 소식이었다.

3. 전쟁을 향해서

1894년 6월 2일의 임시 각의의 의제는 중의원 해산 문제에서 조선 출병 문제로 바뀌었다. 이토는 즉시 참모총장과 참모차장을 각의에 참석시켰다. 각의는 일청 두 나라의 세력균형을 유지하기 위하여 군대를 파견할 것과, 중의원 해산을 결정하고 메이지 천황의 재가를 신청했다. 천황은 각의 요청을 즉시 승인했을 뿐만 아니라 오야마 이와오 육군대신에게 조선에 거류하는 일본국민을 보호하기 위하여 군대를 조속히 파견할 것을 명령할 정도로 적극적이었다.

내각은 또한 청국과 일본 두 나라가 함께 군대를 파병한 이상, 일본은 언제 어떻게 개전 계기를 포착할지 계획하고, 전쟁이 시작되면 "전력을 다해서 처음에 확정한 목적을 관철해야 한다"는 데에 의견을 같이했다. "처음에 확정한 목적"이란 물론 조선지배권 장악을 뜻했다. 그러면서도 일본은 어디까지나 평화를 파괴하지 않는 피동자의 위치로 포장하고, 청국을 항상 평화 파괴의 주동자로 만들어야 한다는 점에 의견을 같이했다.

이러한 이미지를 바탕으로 서양 강대국으로부터 지원받는 외교전략을 전개할 것을 일본의 기본 방향으로 확인했다. 무쓰에 의하면, 이처럼 신속하게 확정된 정책들의 대부분은 이토 총리의 의견이고, 각료 모두가 찬성했고, 전쟁 중 정부가 시종일관 노력한 원칙이었다.[17]

같은 날 밤 외무대신 관저에서 무쓰와 참모차장 가와카미 소로쿠, 그리고 외무차관 하야시 다다스가 별도의 모임을 가지고 보다 구체적인 계획을 논의했다. 무쓰와 가와카미는 출병을 재확인하고, 임오군란과 갑신정변 때의 잘못을 되풀이하지 않기 위해서는 충분한 병력을 신속하게 파병해야 한다는 데에 의견을 같이했다. 하야시의 회고록에 의하면, "이번에는 반드시 승리하는 것이 필요하다"는 결의를 다지고, 먼저 6,000-7,000명으로 구성된 혼성여단을 파병하고, 이어서 1개 사단을 보낼 준비를 할 것을 결정했다. 하야시는 "어떻게 하면 평화적으로 사태를 해결할 것인가를 논의하는 것이 아니라, 어떻게 하면 전쟁을 일으키고, 어떻게 하면 승리할 수 있을까를 의논하는" 모임이었다.[18] 사태수습보다 전쟁을 유도하고 기획하기 위한 회의였다.

한편 일본 여론은 청국 응징으로 모아졌다. 자유민권론을 주장하는 민당을 위시한 재야정치인들은 물론, 여론을 주도하는 지식인들은 정부의 미온적인 대응을 질타하면서 조기 강경정책을 주장하고 나섰다. 대표적 국민주의자로서 신문 「니뽄(日本)」 발행인인 구가 가쓰난은 "대외강경 정신이야말로 흥국 정신"이라고 강조하면서 "조약폐기론을 위해서, 대한론(對韓論)을 위해서, 동양론을 위해서" 청나라와의 전쟁을 요구했다.[19] 누구보다도 강력하게 조기 개전을 주장하고 나선 후쿠자와 유키치에 따르면 청나라와의 전쟁은 "문명개화의 진보를 꾀하는 세력과 이를 방해하는 세력의 싸움"이고 "문명과 야만의 전쟁"이었다.[20] 대표적 기독교인인 우치무라 간조에 의하면 이는 "성전(holy war)"이었다. 영어로 쓴 논설에서 그는 일본이 수행하고 있는 청나라와의 전쟁은 "법률적인 의미에서뿐만이 아니라 도덕적인 의미에서도 정의로운 전쟁"이라고 세계를 향하여 발신했다.[21]

국권주의 단체들은 개전의 단서를 열기 위하여 직접 행동에 참여했다. 국권론자의 대부인 도야마 미쓰루가 이끄는 현양사(玄洋社)는 가와카미 참모차장이 "지금의 시국을 급속도로 진전시키고 해결하기 위해서는 누군가가 바다를 건너가 불을 지르는 역할이 필요하다"는 요청에 따라 천우협(天佑俠)이라는 행동단체를 조직하여 한반도에 투입하여 혼란을 부추겼다.[22] 당시의 사회적 분위기를 이토는 다음과 같이 설명하고 있다.

> 이 시기 민간 정객들은 청국의 폭거와 교만함을 응징해야만 한다고 절규하면서 정부의 태도가 연약하다고 공격했다. 특히 혈기가 넘치는 장사들 중에는 조선으로 건너가서 청국과 조선의 요인을 암살하여 개전의 단서를 열어야 한다는 자가 많았다.[23]

사이온지 긴모치가 확인하고 있는 것과 같이 "사이고가 (정한론을) 주장할 당시는 너무 일렀지만, 언젠가는 중국과 싸우지 않으면 안 된다고 생각한" 그때가 왔던 것이다.[24] 내각의 결정은 즉시 행동으로 옮겨졌다. 6월 5일 전쟁을 총지휘할 대본영을 참모본부 안에 설치했다. 군함으로 인천에 입항한 오토리 공사는 육전대 400명을 이끌고 10일 서울에 들어갔다. 14일에는 혼성여단의 선발대 2,000명이 인천에 상륙했다. 청군 또한 서울의 위안스카이의 요청에 따라 약 3,000명이 아산으로 집결했다. 상황은 일본이 원하는 무력충돌의 방향으로 발전하고 있었다.

일본이 청국과의 전쟁이라는 기본방침을 세웠지만, 그렇다고 해서 즉각 전쟁으로 돌입할 수는 없었다. 무쓰의 표현을 그대로 인용하면 "행동으로 확실한 조치를 취할 필요"가 있었지만, 행동을 위해서는 "외부로부터 비난받지 않을 적절한 구실"을 만들어야만 했다. 특히 청국에 많은 이해가 걸려 있는 영국과 러시아를 위해서도 "사려 깊은 조치"가 필요했다.[25] 열강의 눈을 의식하고 있는 일본은 먼저 청국과 외교적 협상을 시도했다.

14일과 15일 이어진 임시 내각회의에서 이토가 제안하고 무쓰가 보완한 청국과의 협상안을 확정했다. 협상안의 핵심은 일본과 청국 두 나라가 공동으로 조선 내정개혁을 실시할 것, 청국이 이에 동의하지 않을 경우 일본은 독자적으로 조선 내정개혁을 수행할 것, 그리고 목표로 한 개혁이 실현될 때까지 일본군은 조선에서 철수하지 않는다는 것이었다. 청국이 일본이 제안한 공동개혁안을 수용할 경우 일본은 조선에서 청국과 대등한 지위를 확보할 수 있고, 거부할 경우 독자적 행동과 일본군이 장기간 주둔할 수 있는 명분을 확보하기 위한 책략이었다. 각의에서 확정된 협상안은 천황의 재가를 받아 16일 청국에 통보되었다.[26]

예상했던 대로 청국은 조선에서의 기득권 포기를 뜻하는 일본의 제안을 다음과 같은 세 가지 이유를 들어 21일 거부했다. 첫째, 내란이 진정되었기 때문에 일본과 청국이 협력하여 진압할 필요성이 상실되었다는 것, 둘째, 조선의 정치개혁은 내정간섭으로 청국이나 일본이 관여할 일이 아니라는 것, 셋째, 톈진 조약의 규정에 따라서 두 나라 군대는 철수해야 한다는 것이었다. 외교적 협상 여지가 좁아지면서 상황은 점차 군사적 대결로 진행되었다.[27]

일본정부는 독자적으로 조선의 내정개혁을 담당하고 일본군의 장기간 주둔이라는 방침에 따라서 정책을 추진했다. 무쓰의 지시를 받은 오토리 공사는 6월 26일 고종을 알현하고 내정개혁의 필요성을 피력했다. 그의 주장의 요체는 조선과 일본은 입술과 이[脣齒]와 같이 밀접한 관계에 있다는 것, 열강들이 호시탐탐 조선을 노리고 있다는 것, 독립국가의 지위를 유지하기 위해서는 법률, 재정, 농업, 상업 등 국가운영의 방법을 근대적으로 개혁할 필요가 있다는 것, 그리고 일본이 조선의 부강과 올바른 정치가 이루어질 수 있도록 돕겠다는 것이었다. 일본이 의도하고 있는 내정개혁은 조선으로 하여금 "자주독립의 실효를 거두고 왕국의 영광을 영원히 유지하기 위한 장기 계획을 찾기" 위함이라는 것이었다.[28]

그러나 이토나 무쓰, 또는 정책결정자 그 누구도 진정한 의미에서 조선의 내정개혁에 관심을 가진 것은 아니었다. 다만 조선 문제를 주시하고 있는 열강들에게 외교적으로 문제해결을 위하여 노력하고 있다는 것을 보여주고, 청나라와의 외교에서 유리한 지위를 확보하고, 조선에서의 주도권을 장악하는 데에 그 의도가 있었다. 개혁의 의도가 무엇인지는 무쓰가 가장 정확하고도 솔직히 표현하고 있다.

> 나는 처음부터 조선의 내정개혁은 정치적 필요 외에 아무런 의미도 없다고 보았다. 또한 의협정신을 발휘하여 십자군의 역할을 할 필요를 추호도 느끼지 않았다. 그러므로 조선의 내정개혁이라는 것은 무엇보다 우리나라의 이익을 도모하는 선에서 끝내면 된다. 이것 때문에 굳이 우리의 이익을 희생할 필요가 없다.……조선의 내정개혁이라는 것은 원래 일본과 청국 두 나라 사이에 복잡하게 뒤얽혀져 풀리지 않는 난국을 조정하기 위하여 만들어낸 하나의 정책이었을 뿐이다.……나는 처음부터 조선의 내정개혁 그 자체에 특별히 무게를 두지도 않았고, 또 조선과 같은 나라가 과연 만족스러운 개혁을 이루어낼 수 있을지도 의심했다.[29]

청국과의 협상이 결렬된 직후인 6월 27일 외무성의 가토 마스오는 비밀훈령을 가지고 한성에 도착했다. 그것은 이토가 발의하고 무쓰가 보완한 "내정개혁의 대강"이었다. 외무대신은 오토리 공사에게 "현재 상황을 검토해볼 때 전쟁을 피할 수 없다. 따라서 우리에게 부담을 주지 않는 한 어떠한 수단을 동원해서라도 개전의 구실을 만들어야 한다"는 훈령과 함께 개혁의 대강(大綱)을 전달했다. 한두 차례 더 본부와 교신한 후에 오토리 공사는 7월 10일 5개조 27개 항의 "내정개혁 방안강목"을 조선정부에 제시했다.[30] 그러나 조선정부는 협조적이 아니었다. 무쓰의 표현에 의하면 "겉으로는 개혁에 공감하고 열심인 듯 꾸미지만", 이는 "일시 우리나라의 예봉을 피하기 위한 고식책"이었다.[31] 더 적극적인 대책이 필요했다.

조선정부는 7월 16일 일본이 제시한 내정개혁 요구를 정식으로 거부했다. 조선정부의 거부 논리는 일본이 요구한 내정개혁은 이미 자주적으로 실시하고 있다는 것이었고, 따라서 일본정부에게 내정개혁을 권고하기 전에 철병을 실행할 것을 요구했다. 조선정부의 태도를 확인한 일본은 그 동안 '은밀히' 준비해온 강경책을 취하기로 했다. 강경책이란 무력으로 조선정부를 장악하고 내정개혁을 강요하면서 조선정부로 하여금 청군의 철수를 요구하게 한다는 것이었다. 무쓰는 다음날인 17일 오토리 공사에게 "가장 빠른 시간 안에 고압적 방책"을 동원할 것을 지시하면서, "외부[외국]로부터 극심한 비난을 불러오지 않는 한에서 어떠한 구실을 활용해서라도 속히 실제적 행동을 시작하라"는 훈령을 내렸다. 이에 따라 오토리는 실제로 조선정부가 받아들일 수 없는 4개항을 요구했다. 그것들은 1) 한성과 부산 사이의 군용전신을 가설할 것, 2) 일본군대를 위한 병영을 건설할 것, 3) 아산에 주둔한 청국군대를 철수시킬 것, 4) 조선 독립에 저촉되는 청국과의 조약을 모두 폐기할 것 등이었다. 그리고 22일까지 최종적 입장을 밝힐 것을 요구했다.[32]

상황을 더욱 급박하게 몰고가기 위하여 이토는 19일 다시 무쓰에게 오토리 공사로 하여금 조선정부에게 조선독립에 저촉되는 청국과 조선 두 나라 사이에 체결된 모든 조약을 폐기하고, 청국군대를 속히 국외로 축출할 것을 요구하도록 했다. 조선정부가 "이에 응하지 않으면, 필요한 조치를 취한다"는 뜻을 직접 전달하도록 훈령을 보내게 했다.[33] 이토가 뜻하는 "필요한 조치"는 군사력을 동원하여 민비를 축으로 하는 친청정권을 밀어내고 대원군을 이용하여 친일정부를 세운다는 의미였다.

조선정부가 오토리 공사가 제시한 최종 확답 시한인 22일을 넘기자 일본은 그 동안 준비해온 필요한 조치, 즉 군사력을 동원한 왕궁 점령계획을 행동으로 옮겼다. 7월 23일 새벽 오토리 공사와 오시마 요시마사 소장은 용산에 주둔하고 있던 혼성여단의 2개 대대를 동원하여 왕궁[경복궁]을 습격하고 점령했다. 그 과정에 왕궁 수비대와 충돌이 있었으나, 일본군은 쉽게 왕궁을 장악할 수 있었다. 같은 시간에 계획한 대로 오카모토 류노스케와 스기무라 후카시가 이끄는 낭인집단들이 대원군을 옹립하여 일본군인들이 이미 점령한 왕궁으로 들어갔다. 일본군의 무력을 배경으로 한 쿠데타가 성공한 것이다. 다음날인 24일 고종은 "모든 서무(庶務)와 군무(軍務)를 대원군 앞에 나가 질정하여 결재를 받으라"고 전교를 내렸다.[34] 대원군이 다시 정권을 장악한 것이다. 같은 날 대원군은 그 동안 청국의 비호를 받아온 민씨 세력을 몰아내고, 김홍집을 중심으로 한 친일 신정부를 수립했다. 사태가 급박해진 것을 깨달은 위안스카이는 몰래 자기 나라로 도주했다.[35]

아산에 주둔하고 있는 청나라 군대 토벌에 관해서는 이미 대본영의 명령이 있었지만, 정당한 명분을 갖추어야만 했다. 조선정부로부터의 위임장이 필요했다. 23일의 쿠데타를 막후에서 지휘한 무쓰는 위임장의 필요성을 다음과 같이 설명하고 있다.

우리 군대가 아산에 있는 청국군대를 몰아내기 위해서는 반드시 조선정부로부터 위탁을 받지 않으면 안 된다. 그러므로 조선정부로 하여금 이 위탁을 이루게 하기 위하여, 우리가 먼저 강한 힘으로 조선정부를 압박하여 우리의 뜻에 굴종하게 해야만 한다. 가혹하게 말한다면, 무엇보다 먼저 조선 국왕을 우리 수중에 넣지 않으면 안 된다.[36]

강제력을 사용해서라도 위임장을 받아내라는 무쓰의 지시를 받은 오토리 공사는 25일에야 대원군의 신정부로부터 "청국군대 철수에 대한 일체(의 업무)를 일본 공사에 위임한다"는 위임장을 간신히 받아낼 수 있었다.[37] 위임장은 이미 아산으로 출발한 오시마 여단장에게 즉시 전달되었다. 이로써 일본군대는 청국군대를 몰아낼 수 있는 법적 명분을 확보했다.

1894년 7월 25일 새벽 선전포고도 없이 풍도(豊島) 연안에서 일본 함대와 청국 함대의 전투가 벌어졌고, 일본군대는 29일 청국군대의 거점인 아산을 점령했다. 8월 1일에야 일본은 선전포고를 했다. 전쟁 명분은 조선을 속국으로 간주하고 음양으로 조선 내정을 간섭하는 청국으로부터 독립을 확보하고, 동양전국의 평화를 유지하기 위함이었다. 그리고 조선을 도와서 악정을 개혁하여 안으로 치안을 튼튼히 하고, 밖으로 독립국의 권리와 의무를 완전케 하기 위함이라는 것이었다.[38]

　전쟁을 시작하면서 일본은 조선의 지배권을 장악하기 위한 보다 장기적이고도 근본적인 조선정책이 필요했다. 8월 17일 개최된 각의에서 일본정부는 조선정책의 기본방향을 확정했다. 정한론 이후 최초로 각의에서 장래 조선을 어떻게 처리할 것인가를 정식으로 논의했다는 점에서 그것은 중요한 의미를 지니고 있다. 외무대신 무쓰는 일본이 설정해야 할 조선정책의 근본목표와 목적을 어떻게 할 것인가를 결정해야 할 시기에 이르렀음을 강조하면서, 아래와 같은 선택 가능한 4개의 정책대안과 각 대안을 선택했을 때의 문제점을 제시했다.[39]

갑) 조선을 명실공히 독립국으로 공인할 것(제국정부는 대내외를 향하여 조선을 하나의 독립국으로 공인하고, 그 내정을 개혁해야만 한다는 것을 성명한다. 앞으로 청국과의 최후 승패를 겨루어야 하겠지만, 우리가 희망하고 있는 것과 같이 제국의 승리로 귀착된 후에도 의연히 하나의 독립국가로 인정한다. 그리고 완전히 자주자치로 방임하여 우리도 간섭하지 않을 뿐만 아니라 타국의 간섭도 허락하지 않고 그 운명을 전적으로 그들에게 맡긴다)

을) 조선을 명의상 독립국으로 공인하지만, 제국이 직접, 간접으로 영원히, 또는 장기간 그 독립을 보호하고 지지하여 다른 나라의 간섭을 막는 노력을 할 것

병) 일본과 청국 양국이 조선영토의 안전을 담보할 것(조선은 자력으로 독립을 보전할 수 없고, 또한 우리 제국도 직간접으로 혼자의 힘으로 보호할 책임을 담당할 수 없는 사태에서는, 일찍이 영국정부가 일본과 청국 양국 정부에 권고한 것과 같이 조선영토의 안전을 일본과 청국 양 정부가 담보한다)

정) 조선을 유럽의 벨기에 또는 스위스와 같은 중립국으로 만들 것(조선이 도저

히 자력으로 독립국을 유지할 수 없고, 제국이 자력으로 이를 보호하는 것이 불리하고, 그리고 일청 양국이 그 독립을 담보하기 위하여 서로 협력하지 못할 경우, 조선을 세계의 중립국으로 할 것을 우리나라가 구미 제국 및 청국에 제의하여, 조선을 마치 유럽의 스위스와 같은 지위에 세우는 것이다)

내각은 이 4개 안을 집중 논의했으나, 최종 결론을 도출하지는 못했다. 그 대신 "당분간 4개의 대안 가운데에서 우선 을책의 대의를 목적으로 놓고 뒷날 다시 각의에서 확정하기로 결의했다." 무쓰가 제시한 을책의 핵심은 일본은 여러 가지 어려움이 있지만, 이를 무릅쓰고라도 조선을 보호국으로 취급해야 앞으로 조선에서 유리한 지위를 확보할 수 있다는 것이다. 결국 일본정부는 "당분간"이라는 조건을 붙였지만, 조선 보호국화를 공식적인 정책목표로 설정한 것이다. 전쟁기간 또는 전쟁 후 일본이 내정개혁이라는 이름 아래 추진한 조선정책의 본질은 바로 이 조선의 보호국화에 있었다. 전쟁 중 이토는 이노우에를 통해서 이를 실현하려고 했다.

4. 이노우에 가오루의 조선 보호국화 정략

이노우에 가오루가 무쓰 무네미쓰에게 보낸 비밀 서신에서 잘 드러나고 있는 것처럼 일본이 청나라와의 전쟁을 기획하고 유도한 가장 중요한 이유는 조선독립이라는 이름을 빌려 실현하려고 한 조선 보호국화에 있었다.[40] 이토는 이를 한시도 잊지 않았다.

조선 보호국화정책의 연장선상에서 일본은 1894년 8월 20일 대원군 섭정 아래 김홍집 정권과 경부철도와 경인철도 부설권과 군용전신선 관할권을 포함한 많은 이권을 일본에게 양여할 것을 보증한 조일잠정합동조관(朝日暫定合同條款)을 체결했다. 그로부터 6일 후 일본이 전쟁을 수행하는 동안 조선은 "군량미를 미리 마련하는 등 여러 가지 일에 (일본을) 돕고 편의를 제공한다"는 조일동맹조약(朝日同盟條約)을 조인했다. 이와 함께 8월 15일과 26일에는 대원군으로부터 조선정부가 일본 고문관과 군사교관을 조선정부와 군대에 배치한다는 약속을 받았다. 무쓰에 의하면, 이러한 일련의 조치는 "한편으로는 조선이 하나의 완전한 독립국으로서 공공연히 어떤 국가와도 공수동맹을 맺을 권리가 있다는 것을 확실히 밝힘과 동시에, 다른 한편으로는 조선을 확실히 우리 수중에 얽어매 다른 생각을 할 수 없게 하는 일거양득의 계책"이었다.[41] 이로써 일본은 8월 말까지 조선을 일본의 보호국으로 만드는 데에 필요한 법적 근거를 마련할 수 있었다.

그러나 실질적 집행은 그리 쉽지 않았다. 두 가지 연유 때문이었다. 하나는 막후에서 실질적 권력을 장악하고 있던 대원군의 태도였다. 대원군은 본질적으로 일본과 함께할 인물이 아니었다. 그가 7월 23일의 쿠데타를 위하여 일본에 협조적이었던 것은, 물론 일본도 대원군을 이용했지만, 대원군 역시 권력을 다시 장악하기 위하여 일본을 이용했을 뿐이다. 쿠데타 이후 조선과 청국과 일본의 관계는 분명하게 그 양상이 바뀌었다. 즉 쿠데타 이전까지는 청국을 후원하고 일본을 반대하던 조선정부가 쿠데타 후에는 일본의 지시를 따르고 청국을 적대시하지 않으면 안 되는 위치에 서게 되었다. 그러나 이는 표면적으로 나타난 양상이었을 뿐이다. 대원군은 결코 다루기 쉬운 인물이 아니었다. 스기무라 후카시가 지적하고 있는 것처럼 "대원군은 항상 이중적"이었는데, 그는 일본의 지시를 받고 있었지만, 동시에 청국과의 은밀한 관계를 유지하고 있었다. 뿐만 아니라 은연중에 영국 영사와 친교를 맺어 일본의 조치에 대응할 준비를 하고 있었다.[42] 더구나 그때는 일청간의 승패가 아직 결정되지 않았을 때였다.

또다른 이유는 오토리 공사의 역량이었다. 합동조관이나 동맹조약과 같은 법적 근거를 마련했음에도 불구하고 오토리는 적극적으로 제도개혁을 추진하지 않았다. 다만 전쟁의 추이를 살피면서 신중한 태도를 보였다. 그리고 무엇보다 그는 조선정부의 실권자인 대원군을 상대하기에는 턱없이 능력이 부족했다. 격동기를 오토리와 함께 한 스기무라에 의하면, 오토리는 경험은 풍부했지만 활력이 부족했고, 모든 일에 지나치게 신중한 태도를 보였기 때문에 업무를 추진하는 데에는 공사관의 젊은 사람들이나 군인들과 의견대립이 많았다. 그들은 공사를 가리켜 고지식하고 노쇠했다고 평하면서 내정개혁의 추진이 지연되는 책임을 그에게 돌렸다.[43]

이토는 정확한 정보가 필요했다. 실정파악을 위하여 자신이 신뢰하는 사이온지 긴모치와 사위인 스에마쓰 겐초를 천황 특사로 조선에 파견했다. 그들의 보고는 오토리의 교체에 무게가 실렸다.[44] 제1군 사령관 야마가타 아리토모도 역시 교체 의견을 보내왔다. 한성을 지나가면서 그곳의 분위기를 감지한 야마가타는 이토에게 보낸 사신에서, "어리석기 그지없는 (조선)정부를 조종하고 우리가 의도하는 목표를 달성하기 위해서는 학자나 박식한 사람보다는 오랫동안 정무직에서 실제로 수완을 연마한 실력이 노련한 사람을 찾아 그 임무를 맡기는 것이 절대로 필요합니다"라고 교체의 필요성을 피력하면서 조선 보호국화정책에 대한 의견을 다음과 같이 밝혔다.

계획하고 계신 바대로 속히 적임자를 선임하여 조선의 중앙관청과 8도 지방관청에 파견하여 조선관리의 고문으로 취임토록 하는 것이 시급히 필요합니다.…… 지금 당장 무엇보다 긴급한 과제는 조선에 철도부설을 시행하는 것으로서 이는 우리나라 장래의 주권뿐만 아니라 이번 전쟁의 결과에도 대단히 중요한 의미를 지니고 있다고 믿습니다. 가능한 한 빨리 착수하시기를 희망합니다.……황해도와 평안도를 지나오면서 볼 때 야생초가 무성한 것으로 보아 토지가 기름지고 비옥한 것을 알 수 있습니다. 그곳에는 민가가 적어서 쌀농사를 위한 토지를 넓힐 수 있는 여지가 충분합니다. 우리나라 국민의 이식에 충분한 여지가 있습니다.[45]

모든 정보는 조선 보호국화정책을 수행하기 위해서는 오토리보다 거물급 인물이 필요하다는 데에 일치했다. 오토리의 후임으로 내외사정에도 밝고 작은 일에 급급하지 않는 과감한 인물을 추천하라는 이토의 의뢰를 받은 이노우에는, 조선의 내정개혁을 위해서는 위력 있고, 내외사정에 밝고, 정부조직의 운영 이치와 경험이 다소 있는 사람, 그리고 분당과 분열을 일삼는 조선인을 억눌러 복종시킬 수 있는 인물이 필요하다는 점을 강조했다. 그러면서 이노우에는 자신이 오토리의 후임이 될 것을 자청하고 나섰다. 이토는 물론 야마가타, 무쓰 모두가 적극적으로 찬동했다.

이노우에는 유신의 원훈이자 조슈의 실력자였고, 외무대신을 비롯하여 중요한 정부의 정무직을 두루 거친 인물이었다. 그는 이토나 야마가타가 찾고 있던 수완이 노련하고, 과감한 인물이었다. 뿐만 아니라 그는 강화도조약, 임오군란, 갑신정변을 거치면서 조선 사정에 가장 정통한 인물로 알려져 있었다. 또한 이토의 마음속을 잘 알고 있을 뿐만 아니라 특별한 친분관계는 이토의 구상을 실천하기에 충분했다. 이노우에는 조선인을 억눌러 복종시킬 수 있는 가장 적합한 인물이었다.

유신의 원훈인 초중량급 인물을 공사로 임명할 만큼 조선 문제는 중요했다. 이노우에는 1894년 10월 15일 특명전권공사로 발령받았다. 이토로부터 조선정부의 만사를 관대하고 용맹하게 잘 조종하여 많은 성과를 거두기를 기원한다는 당부와 환송을 받으며 일본을 떠나 25일 인천에 도착했다.

청나라와의 전쟁에서 일본의 승리가 거의 확실시된 시기에 부임한 거물급 공사 이노우에 가오루의 위력은 대단했다. 이노우에는 10월 28일 고종을 예방하고 개혁의 필요성과 자신의 역할을 설명했다. 그리고 자신을 단순한 공사가 아니라, 조선 국왕과 정부의 "고문관"으로 예우해줄 것을 요청했다. 고종은 그 자리에서 "앞으로 경을 고문관으로서 수시로 부를 것"을 약속하고, 더하여 이노우에에게 "조선정부의 대신과 교섭하여 격의 없이 필요한 권고와 도움을 줄 것"을 당부했다.[46] 이노우에는 조선정부의 내정에 깊숙이 관여할 수 있는 권리를 확보한 것이다.

이노우에는 부임하면서 일본정부가 8월 17일 각의에서 잠정적으로 결정한 을책(乙策), 즉 조선 보호국화정책을 적극적으로 추진했다.[47] 먼저 그는 전라도에서 봉기한 항일 동학농민군의 무력진압으로 업무를 시작했다. 12월 동학군의 지휘자였던 전봉준이 체포, 처형되었고, 4개월 후인 1895년 1월에 진압작전을 완료했다. 이어서 그가 수행한 작업은 일본에 의해서 '섭정'의 지위를 확보했음에도 불구하고 일본의 조선 보호국화정책을 어렵게 만들고 있는 정부 내의 반일세력의 중심인 대원군을 거세한 것이었다. 이노우에는 대원군이 평양에 집결한 청나라 군대와 내통한 밀서를 빌미로 11월 말 그를 권좌에서 완전히 몰아냈다. 권력은 다시 고종과 민비에게로 돌아갔다. 그리고 갑신정변 이후 일본과 미국에 망명 중이던 박영효와 서광범을 귀국시켜 친일내각을 꾸렸다.

조선 보호국화를 위하여 이노우에가 힘을 기울인 정략의 하나는 조선정부 내의 요직에 일본인 고문관을 배치하는 것이었다. 조선정부를 실질적으로 장악하기 위해서였다. 1894년 11월 4일 고종을 알현한 자리에서 이노우에는 조선정부가 "개명주의(開明主義)"에 따라 "직무권한을 명료히 하고, 조직질서를 정돈하기" 위하여 일본으로부터 "고문관을 빙용(聘用)할 것"을 제안했고, 고종은 "필요에 부응할 수 있는 적당한 (고문관을) 추천을 할 것"을 허락했다.[48] 이에 따라 이노우에는 각 부서에 일본인들을 고문관으로 배치하기 시작했다. 조선정부의 주요 부서에 일본인 고문관들이 배치되었다.[49]

이와 동시에 이노우에는 각종의 일본 제도를 모델로 삼아 조선의 정치 및 행정 제도의 개편을 염두에 두고 있었다. 그는 자신이 구상하고 있는 20개의 개혁안을 바탕으로 일본 지향형의 제도개혁을 시도했다. 4월에 내각 제도를 도입하고, 내각에 내부, 외부, 탁지부, 군부, 법부, 학부, 농상공부의 7개 부서로 행정부를 구성했다. 그리고 훈련대라는 신식군대를 발족하고, 예산편성 제도를 실시했다. 이와 함께 재판제도, 조세제도, 관리의 임용, 경찰조직, 교육제도 등의 개편을 위한 법령을 정리했다.[50]

'개혁'이라는 이름으로 추진한 조선 보호국화정책을 보다 효과적으로 추진하기 위하여 이노우에는 조선의 보물 창고라고 할 수 있는 전라, 경상,

충청 3도의 지세(地稅)를 담보로 500만 엔이라는 거액의 차관 조성을 시도했다.[51] 그는 이 차관을 통해서 한편으로는 자신이 구상하고 있는 여러 형태의 제도개혁을 효과적으로 추진함과 동시에 이를 미끼로 조선의 각종 이권을 장악하려고 의도했다. 이노우에는 무쓰에게 보낸 사신에서 자신의 계획과 의도를 다음과 같이 설명하고 있다.

조선조정에 금전을 대여하자는 것은 바로 조선에서 우리나라의 실리적 관계를 공고히 하기 위한 수단에 불과합니다. 이제까지 우리나라는 조선을 도와서 독립을 공고히 하며 내정을 개혁한다고 주장해왔습니다. (그리고 이러한 주장의) 명분을 단순한 선린관계에서 구하고 있습니다. 그러나 이러한 명분만으로는 조선에서 우리의 지위를 공고히 할 수 없을 뿐만 아니라 강대국들이 충분히 인정할 만한 간섭 구실을 갖추었다고 볼 수 없습니다. 영국이 이집트에 깊이 간섭할 수 있는 구실이 어디에 있습니까? 그것은 다름 아니라 영국이 이집트에 자본을 부식하고 실리적 관계에서 유리한 지위를 확보한 데에 있지 않습니까? 이처럼 우리나라도 조선에서……내정간섭의 구실을 마련하려면, 조선에서 실리적으로 우리의 지위를 확보한 다음 재정 관계로부터 시작하여 다른 관계로 간섭을 확대하는 것이 긴요하다고 믿습니다.[52]

이노우에의 계획과 달리 차관 조성은 쉽지 않았다. 총리대신 이토도 우려의 뜻을 나타냈다. 이토는 "일단 개혁에 착수한 다음에는 경비가 계속 늘어나서 외채로 외채를 갚게 되기 때문에 끝내 구제할 수 없는 지경에 빠질 수" 있다는 점을 지적하고, 조선이 대단히 어려운 상황에 처한 것은 이집트와 달리 "악인(惡因)의 결과라는 사실"을 염두에 둘 것을 당부했다.[53] 더하여 의회의 차관 결정이 많이 늦어졌을 뿐만 아니라, 금액도 300만 엔에 머물러서 처음에 약속했던 것보다 크게 줄었다. 조선정부 또한 일본 측의 많은 이권 요구에 강하게 반발하고 나섰다.

일본정부와 이노우에가 추진한 조선 보호국화정책은 점차 어려움에 직면했으나, 결정적으로 무력화된 최대 요인은 러시아의 간섭이었다. 러시아를 중심으로 한 삼국간섭은 일본으로 하여금 보호정책을 완전히 포기하게 만들었다.

무쓰는 1895년 6월 3일 이토에게 1894 8월 17일 각의에서 합의한 을책, 즉 조선 보호국화 방침을 조선정책의 근간으로 삼고 집행해왔으나, 삼국간섭의 결과로 형세가 크게 변하여 새로운 정책방향이 필요하다는 것을 건의했다. 이에 따라 6월 4일의 각의는 "장래의 조선 정략은 될 수 있는 대로 간섭을 피하고, 조선으로 하여금 자립케 하는 방침을 택하기로 한다"고 확정했다.[54] 이는 8월 17일 이후 이노우에가 전면에서 주도한 '잠정적' 보호정책의 포기를 뜻하고 있다.

5. 전쟁과 시모노세키 조약

이토를 위시한 메이지 지도자들은 조선을 지배하기 위한 청나라와의 갈등과 경쟁을 오래되고 뿌리가 깊은 것으로 이해하고 있었다. 무쓰가 정확하게 지적하고 있는 것처럼 조선지배권 확보를 위한 일본과 청나라의 관계는 "마치 얼음과 숯처럼 서로 합치할 수없는 관계"와 같았다.[55] 전쟁이외에 다른 길은 없었다.

전쟁이 시작되면서 전세가 확연히 드러났다. 일본은 예상외로 강했고 청국은 허약했다. 무쓰의 표현을 빌리면, "일본군대는 바다와 육지에서 연전연승하고" 있었다. 8월 5일 일본은 대본영을 참모본부에서 궁중으로 옮겼다. 전지(戰地)와의 연락을 한층 긴밀하게 하기 위하여 9월 15일 대본영은 다시 히로시마로 진출했다. 메이지 천황은 전쟁이 끝날 때가지 군복을 입고 대본영에 머물면서 직접 전쟁을 지휘했다. 물론 이토와 무쓰가 함께 자리를 지켰다.

이토와 더불어 메이지 시대의 최고 실력자 중의 한 사람인 야마가타 아리토모는 주력부대인 제1군을 이끌고 조선반도와 만주 벌판을 누볐다.

그의 부대는 평양을 함락하고(9. 16), 압록강을 넘어(10. 25) 청국 영토 안으로 진입하여, 주롄청(九連城, 10. 26), 펑황청(鳳凰城, 10. 31)을 점령하고 수도 베이징을 향하여 전진했다. 주롄청에서 메이지 천황에게 올린 의견서에서 야마가타는 부산-서울-의주로 이어지는 철도는 "동아대륙으로 통하는 대로로서 훗날 중국을 횡단하여 인도에 이를 수 있는 도로가 될 것"이고, 열강들이 넘보지 못하는 동양의 강국이 되기 위해서도 인도에 도달할 수 있는 "대로를 확고히 할 필요가 있다"는 것을 강조했다.[56] 야마가타는 전쟁의 승리를 통해서 일본 세력을 중국을 넘어 인도까지 확대할 것을 구상하고 있었다.

육군이 평양을 점령한 다음날인 9월 17일 일본의 연합함대는 황해 해전에서 '무적함대'로 알려진 북양함대(北洋艦隊)를 격파했다. 야마가타에 의하면 "평양 함락은 실로 의외의 결과"였고, "계속된 황해 대첩 또한 예상외의 승리"였다. 일본의 제2군은 랴오둥 반도를 공략하여 청국해군의 요새인 뤼순(旅順) 입구를 완전히 장악했다(11. 22). 뤼순 장악 과정에서 일본군은 많은 민간인을 학살했다.[57] 12월 14일에 대본영은 뤼순 공략을 완수한 제2군에게 산둥 성과 웨이하이웨이(威海衛) 공략을 명령했다.

'대국' 중국과의 전쟁에서의 승리는 일본을 열광의 도가니로 몰아넣었다. 일본군의 뤼순 점령 이후 러시아, 영국, 미국은 일본과 청국 두 나라에 거중조정의 뜻을 전했으나, 청국의 완전한 항복을 꿈꾸며 전승 분위기에 도취된 일본은 강화에 부정적이었다. 전쟁을 주도하고 있는 군부는 한걸음 더 나아가 전쟁을 지휘하는 대본영이 뤼순 반도로 진출해야 한다고 주장했다. 대본영이 위치하고 있는 히로시마와 전쟁 수행중인 청국 본토와는 너무 떨어져 있어 작전에 문제가 있다는 것이었다. 천황도 이에 동조했다.

대본영뿐만 아니라 일본 전체가 승리에 도취하여 강경론이 압도적으로 우세했다. 정치권도 휴전보다 확전을 지지하면서 정부에 강화를 위한 전리품을 제시했다. 자유당은 일본이 동양의 맹주가 되어 서구열강에 버금가는 지위를 차지하기 위해서는 지린(吉林), 랴오둥 반도, 헤이룽장(黑龍

江) 3성과 대만 할양을 요구했다. 군비증강을 위한 예산을 반대했던 개진당은 차제에 베이징 점령을 실현하여 청국의 재기를 불가능하게 만들거나, 베이징을 영구 점령하여 천황의 주권 아래 두면서 이를 발판으로 유럽 국가들에 대항해야 한다는 강경론을 전개했다. 그러면서 산둥(山東), 장쑤(江蘇) 푸젠(福建), 광둥(廣東) 4성을 요구했다. 물론 많은 배상금과 통상특권, 그리고 서구와 대등한 치외법권을 기대했다. 외무대신을 역임한 아오키 슈조는 랴오둥 반도와 러시아와 국경을 접한 지린 성, 그리고 1억 파운드의 배상금을 요구했다. 자유민권론자의 대명사라고 할 수 있는 이타가키 다이스케도 랴오둥 반도 할양을 요구하는 제국주의의 모습을 보였다.[58]

정국운영을 최전선에서 지휘했던 무쓰에 의하면, 평양 전투와 황해 해전에서 승리하기 전까지는 "전쟁의 승패를 우려했던 국민이 이제는 머지않은 장래의 승리에 대해서 조금도 의심하지 않았고", 일본군의 "욱일(旭日) 깃발이 베이징 성문에 휘날릴 날"을 기다리고 있을 정도였다. 당시의 분위기를 무쓰는 다음과 같이 기록하고 있다.

지금 멀리 내다보면서 깊이 생각하는 사람이 있어 중용(中庸)을 주장한다면, 그들은 모두 비겁자이고 미련한 사람이고 추호도 애국심이 없는 사람으로 보이게 마련이다. 그들의 주장이 전혀 사회적으로 받아들여질 여지가 없다. 그저 목소리를 삼키면서 조용히 칩거하는 것 이외에는 다른 길이 없다.[59]

이토는 달랐다. 그는 군사력에만 의존하는 전쟁은 국가를 위기에 빠뜨릴 수 있고, 군사력과 함께 외교관계를 신중히 처리할 때 비로소 완전한 승리를 얻을 수 있다고 확신했다.[60] 그는 열강의 이해관계가 깊이 얽혀 있는 청국 영토로 일본군이 깊숙이 진입하는 것을 반대했다. 야마가타와 군부가 주장하는 베이징 공략론에도 반대했다. 이토는 일본군이 베이징을 점령함으로써 청국정부가 붕괴되거나 무정부상태로 혼란스러워지는 것은 절대로 일본에 유익하지 않다고 판단했다. 청국정부가 완전히 무너져 협상대상자가 없어질 경우 "열강들은 자신의 상권과 인민을 보호하기 위하여 반드시 합동으로 간섭할"것으로 내다보았다. 즉 일본의 "베이징 공략은 열국의 간섭을 자초하는" 결과를 불러온다고 판단했다.[61]

이토는 12월 4일 자신의 구상을 대본영에 제출했다. 전쟁을 종식시키고 강화조약에서 유리한 고지를 선점하기 위한 구상으로 알려진 "방략(方略)"의 핵심은 제1군과 제2군은 베이징을 공략할 것이 아니라, 한편으로는 발해(渤海)를 넘어서 북양함대가 머물고 있는 웨이하이웨이를 공격하고, 다른 한편으로는 대만을 동시에 공략한다는 것이다. 북양함대를 궤멸시키고, 강대국의 이해가 걸려 있지 않는 대만을 점령함으로써 강화조건의 기반을 튼튼히 할 필요가 있다는 것이 이토의 생각이었다.[62] 대본영은 이토의 방략에 따라서 전쟁을 이끌었다. 제2군은 연합함대와 함께 웨이하이웨이 요새를 점령하고, 이어서 북양함대의 항복을 받았다. 북양함대 사령관 딩루창은 항복 후 패전의 책임을 지고 자결했다. 강화회담이 진행되고 있는 동안 펑후 열도(澎湖列島)를 점령함으로써 대만 공략의 전진기지를 확보했다.

야나이하라 다다오는 청일전쟁을 비(非)제국주의의 제국주의적 실천이라고 규정했다. 시모노세키 조약은 제국주의적 실천을 대변했다. 1895년 1월 27일 대본영에서 개최된 어전회의에서 결정된 강화조건의 핵심은 세 가지였다. 조선독립, 랴오둥 반도-대만-펑후 열도의 할양과 배상금 획득, 통상의 이익과 특권 확보가 그것이었다. 그리고 어전회의는 이토 히로부미와 무쓰 무네미쓰를 전권대사로 임명했다.

전쟁을 끝내기 위한 강화회담은 청국의 리훙장과 일본의 이토 사이에서 3월 20일부터 진행되었다. 이에 앞서 강화회담을 위해서 히로시마에 도착한 청국사절이 휴대한 신임장이 보통 신임장에 불과할 뿐 강화회담의 전권을 위임받은 것이 아니라고 하여 정식회담을 진행하지 않고 돌려보냈다. 결국 청국 최고의 실력자인 리훙장이 등장했다. 시모노세키에서 진행된 리훙장과의 협상은 1884년의 톈진 조약 이후 10년 만이었다. 협상은 여러 차례 난항에 부딪쳤고, 리훙장이 일본 청년의 권총 테러로 부상을 입는 등 많은 우여곡절을 겪었으나, 마침내 양국 대표들은 4월 17일 조약 문서에 서명했다. 11개조로 이루어진 조약에서 일본은 어전회의에서 결정된 전리품을 모두 거두어들였다. 조선의 완전한 자주독립국(제1조), 랴오둥 반도, 타이완 섬, 펑후 열도 등 부속 여러 섬의 주권 확보(제2조), 배상금 2억만 냥(일화 3억2,000만 엔) 획득(제4조), 사스(荊州), 충칭(重慶), 쑤저우(蘇州), 항저우(杭州)의 개항과 일본인의 거주, 영업, 무역의 자유 승인(제6조) 등이다.[63]

리훙장으로서는 굴욕적인 강화조약이 아닐 수 없었다. 그러나 그는 랴오둥 반도를 되찾기 위해서 서양세력을 활용하는 포석을 놓을 만큼 노회했다. 리훙장은 전쟁 기간 내내 오랫동안 신뢰관계를 쌓아온 유럽 강대국의 외교관들과의 친분을 적극적으로 활용했다. 일본의 대륙진출을 주시하고 있던 영국, 독일, 러시아, 프랑스, 미국 등에게 그는 종전과 종전 후에 전개될 협상에 관여해줄 것을 은밀히 요청하기도 했다. 전쟁을 전후한 강대국의 이해 상충과 일치, 리훙장과 오랫동안 깊은 신뢰관계를 이어온 외교관, 특히 독일인 막스 폰 브란트의 적극 개입,[64] 시모노세키 협상의 전개와 상황 변화, 삼국간섭의 발단 등을 당시 현장에서 자세히 추적한 언론 기사에 의하면, 리훙장은 유럽의 강대국들의 협상 개입을 위한 구체적 움직임이 진행되고 있다는 확실한 정보를 확인하고 협상책임자로서의 전권대사의 직책을 맡았다. 그는 시모노세키로 떠나기 전에 이미 강대국 개입 가능성을 알고 있었다. 뿐만 아니라 그가 협상을 한 달 가까이 끈 것도 강대국 개입을 기다린 것이었고, 1895년 4월 17일 그가 최종적으로 조약에 서명한 것도, "강대국 개입이 있을 것이라는 확실한 비밀 전문을 브란트로부터 받은 후"였다.[65] 청일전쟁은 결국 삼국간섭으로 이어졌고, 일본은 다시 러시아와의 전쟁을 위하여 10년을 준비했다.

제8장
러일전쟁 : 권력의 주변에서

러일전쟁(1904-1905)을 계기로 일본은 서양열강과 어깨를 나란히 하는 제국(帝國)의 지위를 굳혔고, 아시아의 패자로 등장했다. 그리고 오랜 숙원 사업인 조선 병탄의 문을 열었다. 일본은 영일동맹을 통해서 영국으로부터, 태프트-가쓰라 비밀협약에 의해서 미국으로부터, 그리고 포츠머스 조약의 결과로 러시아로부터 사실상 한국지배권을 승인받았다.

청일전쟁(1894-1895)과 달리, 러일전쟁과 그후 진행된 강화조약 과정에서 이토 히로부미의 역할은 제한적이었다. 물론 원로로서 그는 모든 중요 정책결정에 참여했으나, 정부 밖에 있었던 그의 역할과 영향력은 제한적일 수밖에 없었다. 그러나 전쟁기간을 거치면서 그는 조선 문제를 주도적으로 관리하여 자신의 영역으로 확대했다. 청일전쟁 이후부터 러일전쟁에 이르기까지 이토의 역할에 초점을 맞추어 살펴보기로 하자.

1. 삼국간섭과 조선

청일전쟁을 결산한 시모노세키 조약은 일본의 완벽한 승리였고, 전쟁과 조약을 총 지휘, 감독한 이토 히로부미는 생애의 절정을 맞았다. 유신 이래 숙원사업이었던 조선지배의 기틀을 마련했고, 랴오둥 반도를 장악하여 대륙진출의 교두보를 확보했으며, 대만과 펑후 열도를 식민지로 거느릴 수 있게 되었다. 유신으로부터 27년 만에 제국(帝國) 건설에 첫 발을 내디 뎠다.

그러나 승리의 기쁨은 잠시였다. 조약 체결 엿새 후인 1895년 4월 23 일 러시아, 독일, 프랑스 세 나라는 일본에게 랴오둥 반도를 포기할 것을 요구했다. 세 나라의 소위 "우의(友誼)의 권고"는 일본이 랴오둥 반도를 영유하는 것은 청국의 수도인 베이징을 끊임없이 위협할 것이고, 동시에 조선독립을 유명무실하게 만들어 장래 극동의 영원한 평화에 장애를 가 져오게 될 것이기 때문에 랴오둥 반도의 영유를 포기하라는 것이었다. 이른바 삼국간섭(Triple Intervention)이다. 일본은 목구멍으로 넘어갔던 랴오둥 반도를 다시 토해내야만 했다. 이 굴욕은 러일전쟁의 씨앗을 잉 태했다.

삼국간섭은 절정에 달한 국민적 환희를 순식간에 허탈과 분노와 좌절의 나락으로 떨어뜨렸다. 뤼순 항에서 "랴오둥 땅의 흙을 승리의 기념품"으로 담아온 도쿠토미 이이치로는 삼국간섭은 자신의 운명을 바꾸어놓았고 "힘 의 복음"의 세례를 받는 계기가 되었다고 기록했다.[1] 러시아를 향한 절치 부심(切齒腐心)과 와신상담(臥薪嘗膽)이 시작되었다. 미야케 세쓰레이는 당시의 분위기를 다음과 같이 기록하고 있다.

모든 문제는 결국 국력에 귀착한다. 국력이 타국의 간섭을 막아낼 수 있다면, 어떤 굴종도 있을 수 없다. 이제부터 해야 할 일은 오직 국력 배양뿐이다. 와신상 담이 크게 일어나고 있다. 이는 반드시 군부만의 일이 아니다. 오히려 일반 국민 의 분노가 군부를 격려하고 있다. 모두가 간섭의 주동자인 러시아와 싸울 준비에 전력을 기울여야만 할 것이다.[2]

일본은 영국과 미국의 지원을 받아 외교적으로 삼국의 권고를 극복하려 고 했으나, 허사였다. 청나라와의 전쟁에서 국력을 소진한 일본은 유럽의 세 나라를 상대로 전쟁을 모험할 수는 없었다. 삼국의 권고를 받아들이는 이외의 다른 길은 없었다. 이토는 부인 우메코*에게 보낸 서신에서 "일본인들 가운데 지금의 상황을 잘 모르고 이런저런 불평을 늘어놓는 사람들이 많이 있지만, 일본을 위해서는 이를 받아들이는 것 이외에 다른 방법이 없다"고 수용 불가피성을 밝히고 있다.[3] 그러나 삼국간섭의 굴욕을 전화위복의 계기로 삼았음을 이토의 전기 작가는 다음과 같이 기록하고 있다.

> 일청전쟁의 외교는 이토가 무쓰 외무대신과 함께 분골쇄신의 전력을 경주하여 많은 난관을 돌파하고 완전한 승리를 거두었다. 그런데 갑자기 러시아, 프랑스, 독일 삼국의 간섭에 부딪쳤다. 큰 전쟁을 치른 우리나라의 실력은 도저히 삼국을 적국으로 상대할 수 없었다. 이토를 위시한 정책결정자들은 눈물을 머금고 굴복하지 않을 수 없었다. 대신 국민으로 하여금 와신상담하여 언젠가 이 치욕을 씻지 않으면 안 된다는 각오를 다지게 했다. 그리고 끝내 이는 전화위복의 계기가 되었다.[4]

1895년 4월 24일의 어전회의에서 "더 이상 전쟁을 계속한다는 것은 병력과 군수품을 고려할 때 도저히 불가능하기 때문에 삼국의 권고를 받아들이는 것 말고는 길이 없다"고 최종적으로 결정했다. 이에 따라 정부는 5월 4일 각의에서 러시아, 독일, 프랑스 세 나라가 제의한 '우의의 권고'를 받아들여 랴오둥 반도를 청국에 반환하기로 결정했다. 그리고 5월 8일 일본과 청국 두 나라는 랴오둥 반도 문제를 제외한 강화조약안을 원안대로 비준하고 전쟁을 완전히 종결했다. 그러나 이는 러시아와의 또다른 전쟁의 시발점이었다.

---

* 게이샤(藝者) 출신인 우메코(梅子)는 이토의 두 번째 부인이다. 이토는 1863년 쇼카손주쿠의 동문인 이리에 구이치(入江九一)의 여동생 스미코와 하기에서 결혼했으나 가정생활은 하지 않았다. 1866년 스미코와 이혼하고 소위 지사활동기에 만난 우메코와 재혼했다. 두 사람 사이에는 아들이 없었고 딸만 둘이 있었다. 그리고 가정부와의 사이에서 셋째 딸을 얻었다. 1878년 이노우에 가오루의 형의 아들(히로구니[博邦])을 양자로 삼았고, 그후 서로 다른 여자에게서 1885년 첫째 아들 후미요시(文吉)와 1890년 둘째 아들 신이치(眞一)를 얻었다.

삼국간섭은 조선에서도 일본의 영향력에 큰 타격을 주었다. 이미 앞에서 본 바와 같이 전쟁 직후인 7월 23일(1894) 일본은 조선의 궁중 쿠데타를 통하여 반일적인 민비세력을 몰아내고 김홍집 친일정권을 수립했다. 이어서 신임 공사로 부임한 이노우에 가오루는 전승의 여세를 몰아 조선의 보호국화를 위한 억압정책을 강력하게 추진했다.

그러나 일본의 완전한 승리가 삼국간섭으로 좌절되면서 조선에서 일본의 지위도 크게 흔들렸고, 따라서 이노우에가 의욕적으로 추진해온 조선 보호국화정책도 어려움을 겪게 되었다. 이토가 탄식했던 것과 같이, 일본은 "전과 같이 조선의 개혁을 추진하려면 러시아의 방해에 직면하게 되고, 이를 중지하면 일청전쟁은 전혀 그 의미를 잃어버리고 러시아가 조선을 넘겨다볼 기회를 주게 되는 어려운 지경"에 놓였다.[5] 더하여 러시아가 득세하면서 조선조정에서는 러시아를 이용하여 일본을 몰아내려는 인아거일(引俄拒日)의 책략이 등장했다. 특히 세력권 밖으로 밀려나 있던 민비가 러시아 공사 카를 이바노비치 베베르와 긴밀한 관계를 맺으면서 실권회복을 시도했다. 이토가 염려하고 있는 것과 같이 "일본이 지금까지 이루어놓은 개혁은 하루아침에 수포로 돌아갈 형세"에 이르렀다.[6]

부임할 당시와 달리 이노우에 공사의 조선정책도 탄력성과 일관성을 상실했다. 이노우에를 가장 가까이에서 보좌한 스기무라에 의하면 이노우에가 초기에 지니고 있던 개혁의지는 완전히 무산되고 말았다. 최초 방침은 먼저 대원군을 몰아내고, 다음에 민비를 제압하여 정권을 한곳에 집중시키고, 궁중과 내각 사무를 명확히 구분하여 내각 대신으로 하여금 정무를 책임지게 하는 것이었다. 그리고 일본의 제도를 모방하여 왕은 내각 대신의 보필을 받아 정사를 집행하고, 궁내 관리가 정사에 일체 관여치 못하게 하는 것이었다. 또한 관제를 개정하여 관리의 직무와 권한을 명확히 하고, 법률에 의하여 정부와 인민의 관계를 규정한다는 것이었다. 이른바 법전정략(法典政略)에 따라 일본으로부터 고문단을 초빙하여 제도적 개혁에 착수했고, 초기에는 이노우에의 계획이 의도한 대로 추진되는 듯했다.[7]

그러나 자금 조달의 차질, 조선정부의 저항, 조선정부 내의 신구파 갈등 등은 조선 보호국화정책의 집행을 어렵게 만들었다. 여기에 더하여 삼국간섭을 계기로 러시아를 등에 업으려는 세력이 강화되면서 그의 조선 보호국화정책은 결국 동력을 완전히 상실하게 되었다. 스기무라에 의하면, "조선조정이 달갑게 여기지 않던 제반의 (내정개혁) 계획을 포기하게 된 것은 궁중과 러시아 공사의 관계가 점차 가까워졌기 때문"이었다. 일본정부의 조선정책이 '간섭'에서 '간섭중단'으로 변경되면서, 이노우에 공사는 "내정개혁의 성패는 안중에도 없고", "오로지 왕과 왕비의 환심을 사는 일에만 몰두했다."[8] 한성신보사(漢城新報社) 사장이었던 아다치 겐조의 표현을 빌리면, 이노우에는 "종래의 법전정략을 포기하고 궁중정략으로 크게 바꾸었다."[9]

이노우에 공사는 무쓰 외무대신에게도 조선에서의 어려움을 극복하기 위해서는 정책수정이 불가피하다는 점을 현지에서 전했다. 앞에서 이미 살펴본 바와 같이 결국 일본정부는 6월 4일 "장래의 대한정략은 될 수 있는 대로 간섭을 중단하고, 조선으로 하여금 자립케 하는 방침을 택한다"는 불간섭주의를 확정했다.[10] 업무협의차 귀국한 이노우에도 이토를 위시한 각료와 회담을 가지고 4일의 각의 결정을 재확인했다. 이는 그 동안 자신이 추진한 잠정적 보호정책의 포기를 뜻하는 것이었다. 국면전환이 필요했고, 이를 위해서 이노우에가 물러나고 미우라 고로가 등장하게 되었다.

2. "국가적 범죄": 민비 시해

미우라 고로(1846-1926)는 조슈의 야마구치 현에서 태어났다. 이토, 야마가타, 이노우에와 함께 막부 말기의 소용돌이 정국에 뛰어들었다. 다카스기 신사쿠의 일본 최초의 국민 의용군 부대인 기병대에 입대하여 군인으로서 존왕양이운동과 막부 토벌 전쟁[戊辰戰爭]에 참여했다. 그후 하기

(萩)의 난과 사이고의 난을 진압하는 데에 공을 세웠다. 1888년 육군중장으로 예편했으나, 그후 육군사관학교 교장과 학습원(學習院) 원장을 역임했다.

조슈 출신이었음에도 불구하고 미우라는 이토나 야마가타와는 소원했으나, 이노우에와는 원만한 관계였던 것으로 알려져 있다. 특히 야마가타에 대해서는 "적의(敵意)"를 품고 있을 정도로 관계가 좋지 않았다. 그는 "나는 평생 야마가타에 대하여 불쾌한 감정을 품고 있다"고 공언할 정도로 야마가타를 싫어했다.[11] 미우라는 육군개혁 문제를 놓고 야마가타와 대립하여 결국 군에서 물러나는 악연이 있었다. 그 동안 추진해오던 조선 보호국화정책이 중단되면서 이노우에는 공사직을 사임하고, 후임으로 당시 궁중고문관으로 한직에 있던 미우라 고로를 추천했고, 이토와 야마가타가 이에 동의했다.

미우라는 "마음먹으면 그대로 행동하는" 직정적(直情的)인 인물로 알려져 있었다. 당시 역사의 현장을 지켜본 미국 공사관의 호러스 알렌 서기관의 표현을 빌리면, 미우라는 "사납고 거친 쌈꾼"이었다.[12] 그렇다고 해서 그가 비합리적이거나 무분별한 인물이냐 하면 그렇지는 않았다. 조슈의 권력을 배경으로 하고 있음에도 불구하고 그가 삿초의 정실(情實) 타파를 일관되게 주장한 것이나, 군인으로서의 행적, 또는 증세문제에 대한 입장이나 중국정책에 대한 논리적 식견 등을 볼 때, 미우라가 합리적이고 이성적 판단의 소유자였음을 알 수 있다.

미우라는 조선 공사직을 애시당초 원하지 않았다. 그의 회고록에 의하면 이노우에가 공사직을 권유했을 때 미우라는 이를 한마디로 거절했다. 그의 답변은 "나는 외교는 문외한입니다. 적당치 않습니다"라는 간단하고도 명확한 것이었다. 그후 "재삼 거절했으나, 옳고 그름을 떠나 어쩔 수 없이 떠맡게 되었다"는 것이 미우라의 회상이었다.[13]

공사직을 수락하고 부임하기 전에 미우라는 조선 문제에 대한 정부의 기본방침이 무엇인지 확인하려고 했다. 그는 정부에 "나는 외교에 대해서

미우라 고로

는 전혀 알지 못한다. 먼저 정부의 의향이 무엇인지 알고 싶다. 조선을 독립시킬 것인가, 병탄할 것인가, 아니면 러시아와 공동으로 지배할 것인가. 이 세 정책 가운데 정부 의견이 어느 쪽에 있는지 명시해주면 좋겠다. 본인은 어디까지나 정부의 방침에 따라 행동하도록 하겠다"는 내용의 의견서를 제출하고 정부의 지시를 기대했다. 그러나 정부는 미우라에게 정확한 방침을 제시하지 않았다. 그러자 그는 "정부가 방침을 제시하지 않은 이상, 나침반 없는 항행을 강행하는 것과 같아 나는 직무를 수행할 수 없다"고 하며 다시 공사직을 거절하고 자신의 거처가 있는 아타미(熱海)로 내려갔다. 야마가타는 다시 미우라를 도쿄로 불러들여, "제시한 세 정책은 모두 중대하기 때문에 깊이 생각할 필요가 있다. 어느 쪽이든 결정해야만 할 테니 하루 속히 조선으로 가달라"고 당부했다.[14] 미우라는 결국 야마가타의 강권에 못 이겨 공사직을 맡기는 했지만, 사에키 쇼이치가 제기하고 있는 것처럼 야마가타의 부탁을 받아들인 미우라의 결정은 "집요할 정도로 시종 변함없는 반(反)야마가타 아리토모의 자세를 확실히 해온 그의 정치적, 사상적 입장에서 볼 때, (공사직을 받아들인 것은) 지금도 이해할 수 없는 일의 하나"였다.[15]

주재국 공사가 사전에 기획하고 배후에서 연출한 가장 흉악한 살인사건인 민비 시해는 이러한 상황에서 벌어졌다. 힐러리 콘로이의 표현을 그대로 인용하면 민비 시해는 "사전에 계획되고, 방어력이 없는 여자에게 행해진 가장 극악한 살인행위"였고, "국가적 범죄(national crime)"였다.[16] 그러나 일본은 이 사건을 대원군의 '탓'으로 돌리고 있다. 이토의 전기 작가인 고마쓰 미도리는 민비 시해를 다음과 같이 간단히 설명하고 있다.

이 시기[미우라가 공사로 임명될 때] 조선정부에서는 왕비 민씨와 대원군의 정치적 알력이 대단히 심했고, 이 알력과, 미우라 공사와 러시아 공사 베베르의 길항(拮抗)이 뒤섞인 상황에서 대원군은 우리나라 유지(有志)와 약간의 조선군인을 이끌고 궁궐로 돌입하여 밤중에 정변을 단행하여 친일정부를 조직했다. 이 소동 속에서 왕비가 살해되었다. 미우라 공사는 소환되었고, 그 틈을 이용하여 러시아 공사는 국왕을 공사관 안으로 유치하여 친로당 내각을 세웠다.[17]

미우라 공사는 9월 1일 한성에 도착했다. 그는 무쓰의 '심복'인 대리공사 스기무라 후카시, 무쓰의 '측근'인 오카모토 류노스케, 낭인의 집결지였던 한성신보사의 사장 아다치 겐조, 공사관 무관으로 조선정부 군사 고문인 구스노세 사치히코, 조선 낭인의 다케다 한시, 친일행동대인 우범선과 이주회를 지휘하여 "여우사냥"이라는 민비 시해작전을 기획하고 음지에서 실행을 주도했다. 약 120여 명의 관, 군, 민 합동으로 구성된 행동대는 왕비를 시해하고 사체를 현장에서 소각했다.[18] 미우라와 스기무라는 공사관에서 포도주를 마시면서 "여우사냥"이 완결되었다는 결과를 보고받았다.[19] 1895년 10월 8일 새벽이었다. 미우라가 공사로 부임한 지 38일 만에 일으킨, 이른바 을미사변(乙未事變)이다.

미우라는 10월 17일 해임되었다. 콘로이가 지적하고 있는 것처럼 "최저의 문명사회에서도 정당화될 수 없는" 민비 시해사건에 관련된 일본인 군, 관, 민은 모두 47명이었다. 한 명도 예외 없이 모두가 증거불충분으로 무죄 석방되었다.[20] 당시 주일 영국공사 사토는 외상 솔즈베리에게 "정부변혁을 모의하고 왕비를 죽였다고 명백히 판정된 혐의자들을 무혐의로 방면한 불합리한 추론(non sequitur)에 대해서 모두 놀라고 있다"고 보고했다.[21]

그후 미우라 고로는 추밀원 고문관으로서 만년까지 정계에서 지위를 누렸고, 아다치 겐조는 체신대신과 내무대신을 거쳐 민정당의 총재 자리에 올랐다. 그리고 군대를 이끌었던 구스노세 사치히코는 육군대신으로 출세했다. 오카모토 류노스케는 중국으로 건너가서 대륙 곳곳을 누비면서 밀정으로 활동했다. 낭인 다케다 한시는 우치다 료헤이와 함께 통감 이토 히로부미를 도와 병탄을 성사시키는 데에 일역을 담당했다. 민비 시해가 전혀 그들의 앞길을 막지 않았을 뿐만 아니라 오히려 값진 경력으로 작용했음을 알 수 있다.

민비 시해사건은 많은 의문을 남기고 있다. 외교의 문외한인 미우라가 어떻게 당시 가장 복잡하게 이해가 얽혀 있는 조선의 공사로 발탁되었을까? 프랑스 공사를 거절했던 미우라가 처음에는 거부했던 조선 공사직을 결국 택한 이유는 무엇일까? 과연 민비 시해가 미우라 독단적으로 기획하고 실행한 사건일까? 미우라를 공사로 부임시키는 데에 뜻을 같이했던 이노우에, 야마가타, 이토가 미우라의 계획을 몰랐을까? 원만한 관계에 있지도 않는 이토와 야마가타가 함께 미우라에게 공사직을 설득한 이유가 무엇일까? 대리공사 스기무라 후카시와 일본 공사관 무관 겸 조선 군부고문이었던 오카모토 류노스케가 깊이 관여한 사건을 무쓰가 몰랐을까? 당시 총리였던 이토가 국가적 범죄와 전혀 무관할까? 이러한 의문을 입증해줄 물증은 없다. 그러나 심증과 상황증거는 충분하다.

미우라는 자신이 인정하고 있는 것과 같이 외교에는 전혀 문외한이었다. 삼국간섭으로 불리한 위치에 있었던 일본에게 당시 조선 문제를 어떻게 풀어가느냐 하는 것은 대단히 민감한 외교 과제였을 뿐만 아니라, 전쟁을 통해서 확보한 이익을 지키기 위해서는 외교 노력이 무엇보다 중요했다. 외교에 문외한이었을 뿐만 아니라 본인이 거듭 강하게 거절하는 공사직을 미우라에게 맡겨야 할 정치적 또는 외교적 이유가 무엇이었는지는 명확하지 않다. 더하여 일본 공사가 맞서야만 할 상대가 러시아의 베베르 공사라는 데에 이르면, 미우라의 임명은 더욱 이해하기가 힘들다. 직선적이고 행동적인 그의 성격과 경력을 고려한다면, 미우라는 전혀 외교 적격자가 아니었다. 실제로 미우라는 공사로 부임한 이후 외교관으로서의 역할과 행동을 전혀 하지 않았다. 조선정부 관리나 한성에 주재하는 각국 외교관들과의 교류도 없었다. 다만 공사관 집무실에서 독경(讀經)으로 시간을 보냈을 뿐이다.[22] 그러다가 부임한 지 38일 만에 민비 시해를 전광석화처럼 해치웠다.

미우라는 부임할 때부터 이미 민비 시해라는 뚜렷한 목표를 가지고 있었다. 미우라는 부임 후 한성신보사 사장으로서 민비 시해에 깊이 관여했던 아다치 겐조를 '술친구'로 공사관에서 자주 상대했다. 아다치의 회상에 의하면 "신임 공사의 대한결의(對韓決意)를 확인하려는" 자신에게, 미우라는 "어차피 한 번은 여우사냥을 해야만 할 것 같은데, 자네가 동원할 수 있는 젊은 사람들은 어느 정도인가?"라고 물었다. "이 말이 무엇을 뜻하는지 번득 뇌리를 스쳐갔고, 가슴으로 비상한 감동을 받았다"는 아다치는 "미우라 공사에게 부동의 결심이 섰다는 것을 확인할 수 있었다"는 기록을 남겼다.[23] "부동의 결심"이라는 것은 결국 민비의 암살이었다.

스스로 외교의 달인이라는 이토가 비외교적 인물인 미우라를 공사로 임명했다는 것은 전혀 이토답지 않은 인사라고 하지 않을 수 없다. 물론 전임 공사인 이노우에가 추천했고, 야마가타와 무쓰가 이를 뒷받침했다고 해도 다른 의도가 없었다면, 이토가 결코 임명치 않았을 것이다. 이토는 신중하고 늘 대안을 가지고 있는 정치인이었다.

이토의 전기는 이노우에의 사임과 미우라의 임명을 간단히 적고 있다. 1895년 6월 20일 업무협의차 귀국한 이노우에는 6월 4일 내각에서 결정한 불간섭 조선정책이 "현재의 상황에 가장 적절한 양책(良策)"이라고 찬성하고, 이토에게 공사직 사임의 뜻을 밝혔다. 그리고 그는 이토에게 "궁중

고문관 미우라 고로를 후임으로 추천하고, 그로 하여금 이 방침을 실행하도록 할 것을 제안하여 이토의 내락을 받고 조선으로 돌아갔다"고 기록하고 있다.[24] "이 방침"이라는 것은 각의에서 결정된 새로운 조선정책, 즉 "장래의 조선정략은 될 수 있는 대로 간섭을 중단하고, 조선으로 하여금 자립케 하는 방침"을 의미했다. 외교에 문외한이고 행동적인 미우라가 과연 새로운 정책을 구사할 적절한 인물인가를 묻는다면, 그 답은 부정적일 수밖에 없다.

미우라는 9월 1일 부임했고, 이노우에는 9월 17일 한성을 출발하여 인천에서 사흘 동안 체류한 뒤에 귀국했다. 미우라가 부임하고 민비가 시해되기까지의 38일 중에서 20여 일 동안 이노우에와 미우라가 함께 있었다. 이는 대단히 이례적인 행동이라고 할 수 있다. 이노우에와 미우라가 함께 있던 20여 일 동안의 중심 의제가 조선 문제였을 것이라고 단정해도 결코 틀리지 않을 것이다. 이노우에와 미우라가 계획을 협의했을 개연성이 크다. 과거 이노우에의 음모 경력을 고려한다면 더욱 그렇다. 설사 미우라의 독단적 계획이라고 할지라도, 이노우에가 미우라의 의도를 간파하기에는 충분한 시간이었다. 민비 시해계획이 이노우에와 미우라의 공동작품이었든 아니었든, 이노우에가 알고 있었다면, 이토 또한 사전에 알고 있었을 개연성이 크다. 이노우에는 중대한 외교문제는 언제나 이토와 상담했기 때문이다.[25]

앞에서도 지적했듯이 미우라는 애시당초 공사직을 원하지 않았다. 물론 이토, 야마가타, 노무라 등이 권유했지만, 권유 때문에 수락한 것만은 아니었다. 막후에서 미우라를 도와 민비 시해를 계획하고 실행을 지휘한 스기무라는 이노우에의 후임으로 취임하게 될 공사는 "진퇴유곡의 어려움 속에 직면하게 될 것이다. 자기 한 몸을 희생할 것인가 아니면 국가를 희생시킬 것인가 두 길 외에는 다른 길이 없다"고 당시의 상황을 설명하면서, 미우라의 공사직 선택은 "국가를 위해서 누군가가 이 난국을 타개해 나가야 한다는 생각"과 "일신을 희생할 결심"에 따른 결과였음을 강조했다.[26] 국가를 위한 난국타개의 방안이라는 것은 결국 한 나라의 국모를 시해하는 행위였다.

민비 시해의 과정을 치밀하게 추적한 쓰노다 후사코는 무쓰와 그의 복심 스기무라와 측근 오카모토와의 관계를 생각한다면, 비록 그것이 "묵시"였든 "묵인"이었든, 또는 "묵허(黙許)"였든 무쓰는 "민비가 암살될 것을 알면서 방치한" 것으로 결론짓고 있다.[27] 이는 무쓰뿐만 아니라 이토와 이노우에의 경우도 마찬가지라고 할 수 있다. 민비 시해는 공사 미우라의 개인적 범죄가 아니라, "국가적 범죄"였다.

을미사변은 아관파천(俄館播遷)으로 이어졌다. 민비 시해사건 후에 신변에 위험을 느낀 고종은 1896년 2월 11일 궁궐을 버리고 러시아 공사관[俄館]으로 피신했다. 국왕이 자신의 궁궐을 버리고 타국 공사관으로 도피한 것이다. 일본이 청나라와 전쟁을 치르면서까지 확보했던 조선에서의 우월권이 하룻밤 사이에 완전히 무너져버렸다. 이탈리아의 외교관 카를로 로제티의 표현을 빌리면, 이 사건을 계기로 "절대적인 패권으로 조선을 휘어잡은 지 2년 만에 일본은 평소 두려워해온 라이벌인 러시아의 품속으로 조선 국왕을 던져버린 꼴이 되고 만 것"이었다.[28]

삼국간섭과 아관파천을 계기로 러시아는 청국과 한국에서 일본 세력을 몰아내고 주도권을 장악했다. 삼국간섭의 대가로 러시아는 청국에서 일본이 차지해야 할 이권을 가로챘다. 1896년 러시아는 시베리아 동남부에 위치한 치타를 출발하여 북만주를 횡단하여 블라디보스토크에 이르는 동청철도(東淸鐵道) 부설권을 확보했다. 일본인으로서 더욱 참기 어려운 굴욕은 러시아, 독일, 프랑스 세 나라의 압력으로 청나라에게 돌려준 랴오둥 반도를 러시아가 차지했다는 사실이다. 동청철도 부설권을 확보한 지 2년 후인 1898년 러시아는 다시 랴오둥 반도를 99년 동안 조차할 수 있는 권리를 확보하고, 동청철도를 뤼순과 다롄까지 연장하는 남만주철도 부설권도 얻었다. 1900년 부청멸양(扶淸滅洋)을 외치며 봉기한 의화단(義和團)이 만주로 세력을 확장하자 러시아는 동청철도를 보호한다는 명분으로 20만

대군을 파병했다. 그리고 이를 기회로 창춘, 랴오양, 펑톈, 펑황청 등을 점령하고 각 곳에 군대를 주둔시킴으로써 남만주의 대부분을 손아귀에 넣을 수 있었다.

아관파천을 계기로 러시아는 조선에서 주도권을 장악하고 많은 이권을 확보했을 뿐만 아니라, 조선군 훈련도 담당함으로써 군사적 영향력을 확대했다. 조선정부 또한 친일파를 몰아내고 친러파를 등장시켜 러시아를 등에 업었다. 대륙진출을 위한 가교로 조선을 인식하고 있던 일본에게 조선에서 러시아 세력이 압도적으로 확대되는 것은 큰 위기였다. 외교관 아오키 슈조가 경고했던 것처럼 "러시아가 조선을 장악한다면, 일본은 발을 뻗고 편안히 잠을 잘 수 없는" 형편이었다.[29]

열세에 놓인 일본은 조선에서의 주도권을 회복하고 러시아가 만주에서 영향력을 확대하는 것을 최소한으로 억제하기 위해서 여러 차례 러시아와 외교협상을 시도했다. 러시아 또한 조선에서 특수 권익을 확보했기 때문에 조선 문제를 놓고 일본과 전면전을 불사할 정도의 모험까지 감행할 필요성을 느끼지 않았다. 러시아의 최대 관심은 만주였고, 조선은 일본에 대한 만주 방위를 위한 완충지로서의 가치가 높았을 뿐이었다. 러시아는 시베리아 철도를 완공할 때까지는 일본과 원만한 관계를 유지하는 것이 바람직하다고 판단했다. 이에 두 나라는 일련의 협상을 전개하고, 고무라-베베르 각서(小村-Weber 覺書, 1896. 5)와 야마가타-로바노프 협정(山縣-Lobanov 協定, 1896. 6), 니시-로젠 협정(西-Rosen 協定, 1898. 4)을 체결했다. 각서와 협정은 모두 조선에서의 이권을 둘러싼 양국의 관계를 논의한 것으로, 아관파천 이후 조선에서 러시아의 우위를 인정함과 동시에 일본이 최소한의 정치세력을 유지하는 것을 골자로 했다. 그러나 외교적 협상이 일본의 대륙정책과 러시아의 남하정책을 본질적으로 해결하지는 못했다. 오히려 동아시아 상황과 일본의 여론은 러시아와의 전쟁으로 다가가고 있었다.

한반도를 둘러싼 일본, 러시아, 청국 사이의 각축이 벌어지고 있을 때 조선의 정체(政體)에도 큰 변화가 일어났다. 자주독립을 지향하는 대한제국의 탄생이 그것이었고, 이는 자주독립을 향한 조선의 몸부림이었다.

3. 대한제국의 성립

이미 앞에서 설명한 바와 같이, 일본은 청나라와의 전쟁에서 승기를 잡으면서 조선 보호국화정책을 추진했고 한반도에서 주도권을 실질적으로 장악하는 듯했다. 그러나 이어진 삼국간섭은 조선에서의 일본 영향력에 심대한 타격을 주었다. 일본은 위축되는 주도권을 회복하기 위하여 한편으로는 국모를 시해하는 "국가적 범죄"를 저지르고, 다른 한편으로는 조선 정부를 조정하여 갑오경장 이후의 단발령을 위시한 일련의 급진적 제도개혁을 추진했다. 민심은 크게 동요했고 무력항쟁[을미의병]으로 발전했다. 이러한 혼란을 틈타 고종은 1896년 2월 11일 경복궁에서 정동에 위치한 러시아 공관으로 피신하는 아관파천을 행했다.

고종은 1년 동안 러시아 공관에 체류하면서 김홍집 등 친일세력을 와해시키는 한편, 이범진 등 아관파천을 주도한 국왕 측근을 중심으로 정국을 끌어갔다. 그러면서 그 동안 친일내각이 시행한 새로운 제도의 일부를 옛날로 되돌려놓았다. 민심동요의 중심이었던 단발령의 폐지, 내각제도의 폐지와 의정부제도의 복구, 음력의 부분적 사용, 23부로 개편되었던 지방 행정구역의 13도 복귀 등이 그것이다.

약 1년 동안 계속된 고종의 아관파천은 국가의 위상과 국민의 자긍심에 손상을 주었다. 그러나 아이러니컬하게도 일본 세력의 약화와 러시아 세력의 강화의 계기를 마련해준 아관파천은 청국이나 일본이 일방적으로 영향력을 행사하던 때와는 달리, 한반도에서 일본과 러시아 사이에 어느 정도 세력균형을 유지할 수 있게 만들었다. 러시아는 비록 고종을 장악하고 있었지만, 만주에 세력부식을 의도하고 있었기 때문에 한반도에서는 일본과의 갈등보다는 세력균형을 희망하고 있었고, 이는 고무라−베베르 각서 이후 러일협상에서 그대로 나타났다. 한반도에 나타난 힘의 변화는 일본

고종

의 영향력에서 벗어나 왕권강화를 의도하고 있던 고종의 운신 폭을 넓혀 주었고, 대한제국은 이러한 상황 속에서 탄생했다.

또한 대한제국의 출범은 자주독립을 향한 국민적 각성과도 맞물려 있다. 1873년 대원군이 물러나고 고종과 민비가 전면에 등장한 이후 조선은 국내외의 격랑과 혼란의 소용돌이 속으로 빠져들고 있었다. 집권세력 내에 주도권을 장악하기 위한 심한 갈등이 분출했고, 그 연장선상에서 임오군란과 청국의 주도권 장악, 갑신정변과 개화파의 몰락, 청일전쟁과 일본의 한반도 지배권 강화, 삼국간섭과 일본의 위축, 민비 시해, 고종의 러시아 공사관 피신 등과 같이 국가의 명운을 좌우할 수 있는 사건들이 끊이지 않았고, 그때마다 한반도에서 강대국의 판도도 변했다. 특히 왕비 시해와 국왕이 궁궐을 버리고 외국 공관으로 피신하는 사태, 그리고 러시아의 내정간섭과 이권탈취는 국민들의 애국심을 자극했다. "조선신민들은 이제부터 더 열심히 나라의 위엄과 권리와 영광과 명예를 더 아끼고 더 돋우어 세계에 제 일등국 대접을 받을 수 있는 도리"를 다하고, "문명 진보하고 애국 애민하는 의리를 밝히는 백성"이 될 것을 주장하는 「독립신문」의 사설(1897. 10. 16)이 당시의 분위기를 잘 설명해주고 있다.

자주독립을 향한 국민의 각성은 물론이고 독립협회를 비롯한 정부의 대신들 사이에서도 일어난 환궁 여론에 힘입어 고종은 1897년 2월 20일 경운궁(현재의 덕수궁)으로 돌아왔다. 환궁 후에 고종은 변법개화파와 갈등을 빚어온 동도개화파를 등용하여 옛것을 근본으로 하고 서양문명을 절충한다는 구본신참(舊本新參)이라는 통치이념 아래 적극적인 개혁조치를 취했다. 특히 고종과 측근들은 국정운영의 면모를 획기적으로 일신하기 위한 조치로 새로운 국호제정과 칭제(稱帝)를 추진했다. 8월 14일에는 연호를 건양(建陽)에서 광무(光武)로 바꾸고 부국강병의 기치를 내세웠다. 그리고 10월 12일에는 황제 즉위식을 거행하고 국호를 대한제국(大韓帝國)으로 선포했다.

고종황제는 광무개혁으로 알려진 각종의 개혁정책을 주도했다. 국방력을 강화하기 위하여 중앙과 지방의 군대를 증강했고, 애국심을 고취하기 위하여 국가(國歌, 에케르트 작곡)와 군기(軍旗)를 제정했다. 그리고 블라디보스토크(海蔘葳)와 간도지방으로 이주한 교민을 보호하고, 그곳을 영토로 편입하기 위하여 해삼위통상사무관(海蔘衛通商事務官)과 북변도관리(北邊島管理)를 설치했다.

다음으로 정부의 조세수입을 늘리고 근대적 토지소유권을 확립하기 위하여 양지아문(量地衙門)을 설치하고 1899-1903년 사이에 두 차례에 걸쳐 토지조사사업[量地]과 지계(地契) 발급사업을 실시했다. 이로써 근대적 토지 소유권이 확립되고, 국가재정이 개선될 수 있는 토대가 마련되었다. 뿐만 아니라 실업교육의 강화, 통신 교통시설의 개선, 철도회사의 설립, 종합병원의 설립, 단발령의 재실시 등과 같이 각 영역에서 개혁정책을 추진했다.[30]

그러나 황권강화에 모든 초점을 맞추고 있는 개혁정책의 실현에는 처음부터 한계가 있을 수밖에 없었다. 대한제국의 헌법이라고 할 수 있는 대한국 국제(大韓國國制)가 보여주고 있는 것과 같이 자주독립국임을 강조하는 제1조를 제외한 나머지 7개조는 모두 황제의 입법, 사법, 행정, 군권 등 모든 권한을 절대적으로 강화하고 있다. 또한 제2조가 전제정치를 천명하고 있기 때문에 고종의 환궁을 주도하고 국민계몽에 앞장섰던 독립협회나 만민공동회는 함께 갈 수 없었고, 결국 해체될 수밖에 없었다.

앞에서 지적했듯이 대한제국은 정부의 조세수입을 늘리는 제도적 조치를 취한 것은 사실이지만, 고종황제는 국가의 재정보다 황실재정 확대에 더욱 주력했다. 종래 탁지부 또는 농상공부에서 관리하던 광산, 홍삼, 역둔토, 철도 수리사업 등의 수입을 황제 직속의 궁내부 내장원으로 이관하여 황제가 직접 관리했다. 뿐만 아니라 그 동안 폐기되었던 각종 잡세를 다시 부과함으로써 민중의 생활을 더욱 어렵게 만들었다. 그리고 황실은 외국인과 직접 철도부설권이나 광산채굴권을 계약함으로써 정부의 위상을 더욱 약화시켰다. 이는 결국 정부재정을 위축시키는 결과를 가져왔고 민중의 불만을 키웠다.

대한제국은 자주독립을 선포하고 각종 개혁조치를 취했으나, 이를 주도하는 개혁세력은 국가의 혁신을 구상하고 추진하는 새로운 세력이 아니라 여전히 황권 강화에만 몰두했던 궁내부의 측근과 아관파천을 주도했던 세력이었다. 뿐만 아니라 국왕의 측근세력, 정부대신, 독립협회, 망명 개화파 사이에 주도권 장악을 위하여 끊임없는 갈등이 계속되었고, 고종은 이를 통합하는 역할을 하지 못했다.[31] 명목상으로 대한제국은 1910년 8월 29일까지 계속되었으나, 1905년 을사5조약 체결과 함께 사실상 그 생명을 다한 것이나 다름없었다.

한반도를 둘러싼 역학구조 변화와 대한제국의 출범과 광무개혁이라는 격동기에 이토는 일본정부의 정책결정의 핵심에서 한걸음 비켜서서 일본의 국내정치에 뿌리를 내리기 위한 길을 모색했다.

4. 이토와 정당 결성

이토 히로부미는 1896년 8월 28일 총리직을 사임했다. 제2차 내각을 꾸민 지 만 4년 만이었다. 일본이 내각제를 실시한 이래 두 번째로 장기간 지속된 이토의 제2차 내각 시기는 그의 생애에서 전성기라고 할 수 있다. 재임기간 그는 치외법권의 철폐와 수입상품의 일부에 관세자주권을 획득하는 등 서양열강과 조약개정을 부분적으로 실현하고, 청일전쟁과 시모노세키 조약을 주도하면서 열강대열에 참여했다. 일본은 민비 시해와 아관파천을 계기로 조선에서 배타적 주도권을 상실한 것은 사실이지만, 조선 지배를 위한 기틀을 다졌다.

1896년 말 정치 무대에서 한걸음 물러난 이토는 서일본을 여행하면서 그 동안 쌓인 피로를 풀었다. 1897년 5월에는 영국의 빅토리아 여왕 즉위 60주년 축전에 참여하기 위하여 미국과 유럽 여행 길에 올랐다. 4개월에 걸친 긴 여행 동안 그는 미국, 영국, 프랑스, 이탈리아, 오스트리아를 방문했다. 이어서 독일과 러시아를 방문할 예정이었으나, 일본 정국이 그를 필요로 했다. 이토는 9월 5일 귀국했다.

이토의 후임으로 내각을 꾸린 제2차 마쓰카타 마사요시 내각은 의회와의 충돌을 도저히 극복할 수가 없었다. 1897년 12월 25일 의회의 내각불신임 결의안 상정과 정부의 의회해산이 정면으로 부딪치면서 결국 마쓰카타 내각은 와해되었다. 12월 29일 다시 이토에게 조각의 명이 내렸다.

이토 히로부미는 제2차 내각 후 두 번 더 총리직을 맡으면서 내각을 이끌었다. 그러나 전과 달리 그의 제3차 내각과 제4차 내각은 모두 단명으로 끝났다. 원로로서 그의 권위는 여전히 막강했으나, 실질적 권력 행사자로서의 영향력은 서서히 사양길로 접어들고 있었다. 이 시기에 이토가 가장 깊이 관심을 가졌던 과제는 정당과 러시아 문제였다.

이토는 앞에서 보았듯이 정당의 역할과 능력을 처음부터 평가하지 않았다. 1881년 오쿠마가 영국식 정당을 중심으로 한 의회제도를 제시했을 때도 이토는 정당은 자유민권론자의 것이며 반정부의 아성이 될 것이라고 부정적으로 평가했다. 뿐만 아니라 헌법을 연구하기 위하여 독일에 체류하는 동안, 비스마르크가 정당의 배경과 지지 없이 야당을 적절히 조정하면서 의회에서 초연주의(超然主義)를 관철하며 정치를 이끌어가는 것을 보았다. 이토도 자신이 있었고, 정당의 정치적 기능을 평가하지 않았다.

이토의 헌법제정을 가까이서 도운 이노우에 고와시, 이토 미요지, 가네코 겐타로 등은 헌법 반포 직후 선거가 실시될 경우 삿초 정부와 번벌정부를 공격하는 민당, 즉 야당이 의회를 압도할 경우를 대비하여 정부당, 즉 여당을 만들 것을 제안했었다. 그들은 초연주의가 실제의 입헌정치에는 적합지 않다는 것을 강조하면서 정당의 필요성을 주장했다. 그러나 이토는 비스마르크의 예를 들면서 "자네들은 유약하네. 아직 젊어서 정치의 실제를 잘 모르고 있어"라고 하며 정당조직 권유를 일소에 부쳤다.[32] 그러나 네 차례 총선거를 치르면서 정당정치에 대한 그의 인식도 바뀌지 않을 수 없었다. 예산권을 쥐고 있는 의회를 야당이 지배하고 있는 한에는 정국 운영이 쉽지 않다는 것을 몸으로 체험한 것이다. 정국을 안정적으로 이끌기 위해서는 의회에서 정부방침을 지지하는 세력, 즉 여당이 필요하다는 것을 깨달았다. 이 점에서 이토는 정당 무용론을 계속 주장한 야마가타 아리토모와 달랐다.

1890년 제1회 총선거가 실시된 이후 의회는 자유민권론자들로 구성된 정파들이 지배했다. 의회에서 번벌정부와 민당 사이의 충돌은 불가피했고, 의회의 정부탄핵과 정부의 의회해산이 반복되었다. 1898년에는 3월과 8월 두 차례 총선거를 치르는 사태가 벌어지기도 했다. 시간이 갈수록 정당의 영향력은 강화되었고, 정부가 민당의 지원 또는 민당과 제휴 없이 정국을 원만하게 이끌어간다는 것은 불가능했다. 이토가 자신했던 것과 달리 초연주의에 근거한 정국운영은 실제로 어려웠고, 따라서 수정이 불가피했다. 정부는 경우에 따라서 자유당 또는 진보당과 제휴하여 예산과 중요한 입법을 처리하지 않으면 안 되었다. 제휴의 대가는 내각 자리와 이권이 뒤따랐다.

1898년 1월 12일 성립된 제3차 이토 내각이 단명으로 끝날 수밖에 없었던 것도 예산을 둘러싼 의회와의 충돌이었다. 마쓰카타 내각이 와해되면서 예정되었던 제5회 총선거가 3월 15일 실시되었다. 결과는 여전히 민당이 다수를 점했다. 제3차 이토 내각의 중요한 과제는 군비확장을 위한 재원확보에 있었다. 러시아와의 전쟁을 준비하기 위해서였다. 육군 6개 사단 증설과 7개년 해군 확장사업은 막대한 예산을 필요로 했다. 이를 위해서 정부는 지가(地價)의 2.5%인 토지세를 3.7%로 인상하고, 소득세 및 주조세 인상, 등록세 및 영업세 신설 등을 포함한 법안을 6월 10일 소집된 제12차 특별 의회에 제출했다. 그러나 이타가키의 자유당과 오쿠마의 진보당은 연합하여 정부 예산안을 찬성 27, 반대 247이라는 압도적 표차로 부결시켰다. 같은 날 이토는 의회를 해산했다.

이토는 안정된 정국을 이끌기 위해서는 정부를 뒷받침하는 여당의 필요성을 절감하지 않을 수 없었다. 이토의 표현을 그대로 인용하면, "당리(黨利)를 위해서 국리(國利)를 돌아보지 않는 기성 정당은 대중의 힘에 의지하여 전횡을 일삼고, 종국에는 국정을 문란하게 하고 있다. 이에 대항하기 위해서는 우국지사를 결합하여 따로 하나의 단체를 결성하여 건전한 국책 수행에 이바지하고 헌정을 완수할 각오를 가지지 않으면 안 된다"는 것이었다.[33]

의회해산 후 이토는 일본자본주의의 아버지로 불리는 시부사와 에이이치, 오쿠라 재벌의 총수 오쿠라 기하치로 등과 협의하여, 국민협회 및 지가 수정을 요구하는 중의원 의원과 상공업자들을 중심으로 한 정당조직을 구체적으로 계획했다. 그러나 정당내각을 극력 배척해온 야마가타는 이토가 정당을 결성하려는 의도를 강력히 반대했다. 뿐만 아니라 다른 원로들도 야마가타의 반대론에 동조했다. 이토의 지지자인 이노우에도 정당 결성보다 일단 정권을 정당에 넘겨주고 국민이 정당에 실망할 때를 기다려 다시 권력을 장악할 것을 제안했다. 정당 결성 취지는 반대의 벽을 넘을 수 없었다.

제1당인 자유당과 제2당인 진보당이 6월 22일 통합되어 헌정당(憲政黨)이 탄생했다. 1898년 8월에 제6회 총선거에서 헌정당은 총의석 300석

가운데 260석이라는 절대 다수를 장악하는 거대 정당으로 그 모습을 드러냈다. 자유당과 진보당의 통합이 성사되자 이토는 다시 정당 결성의 의지를 밝혔다. 24일 사쓰마-조슈의 원로회의에서 이토는 "자유, 진보 양당의 연합으로 이루어진 강력한 적국(敵國)이 출현한 이상 정부 역시 이에 대항하기 위해서는 대(大)정당을 조직해야만 할 것이다. 앞으로 의회정치를 운영하기 위해서는 다른 길이 없다"고 선언하고, 정당 결성의 확고한 의지를 다시 밝혔다. 야마가타는 정당내각은 일본 국체에도, 흠정헌법 정신에도 위배된다는 점을 지적하면서 강력히 반대했다.

정국을 타개해 나가기 위한 방안으로 이토는 세 가지 대안을 제시했다. 즉 첫째, 총리 재임 시에 직접 정당을 조직하여 이를 통솔하고 국무를 담당하는 안, 둘째, 과감히 총리직을 사임하고 재야에서 정당을 결성하여 정부를 지원하는 안, 그리고 셋째, 헌정당의 간부인 오쿠마와 이타가키를 추천하여 후계 내각을 조직케 한다는 안이었다. 결국 세 번째 방안이 채택되자 이토는 오쿠마와 이타가키를 후임 내각의 조직자로 추천하고 사직했다.[34] 3일 뒤인 27일 메이지 천황은 오쿠마와 이타가키 두 사람이 협력하여 조각할 것을 명했다. 6월 30일 제1차 오쿠마 내각이 출범했다. 일본 헌정사상 최초의 정당내각이다. 정당이 무시할 수 없는 세력으로 등장했음을 웅변적으로 증명하는 사건이다.

정부에서 물러난 이토는 1898년 8월 16일 조선과 청국 여행 길에 올랐다. 헌정당을 중심으로 한 최초의 정당내각은 이노우에 가오루가 예상했던 바와 같이 오래가지 못하고, 출범 4개월 만에 붕괴되었다. 내각의 두 기둥이라고 할 수 있는 오쿠마와 이타가키의 권력갈등과 이에 따른 극심한 내분 때문이었다. 천황은 이토의 귀국을 명했고, 오쿠마 또한 그의 귀국을 간청했다. 상하이에 체제 중이던 이토는 여행을 중단하고 11월 7일 나가사키를 통해서 귀국했다. 그러나 원로회의는 이토의 귀국을 기다리지 않고 야마가타 아리토모를 총리로 추천했고, 천황은 야마가타에게 조각을 명했다. 제2차 야마가타 내각은 이토가 귀국한 다음날인 8일 성립되었다.

이토가 귀국 길에 오른 것을 알면서도, 또한 이토의 의견을 청취하지도 않고 새 내각이 꾸려진 것은 대단히 이례적인 일이었다. 이토의 영향력이 그만큼 약해진 것을 의미하기도 했다. 야마가타가 내각을 성급하게 조각한 배경에는 이토가 귀국하여 오쿠마와 함께 정국형성에 핵심으로 다시 부상하는 것을 사전에 차단하고, 자신의 계파 중심 관료내각을 공고히 하겠다는 뜻이었다. 이토의 간섭을 원천적으로 배제하는 이 작업은 야마가타의 후계자인 가쓰라 다로 육군대신이 주도했다. 권력의 추가 이토에서 서서히 야마가타에게로 옮겨가고 있음을 보여주는 대목이다.

이토는 1898년 6월 이후 일단 중단했던 정당조직에 다시 열의를 보였다. 1899년 4월 10일 나가노(長野)를 시작으로 정당정치의 필요성을 주장하는 전국 유세에 나섰다. 주요 도시는 물론 기업인, 지방유지의 모임, 국가학회 등과 같은 단체에서도 여당 조직의 필요성을 주장하는 강연을 이어갔다. 창당을 위한 준비작업이었다. 순회강연은 12월까지 계속되었다. 그리고 약 1년 반 뒤인 1900년 8월 25일 이토는 입헌정우회(立憲政友會)라는 정당의 창립총회를 개최했다.[35] 물론 이토가 초대 총재로 취임했고, 152명의 현역의원이 입당했다. 이토는 일거에 반수가 넘는 정당을 출범시킬 수 있었다. 그러나 그는 신당 내의 다수를 차지하고 있는 구(舊)헌정당계와의 갈등은 물론, 야마가타 파벌, 귀족원의 보수계층, 국가주의자들의 불신과 경계에 둘러싸여 운신의 폭이 그리 넓지 못했다.

야마가타는 2년 가까이 내각을 이끌었다. 그 동안 그는 헌정당과 제휴하여 토지세 인상문제를 해결하고 청국에서 발생한 의화단의 난을 진정시키는 데에 기여했다. 물론 헌정당의 협조에는 이런저런 이권이 따랐다. 야마가타는 창당 준비에 바쁜 이토에게 총리 사임의 뜻을 전하고, 후임 내각을 담당해줄 것을 요청했다. 이 요청에는 이토의 정우회 창당이 내심으로 몹시 불만스러운 야마가타가 이토에게 아직 정비되지 않은 신당을 이끌고 정국을 담당케 함으로써 이토를 "궁지에 몰아넣기" 위한 그의 "회심(會心)"이 담겨 있었다.[36] 정당을 근거로 권력의 바탕을 다지려는 이토를 견제하기 위함이었다. 이토는 막 출범한 정당을 안착시키기 위하여 시간이 필요하다는 이유를 들어 거절했다. 그러나 메이지 천황의 명을 받아 10월 19일 제4차 이토 내각이 출범했다.

이토의 제4차 내각도 6개월의 단명으로 끝났다. 육군, 해군, 외무를 제외한 모두가 정우회회원들이었기 때문에 정우회 내각이라고 할 수 있었다. 그러나 정당내각에 대한 야마가타의 반감, 야마가타 계파가 장악하고 있는 관료와 귀족원의 견제, 원로의 비협조 등으로 처음부터 내각운영에 어려움을 겪었다. 또한 정우회 창립위원장을 역임한 와타나베 구니타케 대장대신의 재정방침에 대한 내각 내의 의견 대립이 일어났으나, 이토가 이를 적절히 처리하지 못했고 또한 와타나베를 적절히 통제하지도 못했다. 결국 이토는 5월 2일 내각의 의견불일치를 명목으로 메이지 천황에게 사표를 제출했다. 이노우에 가오루가 후임 내각을 구성하는 듯했으나, 이마저 뜻대로 이루어지지 않았고, 결국 가쓰라 다로(1848-1913)가 총리대신으로 지명되었다. 1901년 6월 2일이었다.

야마가타를 배경으로 한 제1차 가쓰라 내각은 소(小)야마가타 내각으로 부를 정도로 야마가타 계파가 장악했다.[37] 10인의 각료 중 해군대신 야마모토 곤노효에를 제외하고는 모두가 야마가타 파의 관료들이었다. 이토는 정당을 통해서 정치적 영향력을 강화하려고 시도했으나, 야마가타가 이를 방치하지 않았다. 권력장악 경쟁에서 이토는 야마가타에게 크게 밀렸다. 뒷날 정우회를 이끈 하라 다카시는 중의원의 절대 다수를 장악하고서도, 내각 유지에 실패한 이토의 정당운영에 실망하면서 "이토 내각은 작년 10월 조직되어 오늘로 끝나버렸다. 재직 중 이런저런 사건들이 있었는데, 대부분은 이토의 결단력 부족으로 결국 실패로 끝났다. 가쓰라 내각은 야마가타 파벌로 채워졌다. 야마가타의 부하들은 그의 뜻이 옳고 그름을 판단하지 않고 이를 성사시키기 위하여 분주히 움직인다. 야마가타와 이토 두 계파의 현격한 차이는 이로써 더욱더 확실하게 판명되었다"라고 야마가타 파의 득세를 인정했다.[38]

궁정, 군부, 관료, 정계에 자신의 세력을 부식하며 파벌 망을 넓게 확장한 야마가타는 정우회의 세력을 배경으로 한 이토를 그대로 놓아두지 않았다. 더욱이 정우회가 의회 과반수를 장악하고 있으면서도 가쓰라 내각이 주도하는 러시아와의 전쟁을 위한 해군 확장계획과 증세에 비협조적이자 야마가타와 가쓰라는 이토와 정우회를 분리하고 정우회를 해체하려고 시도했다. 당시 정당을 중심으로 한 이토와 야마가타의 갈등을 미야케 세쓰레이는 다음과 같이 설명하고 있다.

> 야마가타 계파가 우려하는 바는 이토가 원로로서 정당을 이끌면서 매사에 내각을 견제하려고 하지 않을까 하는 데에 있다.……야마가타는 어떻게 해서라도 이토를 정당에서 발을 빼게 하려 했고, 이토는 모처럼 만든 정당을 지키기 위해서는 (야마가타와의) 관계를 단절하는 것도 감수하겠다는 태도였다. 그 둘 사이에는 용이한 해결이 보이지 않았다. 서로 비술(秘術)을 다하고 가능한 모든 가혹한 수단을 동원하기에 이르렀다.[39]

　　상황은 결국 이토가 정당을 떠나지 않을 수 없는 방향으로 전개되었다. 1903년 어전회의에서 러시아와의 전쟁을 상정하고 러시아와의 교섭개시를 확정한 다음 날인 6월 24일 가쓰라는 이토와 야마가타에게 "난국타개에 능력부족"을 들어 사임의 뜻을 밝히고, "두 원로 중 한 분이 내각을 맡을" 것을 요구했다. 가쓰라가 의미하는 "두 원로 중 한 분"은 이토를 가리키고 있었다. 가쓰라는 이토가 원로로서 정부의 모든 중요결정에 참여하면서, 동시에 다수당인 정우회의 총재로서 의회를 좌우하는 이중 역할을 행사하고 있는 한 러시아와의 전쟁을 눈앞에 두고 있는 국정을 소신대로 이끌고 갈 수 없다고 판단했다. 야마가타 또한 정당을 배경으로 한 이토의 권력확대를 받아들일 수 없었다. 가쓰라는 야마가타의 지원을 받으면서 총리 사직이라는 배수진을 치고 이토가 정우회 총재직을 떠날 것을 요구한 것이었다. 메이지 천황은 가쓰라의 사의를 수용하지 않았고,

야마가타와 이토 미요지의 제안에 따라서 이토에게 추밀원의장 자리를 명했다. 결국 이토는 야마가타의 "책모(策謀)"에 말려 1903년 7월 13일 추밀원의장으로 옮겨 앉으면서 정우회 총재를 사임해야만 하는 굴욕을 당했다.[40] 이케베 산잔이 평하고 있는 것처럼 "이때부터 이토와 야마가타 두 사람 사이에는 어둠 속의 정쟁이 시작되었고, 죽을 때까지 원만한 관계가 회복되지 않았다."[41] 이토가 없는 정우회는 가쓰라에게 문제될 것이 없었다. 야마가타를 배경으로 하고 있는 가쓰라와 외무대신 고무라 주타로는 러시아를 향한 강경정책을 어렵지 않게 이끌 수 있었다. 국내정치의 권력기반 확충에 실패한 이토는 자신이 있는 외교로 관심을 옮겼다.

5. 이토의 러일협상

일본은 삼국간섭으로 랴오둥 반도를 반환해야만 했을 뿐만 아니라, 아관파천으로 한반도의 주도권을 러시아에게 내주는 굴욕을 감내해야만 했다. 그렇다고 전쟁을 치른 직후이고 또 조선 국왕이 러시아 공관에 머물러 있는데, 러시아와 전쟁을 모험할 수도 없었다. 그후 2년 동안 일본은 수세적 입장에서 러시아와 상호 공존의 세력권 형성을 기본정책으로 정했다. 앞에서 지적한 바와 같이 고무라-베베르 각서와 야마가타-로바노프 협정과 니시-로젠 협정은 이러한 기본 정책에 따른 것이다.

러시아는 남하정책을 계속했다. 랴오둥 반도의 반환을 획책했던 러시아는 청국으로부터 뤼순과 다롄을 조차하여 군항으로 개발했다. 뿐만 아니라 의화단 사건을 계기로 동청철도 보호라는 명목을 내세워 만주에 군대를 주둔하면서 한반도로 그 영향력을 확대했다.

1900년대에 들어서면서부터 확장일로에 있는 러시아의 남하정책에 대하여 일본에는 두 개의 정책노선이 병존했다.[42] 하나는 기존의 협상노선이었다. 이토와 이노우에 가오루를 중심으로 한 협상노선은 러시아와 외교적 협상을 통해서 만주와 한반도에서 세력균형을 이룰 수 있다면, 전쟁을 피하면서도 한반도에서 일본의 우월권을 확보할 수 있다는 것이었다. 러시아의 만주지배와 일본의 조선지배를 교차 승인한다는 만한 교환책이 그 핵심이다.

다른 하나는 영국과의 제휴였다. 야마가타와 가쓰라를 중심으로 한 영국과의 제휴파는 영일동맹을 통해서 러시아의 남하정책을 견제하면서 필요하다면, 러시아와의 전쟁도 불사한다는 강경노선이었다. 군부와 국가주의자들이 이를 지지하고 있었다. 러시아에 대한 불신, 랴오둥 반도의 환부, 러시아의 뤼순과 다롄 조차 등으로 인한 원한이 그 배경에 깔려 있었다. 1901년 가쓰라 내각이 들어서면서부터 야마가타-가쓰라-고무라가 주도하는 영국과의 제휴정책은 급속도로 진전되었다. 이 과정에서 이토는 배제되었다.

1901년 9월 이토는 미국과 유럽 여행 길에 올랐다. 제4차 내각이 붕괴된 지 4개월 만이다. 대외적 명분은 예일 대학교에서 명예법학박사 학위를 받기 위해서였다. 그러나 실제는 러시아와 조선 문제를 협상하기 위해서였다. 이노우에는 가쓰라 총리와 함께 8월 26일 오이소로 이토를 방문했다. 이토와 같이 러시아와의 협상을 주장해온 이노우에는 이토에게 미국을 거쳐 시베리아를 돌아본다는 명목으로 러시아를 방문하여 협상을 이끌어갈 것을 권했다. 가쓰라도 "일러협상이든 일영동맹이든 한국[조선] 문제 처리라는 목적을 이룰 수 있다면 러시아와 절충하는 것도 필요하다"는 의미로 찬성의 뜻을 표시했다.[43] 그러나 중요한 점은 이토가 뜻하는 러시아와의 협상이 각의에서 논의되지도 않았을 뿐만 아니라, 가쓰라가 이토에게 협상을 능동적으로 당부하지도 않았다는 사실이다. 다만 이노우에의 제안에 대하여 수동적으로 찬동했을 뿐이었다.

이토가 미국을 향하여 출발하기 직전인 9월 13일, 가쓰라 총리는 이토, 야마가타, 이노우에 세 원로를 자신의 사저로 초대하여 송별연을 베풀었다. 이토의 장도를 기원하는 모임이었지만, 실은 러시아와의 협상과정에서 일어날 수도 있는 이토의 "독단전행(獨斷專行)" 외교행태를 사전에 차단하기 위해서였다. 야마가타는 이와 같은 뜻을 다음과 같이 명확히 요구하고 있다.

일영동맹은 극동 전반의 이해에 관한 문제입니다. 그 핵심이 청한 두 나라의 영토보전에 있기 때문에, 그 한 부분인 한국에 관한 문제에서도 러시아와 협상할 수 있습니다. 다만 외교문제에서 독단전행은 용납될 수 없습니다. 각하가 러시아와 교섭함에 있어서도 러시아가 요구하는 것은 먼저 정부에 보고하고 승인을 거치도록 해야 한다는 점을 유의해주십시오.[44]

가쓰라도 "천황을 보필하는 대임"을 맡고 있는 총리대신으로서 이토가 러시아 당국자와의 협의하는 "크고 작은 모든 문제에 관하여 보고받고 싶다"는 뜻을 밝혔다.[45] 공식적인 직분과 특정 사명이 없는 만유(漫遊)의 길에 오른 이토가 정부 의지에 반하여 영일동맹에 방해가 되거나, 또는 러시아와의 협상을 추진하는 외교적 역할을 독단적으로 행사해서는 안 된다는 것을 의미했다. 이토에게 러시아와의 협상을 위한 어떠한 권한도 주어지지 않았다는 점을 우회적으로 확인하는 것이었다. 외교의 영역에서도 이토의 권한과 활동범위가 좁아지고 있음을 보여주고 있다.

이토는 1901년 9월 18일 요코하마를 출발했다. 시애틀과 뉴욕을 경유하여 10월 20일 워싱턴에 도착한 이토는 백악관으로 시어도어 루스벨트 대통령을 예방하고, 23일 예일 대학교 창립 200주년 기념식장에서 명예법학 박사 학위를 받았다. 그리고 26일 뉴욕을 출발하여 11월 4일 파리에 도착한 이토는 프랑스 대통령을 예방하고 외무장관과 회담을 가졌다.

영일동맹 협상을 현장에서 이끌고 있던 주영대사 하야시 다다스는 14일 외무대신 고무라 주타로의 지시에 따라 파리로 이토를 찾아가서 그 동안 진행된 협상의 과정과 내용을 보고했다. 영일동맹 협상은 이토가 "깜작 놀랄 정도로" 이미 진척되어 있었다. 이토가 일본을 출발하기 전부터 가쓰라 내각은 하야시의 '사적(私的)' 입장을 전제로 영국과의 동맹 가능성과 중요 내용을 협의하고 있었다. 더구나 10월 8일 외무대신 고무라 주타로는 하야시에게 일본정부는 "동맹과 관련하여 귀하가 영국정부와 공식적으로 의견을 교환할 전권을 귀하에게 부여한다"는 결정을 통지했다. 하야시 개인의 사적 협의가 일본정부의 공식 협상으로 바뀐 것이다.[46]

비록 그것이 사적인 대화이기는 하더라도, 7월 말에 이르러 하야시 공사와 영국의 랜스다운 외무대신 사이에는 중요한 문제에 대해서 심도 깊은 논의가 진행되었다. 핵심은 중국에 대해서는 문호개방과 영토보전, 조선에서의 일본의 우월적 지위, 러시아와의 전쟁 시에 제3국의 러시아 지원 차단 등에 관하여 상당한 의견 접근을 이룰 수 있었다. 특히 러시아가 제시하는 조선 중립론의 부당성에 대해서도 두 사람은 의견을 같이했다. 하야시는 "한국에 중립을 보증한다는 것은 아무런 효력이 없다. 조선인은 스스로 나라를 다스리는 것을 알지 못하는 국민이기 때문에 언제 내란이 일어날지 알 수 없다. 내란의 경우 누가 정권을 장악할 것인가 하는 문제가 발생하게 마련이다. 결국 이 나라에 이해관계를 가지고 있는 국가들 사이에서 충돌이 일어나게 될 것은 너무나 당연하다"고 그 부당성을 지적했다. "한국이 러시아의 손아귀에 들어가는 것을 보고 싶지 않다"는 영국은 일본에 전적으로 동의를 표시했다.[47] 일본이 조선을 지배하는 것이 이 지역의 평화를 위해서 바람직하다는 데에 영국이 의견을 같이한 것이다.

이 사적 대화는 10월 16일 다시 공적 협의로 발전했고, 그 내용이 영일동맹의 뼈대를 이루었다. 이토가 파리에서 하야시로부터 보고받았을 때에는 이미 동맹의 틀과 내용이 확정된 것이나 다름없는 시기였다. 하야시의 표현에 의하면, 이토는 "영국과의 교섭이 그처럼 빨리 진행되리라고 생각하지도 못했고, 또 그것을 알 만한 입장에 있지도 않았다."[48] 이토가 러시아와의 협상을 위하여 파리를 떠날 때, 하야시는 이토에게 러시아에서 신중하고도 진중한 태도를 취해줄 것을 부탁했고, 고무라 외무대신은 러시아 주재 대리공사에게 "이토 후작은 어떠한 관명도 또는 어떠한 문제에 관해서도 러시아 정부와 교섭할 수 있는 권한이 없고", 다만 "개인 자격으로 러시아의 고위관리와 자유롭게 의견을 교환할"뿐이라는 것을 명확히 했다.[49] 가쓰라 내각이 처음부터 러시아 협상파인 이토를 배제한 상태에서 영국과 동맹협상을 진행했음을 알 수 있다.

이토도 여기까지 진행된 영일동맹에 동의하지 않을 수 없었다. 그러면서도 러시아와의 협상에 미련을 버리지 못했다. 이토는 러시아 방문 일정을 예정대로 진행했고, 11월 28일 러시아 황제 니콜라이 2세를 예방하여 러시아 최고훈장을 받는 등 성대한 대접을 받았다. 12월 2일과 4일에는 외무대신 람스도르프와, 그리고 3일에는 재무대신 비테와 회담을 가졌다. 람스도르프와의 두 번째 회담에서 이토는 러시아와 일본 두 나라가 한국의 독립을 보증할 것, 한국의 영토를 군사적 목적으로 사용하지 않을 것, 한국 해협에 군사적 설비를 설치하지 않을 것, 그리고 일본이 한국에서 정치, 상공업 문제에 자유행동을 취할 수 있는 권리를 가지는 대신 러시아는 군사적 원조를 포함한 조언이나 지원을 행할 수 있은 권한을 보장한다는 것을 제안했다. 람스도르프는 이를 받아들이지 않았다. 정치적 자유행동권은 포괄적이고 군사적 원조도 포함할 수 있다는 이유를 들었다. 이토는 러시아와의 협상을 지속하고 싶었고, 이를 위해서는 정부로부터의 승인이 필요했다. 이토는 6일 가쓰라에게 보낸 기밀 전문에서 "개인 자격"으로 람스도르프에게 제시한 협상 내용을 보고하고, "러시아가 진지하게 일본과 협화(協和)를 희망하고" 있다고 강조하면서 다음과 같이 타전했다.

러시아 황제를 알현하고 또한 람스도르프 백작 및 비테와 장시간 회담을 가졌습니다.……실제로 회담이 시작되면 그들은 본인이 제시한 것에 대한 반대 양보를 요구하게 될 것입니다. 회담 중 그들이 명백하게 시사한 내용들을 검토해보면, 그들이 요구할 양보는 그 범위의 대소를 떠나 만주지방에서 러시아의 자유행동에 관한 것일 것입니다. 러시아는 이미 만주를 경영하고 있고 실제로 그곳에서 자유롭게 행동하고 있다는 점을 먼저 염두에 두어야 할 것입니다. 만일 정부가 러시아와 협상할 것을 정책으로 택한다면, 람스도르프 및 비테와의 사신(私信)

을 통해서 그들의 요구를 정확하게 알 수 있을 것입니다. 조선에 대해서 이해관계가 있는 유일한 나라와 협화를 이루기에는 지금이 가장 적당한 시기가 될 것으로 판단됩니다.[50]

그러면서 이토는 협상을 강력히 정부에 권고하고 이를 정식으로 승인해 줄 것을 요청했다. 영일동맹이 체결될 경우에는 러시아와 어떤 협상도 불가능하다는 점을 여러 차례 강조했다.[51] 이토는 영일동맹보다 러일협상에 무게를 실었고, 이를 위한 자신의 역할을 염두에 두고 있었다.

이를 전달받은 하야시는 "변덕이 일상적인" 이토가 "일단 일영동맹에 동의하면서도, 또한 러시아에서 대단히 좋은 이야기를 듣고 마음이 변했는지 모른다. 이토 자신의 입장에서는 무리가 아닐 수도 있다'라고 이해하는 태도를 보이면서도 이토의 뜻을 전혀 고려하지 않았다.[52] 이토가 알지 못하는 사이에 영일동맹을 위한 협상을 이미 마지막 단계까지 진척되어 있었다. 11월 28일 이토가 러시아에서 최고 훈장을 받고 있을 그 시간에, 가쓰라 내각에서는 영일동맹 조약안을 협의하고 천황으로부터 승인을 받았다.

1901년 12월 14일 이토는 독일 황제 빌헤름 2세를 예방했다. 독일 황제는 "일본국민이 경을 경모하는 것은, 우리 독일 국민이 비스마르크를 경모하는 것과 같다고 듣고 있습니다. 그렇기 때문에 오늘 경을 일본의 비스마르크로 환영합니다"는 찬사를 받았다. 그러나 그의 실질적 권력은 많이 위축되었다. 12월 21일 러시아와의 재협상 의지를 밝히는 이토에게 가쓰라는 "일영동맹 담판이 이미 순조롭게 진척되고 있는 오늘에 이르러 정부는 러시아와의 교섭을 더 이상 진행하지 않기로 결정했음"을 통보했다. 더 이상 이토가 외교문제에 개입하지 말 것을 통보한 것이다. 성과 없이 러일협상을 끝낸 이토는 1902년 1월 23일 일본을 향해 나폴리를 출발했고, 그가 항해중인 1월 30일 영일동맹은 런던에서 조인되었다.

아이러니컬하게도 이토의 러시아 협상정책은 오히려 영일동맹을 재촉하는 결과를 가져왔다. 뒷날 가쓰라는 영일동맹 협상이 한참 진행되고 있는 동안에 이토가 러시아를 방문한 것은 영국으로 하여금 "이토의 위치와 명망을 감안하여 동맹체결을 가속시키는 우연한 효과를 가져왔다"고 회고했다.[53] 그러나 영일동맹의 완성은 이토의 세력이 야마가타 파에 의하여 더욱더 위축되는 계기가 되었다.[54] 이토의 만유는 문자 그대로 만유로 끝났다.

러시아는 1903년 4월로 약속한 제2차 만주 철병을 이행하지 않았을 뿐만 아니라, 펑톈(奉天)과 뉴좡(牛莊) 지역에서는 오히려 병력을 증강했다. 그리고 이어서 압록강 하구의 토지를 매수하여 대한제국 영토 내에도 거점을 마련하기 시작했다. 일본의 반(反)러시아 분위기는 더욱 고조되었다. 국민동맹회, 대로동지회 등의 국권주의 단체는 러시아를 공격하라는 개전론을 부르짖었고, 6월 24일에는 사회적 영향력이 큰 대학교수들도 러시아와의 전쟁을 통해서라도 만주와 한반도에서 일본의 권익을 굳혀야 한다는 강경한 의견서를 「아사히 신문(朝日新聞)」에 발표했다. 뿐만 아니라 언론계, 정당, 군부 등에서도 러시아 일소론(一掃論)이 주류를 이루어갔다.[55] 다만 고토쿠 슈수이와 같은 무정부주의자와 우치무라 간조를 중심으로 한 소수의 기독교인들이 반전론을 주장했으나, 전쟁을 요구하는 대세에는 아무런 영향을 주지 못했다.

군부 내에서도 러시아와의 개전을 주장하는 분위기가 점차 고조되었다. 군부의 참모본부와 외무성의 실무정책 입안자들로 구성된 호월회(湖月會)는 1903년 5월 러시아 정책의 기본을 주전론으로 확정했다. 러시아의 동아시아 정책, 만주에서의 세력확장, 그리고 일본과 러시아의 군사력을 치밀하게 비교하고 검토한 그들은, 만주 문제와 한국 문제는 러시아와 외교적 협상을 통해서 이루어질 수 없다는 것, 궁극적으로 러시아와의 전쟁은 필요할 뿐만 아니라 불가피하다는 것, 전쟁은 빠를수록 군사적 상황이 일본에 더 유리하다는 것, 지금의 기회를 놓치면 러시아의 남하정책을 끝내 통제할 수 없다는 것, 그리고 호월회는 정책결정자들에게 가능한 빠른 시일 안에 개전결정을 할 수 있도록 영향력을 행사해야 한다는 활동방향을 제시했다.[56] 나라 전체가 러시아와의 전쟁을 향해서 나아갔다.

일본은 러시아와의 협상을 계속하면서도 전쟁을 위하여 한걸음씩 다가갔다. 핵심 정책결정자인 원로 이토와 야마가타, 총리 가쓰라와 외무대신 고무라는 1903년 4월 21일 야마가타의 별장이 있는 교토에서 비밀회합을 가지고, 조선은 어떠한 어려움에 봉착하더라도 결단코 이를 포기할 수 없다는 원칙을 재확인하고, 러시아와의 협상기조를 확정했다. 확정된 4개의 원칙은 다음과 같다. 1) 러시아군이 만주에서 철수하지 않을 경우 일본은 강력히 항의할 것, 2) 만주 문제를 계기로 러시아와 교섭을 개시하고 조선 문제를 해결할 것, 3) 한국 문제에 대해서는 러시아로 하여금 일본의 우월권을 인정케 하고, 단 한걸음도 러시아에 양보하지 말 것, 4) 만주 문제에 대해서는 일본은 러시아의 우월권을 인정하고, 이 기회에 조선 문제를 근본적으로 해결할 것.[57]

이토의 지론인 만한교환(滿韓交換)으로 한국 문제를 근본적으로 해결한다는 합의를 한 것이다. 6월 23일에는 원로, 총리와 외무대신, 육군대신, 해군대신이 참석한 어전회의에서 4월 21일의 원칙을 다시 확인하고 러시아와 협상을 벌일 것을 확정했다.[58] 그러나 앞에서 본 바와 같이 실질적 협상에서의 만한교환은 러시아의 반대에 부딪치면서 해결의 실마리가 보이지 않았다. 대신 상황은 점차 가쓰라와 고무라가 주도하는 영일동맹을 배경으로 한 전쟁을 향하여 진행되었다. 그리고 1904년 1월 12일과 2월 4일 두 차례의 원로와 주요 각료가 참석한 어전회의에서 러시아와의 전쟁을 최종적으로 결정했다. 일본은 10일 선전포고를 했고 11일 전쟁을 지휘, 감독할 대본영을 궁중에 설치했다. 물론 이토는 이 모든 결정에 참여했으나, 청일전쟁 때와는 달리 주도하지는 못했다.

제2부

이토 히로부미와
대한제국의 운명

제9장

이토 히로부미와 조선

'조선[한국] 문제'는 메이지 지도자 모두가 함께 가지고 있었던 가장 중요한 국정과제의 하나였다. 이토 히로부미에게도 예외가 아니었다. 이토도 정책으로서 조선 문제를 일찍부터 만났다. 정한론, 강화도조약, 갑신정변과 톈진 조약, 청일전쟁과 시모노세키 조약, 민비 시해사건 등 조선근대사의 분수령을 이룬 모든 사건에 그도 직간접으로 관여했다.

그러나 이토가 물리적으로 조선을 접촉한 것은 한참 뒤였다. 그가 최초로 조선 땅을 밟은 것은 1888년 8월, 그이 나이 48세 때였다. 제1차 내각의 총리대신을 사임하고 초대 추밀원의장에 취임한 이토는 8월 말에 블라디보스토크 여행 길에 올랐다. 극동 러시아의 개발 상태를 돌아보기 위함이었다. 이토는 시베리아 철도가 착공되면, 이미 "8개의 포대가 절반 완성된 것"과 다름없다는 위기의식이 있었고, 그 기착지인 블라디보스토크는 극동 문제의 중심으로 부상할 중요한 전략적 지점이 될 것이라고 판단하고 있었다. 사이고 쓰구미치와 함께한 이 여행 길에서 이토는 부산, 원산 등 해안지역의 항구에 기항하여 조선의 가을 풍광을 즐겼을 뿐, 정부 관리는 만나지 않았다. 이토가 처음으로 접한 9월의 조선 풍경은 아름답기만 했다.[1]

하구에 바람 멎으니 저녁 물결은 잔잔하고(海門風落晚潮平)

여관의 밝은 창으로 밝은 달을 바라본다(客舍晴牕對月明)

한국의 남쪽과 북쪽은 온통 가을빛인데(韓北韓南秋一色)

창공에서 우는 학 소리 몇 번 비껴가네(蒼空鳴鶴數聲橫)

　

두 번째 방문은 이토의 제3차 내각이 붕괴된 직후인 1898년 8월이었다. 반년도 지탱하지 못하고 내각이 무너진 후 울적한 심사를 달래기 위한 여행 길이었다. 약 두 달 반에 걸친 여행은 문자 그대로 한국과 청국을 여유롭게 돌아보는 한청 만유(韓淸漫遊)였다. 처음으로 인천을 거쳐 한성에 들러 고종을 위시한 대신들과 접할 기회를 가졌다. 비록 순수한 관광객의 한 사람으로 한국을 방문했지만, 메이지 유신의 원훈이었고, 세 번 총리대신을 역임한 원로였고, 메이지 헌법을 기안했고, 청일전쟁과 시모노세키 조약을 주도했고, 그리고 추밀원의장으로 메이지 시대의 최대 실력자였던 이토에 대한 대한제국 정부의 대접은 국빈의 예를 다한 융숭한 것이었다. 이토는 부인 우메코에게 "25일 조선의 한성에 도착한 후 황제와 정부, 그리고 인민으로부터도 생각지도 못했던 친절한 대우를 받아 꿈과 같은 기분"이라고 전했다.[2]

이토의 첫 두 차례 조선 방문은 정책이나 업무와 무관한 사적인 것이었다. 그러나 그후 이루어진 그의 한국 내왕은 병탄의 길을 닦기 위한 공적 방문이었다.

이미 앞에서 본 것처럼 이토는 1898년 이후 정우회 창당, 제4차 내각구성, 러시아와의 협상과 전쟁 등 급박한 국내외 정세변화 때문에 직접 한국 문제를 접촉할 기회가 없었다. 그러다가 러시아와의 협상이 결렬되고, 사태가 점차 전쟁의 방향으로 전개되면서 한국 문제는 이토가 다루어야 할 중심 과제로 등장했다.

1. 한일의정서 : 대한제국 종말의 시발점

이토의 제4차 내각을 이은 가쓰라 다로 제1차 내각은 1901년 6월 2일 출범했다. 의화단사건이 마무리되는 시기였다. 원로들을 완전히 배제한 최초의 가쓰라 내각은 출범하면서 "한국을 일본의 보호국으로 만드는 목적을 달성한다"는 것을 국정지표의 하나로 천명했다.[3] 한국 보호국화를 국정목표의 하나로 설정하고 이를 공식화한 것은 내각으로서는 가쓰라 내각이 처음이었다. 정한론으로부터는 28년 만이다.

러시아와의 협상이 점차 파국으로 접어들게 된 1903년 12월 30일 가쓰라 내각은 "대륙정책의 골격"으로 두 가닥의 대방침(大方針)을 각의에서 결정했다. 하나는 북으로 한국의 독립을 옹호하여 제국방위의 근간을 완벽하게 하는 것이고, 다른 하나는 남으로 푸젠(福建)을 입각점으로 하여 남중국 지방을 일본의 이익권 내에 흡수하는 것이었다. 일본은 한국과 남중국 지배권 확보를 외교정책의 2대 정강(政綱)으로 확정했으나, 그 우선순위에서는 '한국 문제'가 먼저였다. 한국 문제는 초미의 급박한 사안이고, 그 결과에 따라서 중국 문제의 향방이 결정된다고 판단했기 때문이다.

내각은 대방침을 실현하기 위한 구체적 방법을 명시했다. 각료회의는 한국 문제에 관해서는 "어떠한 경우에라도 실력으로 (한국을) 일본 세력 아래 두어야 하는 것은 물론이지만, 가능한 한 명분을 살리는 방안을 선택하는 것이 득책"이라고 확인하고, 명분 있는 방안으로서 청일전쟁 당시와 같이 한국과 공수동맹 또는 다른 보호적 협약을 체결한다는 것이다. 이를 위하여, 외무당국은 이미 "필요한 훈령"을 하야시 곤스케 주한공사에게 지시했고, 기타 여러 종류의 수단들을 취하고 있고 앞으로 한층 더 유효한 수단을 취하여 우리의 목적을 달성한다는 점을 명시했다. 그리고 한국에 대한 정책은 직간접으로 군사와 깊은 관계가 있기 때문에 군사적 사안을 함께 검토하여 방책을 결정한다는 점을 확실히 했다.[4]

대방침이 그 내용을 구체적으로 밝히고 있지는 않지만, 주한공사에게 이미 지시했다는 "필요한 훈령"은 한일공수동맹이라는 '밀약'을 뜻하고 있었다. 고무라 주타로 외무대신은 이미 1903년 9월 29일 하야시 곤스케 주한공사에게 "한국 황제를 우리 쪽으로 끌어들이는" 밀약 체결의 필요성을 설명하고 추진할 것을 지시했다. 이는 구체적으로 일본군 출동의 근거를 만들고, 전쟁이 일어날 경우 한국을 일본 편으로 끌어들이고, 또한 일본의 군사기지로 활용할 수 있도록 비밀조약을 체결하기 위한 공작이었다. 밀약을 위하여 하야시 공사는 정부에 민비 시해 후 일본에 망명한 망명자에 관해서 한국 황제가 만족할 수 있는 처분, 한국 황실과 정부에 대해서 거액의 차관 제공, 그리고 한국 조정의 실력자에 대해서 상당한 운동비 제공을 포함한 매수와 협박 등을 동원할 것을 건의했다. 또한 한성에 주둔하는 일본군대를 두 배로 증가할 것도 함께 요청했다.[5]

여러 종류의 수단들을 활용할 수 있는 전권을 위임받은 하야시 공사의 밀약을 위한 공작은 원만하게 진행되는 듯했다. 고무라 외무대신에게 보낸 하야시 공사의 보고서에 의하면 의외로 정부의 고위관리와 유지의 의향이 대체로 일본에 동조하고 있고, 궁중 회유는 큰 차질 없이 목적을 이룰 수 있는 것으로 자신감을 보이고 있었다. 또한 보고서에는 하야시가 '앞잡이'로 활용하고 있는 이지용(외부대신 임시서리), 민영철(군부대신)과 모의하여 "한국 황제의 측근들을 농락하는" 공작을 추진하고 있고, 공작을 위한 활동비로 1만 엔을 이지용에게 제공한 사실과 회유당한 이근택이 밀약 반대에서 찬성으로 돌아섰음을 통보했다. 그리고 보고서는 이지용, 이근택 등의 권유 결과 고종황제는 전적으로 일본을 신뢰하게 되었고, 따라서 밀약이 곧 이루어질 것으로 판단하고 있었다.[6]

그러나 성사되는 것처럼 보였던 밀약은 무산되었다. 1904년 1월 21일 대한제국 정부가 그 동안 은밀히 추진해온 국외중립(局外中立)을 선언했기 때문이다. 영국, 프랑스, 독일, 덴마크, 청국, 이탈리아 등은 대한제국의 중립을 승인했다. 고무라 외무대신은 하야시 공사에게 "비상한 노력을 경주했음에도 불구하고 성과를 거두지 못한 것은 유감"이라고 위로하고, "당분간 지금의 상태를 지속하면서 적당한 시기를 기다릴 것"을 지시했다.[7]

"적당한 시기"를 기다리던 공수동맹 문제는 전쟁과 함께 다시 살아났다. 일본은 4일 어전회의에서 개전을 결정하고, 러시아에 대해서 국교단절을 통고했다. 8일에는 육군 선발대가 인천에 상륙했고, 연합함대가 뤼순 항 밖에 정박하고 있던 러시아 함대를 공격했고, 9일에는 인천 앞 바다에서 러시아 군함 2척을 격파했고, 10일에는 선전포고를 했다. 이 과정에서 일본은 한국에 군대를 파견함으로써 한국의 중립선언과 외국의 승인을 사실상 묵살했다. 인천에 상륙한 4개 대대의 혼성 선발대 2,500명 가운데 2개 대대가 먼저 한성으로 진입하여 한국정부와 주한 외교단에 군사적 위협을 시위했다. 18일에는 인천에 주둔하고 있던 나머지 2개 대대도 한성에 들어와 창덕궁에 주둔했다. 이 혼란기에 일본은 고종이 러시아 공관이나 또는 프랑스 공관으로 옮길 가능성을 사전에 차단하기 위하여 특별한 주의를 기울였다. 고무라는 하야시 공사에게 "한국 황제가 타국 공관으로 파천하는 것과 같은 일이 일어나지 않도록 충분히 주의를 기울일" 것을 지시했다.[8]

전쟁과 일본군대의 진입이라는 강압적 분위기 속에서 공수동맹을 목적으로 하는 한일 두 나라 사이의 교섭이 재개되었고, 1904년 2월 23일 한일의정서(韓日議定書, 이하 의정서)가 이지용 외부대신 임시서리와 하야시 공사 사이에서 조인되었다. '밀약'으로 시작한 의정서는 결국 '공약(公約)'으로 나타났다.

박은식이 탄식하고 있는 것처럼 의정서를 계기로 "우리의 주권 모두를 상실했다."[9] 대한제국 종말의 시발점이었다. 의정서는 일본이 '실질적으로' 한반도를 지배할 수 있는 두 가지 길을 열어놓았다. 하나는 한일관계가 보호관계로 들어가고 있다는 사실이다. 대한제국은 일본을 확실히 믿고 앞으로 일본이 주도할 시정(施政)개선에 관한 충고를 수용할 것을 의무화함으로써 두 나라의 관계를 보호자-피보호자의 틀로 명문화했다(제1조). 또한 의정서는 대한제국의 독립과 영토보전을 확실히 보증하고(제3조) 있음에도 불구하고, 한국이 독자적으로 협정 취지에 어긋나는 협약을 제3국과 맺을 수 없다고 규정했다(제5조). 의정서는 상호간의 승인을 명문화하여 형식은 쌍무적인 것처럼 보였지만, 실제로는 한국만의 독자적인 조약체결을 통제하겠다는 뜻이었다. 1905년 포츠머스 조약 당시 일본이 한국정부의 승인을 받지 않았음이 이를 입증하고 있다.

의정서의 또다른 특징은 일본이 언제나 한국영토를 군사기지로 활용할 수 있는 길을 열어놓음으로써 한반도의 군사작전 지역화가 법적으로 가능해졌다는 사실이다(제4조). 러시아와의 개전과 함께 일본은 한국을 병참기지화하여 대규모의 군대를 상주시키고, 한반도를 군대와 군수무기의 수송 루트로 장악할 수 있었던 것은 이에 근거한 것이다. 이후 한반도는 대륙진출을 위한 일본의 군사 전진기지로 발전했다.

이 조약을 계기로 일본군부는 벌써 단순한 한국의 보호국화를 넘어 병탄을 염두에 두고 있었다. 다니 히사오가 수집, 정리한 러일전쟁 당시의 군부의 비밀 보고서에 의하면, 조약체결로 한국은 "자주권을 포기하고", "국무에 관한 간섭권을 일본에 승인한" 것으로 평가하면서 보호국뿐만 아니라 병탄의 길을 다져야 할 것을 다음과 같이 설명하고 있다.

한국에 대한 우리의 보호권 확정을 목적으로 하여 한국 시정의 안목(眼目), 특히 정치상, 외교상, 군사상의 실권을 확고하게 장악함과 동시에 우리의 권리를 하나하나 확충하고, 종국에는 한반도 전체를 사실상 우리나라 주권 범위 안에 포괄해야만 할 것이다.[10]

실질적으로 군부는 개전과 함께 한국에 총독부를 설치할 것을 대본영의 육군참모본부에 건의했다. 전쟁 당시 제3군 참모장이었던 이치지 고스케 소장은 "반도총독부"를 설치하여 "군사작전에 활용하면서 한국의 모든 분야를 경영할" 것을 주장했다.[11]

의정서가 조인된 것은 1904년 2월 23일이지만, 발표는 27일에 이루어졌다. 그리고 일본정부는 3월 7일 이토 히로부미를 특명전권대사로 하여 한국에 파견할 것을 결정했다. 그 사이 고무라 외무대신과 하야시 공사가

서로 주고받은 외교 전신문은 의정서를 구체화하는 데에 상당한 어려움이 있었음을 시사하고 있다. 한국에서 의정서에 명시된 내용을 부인하는 반대운동이 거세졌고, 이를 주도한 이지용, 이근택 등의 탄핵을 요구했을 뿐만 아니라 이지용 집에는 폭탄이 투척되는 등 반일 분위기가 격화되었다. 보부상(褓負商) 또한 집단적으로 동요하는 움직임이 일어났다.[12]

일본정부도 의도하는 시정개선의 범위나 방법, 또는 시정개선을 주도할 고문관 채용에 관해서도 구체적인 방안을 확정하지 못한 채 한국의 여론 추세에 더 많은 관심을 가지고 있었던 것 같다. 일본의 조심스러운 태도는 하야시 공사가 27일 고무라에게 보낸 한국의 시정개선 방법과 이권획득에 관한 의견서에도 잘 드러나고 있다. 하야시는 한국인의 저항을 불러올 수 있는 급하고 극적인 개혁을 삼가고, 정부가 파견할 고문관은 가능한 한 소수로 하여 긴급하고도 필요불가결한 부서에 한정하고, 이권획득은 전혀 눈에 드러나지 않는 방법으로 순차적으로 진행해야 한다는 의견을 제시했다. 고무라 역시 이에 동조하면서 과격한 관제개혁은 궁중의 감정을 해치고, 여러 부처의 고급관리 경질은 여론에 악영향을 미칠 수 있다는 점을 지적하면서 충분히 주의할 것을 지시했다.[13]

이토 히로부미의 대한제국 파견은 이러한 상황에서 결정되었다. 가쓰라 내각은 의정서에 담긴 뜻을 한국정부에 확인시키고, 한국 황실을 압도할 수 있는 특사로 이토를 선임했다. 경력이나 권위, 능력 그 어느 면으로 보나 이토를 능가할 인물은 없었다. 특사파견의 대외적 명목은 일본 황실이 한국 황제를 위문하기 위함이었으나, 실제는 의정서 조인으로 인한 분란을 종식시키고 주도권 장악을 위한 포석이었다.

2. 고종과 이토의 대화

이토는 1904년 3월 13일 세 번째 한국 길에 올랐다. 이전의 두 번 방문이 개인적 여행이었다면, 이번에는 천황의 특사라는 직책의 공적인 방문이었다. 특사에 걸맞게 그는 추밀원 서기관장을 비롯하여 10명을 수행원으로 대동하고 있었다. 17일 순양함으로 인천에 도착하여 18일 고종을 예방하고 메이지 천황의 친서를 전달했다.

한국 언론도 이토의 방한에 기대를 걸고 있었던 것 같다. 3월 19일자 「황성신문(皇城新聞)」의 논설은 이토가 메이지 유신 원훈으로 국가건설에 크게 기여했고, 동양의 정치가로 그 이름이 세계에 널리 알려져 있으며, 청일전쟁 당시 총리로 한국의 독립 부식을 위해서 노력했음을 평가했다. 그리고 이토의 방한을 계기로 한일 두 나라가 "한 배를 탄" 것처럼 "합심병력(合心並力)할" 것을 기대하고 있었다.[14]

이토는 한성에 일주일 동안 체류했다. 그 동안 한국정부의 고위관리는 물론 주한외교관들을 만나는 등 바쁜 일정을 보냈다. 이토는 세 차례 고종을 알현했다.[15] 첫 번째는 이미 말한 메이지 천황의 친서를 전달하는 의례적인 알현이었지만, 두 번째와 세 번째 알현에서는 동양의 정세, 일본의 근대화, 한국의 시정개혁 등 폭넓은 대화를 통하여 이토는 고종에게 강한 인상을 심어준 듯하다. 물론 그는 한국 방문의 목적인 의정서의 의미를 명확히 전달했고, 이론 없이 최종적으로 매듭짓는 것을 잊지 않았다.

20일 두 번째 알현에서 이토는 주로 동양정세의 변화와 서양문명, 문명을 앞세운 러시아의 침략성, 한국과 일본의 협력 등에 관하여 자신의 견해를 고종에게 전했다. 그는 먼저 동양의 평화와 이를 위한 한-중-일의 문명화와 연대를 강조했다. 이토의 설명에 의하면 한중일 세 나라가 문명을 증진하여 서양과 궤(軌)를 같이하면서, 동시에 세 나라는 서로 다른 부분은 배제하고, 같은 부분을 합병하여 서양문명에 대항해야 한다는 논리를 전개했다. 각 국가는 독립과 발전을 이루기 위해서는 잘못된 풍속과 습관을 개량하고, 완고한 배외주의를 버리고, 구미문명과 조화를 이루어야 한다는 점도 지적했다. 한국도 예외가 아니라는 것을 강조했다. 일본이 부강한 위치에 이를 수 있었던 것도 유신 이후 30여 년 동안 이처럼 서양문명을 수용하면서 자립의 기초를 다졌기 때문이라는 일본의 경험도 설명했다. 그러면서 그는 한걸음 앞서간 "일본과 동일주의"를 한국이 택할 것을 권유했다.

동양이 서양문명을 받아들여야 하지만, 러시아처럼 서양문명을 위장하고 침략을 의도하는 세력에는 과감하게 맞서서 이를 배제해야 한다는 경고도 잊지 않았다. 일본이 수행하고 있는 러시아와의 전쟁은 "문명을 위장한 침략을 분쇄하기" 위함이고, 따라서 한국이나 청국이 독립을 보존하기 위해서는 일본과 협력해야 한다는 것을 역설했다. 한국이 이러한 세계적 조류의 흐름을 깨닫고 "일본과 존망을 같이하고 동양의 평화를 유지 옹호하는 방책에 힘을 합친다면, 일본은 마치 자신의 존망처럼 힘을 다해 한국의 산하를 보존하고", "한국과 안위존망을 함께하고 난국을 타개하고 자립을 꾀하게 될" 것이라고 약속했다. 그렇게 함으로써 한일 두 나라는 비로소 "아픔과 가려움을 같이하는 순치보거(脣齒輔車)의 관계"가 완성될 것이라고 결론지었다.[16]

고종은 이토의 뜻에 전적으로 동의했다. 고종은 이토의 논리를 받아들이고, 그의 "노고"를 치하하기 위하여 훈장을 하사했다. 이토는 다음 날 궁내부대신 민병석을 통해 황제에게 30만 엔, 엄비에게 1만 엔, 황태자와 황태자비에게 각각 5,000엔을 선물로 전달했다.[17]

이토는 귀국하기 전날인 3월 25일 다시 황궁으로 고종을 예방했다. 이토의 "복명서"와 하야시 공사가 고무라 외무대신에게 보낸 "이토 특파 대사 알현 시말록"에 의하면, 오찬을 겸한 이 세 번째 알현에서 고종은 먼저 국정쇄신이 난항하고 있음을 밝히고, 이에 대한 이토의 "솔직한 의견"을 물었다. 이에 대해서 이토는 국정쇄신을 어렵게 만드는 가장 중요한 이유로 먼저 지적한 것은 고종의 편의적 국정운영이었다. 이토의 설명에 의하면, 통치자는 내각의 신료를 신임하고 대권을 위임하여 소위 정령(政令)이 한 줄기로 나아가게 하는 통의(通義)를 세워야만 한다는 것이었다. 그리고 이 통의에 따라서 모든 국정을 각의에서 정해야만 한다는 점을 강조했다. 그렇지 않고 함부로 옆길을 열어 무책임한 신료들의 말을 듣고, 그들과 국정을 논하는 것과 같은 일은 국정을 문란하게 하고 정국운영의 기능을 무위로 돌아가게 하여 결국 개혁의 성과를 거둘 수 없게 될 것이라는 점을 지적했다. 이는 고종의 편의에 따른 국정운영 스타일을 비판하면서, 법과 조직에 의한 국정운영, 분권과 통합, 권한과 책임의 위임, 신상필벌의 원칙 등과 같은 근대적 행정기법을 강조하는 것이었다.

한국에서 국정쇄신을 어렵게 만드는 또다른 요인으로 이토가 지적한 것은 군신간의 불화였다. 이토는 고종이 자신에게 신료의 무능과 군신의 불화를 말하고 있는 것과 같이, 신료들 또한 고종의 덕을 시비하는 자가 있다는 것을 지적했다. 그리고 군신의 알력이 오늘날처럼 계속된다면 국정쇄신은 백년하청을 기다리는 것과 같다면서, 편의에 따라서 내각 대신들을 자주 경질하는 처사를 자제할 것을 다음과 같이 설명했다.

> 시정개선과 같은 일은 결코 일조일석에 그 효과를 거둘 수 없습니다. 반드시 일정한 기간이 지나야만 합니다. 그럼에도 불구하고 폐하께서 내각 대신들을 자주 경질하는 처사를 오늘과 같이 계속한다면, 신료들은 마음 놓고 개선의 기도(企圖)를 보좌하여 수행할 수 없습니다. 개선은 결국 그림의 떡으로 끝나게 되고 말 것입니다. 그렇기 때문에 외신(外臣 : 이토 히로부미)이 바라는 바는 신료의 경질을 가볍게 취급하지 마십사 하는 것입니다. 아울러 임명한 대신을 충분히 신뢰하고 독려하여 그 성과를 책임지도록 하는 것입니다.[18]

고종은 "경의 말 하나하나가 정곡을 찌르는 것으로서 깨달은 바가 크오" 하고 전적으로 동의하면서, 빈번한 대신 교체가 시정개선을 위해서 바람직스럽지 못하다는 이토의 지적을 마음속에 간직하여 잊지 않을 것이라고 감사의 뜻을 표했다.

이어서 이토는 국가와 개인 사이에서 체결되는 조약에 관해서 우려했다. 그는 국가와 국가 사이에서 체결되는 공약으로서의 국제조약과 달리, 국가와 개인 또는 기업과의 사이에 맺어지는, 특히 광산 특허나 철도 부설과 같이 이권에 속하는 조약은 대단히 위험하다는 점을 지적했다. 더욱이 문제가 되는 것은 대체로 이런 조약은 정부가 아니라 오직 군주만의 의지로서 비밀리에 이를 결행하게 되기 때문이라는 것이었다. 뒷날 문제가 생기면 이는 국제문제로 발전되고, 정부는 뜻밖에 중대한 책임을 지게 되고, 군주는 국민들로부터의 원성을 피할 수 없게 된다는 점을 강조했다. 그러면서 이토는 고종에게 "폐하께서도 깊이 고려하시어 이런 종류의 계약은 정부로 하여금 그 이해와 득실을 충분히 연구케 한 다음 조치를 취하는 것이 이치에 맞을 것입니다. 함부로 달콤한 말에 속거나, 또는 순간의 이익에 현혹되어 뒷날의 재해를 생각하지 않는다면, 큰 우환을 면할 수 없을 것입니다"라고 충고했다.

고종은 "실로 경의 말이 적중하고 있음을 알 수 있소" 하고 이토의 지적에 동의하면서, 황실과 미국인 사이에 이루어진 서울의 전차 설비에 관한 계약의 문제를 예로 들었다.[19] 그리고 고종은 앞으로 외국인을 상대로 하는 계약은 치밀하게 검토하는 것이 옳을 것이라고 찬동했다.

끝으로 이토는 방한의 근본 목표인 의정서의 의미를 명확히 하려고 했다. 그는 방한 직후 궁내대신을 통해서 한국을 방문하게 된 목적을 문서로 고종에게 전달한 바 있었는데, 이에 대한 고종의 확답을 요구했다. 그는 자신의 사명은 고종이 일본을 신뢰하고 일본과 주의와 방침을 같이하고, 의정서에 담겨 있는 일한동맹의 실효를 거두는 데에 있다는 것을 강조하면서 고종을 다음과 같이 압박했다.

한국이 좌고우면하거나 애매모호한 방침을 택하는 것은 한국을 위해서 결코 득책이 될 수 없습니다. 일본이 러시아와 전쟁을 수행하는 동안 때때로 일본이 불리한 경우에 빠질 수도 있습니다. 그럴 때 만일 한국군대가 총부리를 거꾸로 일본 쪽으로 돌린다면, 일본은 한국을 적국으로 간주할 수밖에 없습니다. 이는 실로 일본 천황폐하께서 원하는 바가 아닙니다.[20]

한국이 일본과 함께한다는 태도를 명확히 할 때에는 일본은 한국을 영원히 변치 않는 우방으로 대하겠지만, 태도가 불투명할 경우에는 "상당한 조치"를 취하게 될 것이라고 위협했다. 이토가 의미하는 "상당한 조치"는 한국에 더 많은 병력을 파병하고 보다 강경한 조치를 취할 준비를 한다는 것이었다.

고종은 궁내대신이 전해준 내용을 충분히 검토하여 이미 잘 알고 있다고 했다. 그리고 "오늘의 한일관계는 의정서에 의하여 이미 확정되었고, 우리나라가 가야 할 주의와 방침도 이와 일치하고 있소. 짐은 짐의 신료들과 함께 의정서에 따라 한일 제휴가 그 결실을 거둘 것을 기대하고 있소"라고 의정서의 취지에 전폭적으로 동의하고 있음을 밝혔다. 이어서 고종은 "천황폐하가 (자신이) 신임하고 있는 경을 특파하여 정중한 뜻을 전해준 데 대하여 짐의 황실과 일반신민이 기쁨을 금할 수 없소. (한일 두 나라의) 국교도 한층 더 화목하고 두터워질 것을 의심치 않소"라고 이토의 역할을 높이 평가했다. 그리고 앞으로 두 나라를 위해 중대한 사명을 다해줄 것을 당부했다.

이어서 고종은 이토에게 갑신정변 이래 일본에 체류하고 있는 망명자 처리, 경의선 철도 부설에 필요한 경비분담, 민비 시해에 연루된 우범선을 암살한 죄로 일본에서 수형생활을 하고 있는 고영근의 인도를 당부했고, 이토는 고종이 희망하는 대로 조치하겠다고 약속했다. 고종은 끝으로 이토의 관심을 촉구하면서, 이토를 대신할 수 있는 고문 추천을 다음과 같이 당부했다.

짐은 경을 깊이 신뢰하고 경의 보익을 기대하는 바가 적지 않소. 때때로 (한국에) 와서 유익한 지도를 담당해줄 것을 희망하오. 우선 경에게 당부하는 것은 경이 신임하고 또한 일본 황실도 중요히 여기는 인물을 추천하여 한국과 일본이 긴밀한 연결관계를 만들 필요가 있소. 고문관이라는 이름을 붙이지 않아도 좋을 것이오. 요컨대 경을 대신해서 짐의 자문에 답해주고 황실업무를 보좌하기에

한일의정서 기념사진. 중앙 이토 히로부미와 그 옆의 하야시 곤스케

적절한 인물을 원하오.[21]

이토는 고종의 뜻을 충분히 고려하여 다음에 적절한 답을 드리겠다고 약속했다. 그리고 다음날 귀국 길에 올랐다.

이토의 방한은 하야시 공사가 고무라 외무대신에게 보고하고 있는 것과 같이 "사명을 완수하고, 만족스러운 결과를 거둔" 성공적인 외교업적이었다.[22] 이토는 한국정부에 의정서의 뜻을 명확히 전달하고, 한국이 의정서의 취지에 따라 일본과 협조한다는 동의를 받아냈다. 그러나 무엇보다 큰 성과는 이토가 고종에게 강력한 인상을 남겨주었고, 고종의 신뢰를 확보했다는 사실이다.[23]

이토가 귀국한 지 약 4개월 만에 고종이 이토의 방한을 다시 희망하고 있음이 이를 설명해주고 있다. 하야시는 7월 21일 고무라에게 고종은 "이토 후작을 깊이 신뢰하여", 빠른 시간 안에 다시 "후작이 한국을 방문하여 정치개선의 지도를 담당해줄 것을 희망하고" 있다고 보고하면서 이토의 방한 가능성을 타진했다. 그리고 고종은 이토를 초빙하기 위하여 필요하다면, 일본에 특사를 파견할 뜻을 가지고 있다는 점도 함께 보고했다. 하야시가 고종에게 이토는 추밀원의장이라는 중책을 맡고 있고 천황의 중신으로서 오직 천황의 허락에 의해서만 한국을 방문할 수 있다고 하자, 고종이 메이지 천황에게 이토의 파견을 당부하는 친전을 보낼 뜻을 보였다는 내용도 함께 보고했다.[24]

메이지 천황에게 이토의 파견을 당부하는 고종의 친전 초안은 7월 23일 하야시 공사에게 전달되었고, 이는 고무라 외무대신에게 즉시 보고되었다. 한국의 서정쇄신과 시정개선이 늦어지고 있음을 우려하는 것으로 시작되는 고종의 친전은 다음과 같이 끝맺고 있다.

> 짐은 천황폐하의 중신인 후작 이토 히로부미의 식견이 탁월한 것을 알고 있습니다. 지난 봄 사명을 받들고 한국을 방문하여 피력한 깊은 뜻이 짐과 합치하고 있습니다. 만일 후작을 곁에 두고 서정쇄신에 참여케 한다면, 개선의 목적을 이를 수 있을 것입니다. 원컨대 폐하의 사랑을 나누어 후작에게 명하여 한국에 올 수 있도록 허락하는 회전(回電)을 내리시기를 희망합니다.[25]

고무라는 이 문제를 이토와 직접 협의했으나, 이토는 때가 아니라고 판단했다. 8월 초 이토가 당분간 일본을 떠날 수 없는 사정 때문에 고종의 초빙을 정식으로 거절하게 될 때까지, 고종은 하야시에게 "여러 차례" 이토의 방한을 독촉했다.[26]

고종이 이토의 방한을 간청하고 있었던 바로 이 시기에 일본은 한국병탄의 청사진이라고 할 수 있는 대한방침에 관한 결정이라는 정책을 논의하고 확정 단계에 있었다. 일본은 이토를 통한 국정쇄신을 기대하는 고종의 의도와는 전혀 다른 길을 가고 있었던 것이다.

고종은 일본정부와 이토의 속마음을 읽지 못했다. 이토의 방한 목적은 한국의 국정쇄신이 아니라, 한국지배권을 강화하는 것이었다. 하야시 공사가 고무라 외무대신에게 보낸 기밀문서에 의하면 이토의 방한 목적이 어디에 있는지 확연히 드러나고 있다. 일본은 이토의 방한을 계기로 "제국의 이권을 한국에 부식하는" 것이고, 그 방법은 "가능한 한 소리[聲]를 낮추고 모양[形]을 감추어 드러나지 않는 수단으로 오로지 실리만 추구하는" 것이었다. 하야시가 쓰고 있는 정확한 표현을 그대로 인용하면 "(한국의) 골수 이권을 서서히 점유해야 한다"는 것이다. 그가 의미하는 "골수 이권" 이라는 것은 "철도와 기타 육상의 교통기관, 연해와 하천의 운항, 황해, 평안, 충청 3도의 어업권과 경작 및 기타 지상권, 우편-전신 등에 관한 권리, 기타 여러 종류의 광업권"이었다. 그리고 종국에는 바다와 육지의 적당한 지점을 모두 수용하여 항상 적절한 군대를 분산 주둔시켜 "일본의 이권과 한국의 안녕을 보증할" 수 있는 준비를 해야 한다는 것이었다.[27] 철저한 한국지배를 의미하고 있다.

3. 한일협정서 : 보호지배의 시작

개전과 강화조약의 사령탑으로 활약한 당시의 외무대신 고무라 주타로의 표현에 의하면 러시아와 전쟁에 임하는 일본 전략은 "단숨에 적을 분쇄하고, 신속하게 외교로 사태를 수습한다"는 것이었다.[28] 전쟁이 "바다와 육지에서 모두 순조롭게 진행되고" 있는 동안, 정부는 한편으로는 종전을 위한 외교를 펼치면서, 다른 한편으로는 대한제국 지배를 위한 종합정책을 확정해 나갔다.

이토 히로부미가 대한제국을 방문하여 의정서의 뜻을 확실히 한 지 두달 후인 1904년 5월 30일 원로회의는 "대한방침에 관한 결정"(이하 대한방침)을 확정하고, 31일 내각회의를 거쳐 6월 11일 천황의 결재를 받았다. 근본 취지는 일본이 한국에 대해서 정치, 군사상 보호의 실권을 장악하고, 가일층 경제적 이익을 도모한다는 것이었다.[29] 대한제국의 식민지화를 일본정부가 '공개적으로' 확정한 결정이다.

한국병탄의 청사진이라고 할 수 있는 이 대한방침은 이를 결정하게 된 "이유"와 그 결정을 구체화하기 위한 "시설강령(施設綱領)" 두 부분으로 구성되어 있다. 일본정부가 제시하는 "이유"는 "한국의 존망은 제국의 안위에 직결되어" 있고, 한국은 "정치가 썩어 문드러지고 인심의 부패로 도저히 그 독립을 영구히 지탱할 수 없는 것이 확실하기" 때문에, 일본은 한국에서 "정치, 군사, 경제에서 지위를 확립하여 장래 분규의 우려를 사전에 차단하고 제국 방위의 길을 완전히 할 필요"가 있다는 것이다. 그동안 일본은 의정서를 통해서 "어느 정도 보호권을 확보했지만, 한걸음 더 나아가 국방, 외교, 재정 등을 한층 더 확실하게 장악할 수 있는 적절한 조약을 체결하여" "보호의 실권을 확립하고 동시에 경제 각 영역에서 긴요한 이권을 거두어 착실하게 경영을 실행해야" 한다는 것을 강조했다. 이는 일본이 당면한 가장 시급한 업무로 규정했다.

대한방침은 이어서 병탄을 구체화하기 위한 6개항의 "시설강령"을 제시하고, 그 필요성을 자세히 설명하고 있다. 6개항의 시설강령은 1) 한국 땅에 군대를 주둔하고 방비를 완전히 할 것, 2) 외정(外政)을 감독할 것, 3) 재정을 감독할 것, 4) 교통기관을 장악할 것, 5) 통신기관을 장악할 것, 6) 척식(拓植)을 꾀할 것 등을 포함하고 있다.

외교문서에는 포함되어 있지 않지만, 7월 8일 고무라 외무대신이 하야시 공사에게 보낸 "일본정부의 대한시정방침 훈령"에는 시설강령 외에 실권을 장악해야 할 9개항의 "시설세목(施設細目)"을 구체적으로 제시하고 있다. 여기에는 외교, 재정, 경찰권, 교통, 통신, 황무지 개간, 압록강변의 삼림 벌목권 취득 등 광범위한 영역에서의 실권 장악을 지시하고 있다. 예컨대, 시설세목 제4항은 한국 내지에 제국의 경찰권을 확장함과 동시에 가능한 한 한국 경무청에 우리 고문관을 채용하게 하여 한국 경찰의 실권을 장악할 것을 구체적으로 지시하고 있다.[30]

가쓰라에 의하면, 대한방침은 한국 문제를 근본적으로 해결하기 위한 방법이고, 방법의 핵심은 적당한 시기에 한국을 보호국으로 만들거나, 아

| 가쓰라 다로 | 고무라 주타로 | 하야시 곤스케 |

니면 병합해야만 한다는 것이었다. 그는 해결을 위한 방법으로 보호국화이든 또는 병탄을 위해서든 보다 급진적인 정책이 필요하지만, 이는 강대국의 감정을 자극하여 오히려 사단을 일으킬 우려가 있기 때문에 점진적으로 목적을 완수하는 방안을 모색할 것을 강조했다. 그리고 그 시기가 올 때까지 정치, 외교, 군사적 보호의 실권을 거두고, 경제적 이익을 발전시킨다는 것이었다.[31] 정부 수반인 총리가 병탄을 공식적으로 거론한 것은 이것이 최초이다. 그는 고무라, 하야시와 함께 한국병탄을 주도했다.

대한방침을 확정한 일본정부는 그 후속조치를 신속히 취했다. 먼저 한일의정서의 취지에 따라 한국이 일본의 "지도"를 받아 국정쇄신을 실행하기 위한 법적 근거를 만들고, 이를 한국정부와 협정서로 체결했다. 1904년 8월 22일이었다. 3개항으로 구성된 한일협정서(제1차 한일협약)에 의하면, 한국정부는 일본정부가 추천하는 한 사람을 재정고문(財政顧問)으로 삼아 대한 정부에 초빙하여 재무에 관한 사항은 일체 그의 의견을 물어서 시행해야 하고(제1조), 일본정부가 추천하는 외국인 한 명을 외교 고문으로 삼아 외부(外部)에 초빙하여 외교에 관한 중요한 사무는 일체 그의 의견을 물어서 시행해야 하며(제2조), 그리고 한국정부는 외국과 조약을 체결하거나 기타 중요한 외교 안건, 즉 외국인에 대한 특권 양여와 계약 등의 문제 처리에 대해서는 미리 일본정부와 상의할 것을 규정하고 있다(제3조). 이에 따라서 10월 15일 한국정부는 일본정부가 추천하는 대장성 주세국장(主稅局長) 메가다 다네타로를 정부의 재정고문으로, 그리고 이토 히로부미가 신뢰하고 있는 주미 일본 공사관의 미국인 더럼 스티븐스를 외부 고문으로 초빙했다. 재정권과 외교권을 빼앗긴 한국은 이미 주권을 상실한 것이나 다름없었다.

해가 바뀌면서 일본에서는 승전 소식이 잇따랐다. 뤼순에서 러시아 군대가 항복했고, 펑톈 회전(奉天會戰)에서 일본이 크게 승리를 거두었다. 대한방침을 구체적으로 실천할 시기가 도래했던 것이다. 가쓰라 총리의 표현을 그대로 인용하면 "이미 정한 국시(國是)를 수행할 시기", 즉 먼저 한국을 보호국으로 하고 나아가서 병탄정책을 실시할 때가 이르렀다는 것이었다.[32] 1905년 4월 8일 일본 내각은 "한국 보호권 확립의 건"을 각의에서 결정하고, 이틀 후인 10일 천황 결재를 받았다. 이 문건은 일본이 한국에 대한 보호권을 확립하고, 한국의 대외관계를 장악하기 위해서는 보호조약 체결이 필요하다는 것을 명시하고 있다. 그리고 일본정부는 이미 대한방침에서 정한 방침과 계획에 따라 대한제국의 국방과 재정의 실권을 장악하고, 외교를 감독하고, 그리고 조약체결권을 제한할 것을 확정했다. 이를 위해서 아래와 같은 내용을 핵심으로 한 보호조약을 체결한다는 것이다.

1) 한국의 대외관계는 전부 일본이 담당하고, 재외 한국신민은 제국의 보호에 속한다.
2) 한국은 직접 외국과 조약을 체결할 수 없다.
3) 한국과 열국과의 조약 실행은 일본이 그 책임을 맡는다.
4) 일본은 한국에 주차관(駐箚官)을 두고, 한국의 시정 감독 및 일본신민의 보호를 담당한다.[33]

일본은 한일의정서와 한일협정서를 바탕으로 한반도 지배의 틀을 마련했고, 보호조약의 밑그림을 완성했다. 그리고 제2차 영일동맹(8. 12), 포츠머스 조약(9. 5), 태프트-가쓰라 비밀협약(10. 12)을 통해서 한국 지배권을 영국, 러시아, 미국으로부터 인정받았다. 일본정부는 특히 미국의 지지를 획득하기 위하여 상당히 노력했다. 전쟁이 끝나가는 1905년 1월 일본정부는 주미 공사를 통하여 미국 대통령 시어도어 루스벨트에게 한국의 일본 예속화가 불가피하다는 것을 설명하고 지지해줄 것을 다음과 같이 피력했다.

한반도는 자연적으로 일본 국방의 외대(外帶)를 형성하고 있기 때문에 이곳에서 제국이 우월한 세력을 완전히 유지하는 것은 제국의 강녕과 평온을 유지하기 위해서는 필요불가결하다. 그 동안 한국의 정치적 부패를 근절하기 위하여 제국 정부가 최선을 다했음에도 불구하고, 한국의 정치는 여전히 음모와 부패의 수렁에서 벗어나지 못하고 있다. 그렇기 때문에 한국에서 안녕과 질서, 그리고 선정을 확보하고, 또한 개전 당시에 제국의 지위를 압박하고 침략하는 것과 같은 음험한 세력의 회복을 막기 위해서는 한국을 전적으로 일본의 세력권 안에 두고, 이를 보호, 감독 및 지도할 수 있는 권리를 완전히 장악할 필요가 있다.[34]

미국의 지지는 태프트-가쓰라 회담으로 확인되었다. 이제 일본은 강대국 승인 아래서 한국지배를 공개적이고도 강압적으로 추진할 수 있게 되었다. 가쓰라 총리는 한국 문제의 해결이라는 "국시(國是)"를 수행할 시기가 도달했다고 판단했고, 그 첫 단계가 한국의 외교권을 먼저 장악하는 것이었다. 그는 다음과 같이 정부의 뜻을 확실히 했다.

한국의 모든 외교권을 (일본이) 거두어들이는 것을 대방침(大方針)으로 삼고, 이를 위하여 비상한 노력을 경주한다. 만일 한국이 이에 동의하지 않을 경우에는 최후수단으로서 한편으로는 한국에 대하여 보호권을 확립했다는 것을 선언하

고, 다른 한편으로는 열강들에게 일본이 그런 조치를 취할 수밖에 없는 이유를 설명한다.[35]

가쓰라 내각은 포츠머스 조약이 체결된 직후 10월 27일 이를 실천하기 위한 구체적 방법과 절차를 확정했다. 같은 날에 천황의 승인을 받은 "한국 보호권 확립실행에 관한 결정"은 8개항으로 채워져 있다. 그 내용은 1) 외교권 완전 장악, 2) 미국, 영국, 프랑스, 독일에 대해서 조약 내용의 사전 통고, 3) 11월초 실행, 4) 조약교섭의 전권을 하야시 공사에게 위임, 5) 특사 파견에 의한 고종과의 직접 담판, 6) 하세가와 요시미치 한국주차군 사령관이 하야시 공사가 필요로 하는 일체의 군사적 원조 지원, 7) 일본 군대의 서울 집결, 8) 한국이 끝까지 동의하지 않으면 일방적으로 보호권 설정을 한국에 통고하고, 열강에게는 일본정부가 이러한 조치를 취하지 않을 수 없는 이유를 설명한다는 단계적 수순과 구체적 방침을 포함하고 있다. 그리고 별지에 4개항으로 구성된 조약문의 초안을 작성했다. 1) 일본은 한국의 외교권을 전적으로 지휘감독하고, 2) 한국정부는 반드시 일본정부를 통해서만 국제적 관계를 유지하고, 3) 일본은 서울에 한 명의 통감과 필요하다고 인정하는 곳에 이사관을 배치하고, 4) 이 조약에 저촉되지 않는 모든 조약은 유효하다는 것이 포함되었다.[36]

4. 고종과 이토의 대결

일본정부는 10월 말에 이르러 대한제국을 보호국으로 만들고, 나아가서 병탄에의 길을 열어간다는 기존의 국시를 실행에 옮기기 위한 필요한 모든 준비를 완료했고, 집행만을 기다리고 있었다. 협상대표로는 하야시 곤스케 공사를 정했으나, 최종 결정권을 가지고 있는 고종을 설득하고 압력을 가하기에는 함량미달이었다. 보다 거물급 인물이 필요했다. 고종에게 강한 인상을 남겼을 뿐만 아니라 이미 고종과 몇 차례 대좌했던 경험이 있는 정계의 원로인 이토 히로부미가 적격이라는 데 이론이 없었다. 27일 어전회의 후 고무라 외무대신은 업무협의차 일시 귀국한 하야시 공사와 함께 이토 히로부미를 찾았다. 고종의 동의라는 막중한 임무를 담당할 특사의 직책을 맡기기 위해서였다. 이토는 "한국조정에 천황의 뜻을 철저히 실현하겠다"며 쾌히 승낙했다.[37] 메이지 천황은 11월 2일 이토를 불러 특명전권대사로 임명했다.

1904년 3월 12명의 수행원을 거느린 이토는 11월 9일 한성에 도착하여 정동에 있는 손탁(孫濯) 호텔에 짐을 풀었다.[38] 10일 고종을 알현하고 천황의 친서를 전달했다. 그리고 한국 고위관리들에게 선물을 돌리는 것을 잊지 않았다.[39]

이토는 고종을 알현하기 전에, 미국, 영국, 프랑스 등의 한성주재 외교관, 그리고 한규설, 박제순, 민영환 등 고위관리는 물론이고 이용구, 송병준 등 일진회 간부들을 만나는 바쁜 날들을 보냈다. 닷새 후인 15일 이토는 다시 고종을 알현하고, 외교권 위임을 핵심으로 하는 협약 초안을 제시했다. 오후 3시부터 시작된 두 사람의 대좌는 저녁 7시까지 계속되었다. 대화 내용은 이토가 귀국하여 천황에게 제출한 복명서와 주한 일본 공사관 기록인 알현시말기(謁見始末記)에 자세히 남아 있다.[40] 이 기록에 의하면 고종은 이토가 사명을 띠고 다시 한국을 찾은 것을 "충심"으로 환영한다는 의례적 인사로 접견을 시작했다. 이어서 고종은 "신료는 물론 종족(宗族)에게도 결코 입 밖에 내지 않았던 것이지만, 오늘은 경에게 기탄없이 털어놓고 이야기하고 싶소" 하면서 다음과 같이 대화를 풀어나갔다.

청일전쟁 당시 이노우에 백작이 공사로 임명되어 내정개혁을 지도할 때, 짐은 기대하는 바가 대단히 크고 많았소. 그런데 그가 공사직에서 물러난 지 열흘도 되지 않아 실로 말로 다할 수 없는 우리나라에 가장 애통할, 또한 한일우호에 장애를 주는 불행한 사건이 일어났소. 생각건대 만약 이노우에 백작이 여전히 공사직에 머물러 있었다면, 이와 같은 흉변(兇變)은 없었을 것이고 양국 관계는 더욱 돈독해졌을 것이오. 물론 흉행(兇行)의 장본인은 짐의 시신(侍臣)과 잡배에 의해서 양성(釀成)되었다고 할지라도, 그들은 오로지 일본 세력을 믿고 행동했다는 사실은 의심할 것조차 없소. 생각이 이에 미치면 더욱더 분개치 않을 수 없소.[41]

고종이 말하는 "흉변"은 1895년의 민비 시해를 의미하고 있다. 신하나 일족 그 누구에게도 발설하지 않았던 민비 시해를 이토에게 기탄없이 털어놓은 것이다. 그러나 그것은 이미 지난 일이고 반복해야 아무 소용없음을 고종도 잘 알고 있었다. 다시 생각하기도 싫은 "흉변"을 대화의 시작으로 삼은 것은 그 다음으로 이어지는 일본의 행위를 비판하기 위해서였다.

고종은 1904년 2월과 8월의 한일의정서와 한일협정서 이후 시정개선이라는 이름으로 취한 일련의 조치가 개선이 아니라 오히려 한국인을 고통 속으로 몰아넣고 있다고 지적했다. 고종에 의하면, 일본이 권고하고 주도한 재정정리는 한국인의 독자적 금융기관 설치가 아니라, 일본의 제일은행(第一銀行)이 한국의 중앙은행 사무를 장악하는 것이었다. 그 결과 전국의 금융은 그 평준을 잃고 원만함이 결여되어 국민은 도탄 속에서 고통스러운 상황을 초래했고, 황실의 재정까지 간섭하기에 이르렀다고 비판했다. 전신 우편사무 또한 개량이라는 이름으로 통신기관을 완전히 일본인이 장악했고, 국방에 필요한 군대는 지방에서 일어나는 도적떼도 진압할 수 없는 상태로 축소된 것에 대해서 불만을 토로했다. 그리고 다음과 같이 말을 끝냈다.

최근에 이르러 외교관계를 일본이 인수한다는 풍설이 전해지면서 인심이 한층 더 흉흉해지고 일본의 진의를 의심하고 두려워하는 상황에 이르렀소. 이러한 실상은 한국인 모두로 하여금 일본의 태도를 의심하게 하고 일본에 대한 악감정을 야기시키고 있소. 바로 이런 때 경의 내한은 짐으로 하여금 숨김없이 사정을 호소하여 경에게 수고를 끼치고, 동시에 경이 입장을 바꾸어 현재 우리나라가

처한 위치에 있다고 한다면, 아마 생각이 거의 비슷하지 않을까 하는 것을 기대해보는 바이오.[42]

그러나 이토의 대답은 차갑고 단호했다. 고종을 위협하기까지 했다. 물론 "흉변"에 대해서는 한마디의 답변도 없었다.

여러 가지 폐하의 불만스런 말씀의 취지는 잘 알겠습니다. 그러나 폐하께서는 한국이 어떻게 해서 오늘의 생존을 확보할 수 있게 되었는지, 또한 한국의 독립은 누구 덕택이었는지 이 한 가지만을 묻겠습니다. 폐하는 이것을 아시고서도 그런 불만의 말씀을 펼 수 있습니까?[43]

고종의 답변이 구차해지기 시작했다. 톈진 조약(1885)과 시모노세키 조약(1895)을 통해서 한국이 독립을 확립할 수 있게 되었음을 인정했다. 이를 위한 일본과 이토가 진력(盡力)을 다했음을 또한 인정했다. 그리고 1895년의 아관파천이 일어나게 된 경위를 변명했다.

이토는 길어지는 통역을 중단시키고 고종에게 반격했다. 이토의 설명에 의하면, 삼국간섭 후 러시아의 의도는 분명히 한반도의 육지와 바다를 장악하여 한국병탄을 위한 완벽한 준비를 충실히 하는 것이었다. 일본은 이를 저지하고 동아시아의 안정을 위하여 인명과 거액의 재물을 걸고 전쟁을 수행했고, 그 결과 한국이 영토를 보전하게 되었다는 사실은 천하공론이 모두 인정하게 되었다는 것이다. 이 과정에서 일본이 취한 조치로 인하여 한국인이 겪어야 했던 고통과 불만은 피할 수 없는 것이지만, 일본이 감내해야만 했던 고통에 비해서는 아무것도 아니라고 강조했다. 한국의 독립은 일본의 이러한 희생과 노력을 통해서 비로소 확보될 수 있었다는 것이다.

그러면서 이토는 방한의 본론을 단도직입으로 제시했다. 러일전쟁 결과로 동양 평화는 회복되었지만, 항구적 평화를 구축하기에는 아직 많은 문제가 있고, 그 중심이 한국 문제라는 것이었다. 분란의 원인인 한국 문제를 완전히 해결하기 위해서는 한국과 일본 두 나라의 결합을 한층 더 공고히 하는 것이라고 강조했다. 두 나라의 결합을 공고히 하는 방법을 다음과 같이 제시했다.

귀국의 대외관계, 소위 외교를 귀국 정부로부터 일본이 위임받아 이를 대행하는 것입니다. 내정, 즉 자치의 요건에 이르러서는 여전히 폐하 친정 아래에서 폐하의 정부가 주관하기 때문에 종전과 조금도 다를 바 없습니다. 이는, 첫째, 동양의 화란(禍亂)을 근절하고, 둘째, 귀국 황실의 안녕과 존엄을 견실히 유지하고, 셋째, 국민 행복을 증진시키려는 선의의 대의에 기초한 것입니다. 폐하는 세계 추세를 살피시고, 국가와 인민의 이해를 고려하여 곧 이에 동의해주실 것을 바랍니다.[44]

이토의 위세에 눌린 고종의 대답은 알현 시작 때와는 달리 약한 모습으로 변했다.

경이 지니고 온 사명의 취지를 잘 알고 있소. 또한 귀국의 황제 폐하가 우리나라에 대하여 한결같이 마음 쓰며 걱정하시는 것에 깊이 감사하고 있소. 대외관계 위임의 문제를 절대로 거부하겠다는 것이 아니오. 다만 형식만 지속한다면, 내용은 어떻게 협정하든지 간에 결코 아무런 이의가 없소.[45]

실질적 대외관계는 어찌되었든지, 다만 형식적으로라도 대외관계의 권한만은 한국에 남겨달라는 간청이었다. 그러나 이토의 대답은 단호했다. 외교라는 것은 형식과 내용을 구별할 수 없다는 것, 한국이 외교권을 유지하려고 한다면, 동양 평화가 다시 어지러워질 수 있다는 것, 일본정부는 모든 사안을 검토하여 한국의 외교권을 대행하기로 결정했다는 것, 그리고 이는 전혀 변경할 수 없는 최종 확정안이라는 것을 통고했다. 그리고 휴대한 협정안의 사본을 고종에게 전했다.

조약문을 읽어본 고종은 형식조차 남아 있지 않다면, 결국 한국은 "오스트리아와 헝가리의 관계"와 같이 되고, 또는 가장 열등한 나라, "예를 들면 열강이 아프리카를 대하는 것과 동일한 지위"에 이르게 되는 것이 아니냐고 반문했다.

이토는 고종이 조약의 참뜻을 오해하고 있다고 다시 설명하면서, 조약을 체결하더라도 한일 두 나라에 각각 군주가 있고 독립을 유지하게 된다는 점, 헝가리에는 황제가 존재하지 않을 뿐만 아니라 오스트리아에 병합되었다는 것, 그리고 아프리카에는 독립국이 하나도 없다는 점을 강조했다. 그러면서 조약의 참뜻은 "동양 화란(禍亂)의 뿌리를 제거하기 위하여 일본이 한국의 위임을 받아 외교만을 담당할 뿐이고, 그 외의 모든 국정은 지금과 같이 한국 스스로가 이끌어가게 될 것"임을 거듭 강조했다.

고종은 이토의 개인적 호의에 호소했다. 고종은 그 동안 자신의 신료들보다 더 이토에게 의존했고, 때때로 은밀히 사신을 파견하거나 서신을 보내는 등의 일을 상기시키면서, 이토가 외교권의 '형식'을 존속할 수 있도록 도와줄 것을 당부했다. 외교권 위임의 "내용관계는 어떠한 식으로 규정될지라도, 거절하지 않을 것이오. 다만 그 형식을 어느 정도 갖추는 데에 관해서는 경의 알선과 진력에 기대하오. 경이 짐을 도와 짐의 절실한 희망을 귀국 황실과 정부에 전한다면, 다소 변통이 있지 않겠소?" 복명서에 기록된 이토의 표현을 그대로 인용하면 고종은 "듣기에 매우 불쾌할 정도의 애소적(哀訴的) 정실담(情實談)을 여러 차례 반복했다." 이토의 대답은 차가웠고 명료했고 위협적이었다.

이 결정은 일본정부가 모든 것을 고려하여 결정한 최종적인 것입니다. 추호도 변경할 여지가 없는 확정안입니다.……이를 승낙하거나 거부하는 것은 전적으로 폐하의 뜻이지만, 만일 폐하가 거부해도 제국정부는 이미 정한 바가 있어 그대로 시행하게 될 것입니다. 거부할 경우 귀국의 지위는 조약을 체결하는 것보다 훨씬 더 어려운 입장에 처하게 될 것이고, 한층 더 불리한 결과를 불러오

게 될 것이라는 각오를 가져야 할 것입니다.[46]

"짐도 어찌 그 이치를 모르겠소"라고 이토의 협박에 동조하면서도 고종
은 즉답을 피하려고 했다. 사태의 심각성과 더 이상 이토와의 대화로 해결
될 문제가 아니라는 것을 깨달은 고종은 "신하에게 자문"을 구하고 또한
"일반인민의 의향"도 살펴 결정하겠다고 둘러댔다. 최종결정을 신하와 국
민의 뜻에 미룬 것이다.

이토는 고종이 정부 신료와 논의한 후에 최종 결정을 내린다는 것에는
동의했다. 그러나 "일반인민의 의향"도 살핀다는 고종의 답변을 오히려
더 강한 압박의 명분으로 활용했다. 이토는 냉담한 태도로 대답했다.

폐하께서 정부 대신들의 자문을 받는 것은 지극히 당연하고, 저 역시 오늘 폐하
의 결정을 요구하는 뜻은 아닙니다. 다만 일반인민의 의향을 살핀다는 것은
이상하기 짝이 없는 일입니다. 왜냐하면 한국은 헌법정치가 아닌 모든 것을
폐하가 결정하는 군주전제국이 아닙니까? 인민의향 운운하지만 실은 인민을
선동하여 일본의 제안에 반항하려는 것으로 여겨집니다. 이는 결코 쉽지 않은
일일 뿐만 아니라, 그 책임이 폐하에게 돌아가지 않을까 염려됩니다.……이미
그런 움직임이 있다는 것을 일본군대가 탐지하고 있습니다.[47]

고종은 "대단히 낭패스러운 모습"으로 그런 뜻이 아니라고 거듭 부인했
다. 민의를 직접 듣겠다는 것이 아니라 정부 신료의 자문과 함께 중추원
(中樞院)의 의견을 참작하겠다는 뜻이라고 변명했다.

이토는 고종이 앞장서서 내각의 신료들에게 일본정부의 제안에 동의하
는 것이 시국의 대세라는 뜻을 밝혀 논의가 한 방향으로 진행될 수 있도록
할 것을 요구하면서, 한번 더 고종을 압박했다.

폐하께서는 책임을 정부에 돌리고, 정부는 또 그 책임을 폐하께 돌려 군신이

서로 그 책임을 회피하여 쓸데없이 결정을 천연하는 일이 있어서는 안 될 것입니다. 이와 같은 일은 귀국에 손해되는 일은 있어도 결코 이로울 바가 없다는 것을 기억하시기 바랍니다.[48]

그리고 이 조약체결은 속결을 필요로 한다는 것을 거듭 강조하면서, 다음 날 하야시 공사와 한국정부의 외부와의 사이에서 "신속한 타협"이 진행될 수 있도록 조치해줄 것을 요구했다. 고종의 공박으로 시작된 대결은 이토의 일방적인 승리로 끝났다. 오후 7시가 지나서였다.

이토의 복명서처럼 고종과 이토의 자세한 대화 내용이 한국 측의 기록에는 남아 있지 않다. 다만 당시의 신문이 내용의 일부를 전하고 있을 뿐이다. 1905년 11월 20일자 「황성신문」에 의하면 고종과 이토의 협상의 큰 흐름은 이와 별로 다르지 않다. 그러나 이토의 태도는 복명서에 남아 있는 기록처럼 "도도하지" 않았고, 고종이 "애소적"으로 이토에게 호소하지도 않았다. 언론이 전하는 분위기는 복명서와 크게 달랐다. 이토가 일체의 외교권을 일본에 위탁한다는 새로운 조약안을 제시할 때, 고종은 "귀국 황제의 선전[러일전쟁] 조칙 가운데 한국독립을 부식한다는 단어가 있고, 또한 한일의정서에도 독립보증이라는 약속"이 있다는 점을 상기시키고, 이토가 제시한 "조건을 요구함은 실로 천만의외"라고 부당함을 강하게 표시했다. 그러자 이토는 "이는 외신(外臣 : 이토)의 뜻이 아니라, 다만 정부의 명령을 받들고 있을 뿐"이라고 변명하고 있었다. 그리고 그는 이를 "인준하는 것이 양국의 행복과 동양의 평화를 영원히 유지하는 길"이라고 주장하면서 "속히 인허해줄 것"을 당부했다. 이토가 거듭 요구하자, 고종은 "이를 인허하는 것은 망국과 같으니 짐은 죽을지언정 결코 인허할 수 없다"고 강하게 부인한 것으로 기록하고 있다.[49] 박은식의 「한국통사」 또한 「황성신문」의 기록과 비슷하다. 즉 이토가 조약 체결을 요구할 때, "고종은 정색을 하고, '짐이 차라리 죽어 순국하면 했지, 결코 승인할 수는 없소'라고 말했다. 이토가 재삼 위협을 가했으나, 마침내 허락을 얻지 못하고 물러났다."[50] 복명서의 신뢰성을 의심케 하는 대목이다.

5. 을사5조약

다음날인 16일 이토는 한국의 대신과 원로들을 자신의 숙소인 손탁 호텔로 초청했다. 한국 측의 참석자는 한규설(參政), 이지용(內府), 이하영(法府), 이완용(學府), 권중현(農府), 이근택(軍府), 민영기(度府), 심상훈(전 參政大臣) 등이었다. 목적은 고종과의 대화를 설명하고 신속한 조약 체결을 독촉하기 위해서였다.[51]

이토는 먼저 한국 대신들에게 전날 고종에게 자신의 사명을 충분히 설명했으나, 다시 내각의 동의를 얻기 위하여 자리를 만들었다는 것을 밝혔다. 이어서 동양의 정세가 급박하게 변하고 있고, "외교술(外交術)"또한 빠르게 발전하고 있다는 점을 강조했다. 그리고 한국은 오랫동안 청나라 속국이었기 때문에 스스로 외교를 담당할 능력이 없다는 점과 한국의 영토보전을 위해서 일본은 톈진 조약에서부터 포츠머스 조약에 이르기까지 많은 희생을 치렀음을 강조해서 설명했다. 이러한 상황에서 외교를 여전히 한국정부가 담당한다면, 여러 가지 잡다한 음모가 끊이지 않고, 군신 간의 획책으로 인해 제3국이 한국을 엿보게 되고, 이는 결국 동양 화란의 원인이 될 것이 불을 보듯이 확실하다는 것이었다. 이를 사전에 차단하기 위하여 일본은 심사숙고한 끝에 한국의 외교권을 대행하기로 했고, 그 결정은 바꿀 수 없는 근본적이고도 최종적이라는 것을 명확히 했다.

이토는 또한 고종에게 확약한 것과 같이 대신들에게도 내정은 이제까지와 다름없이 '전적으로' 한국의 주권 아래 있음을 명확히 했다. 그리고 한걸음 더 나아가 일본의 보호 속에서 한국이 내정을 개혁하면, 일본과 대등한 위치에 도달할 수 있게 된다고 대신들을 설득했다. 그의 설득을 그대로 인용하면,

한국은 자위의 실력이 없습니다. 귀국의 국방은 이미 일본제국의 책임에 속해 있습니다. 이제 귀국의 외교를 우리가 인수할 경우, 대외관계는 우선 외교수단을 통해서 절충하고, 나아가서 실력에 호소하는 것이 순서이므로 선(先) 외교, 후(後) 병력이라고 할 수 있습니다. (외교와 국방을 모두 일본이 담당하고 있기 때문에) 외국의 침범에 대하여 귀국은 조금도 염려할 필요가 없습니다. 귀국은 서서히 내정을 정리하고 인지(人智)를 개발하여 부강의 열매를 거두게 될 것을 의심치 않습니다. 나는 결코 귀국에게 멸망을 강요하는 것이 아닙니다. 나는 귀국이 우리나라와 동등한 지위에 이룰 수 없다고 믿지 않습니다. 분발하여 맹진(猛進)하면, 반드시 우리와 대등한 지위에서 제휴할 날이 올 것을 기대하고 있습니다.[52]

그러면서도 그는 대신들을 위협하는 것을 잊지 않았다. 한국이 일본의 의도를 의심하여 망설이고 온갖 방법으로 결정을 미루는 것은 결코 한국에 도움이 되지 않을 뿐만 아니라, 시국을 더욱 어렵게 만들고 한국을 더욱 곤란한 지경에 빠뜨리게 될 것이라고 경고했다. 그리고 한국정부가 신속하게 결정하지 않을 경우, 일본은 한국에 보다 불리한 강력한 정책을 택하게 될 것이라는 것을 암시했다.

이토의 요구에 참정대신 한규설이 강력히 항의했다. 한규설은 러시아와의 전쟁 당시 한국이 군수물자를 수송하고 철도건설에 참여한 것 등은 한국의 독립이라는 일본의 약속을 믿었기 때문이라고 강조면서 다음과 같이 계속했다.

의정서가 체결될 때 비록 우리 측 손실이 많았으나 독립을 보증했기 때문에 동의했소. 또한 귀국 황세폐하께서 선전(宣戰) 조칙에 우리나라의 독립을 보전하겠다고 천하에 선포하여 우리나라 사람들은 이를 진실로 확고히 믿었소. 이제 대사는 원훈으로 덕망이 있으신 분이고, 또한 일찍이 우리의 독립을 위해서 힘쓴 것을 모두가 잘 알고 있소. 그렇기 때문에 우리 국민들은 대사가 결코 우리나라의 독립을 침해하지 않을 것이라는 것을 확신하고 있었소. 그래서 귀하가 대사로 오게 된 것을 축하하지 않은 사람이 없는데, 어찌 대사께서 이러한 제안을 제시하리라 생각이나 했겠소? 국민의 기대에 크게 어긋난 것으로 결단코 이행할 수 없습니다.[53]

다른 대신들도 한규설에 동조하면서 이토의 제안에 부정적인 태도를 취했다. 그러나 실은 대부분의 대신들이 이미 매수당하거나 회유당하고 있었다. 하야시 공사와의 협상을 책임지고 있는 외부대신 박제순이 이미 무너지고 있었다. 17일의 어전회의에서는 이완용이 조약의 내용을 개정해서 인준하자는 의견을 제시했고, 이에 동조하는 대신들이 늘어났다. 법부대신 이하영은 준비한 개정안을 제시하기까지 했다. 어전회의였음에도 불구하고 고종은 확실한 뜻을 밝히지 않았다. 한규설이 고종에게 "성지(聖旨)를 확정해주십시오"라고 최종 결정을 원했으나, 그는 다만 "충분히 신중히 검토하시오"라는 알 듯 모를 듯한 말만 남길 뿐이었다.[54]

사태가 긴박하게 돌아가자 고종은 궁내부대신을 이토에게 보내 협약안의 결정을 3-4일 연기할 것을 요청했다. 이토는 이를 거부하고 지연되고 있는 협상을 직접 주도하기 위하여 하세가와 사령관을 대동하고 다시 입궐했다. 17일 오후 8시였다. 이토는 고종의 접견을 원했으나, 고종은 몸이 불편하다는 이유로 접견을 허락지 않고 대신 내각과 협의할 것을 명했다. 이토는 대신들 한 사람 한 사람에게 가부를 물었다. 한규설은 "내가 비록 몸뚱이와 머리가 따로 떨어져 나간다고 해도 인준할 수 없다"고 거부했다. 그러나 이완용, 이근택, 이지용, 권중현, 박제순 등은 조약의 내용 개정을 전제로 찬성했다. 그들이 요구한 개정이란 "황실은 존엄하다(皇室尊嚴)"는 한 구절의 첨가였다.

이토는 별도로 자리를 만들어 내각수반인 한규설을 설득하려고 했다. 여러 가지로 회유하고 협박했으나, 한규설은 "대사는 일찍이 정한론을 반대했고, 톈진 조약과 시모노세키 조약에서 우리의 독립에 관하여 고심하

을사5조약 기념사진. 중앙의 이토와 그 좌우의 하야시 공사와 하세가와 사령관

지 않았습니까? 대사의 덕의(德義)가 오늘에 이르러 이 일을 주도하려 하니 참으로 알 수 없는 일이요"라고 협조를 거절했다.[55] 더 이상 효과가 없다는 것을 확인한 이토는 협상장으로 돌아와 대신들에게 비록 참정대신한 사람이 부결했다고 하더라도 모든 대신들이 이미 찬성했으니 이 안건은 결정된 것이라고 조약의 성립을 선언했다.

점진주의자로 알려진 이토가 고종을 알현한 지 이틀 만에 한 나라의 주권을 탈취한 것이다. 무력을 공공연히 동원하여 공포분위기를 조성하고, 대한제국의 중신들을 매수, 협박하고, 협상을 직접 주도하는 용의주도함, 과감성, 추진력 등은 젊은 날 살인을 서슴지 않았던 이토의 진면목을 보여주었다. 그의 이러한 폭력성과 괴단성은 2년 후 정미7조약을 통해서 대한제국을 완전히 해체시키는 과정에서 또다시 나타난다.

조약은 1905년 11월 18일 새벽 2시 반에 성립되었다.[56] 그때까지 이토, 하세가와, 하야시는 한국정부의 대신들을 개별적으로 또는 집단적으로 회동하고 협박, 위협, 회유 등 모든 수단을 동원했다. 특히 이토가 대신들을 하나씩 불러 개별적으로 면담할 때, 일본군대가 궁궐 안팎을 포위하여 긴장감을 고조시켰다. 황현의 「매천야록(梅泉野錄)」은 당시의 분위기를 "일본군들이 대궐에 들어와 철통같이 수옥헌을 포위하고 총칼을 수풀처럼 늘어세웠다"라고 기록하고 있다. 박은식의 「한국통사」에 의하면 "총과 칼이 궁전에 널려 있고 바로 어좌(御座)까지 다가와" 있었다. 또한 영국의 「데일리 메일(Daily Mail)」 동아시아 특파원으로 현장을 지켜본 프레더릭 매켄지는 "하루 종일 일본군 총검의 덜거덕거리는 소리만 귀에 쟁쟁했다"고 기록했다.[57] 한 나라의 특사가 군대를 이끌고 궁중까지 들어와 국왕과 대신을 위협하면서 조약에 서명할 것을 강요할 지경에 이르렀으니, 나라의 생명이 다했음을 극명하게 보여주고 있었다.

"한국의 부강지실(富强之實)이 인정될 때까지" 조약이 유효하다는 소위 을사5조약은 5개 조문으로 구성되어 있다. 이는 이미 4월 8일과 10월 27일 일본 내각에서 결정하고 천황의 재가를 받은 한국 보호권 확립실행에서 규정한 대로, 외교사무 일체를 일본이 감리지휘한다는 것(제1, 2, 4조), 한 명의 통감이 황제 직속으로 한성에 주재한다는 것(제3조), 그리고 한국 황제의 안녕과 존엄을 보증한다는 것(제5조)을 내용으로 하고 있다. 그러나 이는 다만 외교권의 박탈만을 뜻하는 것은 아니었다. 이 조약은 「황성신문」 논설("是日也放聲大哭")에서 장지연이 "오 슬프고 분하다. 우리 2,000만 노예동포여 살았는가, 죽었는가. 단기 이래 4,000년, 국민정신이 하룻밤 사이에 갑작스럽게 멸망으로 끝나는 것인가. 아 슬프고 슬프도다. 동포여, 동포여"라고 통곡하고 있는 것과 같이 민족사의 종식을 의미하고 있었다.

을사5조약의 체결이 완료되었다는 소식이 도쿄 정부에 전달되자 가쓰라 총리는 11월 19일 이토에게 "각하의 진력으로 협약이 속히 체결된 것을 경하드리며 (정부는) 이에 깊이 감사드립니다"라는 전문을 보냈다. 다음날에는 "짐의 뜻을 명심하여 잘 조치한 경의 깊은 노고에 크게 치하한다"는 천황의 칭찬이 전달되었다.[58] 20일 일본정부는 미국과 영국을 위시한 모든 나라에게 조약 사실을 통보하고, 한국과 관련된 일체의 외무업무를 일본이 담당한다는 것을 알렸다. 이어서 22일에는 조약 제3조에 따라 한성에 통감부, 그리고 한성, 인천, 부산, 원산, 진남포, 목포, 군산에 이사청을 설치한다는 것을 칙령으로 발표했다. 이로써 일본은 하야시 공사가 기뻐하고 있는 것과 같이 "그 동안 고심해온 (진구 황후 이래의) 대한국책(對韓國策) 2,000년의 현안(懸案)을 완성했다."[59]

조약체결 사실이 알려지자 한국사회는 들끓었다.「황성신문」과「대한매일신보」에 의하면 학생들은 학업을 정지하고 통곡하며 귀가했고, 13도의 유생들은 대한문 앞에 모여들었고, 상가는 철시했고, 곳곳에서 일본 헌병과 충돌하는 사태가 벌어졌다. 마치 미치고 취한 사람처럼 탄식하고 통곡하는 자가 부지기수였다. 이완용의 집은 삭발하고 양복을 입은 수십 명이 돌입하여 방화했다.「황성신문」은 "비록 외부대신이 날인했을지라도 (내각 수반인) 참정이 날인하지 않으면, 조인하지 않은 것과 같아 무효"이고, "우리 정부가 위협에 견디지 못하여 조인했을지라도, 대황제 폐하께서는 강경히 거절하시고 재가하지 않았기 때문에, 체약했다 하더라도, 필경 무효라는 설이 분분하다"고 보도했다.[60]

일본에 포섭된 이지용, 이근택, 박제순, 이완용, 권중현 등 다섯 대신이 조약체결에 적극적으로 찬성했다. 을사5적으로 알려진 그들의 매국에 대하여「매천야록」은 다음과 같이 기록하고 있다.

박문(博文)이 이번에 올 때에 금 삼백만 원을 가지고 와서 정부에 두루 뇌물을 돌리며 조약을 성립시키려 했다. 여러 역적 가운데 조금 약은 자는 그 금으로 농장을 넓게 마련하고 시골에 돌아가서 편히 쉬었으니, 권중현 같은 자가 그렇게 하였다. 근택과 제순 등도 또한 이 금으로 인해서 갑자기 부자가 되었다.[61]

고종에 대한 비판도 끊이지 않았다. 중신(重臣)인 이유승은 고종에게 "폐하께서는 어찌 종묘사직을 이들 역적의 독수(毒手)에 맡기시어 임의로

끊게 하시렵니까"라고 상소를 올렸다.[62] 최익현은 고종에게 을사5적을 처단하지 않는 것은 그들이 죄가 없다고 생각하는지 아니면 역적의 배후에 있는 세력을 두려워하는지를 물으면서, "폐하께서 두려워하실 것이 과연 무엇입니까? 폐하께서 지금 국가가 있습니까? 토지가 있습니까? 인민이 있습니까? 이같이 국가도 없고 토지도 없고 인민도 없다면, 폐하께서 두려워해야 할 것은 망국의 황제가 될까 하는 두려움뿐입니다"라고 질타했다.[63] 최익현은 결국 이토에 의하여 쓰시마 섬(對馬島)에 유배되었고 그곳에서 단식으로 생을 마감했다.

이토 히로부미는 27일 서울에서 국내외 기자들과 회견을 가졌다. 그는 조약체결의 경위와 일본 의도가 무엇인지 설명했다. 호머 헐버트가 발행하는 「코리아 리뷰(The Korea Review)」에 의하면, 이토는 기자들에게 "새로운 조약이 한국의 파멸을 알리는 조종(a knell sounding the doom of Korea's existence)이라고 생각하는 것은 큰 잘못"이라고 강조하면서, 한국의 자치와 독립을 거듭 천명했다. 그는 조약으로 인하여 한국이 일본에 예속된다는 "속단(rash belief)"은 한일 두 민족 사이에 "악감정(bad feeling)"을 유발한다고 경고하면서, 한국의 독립성을 다음과 같이 설명했다.

내가 여러분들에게 가장 강조하고 싶은 점은 보호조약(the Protectorate Treaty)으로 인하여 한국과 일본 사이에 새로운 관계가 성립되었다 해도, 한국은 여전히 과거와 같은 형태로 존속한다는 사실입니다. 한국은 전과 같이 한국의 황제, 황실, 정부의 손 안에 있습니다. 새로운 관계는 다만 한국왕조의 복지와 권위를 증진하고 부강한 나라가 되도록 보조할 뿐입니다.[64]

업무를 완수한 이토는 29일 귀국 길에 올랐다. 그 전날 귀국인사차 궁궐을 찾아온 이토에게 고종은 "경의 머리를 보니 흰 머리칼과 검은 머리칼이 반반씩이구려. 백발은 그 동안 일본 황제폐하를 보필함에 한 몸의 안위를 돌보지 않고 충성을 다한 징표이겠지요. 남아 있는 검은 머리칼이 희어질 때까지 짐을 위하여 마음을 열고 성심성의껏 힘을 다해주기를 바라오"라고 당부하는 정담을 보냈다. 그러면서 고종은 "짐은 경이 통감으로 다시 서울에 오기를 간절히 바라오"라고 자신의 희망을 전했다.[65] 을사5조약 조인 과정에서 협박과 수모를 당한 지 불과 열흘 후이다. 고종의 의도가 무엇인지 가늠할 수 없다. 고종의 당부가 외교적인 발언일까? 도통 모르는 사람이 통감으로 오는 것보다는 그래도 이토가 낫다는 판단에서일까? 아니면 마음 한 구석에 이토에 대한 어떤 친근한 정이 있어서일까?

실제로 고종은 이토에게 호감을 가지고 있었던 것 같다. 당시 「코리아 리뷰」가 전하는 소식에 의하면 이토가 통감으로 임명되었다는 보고는 고종을 "기쁘게(pleasing)" 했다고 한다. 그러나, 뒤에서 볼 수 있듯이, 고종은 이토에게 성심성의껏 힘을 다해주기를 당부한 지 16개월 만에 그의 강압에 밀려 결국 황제의 자리에서 쫓겨나는 수모를 감내해야만 했다.

12월 7일 이토는 직접 메이지 천황에게 특사 업무를 완수했음을 보고했다. 1873년의 정한논쟁으로부터 32년 만에 한국병탄의 기초를 다지고 귀국한 이토를 일본은 거국적으로 환영했다. 천황에게 보고하기 위하여 마차를 타고 궁성으로 향할 때, 의장병이 앞뒤를 호위했고, 연도에는 만세소리가 가득 찼다.[66]

제10장

통감 이토 히로부미와
한국 지배의 원형

가쓰라 다로 총리가 높이 평가하고 있는 것처럼 한 나라의 주권을 탈취하는 보호조약을 이처럼 짧은 시간 안에 이루어낼 수 있었던 것은 전적으로 이토의 공이었다. 가쓰라의 표현을 그대로 인용하면 "(한일)신협약[을사5조약]을 체결하는 데에는 많은 파란과 어려움이 있었지만, 이토 대사의 위엄과 덕망과 노련함이 이를 속히 이루어낼 수" 있었다.[1] 이토의 "위엄과 덕망과 노련함"이 병탄의 길잡이가 된 것이다.

메이지 정부는 1905년 12월 20일 대한제국 통감부 관제를 발표하고 21일 이토 히로부미를 통감으로 임명했다. 대한제국은 물론 서양의 강대국들을 상대하면서 병탄을 성사시키는 막중한 통감 임무를 수행할 수 있는 인물은 경력이나 능력으로 이토를 따를 수 있는 사람은 없었다. 이토는 국내외에 잘 알려진 능력 있는 정치가였을 뿐만 아니라, 1904년 한일의정서 조인 후 천황의 특사로 이미 두 차례 대한제국을 방문하여 병탄을 위한 기초작업을 성공적으로 수행했다. 그리고 을사5조약을 원만하게 처리한 인물이기도 했다. 고종과의 관계를 보더라도 이토보다 더 능력과 조건을 구비한 적임자가 없었다.

이토는 명실상부하게 메이지 국가건설의 최대 공로자이고 실력자였다. 그는 국가의 기본 틀이라고 할 수 있는 헌법초안을 기초했고, 황실전범을 기안했고, 정부와 관료조직을 체계화했고, 그리고 정당을 조직했다. 이미 총리(4회)와 추밀원의장(2회)과 귀족원의장을 역임했다. 동시에 '동양의 비스마르크'로 불릴 정도로 국제적으로도 널리 알려진 거물이었다. 그는 일본이 서양제국과 맺은 불평등조약의 개정을 주도했고, 톈진 조약이나 시모노세키 조약 조인과 같이 일본이 강대국 대열에 등장할 수 있는 결정적 계기를 만든 인물이었다.

통감의 임무를 시작한 1906년은 그의 나이 65세, 인생의 황혼이었다. 대한제국으로 떠나는 이토에게 천황이 "노구를 이끌고 멀리 한국에 부임하는 수고"를 위로할 정도로 그는 이미 연로해 있었다.[2] 그 동안 국내외적으로 많은 업적을 이루었고, 더 오를 수 없는 지위에 올랐고, 또한 인생의 황혼 길에 들어선 그에게 한국 통감의 직책은 격에 어울리지 않는 듯했다. 이토가 통감직을 수락한 이유는 무엇일까? 정부가 임명한 것이기는 했지만, 정황으로 볼 때 제의를 받아들였다기보다 본인이 희망했던 흔적이 짙다. 왜 그럴까? 정확한 답은 알 수 없다. 방침은 "동양의 평화", "일본의 안위", "한국의 문명화" 등을 내세우고 있으나, 속마음이 반드시 그와 일치하는 것은 아니다. 그의 속마음을 추적해보자.

1. 통감 이토 히로부미

도쿠토미 소호에 의하면 이토는 항상 '햇것[初物]'을 좋아했다고 한다. 그래서 그를 가리켜 햇것 탐식가[初物食い]라고 불렀다. '초대' 총리대신, '초대' 추밀원의장, '초대' 귀족원의장, '초대' 정우회 총재, '초대' 한국 통감에서 볼 수 있는 것과 같이 중요 직책의 '초대'는 늘 이토의 몫이었다. 그러나 한국 통감의 '초대' 자리를 택한 데에는 총리, 추밀원의장, 귀족원의장, 또는 정당의 총재와는 다른 의미가 있었다. 무엇이 그로 하여금 통감직을 선택하게 했을까?

무엇보다도 첫째 이유는 그의 내면에 자리잡고 있는 '정한'이라는 일본의 숙원사업을 완성하겠다는 공명심과 교만심이었다. 정한논쟁에서 보았듯이 조선 문제는 메이지 체제가 출범하면서부터 직면해야만 했던 가장 중요한 정책의제의 하나였다. 일본이 독립을 보전하고 대륙으로 발전하기 위해서는 소에지마 다네오미가 간결하게 표현하고 있는 것과 같이, 그 길목에 위치한 한반도를 지배해야만 한다는 정한논리는 메이지 시대가 출범하면서부터 이미 확정된 불변의 원칙이었다. 이 불변의 원칙에는 메이지 일본의 지도자 모두가 공감하고 있었다. 이토 히로부미도 예외가 아니었다. 다만 언제, 어떻게 이를 완수하느냐 하는 시기와 방법에서 유신체제 안에 이론(異論)이 있었을 뿐이다. 이토가 1873년 오쿠보, 기도, 이와쿠라를 도와 정한론을 무력화시켰던 것은 원칙에 반대했기 때문이 아니라, 내부의 권력갈등과 시기와 방법에 이론이 있었기 때문이었다.

러시아와의 전쟁에서의 승리, 한반도 지배에 대한 강대국의 승인, 한국과의 보호조약 체결 등은 그 동안 미제로 미루어온 정한을 구체적으로 실천하기에 적당한 시기에 도달했다는 데에는 1873년과 달리 누구도 이론이 없었다. 통감부 초대 농상공무총장으로 이토를 도와서 병탄의 길을 닦는 데에 중요한 역할을 한 기우치 주시로가 확인하고 있는 것과 같이 "전후[러일전쟁 후]의 국가경영은 조선 문제로부터라는 데에 상하가 일치해" 있었다.[3] 이토는 정한이라는 미제의 과제를 완성하는 역사적 인물이 되고 싶었다. 이토는 "대단한 공명심가(功名心家)"였고, "치기가 넘칠 정도"로 과시욕이 심했고, "명예에 대한 욕망이 강한" 인물이었다.[4] 그는 메이지 일본의 숙원사업인 정한을 완성함으로써 국민적 영웅으로 정치인생의 대미를 장식하고 싶었다. 그리고 자신만이 이 과업을 해낼 수 있다는 자신감이 있었다. 헌법제정과 천황제 국가건설, 관료제 확립과 내각제 실시, 정당정치 실현, 그리고 청일전쟁과 러일전쟁에서의 승리 등 이 모든 변화와 발전의 중심에 있었던 자신만이 정한이라는 역사적 과업을 완성할 수 있다고 자부했다. 이토와 긴밀한 관계를 유지한 정우회의 중진 의원인 오가와 헤이키치가 "통감은 자신의 기량(伎倆)"으로 "한국인이 승복하는 지배를

통감 제복을 입은
이토 히로부미

이루어낼 수 있다고 자신하고 있었다"고 평가하는 것도 이런 자부심에서 나왔다.[5]

한국 통감을 선택한 둘째 이유는 정한논쟁을 계기로 다른 길을 가야만 했던 '패배자'에 대한 마음의 부채를 덜기 위함이었다. 논쟁으로 시작해서 내전으로 끝난 정한 문제는 오쿠보 도시미치가 탄식했던 것처럼 유신동지가 서로 죽이고 죽는 내란에 이른 "불행하기 이를 데 없는" 사건이었다.[6] 이토에게도 예외일 수 없었다. 그에게 정한론은 "훈구대신의 희생을 불러온, 참을 수 없는 것을 참아야만 하는" 사건으로서 당시 많은 사람의 겪어야 했던 고충은 "계산과 상상을 초월한" 것이었다.[7] 유신을 위해서 힘을 합쳤던 많은 동지들이 정한 문제로 갈라서면서 누구는 형장의 이슬로, 또 다른 유신동지는 전장에서 죽음을 맞아야만 했다. 이토도 이를 회상하면, 마음이 불편하지 않을 수 없었다.

이토가 많은 어려움과 즐거움을 함께한 정치적 동반자인 이노우에 가오루에게 "우리는 구사일생으로 살아서 오늘처럼 좋은 시대를 맞았지만, 불행하게 먼저 세상을 떠난 동지의 일을 생각하면 실로 슬픔과 근심을 금할 수 없소"라고 하는 토로가 그의 심정을 잘 드러내고 있다.[8] 더욱이 이토는

1873년 정한을 반대했고, 정한론을 무산시키는 데에 결정적 역할을 했다. 이로 인해서 정국은 소용돌이 속으로 빠져들었고, 결국 내전으로 이어졌다. 이 과정에서 많은 유신동지들이 유명을 달리했다. 이토는 동향인으로 요시다 쇼인 밑에서 동문수학한 마에바라 잇세이를 살리기 위해서 무척 노력했다. 그러나 노선을 달리하는 마에바라는 죽음의 길을 택했다. 유신의 원동력이라고 할 수 있는 사이고 다카모리와 많은 유신동지 또한 전장에서 목숨을 잃었다. 정한론을 무산시키는 데에 결정적 역할을 한 이토가 그들에게 부담이 없을 수 없었다. 인생의 황혼 길에 들어선 이토는 먼저 간 동지와 역사에 자신이 정한에 반대한 진정한 의도는 보다 완전한 정한을 완성하기 위함이었음을 입증하고 싶었을 것이다. 한국 통감으로 완전한 정한의 길을 닦는 것은 반란과 전장에서 이슬로 사라진 유신동지들에게 진 '마음의 빚'을 갚을 수 있는 기회였다.

셋째는 권력에 대한 그의 집착이었다. 이미 앞에서 본 것과 같이 이토는 정상을 향하여 권력의 사다리를 올라가면서 단 한번도 좌절하거나 실패하지 않았다. 유신 후 권력의 정점을 향해서 질주했고, 더 오를 수 없는 자리에 올랐다. 청일전쟁과 시모노세키 조약에 이르러 그 절정을 이루었다. 그러나 그후 그는 권력의 정상에서 서서히 내려와야만 했다. 물론 권력으로부터 방출된 것은 아니었지만, 권력의 핵심에서 점차 멀어져갔다. 제3차, 제4차 이토 내각은 모두 겨우 반년 지속하는 단명으로 끝났다. 힘들여 창당한 정우회의 총재직도 타의에 의해서 내놓을 수밖에 없었다. 그는 영일동맹 체결 과정에서도 완전히 배제되었고, 포츠머스 조약 체결에서도 멀리 떨어져 있어야만 했다. 권력에 민감한 이토가 마치 손아귀에 움켜쥔 모래가 새나가듯이 권력이 빠져나가는 것을 모를 리 없었다. 그러나 이를 되돌릴 힘이 이제 그에게는 없었다. 경쟁자이면서 정적인 야마가타 아리토모가 어느새 권력의 핵심을 장악하고 있었고, 이토에게 틈을 주지 않았다.

야마가타는 이토보다 정계에 늦게 진출했으나 군을 배경으로 한 그는 정치권 안에 파벌망을 구축하고 관정군(官政軍)에 막강한 영향력을 행사

야마가타 아리토모

했다. 야마가타는 "당시 세상에서 누리고 싶은 모든 영화로움을 즐길 수 있는" 지위에 올랐다.[9] 1900년대에 들어서면서부터 상당 기간 일본의 정치는 야마가타를 배경으로 하는 가쓰라 다로와 데라우치 마사타케가 지배했다. 원로로서 천황의 두터운 신임을 받고 있는 이토였지만, 현실정치에 비집고 들어갈 틈이 없었다. 야마가타가 이를 허락하지 않았기 때문이었다. 이토가 정당을 결성한 것도 야마가타와 맞설 수 있는 정치적 기반을 확보하기 위한 측면이 강했다. 이토가 정당을 결성하고 총재에 취임하여 정국을 주도하려고 했으나, 야마가타와 가쓰라는 천황을 움직여 이토를 추밀원의장으로 몰아내고 정당을 무력화시켰다. 권력투쟁에서 이토가 밀려난 것이다.

물론 이토는 원로로서 또는 메이지 천황의 측근으로서 여전히 정치적 영향력을 지니고 있었다. 그러나 과거와 같은 권력은 이미 그를 떠났고, 이는 되돌릴 수 없는 것이 현실이었다. 권위는 지니고 있었으나, 권력은 약화되었다. 권력에 민감한 이토에게 한국 통감 자리는 당시의 시대정신과 명분과 역사적 의미를 아우른 최상의 선택이 될 수밖에 없었다.

그러나 이토의 희망만으로 통감 자리가 가능한 것은 아니었다. 야마가타의 동의가 필요했다. 이토의 통감직은 정적관계에 있는 두 사람의 이해관계가 일치하는 부분이 있었다. 정한이라는 일본의 숙원사업을 완성함으로써 자신의 정치인생을 총결산하겠다는 이토의 공명심과, 최대의 정적인 이토를 국내정치에서 몰아내겠다는 야마가타의 의도가 맞아떨어진 것이다. 정치권력은 실질적으로 야마가타 파벌이 장악하고 있었으나, 그렇다고 해서 이토를 무시해도 좋을 정도는 아니었다. 이토는 여전히 정책결정에 영향력을 행사할 수 있는 원로였고, 더구나 메이지 천황으로부터 가장 두터운 신임을 받고 있는 강력한 경쟁자였다. 물론 야마가타도 가쓰라나 데라우치 마사타케와 마찬가지로 군인 통감을 선호한 것은 사실이지만, 그는 이토를 한국 통감으로 보내 경쟁에서 물리적으로 제거하고 싶었다. 하라 다카시의 관찰에 의하면, 야마가타는 이토가 "오랫동안 조선에 머물기를 바랐고", 야마가타 파에서는 이토를 "가능한 한 조선에 제물로 잡아두고" 싶을 정도로 이토를 국내에서 방출하려고 했다.[10] 이토 또한 권력의 중심에서 밀려나 있기보다는 숙원사업을 성취함으로써 자신의 명예를 강화하고 싶었다. 두 사람은 동상이몽이었지만, 이해관계가 맞아떨어졌던 것이다.

2. 통치 구상

이토는 능수능란한 정치인이었다. 그는 현지에 부임하여 통감통치를 본격적으로 실시하기 전에 통감정치의 필요성과 정당성, 자신의 구상과 역할, 국민적 이해와 협조 등을 언론과 강연을 통해서 홍보했다. 이토는 일본정계에서 언론의 효율성과 여론의 중요성을 잘 알고 있는 몇 안 되는 정치인이었다. "백 마디 말보다 한 줄의 신문 기사가 더 효과적"이라는 이토의 표현이 그의 언론관을 잘 드러내고 있다.[11] 그는 필요할 때마다 언론을 적절히 활용하여 자신의 정치적 행보와 입장을 밝힘으로써 정치적 입지를 강화하고, 대중적 지지를 확보하려고 했다. 헌법초안과 헌법 반포,

제국의회 개회, 청일전쟁, 지방장관회의, 정당 결성의 필요성과 정우회 창당과 같은 중요한 계기마다 기자회견, 공개강연, 간담회 등을 개최하여 자신의 구상을 알렸다. 한국 통감의 경우도 예외가 아니었다.

통감으로 부임하기 직전인 1906년 1월 30일 저녁, 이토는 주요 일간지의 사주와 주필들을 그의 관저로 초청했다. 통감으로서의 시정방침과 구상을 밝히고 언론의 지지를 확보하기 위함이었다. 그는 먼저 그가 주도한 다섯 조항의 을사5조약은 "대단히 간단하고 겨우 근본을 규정한" 것으로, "그 정신을 충분히 관철하기 위해서는 오로지 운영의 묘(妙)에 기대하지 않을 수 없다"고 말문을 열었다. 그가 말하는 "그 정신"과 "운영의 묘"가 무엇인지 명시적으로 밝히고 있지는 않았으나, 통치대상과 방법에서 폭넓은 융통성과 재량권을 포함하고 있음을 알 수 있다.

을사5조약의 핵심이 외교에 국한하고 있음에도 불구하고, 이토가 언론인들에게 설명했던 것은 외교가 아니라 내정이었다. 그가 뜻하는 시정개선은 곧 대한제국의 국내정치와 행정을 장악하는 것이었다.

> (대한제국의) 시정개선은 일한의정서에 의하여 제국정부가 짊어져야 할 의무입니다. 그러나 한국정치의 부패는 뿌리가 깊고 오랜 것이기 때문에 하루아침에 개선할 수 있는 쉬운 일이 아닙니다. 법령을 개정하여 단지 표면의 개혁을 이행하기에는 아무런 어려움이 없으나, 그와 같은 방법으로는 의도하는 시정개선의 목적을 달성할 수 없다고 생각합니다. 그렇기 때문에 앞으로 실시할 시정개선에 관해서는 이 점을 충분히 고려하여 점차적으로 실행하도록 하겠습니다.[12]

이어서 이토는 앞으로 자신이 역점을 둘 몇 가지 정책방안을 개략적으로 설명했다. 첫 번째는 시정개선에 필요한 비용이었다. 이토에 의하면 한국의 국방담당은 일본의 의무이기 때문에 이를 위해서 이미 많은 군대를 주둔시키고 있었고 적지 않은 비용을 부담하고 있었다. 여기에 더하여 시정개선을 위해서 앞으로 더 많은 자금이 필요하겠지만, 이를 전적으로 일본이 부담하는 것은 현명한 방법이 아니라고 강조했다. 그러면서 가능한 한 한국인민이 그 비용을 부담하는 길을 찾겠다고 설명했다. 대한제국의 재정 장악을 뜻하고 있었다. 두 번째로 그가 강조하고 있는 것은 농업을 개량하여 생산성을 증가하는 것이다. 그는 한국인의 자력(自力)을 증진시키기 위해서 가장 힘을 기울여야 할 분야는 농업으로서 이를 개량하는 것이 중요한 당면문제이고, 농업개량의 연장선상에서 토목과 임업 개발에도 역점을 두어야 한다는 것을 강조했다. 이를 위해서 충분한 조사를 바탕으로 점진적으로 추진하겠다는 뜻을 밝혔다.

이토가 강조하는 또다른 영역은 일본인의 한반도 이주였다. 일본의 인구가 빠른 속도로 증가하고 있다는 점을 고려하여 일본인의 한국 이주를 본격적으로 검토해야 할 것도 자신이 구상하고 있는 방안의 하나라고 밝혔다. 앞으로 통감통치가 시작되고 각종 사업이 본격적으로 추진되면, 일본인의 한국 이주가 오늘에 비하여 훨씬 더 많아질 것이 명확하기 때문에 이에 대한 준비가 필요하다는 점을 강조했다. 그가 우려하는 것은 이주할 일본인들의 수준이었다. 이토에 의하면 그 동안 한국을 내왕하는 많은 일본인들의 "부도덕한 행위"는 한국인으로 하여금 "밖으로는 일본에 굴종을 치장하면서, 안으로는 원한의 감정을 키우게 만들고" 있었다. 그러므로 앞으로 이주가 구체적으로 진행될 경우 이주할 일본인들을 잘 선별하고, 정부당국의 세심한 배려와 언론의 협조가 필요하다는 점을 강조했다.

시정개선이라는 이름으로 진행될 사업은 법령개정, 농업정책 개발, 이주민 장려, 주둔군 증강 등으로서 이 모든 것은 을사5조약에 명시한 대외관계의 범위를 벗어나는 것들이었다. 이토가 언론인들에게 "운영의 묘"를 살려서 실천할 "그 정신"이라는 것은 외교권 장악을 넘어, 한국의 국정 전체를 지배하는 데에 있음을 명확히 보여주고 있다.

다이쇼(大正) 데모크라시 시대에 자유주의 정치인으로 정당정치에 참여한 당시 「마이니치 신문(每日新聞)」의 시마다 사부로 주필은 참석한 언론인 모두를 대표하여 이토의 시정 방침을 "전적으로 지지하면서" 언론의 지원을 약속했다. 아울러 "도저히 일본인이라고 할 수 없는 인물을 새 영토에 관리로 채용하는 경우가 그 동안 적지 않았는데, 통감의 효과적인 통치를 위해서 그와 같은 정폐(情弊)를 단절할" 것을 당부했다. 언론인들도 한반도를 이미 일본의 "새 영토"로 간주하고 있었다. 이어서 「호치 신문(報知新聞)」의 사장은 "이토 후작 만세"를 선창하고, 모두가 따라서 만세삼창을 부르고 간담회를 끝냈다. 이토는 이들에게 "정중한 향응"을 베풀었다.[13]

이토는 대한제국을 지배하는 통감통치에 임하면서, 또한 통감으로 재임하는 3년 반 동안 일관되게 두 가지 원칙을 대외적으로 강조했다. 하나는 그것이 설득이었든 회유였든 또는 강압이었든 한국인으로부터 지배의 정당성을 확보해야 한다는 것이었고, 다른 하나는 강대국의 협조 위에서 통치를 시행한다는 것이었다. 통감통치에 대한 한국인의 승복과 강대국의 협조가 이루어질 때, 비로소 일본의 한국지배는 적은 통치 비용과 평화로운 조정 위에서 병탄이 가능하다는 원리를 이토는 잘 알고 있었다.[14]

이러한 그의 생각은 정우회 송별연에서 가진 그의 연설 "일한동주론(日韓同舟論)"에 잘 나타나 있다. 이토의 뒤를 이은 정우회 총재 사이온지는 통감으로 부임하는 이토를 위하여 2월 5일 송별연을 베풀었다. 이토는 사이온지를 중심으로 정우회가 전후 경영에 진력해줄 것을 당부하면서 통감통치에 대한 자신의 철학을 설명했다. 먼저 그는 지리적으로나 정치적으로나 한국과 일본은 특별한 관계에 있다는 점, 한국은 극동의 천지를 진동시키는 근본이라는 것, 지난 10년 사이에 치른 두 차례의 전쟁은 한반도 때문이었고 이로 인해서 일본은 많은 대가를 지불하고 오늘에 이르렀다는 것을 설명했다. 그 결과로 을사5조약을 조인했으나, 이는 다만 형식적 해결일 뿐, 실질적 해결은 이제부터 자신이 완수해야 할 쉽지 않은 과제임을 강조했다. 그러면서 그는 한국인의 열복론(悅服論)을 다음과 같이 펴고 있다.

일본의 입장에서 볼 때에는 (을사5조약이) 한국에 대단히 고통스러운 경력은 아니라고 할 수 있지만, 한국에서 볼 때에는 커다란 압박으로 느낄 수 있기 때문에 반드시 일본에[통감부에] 열복하지 않을 것입니다. 어쩌면 이미 열복하지 않고 있는지도 모릅니다. 그들은 독립을 잃은 까닭에 어떤 나라에 대해서도 같은 감정이 일어날 수 있습니다. 그렇기 때문에 이번 기회에 그들을 유혹할 수 있는 무엇이 있는지 찾아봐야 할 것입니다. 한국인들이 바로 일본의 굴레에서 벗어나려고 한다면, 일본은 그들을 열복시키기 위해서 노력해야만 할 것입니다. 즉 일본의 보호가 그들의 독립을 위태롭게 하는 재난이 아니라는 것을 깨닫게 하고, 일본은 일본의 독립을 보전하기 위해서 어쩔 수 없이 그들을 보호하는 것이지, 결코 해로운 뜻이 있는 것이 아니라는 것을 알게 할 필요가 있습니다. 나는 성의로 그들을 대함과 동시에, 또한 한국인이 처한 슬픈 환경에 대해서는 말로 그치지 않고, 정치도 아니고 재정도 아닌 사실로써 동정을 표하려고 합니다.

　이처럼 일본의 보호국이라는 현실에 한국인이 안심하지 못하고 있다면, 여러분도 이에 유의하여 한국사람이 마음을 상하지 않도록 해야 할 것입니다. 그리고 진실로 이해를 같이 하는 것, 즉 같은 배에 탄 사람이라는 생각을 하게 한다면, (한국인이 품고 있는) 지금의 시기와 의심도 사라질 것입니다.[15]

을사5조약과 이에 따른 통감통치에 대한 한국인의 저항을 이토는 이미 예상하고 있었다. 그러나 그는 설득과 선정을 통해서 원만한 지배가 가능하다는 자신감을 보이고 있다. 즉 한국인의 "열복" 위에서 지배의 정당성과 권위를 확보하겠다는 것이었다. 이토는 공정하고 지성으로 한국을 다스린다면, "반드시 한국인이 먼저 연방하고 합방하기를 원하고 희망할" 시기가 올 것이라고 생각하고 있었다.[16]

삼국간섭의 쓰라림을 체험한 이토는 국내 여론뿐만 아니라 국제 여론에도 민감했다. 그는 삼국간섭의 악몽을 잊을 수 없었다. 청일전쟁의 전리품으로 획득했던 랴오둥 반도를 러시아, 독일, 프랑스 세 나라의 반대로 중국에 반환해야만 했던, 힘을 바탕으로 한 냉엄한 국제관계의 원리를 학습했던 것이다. 그후 일본은 러일전쟁에서 승리할 때까지 10년 동안 만주와 한반도의 주도권을 러시아에게 넘기는 굴욕을 경험했다. 물론 1905년의 상황은 1895년의 경우와 전혀 달랐다. 일본의 한반도 지배에 대해서는 강대국 모두가 이미 승인했다. 제2차 영일동맹, 태프트-가쓰라 밀약, 포츠머스 조약을 통해서 영국, 미국, 러시아 모두가 일본의 한반도 지배권을 승인했던 것이다. 그러나 청일전쟁과 시모노세키 조약, 그리고 삼국간섭의 한가운데에 있었던 이토는 늘 국제사회를 의식하여 한국지배의 정당성을 홍보하려고 했고 정책결정에 신중론을 폈다. 그는 일본이 대한제국을 지배해야만 하는 명분으로 한국정치의 부패와 한국인의 무능, 그리고 한국의 문명화와 식산흥업을 내세웠다. 통감으로 재임하는 동안에도 보호통치 보고서를 영문으로 간행하고, 국제적 저널을 통해서 일본의 보호통치가 한국의 문명화와 개혁에 있음을 홍보하는 것을 게을리 하지 않았다.[17] 그리고 강대국을 염두에 두는 신중함을 철칙으로 삼았다. 정우회가 베푼 송별연에서 그는 자신의 신중론을 다음과 같이 밝혔다.

다만 한국만이 아니라 극동 문제에서도 강대국의 감정에 배치되지 않도록 늘 주의를 게을리 하지 않으면 안 됩니다. 지금은 어떠한 강국도 혼자서 모든 것을 해결해 나갈 수 없습니다. 만일 일본이 승리에 도취하여 자만에 빠져 강대국의 동정을 잃어버린다면, 장래에 커다란 어려움에 빠지게 될 것입니다.[18]

통감통치 과정에서 이토가 보여준 소위 점진주의는 이러한 그의 신중론에서 나온 것이다.

3. 통감통치의 모델 : 영국의 이집트 지배

한국 통감부는 1906년 2월 1일 문을 열었다. 이토는 그로부터 한 달후인 3월 1일 부산에 도착했고, 다음날인 2일 통감부에 그 모습을 드러냈다. 그는 9일 통감 부임 인사차 고종을 알현하고 시정개선의 방향을 통고하고, 13일 대한제국의 내각 각료, 일본인 고문관, 통감부 고위관리의 연석회의인 제1차 "한국 시정개선에 관한 협의회"(이하 협의회)를 주재하면서 시정개선 전반의 방향과 내용을 제시했다. 뒤에서 보다 자세히 검토하겠지만, 이토가 부임하면서부터 취한 신속하고도 구체적인 조치를 볼 때, 그는 이전부터 대한제국을 통치하기 위한 정교한 청사진을 가지고 있었음을 알 수 있다.

이토는 메이지 국가를 건설하면서 정부조직과 통치를 제도화하는 데에 주도적 역할을 한 정치인이었다. 그는 내각을 주도하면서 관료제를 확립했고, 또한 근대화정책을 추진하면서 조약개정의 틀을 만든 경험이 있었다. 국제정세에도 해박한 지식을 가지고 있었다. 그렇다고 해서 '외지'를 통치해본 경험이 있었던 것은 아니다. 이토뿐만 아니라 일본의 그 누구도 식민지통치 경험을 가지고 있지 않았다. 물론 일본은 청일전쟁 이후 대만에 총독부를 설치하고 식민통치를 실시했다. 그러나 그 기간이 일천했을 뿐만 아니라 한국통치와는 본질적으로 그 성격을 달리했다. 문화, 전통, 정치, 역사, 영토와 인구의 크기 등에서 대만은 한국과 비교할 수 없을 정도로 달랐다. 전혀 경험이 없었던 일본정부에 비한다면, 이토의 통감부 지배정책은 상당히 정교했고 대단히 치밀하게 준비된 것이었다.

그렇다면 식민지통치 경험이 전혀 없는 일본의 대한제국 지배정책은 어떻게 만들어진 것일까? 이토의 대한제국 통치 청사진은 어디에서 유래한 것일까? 그가 독창적으로 고안한 것일까? 아니면 특정의 식민정책을 모방한 것일까? 문서로 정리된 것이 없기 때문에 정확한 답은 알 수 없으나, 국제정세에 해박한 이토의 식견, 관리들의 증언, 식민지 경영에 대한 정치인이나 지식인의 관심과 정황 등을 종합할 때, 이토의 대한제국 지배방식은 영국의 이집트 식민통치를 모델로 하고 있었다.[19] 특히 이집트 주재 총영사인 크로머 경의 경험을 모델로 삼고 있었음을 알 수 있다.

그렇다면 이토가 대한제국 지배의 모델로 삼았다는 크로머의 이집트 통치의 원형과 내용은 무엇일까? 이토의 보호통치가 지향하는 목적이 어디에 있고, 그가 구사한 통치방식의 성격과 내용과 수법을 이해하기 위해서, 우선 크로머의 이집트 식민통치의 요체를 분석하고, 크로머식 식민통치에 대한 당시 일본의 정치인, 관료, 지식인들의 관심을 찾아보고, 그리고 이토와 크로머의 관계를 규명해보도록 하자.

크로머의 이집트 통치

영국의 이집트 식민통치가 장기간 지속될 수 있었던 것은 초기에 식민통치의 틀과 제도를 만들고 정착시킨 이블린 바링(1841-1917)의 공적이었다. 뒤에 작위를 받고 크로머 경(Lord Cromer)으로 불려지게 되는 바링은 1883년부터 1907년까지 25년 동안 이집트를 통치하면서 영국의 이집트 지배체제를 확고히 다진 식민통치의 선구적 인물이었다. 이집트를 실질적이고도 철저하게 4반세기를 지배한 크로머는 영국의 지배권을 확립한 공으로 남작, 자작, 백작의 작위를 차례로 받았다. 그 대신 그는 이집트인의 증오의 대상이다. 이집트의 젊은이들은 "오늘도 크로머의 무덤에 침을 뱉기" 위하여 영국을 찾고 있다는 것이다.[20]

영국의 이집트 점령(1882) 직후인 1883년 9월 크로머는 영국정부의 전권대리인 겸 총영사로 이집트에 부임했다. 전임지였던 인도에서 뛰어난 재정개혁과 행정능력을 인정받았기 때문이었다. 임명 당시 공개적으로 위임받은 업무는 민중혁명과 외국군의 점령으로 인해 파산상태에 빠진 이집트 행정을 전반적으로 개혁하고, 조속히 이집트에 주둔한 영국군을 철수시킨다는 것이었다. 그러나 실제로는 식민지배의 길을 닦는 것이었다. 반세기가 넘는 긴 시간의 식민지배체제를 다져나가면서 그가 내세운 지배의 명분은 "미개한(barbarous) 이집트를 문명화시키는 것은 영국의 임무"라는 것이었다.[21]

19세기 유럽 제국주의와 식민지배를 정당화하는 중요한 논리의 하나는 문명과 인종우월주의였다. 유럽 식민주의는 문명적으로 열등한 피지배자에게 서구의 도덕과 문명을 이식하고 육성한다는 인종적 우월의식이 크게 자리잡고 있었다. 한나 아렌트가 간결하게 설명하고 있는 것과 같이 당시 유럽의 식민지였던 아프리카인들은 "유럽인과 문명적인 인간이 도저히 이해할 수 없는" 문명과는 거리가 먼 "아프리카의 괴물"이었다.[22] 이러한 서양문명과 백인우월주의는 문명화(civilization)라는 이름으로 지배와 억압을 정당화하고 합리화했다. 크로머도 예외가 아니었다. 그는 '열등' 인종인 이집트인에게 영국인의 문명적, 인종적 '우월성'을 강조하면서, 공포와 물질적 보상을 연결하여 그들에게 지배자에 대한 두려움과 존경심을 끌어내는 탁월한 통치술을 보였다. 그는 "피지배자에게 공포와 순종의 논리를 심리학적으로 완벽하게 활용하여 제국적 관계를 구축한 인물"이었고, 그의 통치술은 이집트인에게 "영국은 도덕적으로나 군사적으로나 우월한 존재이고, 동시에 이에 대한 도전은 철저하게 응징한다"는 지배 이미지를 깊이 심어주는 것이었다.[23]

크로머는 처음부터 개혁과 철군은 양립할 수 없는 목표로 인식하고 있었다. 이집트에는 개혁이 더 영속적인 가치가 있으며, 철군은 개혁을 통하여 이집트인이 자치를 훈련받고 난 후에 먼 훗날 이루어져야 한다는 점을 강조했다. 그는 한편으로는 영국이 이끄는 개혁의 가치를 강조하고, 다른 한편으로는 이집트인들은 자신들의 문제를 스스로 해결할 능력이 없다는 논리를 발전시키면서 장기 지배의 필요성과 정당성을 합리화했다. 병탄(annexation)을 위한 보호통치였다. 그리고 자신만이 이 과업을 해낼 수 있는 "개인적 성전(personal crusade)"이라는 신념에 가득 차 있었다.[24]

크로머의 보호통치가 성공적으로 뿌리를 내리고 상당 기간 정착할 수 있었던 것은 그가 추진한 개혁정책의 성공 때문이었다. 그는 무엇보다 이집트가 안고 있는 가장 심각한 문제였던 재정적 어려움을 세제개혁, 공공사업 추진, 농업과 무역 진흥, 외국자본 유치와 상업화 등을 통해서 해결해 나갔다. 인도에서 재정합리화 경험을 가지고 있었던 그는 특히 전근대적이고 부패한 세제를 개혁하여 합리화하고, 새로운 세원을 개발하고, 농민에게 과다하게 부가되었던 세금을 대폭적으로 삭제 또는 인하하였다.

인도 총독 로렌스 경의 "세금을 줄이는 것이 외국지배의 만병통치약"이라는 경구를 그는 철저하게 실천했다.[25] 세제개혁과 예산의 합리적 운영은 농민을 몰락으로부터 구제했고 재정을 건실하게 만드는 데에 크게 기여했다. 그 동안 면세특권을 누렸던 외국인에게도 징세를 실시했고, 또한 통화개혁을 단행하여 독자적 화폐체계를 갖추었다. 이러한 개혁정책은 혼란과 궁핍으로 찌든 이집트 사회에서 지배의 정당성과 민중적 지지를 확보하기에 충분했다.

재정개혁과 함께, 공공 관개사업과 농업진흥 계획을 장려하여 경작지 면적을 대폭 늘렸다. 양질의 면화와 곡물을 재배하여 영국에 수출하여 재정을 안정시킬 수 있었다. 자영농민의 보호육성에도 주력했다. 크로머가 주도한 아스완 댐 건설(1889-1902)은 이집트의 농업진흥에 크게 기여했다. 350만 파운드의 자금을 조달하여 완성한 이 댐은 연중행사처럼 계속된 나일 강의 범람을 방지하는 것은 물론, 관개와 농경지 확장, 전력 공급원 등의 다목적으로 이용되면서 재원확보에도 도움이 되었다.[26] 철도와 도로망을 확장하고 알렉산드리아 항을 개량하는 국토개발 사업에도 진력했다. 이 과정에서 그는 인도에서 식민개발에 참여했던 영국계 인도인 엔지니어들을 대거 투입했다. 이러한 개혁정책의 결과로 이집트는 1888년에 이르러 그 동안 누적된 재정적자를 해소하고 재정자립을 이룩할 수 있었다.

세제개혁과 수리사업을 통해서 재정적 어려움을 극복하고 대중의 경제적 참상을 어느 정도 해결하면서, 크로머는 영국의 점령통치가 단시일 내에 끝나지 않는다는 장기적 관점에서 내정개혁에 주력했다. 장기적 안목에서 교육, 사법, 군대, 경찰, 행정 기구 등의 개혁을 점진적으로 추진했다.[27] 그러나 이러한 개혁의 본질은 이집트의 독립을 위한 준비가 아니라 오히려 식민지배 장기화를 유도하는 내면화 방편이었다. 이러한 의도는 프랑스 문화의 영향력을 배제하고 영국식 교육제도를 이식하려고 노력한 교육개혁에서도 잘 드러났다. 그는 교육개혁에 상당한 주의를 기울였지만, 초등교육에만 역점을 두었다. 그의 전임지였던 인도에서 서구식 고등교육이 민족주의 사상을 고취한다는 것을 경험한 그는, 고등교육기관은 최대한으로 억제하고 대신 초등(elementary) 내지 중등(secondary) 교육제도만을 유지했다. 중급관리나 기술자의 양성으로 충분하다고 생각했던 것이다. 그는 또한 영어교육에 상당한 노력과 주의를 기울였고, 이를 위하여 영국교사들을 대거 투입했다. 그 결과 1900년에 이르러서는 영어가 프랑스어나 아라비아어를 제치고 주요 언어로 기능했다. 언어를 통한 이집트인의 식민지화를 추구한 것이다.

크로머는 신뢰할 수 없는 기존의 이집트 군대를 해산하고, 영국의 지시에 따르는 새 군대를 편성하고, 사법부와 경찰권을 완전히 장악했다. 외형적으로는 문화적이고 개혁정책을 위한 보호통치를 하는 것처럼 보였으나, 사실은 철저한 통제와 엄격한 구속정책을 실시했다. 이집트 행정부와 의회가 존속했으나, 아무런 힘이 없었다. 가려진 보호통치 체제의 이면에서 크로머는 영국의 이익을 위한 정책을 결정하고, 이집트인들로 하여금 이 정책을 집행하게 했을 뿐이다. 그러한 의미에서 그의 공식 직분은 총영사였지만, 실제로는 "무관의 지배자(uncrowned ruler)"였다.[28]

크로머는 오랫동안 적체되어온 이집트의 만성적 재정적자를 해결하고, 교육, 사법, 군대, 경찰 등의 행정개혁을 통하여 근대화의 길을 닦았다. 인도의 경험을 바탕으로 하여 개혁정책을 추진한 그는 유럽 문명의 요건을 추구해야 하고, 새로운 제도의 이식과 개혁은 점진적으로 추진되어야 하며, 개혁의 우선 목표는 물질적 풍요를 발전시키는 데에 있다는 지극히 현실적 노선을 추구했고, 영국의 '잠정적' 지배가 이집트의 '문명화'에 있음을 주장했다. 그러나 그가 주도한 이집트 개혁은 어디까지나 영국을 위한 개혁이었으며, 보다 효과적 지배를 위한 개혁이었고, 그의 문명론은 식민통치의 장기화를 정당화하기 위한 제국주의적 명분이었고, 그리고 최종적으로 병탄을 위한 수단이었을 뿐이다.[29]

크로머의 통치술

이집트 재정과 행정의 문제점을 잘 알고 자신의 전임지 인도의 행정 경험까지 있었던 크로머의 이집트 통치방식은 정제되었고 교묘했다. 최소한의 경제적 안정과 물질적 결핍을 해결할 때까지 그는 급진적 개혁을 억제하고 제도적 개혁도 최소화했다. 그러면서 그는 몇 가지 독특한 통치술을 개발했다.

첫째는 간접통치 방식이다. 가려진 보호통치 체제(veiled protectorate system)로 알려진 크로머의 지배방식은 외형적으로는 오스만 제국의 황제가 임명한 이집트 총독과 이집트 의회가 지배하고 있는 것처럼 보였지만, 실질적으로는 막후에서 크로머와 소수의 영국관료들이 이집트를 지배하는 형식이었다. 그 자신의 표현을 그대로 인용하면 "우리는 이집트를 통치하고 있는 것이 아니라, 단지 이집트 통치자를 통치하고" 있었다.[30] 지배가 장기화되면서 이집트에는 영국관료가 늘어났지만, 초기 지배체제를 확립할 당시 그는 소수의 영국인 관리들이 재정, 경찰, 행정, 사법 등과 같은 이집트 정부의 요직을 장악했을 뿐이었다. 그의 간접통치는 영국의 인도 지배와 달리, 기존의 제도와 전통적 지배계층을 그대로 유지하면서 고문이나 차관제도를 활용하여 지배계층을 배후에서 지배하고 조종했다.[31] 달리 설명하면 정책구상과 입안은 크로머와 소수 영국인 관리가 주도했고, 집행은 이집트인과 이집트 행정조직을 통해서 실시했다. 그러므로 크로머를 대표로 하는 "영국인이 이집트를 실질적으로 지배하지만, 그들은 그 누구에게도 책임을 지지 않고 오직 영국정부에만 책임지는" 독특한 지배체제였다.[32] 보호통치에 직접 참여했던 앨프리드 밀너가 강조하고 있는 것처럼 "영국인의 두뇌와 이집트인의 손"에 의한 통치였다.[33]

둘째는 무력시위를 통한 억압적 분위기 조성이었다. 간접통치를 실시하면서도 크로머는 힘의 근원이 영국에 있다는 것을 이집트인에게 과시하는 것을 잊지 않았다. 그는 사회안정과 질서유지라는 이름으로 때때로 카이로와 알렉산드리아 운하 일대에서 군사훈련을 통하여 무력적 위협을 과시하여 공포 분위기를 이어갔다. 이와 병행하여 방대한 정보망을 구축하여 정보통치를 끊임없이 강화해 나갔다. 그는 소수 정예의 헌병, 스파이, 밀정을 통하여 확보한 정보를 바탕으로 지배체제를 굳혔다.[34]

셋째는 가려진 보호통치 체제가 잘 작동할 수 있었던 것은 크로머가 적절하게 구사한 당근과 채찍 정책 때문이었다. 그는 이집트 총독과 이집트의 지배계층에게 축재할 수 있는 특혜를 부여하는 한편, 그 대가로 영국의 보호통치에 협력할 것을 요구했다. 재정파탄과 내부반란으로 완전히 무기력했던 총독과 혼란이 계속될수록 더 많은 것을 잃을 수밖에 없었던 지배계층은 강력한 힘을 배경으로 한 크로머에게 전적으로 의존하지 않을 수 없었다. 한편으로는 최고통치자와 지배계층을 장악하고, 다른 한편으로는 때때로 군사훈련을 통하여 무력시위를 과시하고 밀정을 통한 정보통치를 강화한 그의 통치술은 효과적이었다.

크로머는 처음부터 이집트인의 자치를 강조했고, 영국의 보호정치는 자치 능력을 양성하는 데에 있음을 천명했다. 보호정치의 목표, 즉 자치능력의 구비와 이집트인이 이끄는 민주정치체제가 확립되면 영국의 보호정치는 종식되고 영국군이 철수한다는 안정 후 철수 정책을 강조했다. 그러나 실제로 그는 이집트인의 자치능력을 믿지 않았다. 이집트인은 자치능력이 없을 뿐만 아니라, 자치를 원하지도 않고 있다는 것이 크로머의 판단이었다. 오직 이집트인들에게 필요한 것은 "만복(滿腹) 정책(full belly policy)"으로 충분하다고 믿었다. 그러므로 로저 오언이 정확하게 지적하고 있는 것과 같이 크로머의 식민지배는 "이집트로 하여금 자치정부를 구축하게 하는 것이 아니라 병탄(annexation)으로 이어지게 하는 것이 최종 목표"였다.[35] 개혁을 실행하면 할수록 또다른 개혁이 필요하고, 개혁을 보다 완전히 실현하기 위해서는 더 긴 시간의 점령이 필요하다는 식민지 전개과정이 도달할 곳은 '병탄' 이외에 달리 없었다.

크로머의 개혁정책은 이집트 재정의 정상화와 내정의 안정에 기여한 것은 사실이지만, 그렇다고 해서 이집트인의 경제적 사정과 삶의 질이 좋아졌다는 것은 아니었다. 소작농의 수가 급격히 증가되었고, 결국 영국의 경제적 종속물로 되어갔으며 착취대상으로 전락해갔다. 또한 영국에 의한 강제적 서구화는 영국과 이집트 사이에 문화적 충돌을 야기했다. 이런 것들은 영국의 무력진압 앞에서 붕괴되었던 이집트 민족주의 세력이 재기하는 계기를 마련해주었다. 강한 민족주의 저항에 부딪치면서, 1907년 24년에 걸친 크로머의 이집트 통치도 끝났다. 그러나 그가 닦아놓은 토대 위에서 영국은 1937년까지 이집트 지배를 이어갈 수 있었다.

4. 일본 속의 '크로머'

청일전쟁을 전후하여 후발제국주의 대열에 들어선 일본에서는 정치인이나 관료, 또는 지식인들 사이에 선진제국주의 국가의 식민지 경영과 경험, 특히 영국과 프랑스의 식민지지배에 많은 관심을 가지게 되었다. 이러한 시기에 일본에 알려진 크로머의 성공적인 이집트 지배와 통치방법이 그들에게 매력적으로 비쳤던 것은 지극히 당연했다. 당시 한국지배를 염두에 두었던 일본인 정치가나 고위 관료 또는 지식인들 사이에는 크로머의 명성은 비교적 널리 알려져 있었다.

실패로 끝나기는 했지만, 청일전쟁 중에 이노우에 가오루 공사가 시도했던 '한국의 이집트화' 공작은 영국의 이집트 보호 정략을 모델로 한 것이었다.[36] 크로머가 영국의 자본가들이 이집트에 투자한 재정적 기반을 바탕으로 이집트 식민통치의 길을 닦은 것처럼, 이노우에도 한국정부에 500만 엔 차관을 제공하고 보호국의 기틀을 마련하려고 했다. 앞(제7장)에서 본 바와 같이 이노우에가 공사로 부임하여 한국상황을 어느 정도 파악한 후인 1894년 말 무쓰 외무대신에게 보낸 건의서에서 그 동안 일본이 한국을 도와서 독립을 보전하고 내정을 개혁한다고 강조해왔지만, 이는 어디까지나 가까운 이웃 관계라는 명분에 근거했을 뿐 실리를 제공하지 않았다는 점을 지적하면서, 실리로서 한국정부에 금전, 즉 차관을 제공할 필요가 있다는 것을 강조했다. 그리고 한국정부에 금전을 대여하는 것은 바로 한국에서 일본의 실리적 관계를 공고히 하기 위한 수단을 확보하기 위한 것이라고 설명했다.[37] 이는 500만 엔의 차관을 담보로 한국을 이집트 형 보호국으로 만드는 기틀을 잡겠다는 것이었다. 당시 내각 총리대신이었던 이토 히로부미도 이노우에 구상을 충분히 알고 있었고, 이노우에 구상을 실천하기 위하여 정부는 300만 엔의 차관을 승인했다.

외무성 본부에서 러일전쟁, 한일의정서, 한일협정서, 을사5조약 등 한국병탄에 관한 제반 주요정책을 주도한 고무라 주타로 외무대신은 한국지배정치의 뼈대를 이루고 있는 이토의 지배 철학을 크로머와 연관하여 간단명료하게 정리하고 있다. 그에 의하면 "이토는 당초 이집트의 크로머를 스승으로 삼아 한국에 부임하여 어디까지나 지도, 보호, 감리의 범위 안에서 통감정치의 실효를 거둘 방침"이었다.[38] 이는 이토가 통감으로 부임하기 전부터 크로머의 이집트 식민통치에 상당한 정보를 가지고 있었음을 보여주고 있다.

식민지지배에 관심을 가지고 있는 관료들 또한 일찍부터 영국과 프랑스의 중동과 아프리카 지배 양태에서 한국통치의 모범을 찾으려는 노력을 해왔다. 특히 1882년에 이집트를 점령한 영국이 1890년대 중반에 이르러 이집트를 보호국으로 만드는 데에 성공하자 일본의 관심은 더욱 높아졌다. 이노우에의 조선 보호국화 공작에서도 볼 수 있었던 것과 같이 이 시기에 이르러 일본에서는 영국의 이집트 경영은 전체로서는 선진제국주의의 '학습'이라는 역사적 교훈을 주는 것과 함께, 개별적으로는 정책에 대한 사례연구라는 현실적 지향이 이루어졌다.

최근의 한 연구가 보여주고 있는 것과 같이 "조선의 식민지화를 현장에서 직접 담당했던 경찰관료 마쓰이 시게루와 그의 동료들은 그들이 조선에서 활동하기 십수 년 전에 벌써 (크로머의) 이집트의 경찰개혁에 관심을 가지고 자세히 조사했다."[39] 1906년 부산 이사청의 이사관으로 부임한 마쓰이는 이토 통감 아래서 대한제국의 경찰을 장악하는 데에 이론과 실천을 함께한 핵심 인물이었다. 정미7조약(1907) 후에 그는 통감부 참여관 겸 대한제국의 내부 경무국장으로 3년 동안 재임하면서 대한제국의 경찰 조직을 개편하고 장악하여 식민지배에 크게 기여한 인물이다. 마쓰이 스스로도 한국에서 경찰권을 장악한 경찰개혁은 "영국의 이집트 경찰개혁에서 모방했고, 경찰행정의 기초를 내무행정에서 관장하는 것과 같은 것도 이집트의 예에서 찾았다"고 뒷날 회상하고 있다.[40]

보다 구체적인 자료는 이노우에 마사지가 번역한 앨프리드 밀너의 「이집트에서의 영국(England in Egypt)」이다. 식민지 관료이자 정치가인 밀너는 1889년부터 1892년까지 이집트 재무차관으로서 크로머를 도와 이집트 경영에 깊이 관여한 인물이다. 식민학의 권위자로 알려져 있을 뿐만 아니라 한국정부 재정고문부 재무관으로서 이토를 보좌했던 이노우에가 밀너의 책을 발췌해서 1906년 「한국경영자료 — 이집트에서의 영국」이라는 제목으로 번역, 출판했다. 이노우에는 그가 이 책을 번역하게 된 동기를 역서 서문에서 다음과 같이 쓰고 있다.

소위 제국주의를 세계적 국가의 유일 방침으로 시인하고 있는 영국에게 이집트는 인도와 영국의 신경중추로서 생존을 위해서 없어서 안 될 중요한 요소이다. 그래서 이를 점령하지 않으면 안 된다는 주장이 나타났고, 최근에 이르러서는 보호국권을 확립했다. 일본에게 한국의 존재가 영국의 이집트와 유사하지만, 전자의 밀접한 관계는 후자보다 몇 배 더 깊다. 지금 천황의 성덕이 (조선) 8도의 산천초목에 널리 골고루 미치고 있고, 한국궁정의 존엄과 인민의 행복은 우리나라의 따뜻하고 의협심이 가득한 원조에 의하여 점차 증진하고 있다. 이러한 때를 맞이 한국에서 해야 할 일을 넓게 각국 경영의 예에서 찾아보고, 멀리 여러 나라의 변천 사적(事蹟)을 상고하여 바른 계책과 결정으로 보호국 경영사의 첫 페이지를 장식하지 않으면 안 된다.……특히 한국의 개발을 돕는 데에 있어서 가장 중요한 것은 민간경제를 넉넉하게 하고 국가재정을 정리하는 데에 있다. 모든 시설개선의 근원은 여기서부터 시작한다. 이 점에 관해서 영국의

이집트 경영은 우리에게 많은 자료를 제공하고 있다. 이 책을 출판하는 목적은 이를 배우기 위함이다.[41]

영국의 이집트 지배를 한국 보호통치의 거울로 삼자는 것이다. 이 책이 출판된 것은 1906년이지만, 서문을 쓴 것은 1905년 말경인 것으로 보아 을사5조약이 조인되기 이전부터 번역했음을 알 수 있다. 한국정부의 재정 고문으로 한국에 머물고 있었던 이노우에가 이토에게 영국의 이집트 통치 방안을 설명했으리라는 것을 유추하는 것은 그리 어렵지 않다. 뒷날 이노우에는 "이토 통감이 번역된 책을 보고 여러 차례 시정의 요체에 관하여 우리들에게 설명했던 것을 지금도 기억하고 있다. 병합 성사는 말할 필요도 없이 당시 천하에 널리 반포한 조칙 속에서 분명히 밝히고 있는 양국의 동심(同心), 양국의 일체(一體)에 의하여 제국의 사명인 동아시아 안정세력의 기초를 확립했다는 것은 말할 필요도 없다"고 회고하고 있다.[42]

자신의 이집트 지배정책의 정점을 이루게 된 1900년대에 들어서면서부터 크로머는 일본에서 정치인이나 관료뿐만 아니라 지식인들 사이에서도 널리 잘 알려져 있었다.[43] 언론에도 이토 통감의 한국지배를 크로머의 이집트 경영에 비교한 글이 자주 등장하고 있음이 이를 설명해주고 있다. 예컨대 헤이그 밀사사건 후 일본의 한국통치가 다시 중요한 정치, 사회 문제로 등장했을 때, 당시 대표적 정치평론가인 도야베 슌테이는 이토가 크로머의 보호통치를 교훈으로 삼을 것을 공개적으로 제안하기도 했다. 비록 크로머의 지위가 명목상으로는 영국 총영사에 불과했고, 이집트에 대한 영국의 보호권이 국제법으로 확립되었던 것이 아니었음에도 불구하고, 크로머는 "지난 20여 년간 힘든 모든 것을 극복하여 영국의 이집트 보호권을 기정사실로 열국으로부터 승인"을 받는 능력을 보였다는 것이다. 그는 이토의 한국 보호통치 결과를 크로머와 비교하기에는 시기상조이지만, 그 동안 이토가 보여준 행정능력이나 정치적 수완, 또한 국제적 명성이 크로머를 훨씬 능가하고 있기 때문에 성공할 수 있다는 것이었다.

그러기 위해서는 이토가 "허명(虛名)을 버리고 실적을 추구하는 크로머식의 보호정치"에서 교훈을 얻어야 한다는 점을 충고했다. 특히 관개공사와 치수에 주력하여 이집트의 유일한 재원이라고 할 수 있는 농경지를 확장하여 재정을 정리하고 이집트인의 생활을 향상시킴으로써 안정을 찾을 수 있었음을 지적했다. 그리고 군제, 감옥제도, 지방행정 및 사법제도를 개혁함으로써 식민지체제를 확고히 했다는 것이다.[44] 이토도 이를 본받아야 한다는 것이었다.

5. 이토와 크로머

청일전쟁 후 제국주의 대열에 들어섰고, 해외에서 대만이라는 식민지를 획득했고, 한반도를 교두보로 하여 대륙진출을 국가목표로 설정하고 있던 일본인에게 식민지지배에 대한 관심은 너무나 당연했다.

메이지 국가의 기초를 다진 이토가 '식민지' 문제를 놓칠 리 없었다. 더욱이 최초의 통감을 염두에 두고 있었고, 항상 앞서서 대안을 마련하는 이토로서는 대한제국 지배에 대한 구상이 없었을 리 없었다. 이토가 크로머로부터 식민지 통치의 방식을 얼마나 깊이 학습했는지는 정확히 알 수 없다. 그러나 이토 스스로 크로머의 이집트 지배를 높이 평가한 것으로 보아 크로머의 이집트 지배를 숙지하고 있었음을 알 수 있다. 통감으로 부임한 초기에 이토는 통감부 간부와 한국정부에 빙용(聘用)된 일본인 고문과 통감부 고위관리들에게 한국경영을 강조한 훈시에서 다음과 같이 크로머를 거명하고 있다.

나는 항상 이집트의 재정에 귀를 기울이고 주시해왔습니다.……내가 부임하기 전 일본주재 영국대사 맥도널드 씨와 만났을 때, 대사는 이집트 총영새[太守] 크로머로부터 받은 서신에 다음과 같은 구절이 있다는 것을 보여주었습니다. "일본은 새로 한국을 보호국으로 확보하고, 그 시정(施政)개선을 담당하게 되었습니다. 이는 유사 이래 일본이 한번도 경험하지 못한 커다란 일입니다. 그렇기 때문에 이 일을 담당할 사람은 일본 제1의 경세가가 아니면 안 될 것입니다." 나는 결코 제1의 경세가에 이르지 못하지만, 세계 강대국이 얼마나 한국경영에 관심을 가지고 주시하고 있는가는 크로머의 이 한 마디로도 알 수 있습니다. 크로머는 여러분들도 잘 알고 있는 바와 같이 비록 총영사라는 낮은 직위에 있으면서도 이집트 통치의 실권을 장악하고, 이집트인의 이집트라는 표어를 내걸고 큰 성과를 거둔 식민통치가로서 세계가 인식하고 있습니다.[45]

을사5조약이 체결될 당시는 크로머의 이집트 지배통치는 완숙단계에 있었다. 이토는 앨프리드 밀너의 책이나 헨리 트라일의 크로머 전기도 읽었을 것이다. 트라일은 크로머의 재정, 산업개발, 군사, 경찰, 교육, 사법제도 개혁정책 등은 이집트를 물질적으로 풍요롭게 만들었고, 그의 업적은 역사에 영원히 남을 것이라고 찬양했다.[46] 두 책 다 당시 성공한 식민정책의 교본으로서 널리 보급되었다.

이토가 통감통치를 시작하면서 최익현을 쓰시마로 유배 보낸 사실은 그가 크로머의 지배방식을 활용한 것을 보여주는 좋은 예라고 할 수 있다. 을사5조약 직후 최익현은 나라를 망국으로 이끄는 데에 주도적 역할을 한 을사5적의 처벌과 불법 조약파기를 주장하는 상소를 올렸으나 받아들여지지 않자, 1906년 초 전라북도 태인에서 거병하여 의병항쟁을 했다. 그러나 오래지 않아 패배하고 포로로 잡혔다. 최익현을 한국 국내법으로 처리하겠다는 고종의 요구가 있었음에도 불구하고, 이토는 최익현의 신병을 한국정부로부터 인도받아 쓰시마로 압송하여 유배조치했다. 이러한 조치에 대해서 이토는 데라우치 마사타케에게 보낸 서신에서 "지금 그(최익현)를 한국정부에 넘겨 형을 집행한다고 해도 도저히 그 목적을 달성할 수 없을 것이 뻔합니다. 크로머가 우라비 파샤를 세일론으로 유배한 옛 예를 따르려고 합니다"라고 적고 있다.[47] 아흐마드 우라비는 이집트인의 이집트를 외치며 영국과 프랑스의 지배에 반대하는 투쟁을 주도했던 이집트 독립운동의 지도자였다. 1882년 영국군대에 대항하여 싸웠으나 패하고 포로가 되어 사형선고를 받았다. 크로머는 그를 처형하지 않고 세일론으로 유배함으로써 현장에서의 저항을 차단하는 한편, 처형함으로써 일어날 수 있는 이집트인의 민족감정을 자극하지 않으려고 했다.[48] 최익현의 신병을 고종에게 위임함으로써 반일운동의 불씨를 살려두지 않으면서 또한 처형함으로써 일어날 수 있는 한국인의 민족감정을 자극하지 않으려는 조치였다. 1882년에 벌어졌던 우라비 케이스를 이토가 알고 있었다는 것은 그가 영국의 이집트 지배사를 얼마나 잘 알고 있었는가를 설명해주는 좋은 예이다.

이토가 통감으로 부임하기 전 당시 언론사 주필들과 가진 대담이나 정우회 송별연 연설이나, 또는 고종과의 대화나 그가 주관한 소위 시정개선을 위한 협의회에서 늘 강조한 한국의 문명화, 한국인의 자치 능력함양, 점진적 통치방식, 선정, 열복론 등은 모두 크로머의 이집트 통치술의 핵심을 이루고 있었다. 뿐만 아니라 뒤에서 보게 되겠지만, 통감부의 간접적 지배방식이나 통감부의 제도, 또는 시정개선의 내용, 차관정치, 당근과 채찍 등은 크로머의 이집트 지배방식을 상당히 모방한 것이라고 유추해도 크게 틀린 것은 아닐 것이다.

스티븐스의 의견서

이토가 크로머의 이집트 통치로부터 학습했다는 것을 보다 직접으로 보여주는 자료는 더럼 스티븐스가 이토에게 제출한 의견서이다. 장인환과 전명운이 1908년 3월 25일 샌프란시스코에서 처단하게 되는 스티븐스는 일찍부터 일본의 이익을 위해서 활동했다.

컬럼비아 대학에서 법학을 공부한 뒤에 변호사 자격을 부여받고 미국 국무부에서 직업외교관으로 시작한 그의 첫 부임지는 도쿄였다.[49] 그는 국제법에 해박한 지식을 가지고 있었고, 틈틈이 동아시아 정세에 관하여 학술지에 기고하기도 했다. 청일전쟁 당시에는 부패한 중국의 보수주의가 한국의 변화를 억제하고 있다고 비판하면서, 중국의 영향력을 축소하고 개혁을 실행하기 위해서는 일본의 등장이 불가피하다는 글을 발표할 정도로 일본을 대변했다.[50] 1884년부터는 미국 국무부 직책을 사임하고 일본 외무성에 정식으로 채용되었다. 그는 이토는 물론 이노우에 가오루, 무쓰 무네미쓰 등이 신뢰했던 외교관이었다. 한때 귀국을 계획했던 스티븐스가 한국에 머물게 된 것도 이토의 요청에 의해서였다. 을사5조약 체결 당시 스티븐스는 한국 외부의 고문으로 한국에 체류하고 있었다.

스티븐스가 일본의 한국 식민통치와 관련한 "의견서"를 이토에게 제출한 것은 을사5조약 체결 직후인 1905년 11월 27일이다. 당시 이토는 한국에 체류하고 있었다.

의견서가 "이토 대사 앞으로 보낸 스티븐스 서한의 번역문"이라는 제목이 붙어 있는 것으로 보아 원문은 영문으로 작성된 것 같다(이하의 인용은 모두 의견서에서 인용한 것이다). 또한 "어제 각하에게 제공한 각서에서 진술한 것에 관하여 다시 다음과 같이 개관(槪觀)과 적요(摘要)를 기초하여 각하께서 관찰할 수 있게" 했다는 문맥으로 보아, 스티븐스는 개괄적 보고서에 앞서 보다 자세한 의견을 담은 보고서를 몇 차례 계속해서 이토에게 제출한 것으로 보인다. 또한 의견서 서두에 "보잘 것 없는 의견을 진술할 수 있는 기회를 주신 것에 대하여 깊이 감사드립니다"고 쓴 것으로 보아 스티븐스가 자의적으로 의견서를 작성한 것이라기보다는 이토의 지시, 또는 부탁에 의해서 만들어졌고, 작성 시기는 이토가 한국정부와 을사5조약을 협상했을 때로 추측된다.[51] 조약체결 이후 한국통치를 어떻게 할 것인가를 준비하고 있는 이토의 주도면밀함을 볼 수 있다.

제실제도조사국(帝室制度調査局)의 공용 편지지에 번역된 23페이지에 달하는 비교적 긴 이 의견서에서 스티븐스는 몇 차례 영국의 이집트 통치를 지적하고 있다. 일본의 한국통치와 영국의 이집트 통치는 보호권의 국제적 인정이나, 한국과 이집트의 정세 등이 근본적으로 다르고, 또한 한국에서의 일본의 지위가 이집트에서의 영국의 지위보다 "훨씬 더 강하고 튼

이토와
스티븐스

튼하기" 때문에 영국의 이집트 통치를 "전적으로 모범으로 삼을 수는 없다"는 것을 전제로 하고 있다. 그러나 "특성이 있고 자질이 풍부하고 담력과 술수를 지닌 한 영국인", 즉 "크로머에 의하여 이집트의 국정을 지도하고 감독했던 정신과 방법"은 모방할 필요가 있다는 것이다. 특히 영국의 경험에서 일본이 반드시 본받고 교훈을 삼아야 할 것은 다음과 같은 것이라고 스티븐스는 제시했다.

이집트에서 영국이 성공한 주요 원인은 대표자들이 이집트 민중의 안정과 번영을 증진시키기 위해서 고심참담하면서 여러 가지 좋은 법과 제도를 만들어 시행했기 때문입니다. 영국의 이집트 경영에서 인용할 수 있는 또 하나의 교훈은 다른 나라 인민의 국사(國事)를 감독하고 지도하는 데에는 대단히 신중한 사려가 필요하다는 것입니다. 이를 실행함에 있어서 (민중이) 견디기 어려운 정도익 치밀한 계획 같은 것은 채용하지 않는 것이 가장 바람직합니다.

영국의 이집트 경영이 재정을 정리하는 것으로부터 시작한 것과 달리, 일본은 훨씬 더 유리한 환경에서 한국을 지배할 수 있다는 점을 강조했다.

한국에서 일본은 이미 재정뿐만 아니라 세관, 우편 전신업무, 외교사무 등을 장악하고 있기 때문에 이미 실시되고 있는 개혁을 보다 더 공고히 하여 그 활용을 원활하게 하는 것이 바람직하다는 점을 지적했다.

스티브스의 의견서는 영국의 이집트 경영 외에도 일본의 한국경영에 대해서 몇 가지 중요한 점을 지적하고 있다. 첫째, 을사5조약 후 한국의 위상에 대한 국제법적 해석이다. 그는 국제법상 보호국에 관하여 "일정불변의 법규를 제시하지는 않았지만", 일본과 한국의 관계가 보호국-피보호국이라고 하는 "확연히 설정된 관계"는 국제법상 "한점의 의문도 가질 여지가 없다"는 것이다. 보호국-피보호국 관계는 1904년의 한일의정서와 한일협정서에 의하여 "이미" 설정되었고, 을사5조약으로 "드디어 완성"을 보게 되어 이 모든 협정은 보호국으로서의 일본에 독특한 지위를 부여했다는 것이다. 그가 의미하는 독특한 지위라는 것은 한일 두 나라 사이에 이미 체결된 세 협약(한일의정서, 한일협정서, 을사5조약)에 의하여 일본은 한국의 외교뿐만 아니라 내정사무도 감독, 지휘할 수 있는 권리를 확보했다는 것이다. 그러므로 한국의 독립은 오직 "부용적(附庸的 : 속국적) 독립일 뿐 완전한 독립이 아니라는 것"이다. 즉 국제법적으로도 한국은 이미 일본의 속국이라는 것이다.

둘째, 한국통치 방법의 본질이다. 스티브스는 한국통치의 본질을 점진적이고도 한국인을 염두에 두는 선정(善政)에 두어야 한다는 점을 강력하게 피력했다. 그는 자신의 이런 주장이 "박애적 감정을 나타내는 언사로서" 잘 받아들여지기 어려운 측면이 있다는 것을 인정하고 있다. 그러나 그는 지난 30년간 한국에서의 일본의 경험은 선정 결여의 직접적인 결과가 막대한 희생을 가져왔다고 지적했다. 그리고 일본에서는 어떤 수단을 활용하더라도, 될 수 있는 대로 속히 한국정치 전반의 감독권을 손에 넣는 것을 한국통치의 최대 목적으로 삼는 경향이 있지만, 그것은 잘못이라는 것이다. 앞으로 진행될 일본의 지배통치가 "이타적(利他的) 방법", 즉 "행정과 사법의 엄격한 감시와 감독, 인민에 대한 관용, 그리고 자비와 인자한 방법"을 택해야만 한다는 것이다.

셋째, 스티븐스는 한국통치에서 특히 주의를 기울여야 할 점을 몇 가지 구체적으로 제시하고 있다. 하나는 한국이 외국정부와 조인한 기존의 조약에 대해서는 일본정부가 그 책임과 의무를 존중해야만 하고, 문호개방과 기회균등주의 또한 유지할 것을 당부하고 있다. 다른 하나는 점진적이고 부분적으로 개혁을 시행해야 한다는 것을 강조하고 있다. 그의 표현을 그대로 인용하면, "급진적이고 서두르는 통치는 결코 이익이 되는 바가 없을 뿐 아니라, 단시일 안에 너무 많은 것을 이루기를 바란다면 오히려 잃는 바가 더 많을 것입니다.……현행제도의 악폐와 고질은 사리를 따지지 않고 만든 것이기 때문에 갑자기 근본적 개혁을 실시하려는 것은 바람직스럽지 못합니다." 그러나 관리의 임면에 관해서만은 통감이 신속한 조치를 취할 것을 제안하고 있다. 한국에서 인사 문제는 "가장 신중한 고려와 미묘한 수련"을 필요로 하는 대단히 민감한 과제라는 것을 인정하면서도, 악명 높은 인물의 임관을 막고, 또한 지방의 작은 관리까지 임면하는 궁중의 특권은 시정되어야만 한다는 것을 강조했다. 물론 임면상의 권리는 황제에게 있지만, 개혁을 위해서는 관리를 추천하는 특권을 통감에게 위임하고, 황제가 모든 벼슬아치에 대한 임면상의 권리를 방기케 할 것을 권했다. 고종의 인사특권을 배제해야 한다는 것이다.

한국통치에서 통감이 주의를 게을리 해서는 안 될 점으로 스티븐스는 한국에 체류하는 일본인들에 대한 특별한 감독과 관리를 지적했다. 전쟁 중, 일본 거류민이 크게 늘어났고, 또한 앞으로 늘어날 것이 확실하다는 점을 강조하면서, 그들 가운데는 기쁜 마음으로 맞이할 수 없는 자들, 즉 불량배가 많고, 또한 그들의 행동은 비난을 면하기 어려운 점이 많다는 것이다. 그에 의하면 그들의 행위가 한국인의 원성의 근원이 되고 있었다. '불량한' 일본인들을 철저히 단속하고, 이를 위해서 일본인 집결지에 재판소를 설치하고 경찰관을 증원할 것을 권고했다.

스티븐스가 의견서에서 가장 힘주어 강조하고 있는 것은, 한국을 통치

지배하기 위해서는 "인민의 환심을 사는 일"에 힘써야 한다는 것이었다. 환심을 사지 못할 때에는 통치를 어렵게 만들고, 또 더 많은 통치비용이 필요하게 될 것을 염려하고 있었다.

일본이 한국에서 오늘이 있게 된 것은 하루아침에 이루어진 것이 아닙니다. 따라서 만일 일본이 한국을 위하여 흘린 많은 피와 거액의 재산을 보상받기에 충분하고도 영구적 성공을 얻으려고 한다면, 한국으로 하여금 일본을 보필하게 하여 결코 걱정과 누가 되지 않도록 하기를 바란다면, 그리고 그들이 오로지 일본에게 의존하도록 하려면, 약하고 스스로 방어할 능력이 없는 인민의 환심을 사는 일에 힘쓰지 않으면 안 됩니다. 이 인민들이야말로 항상 자질구레한 일을 중시하고, 또 사려와 판단력은 사소한 원인에 의하여 움직이는 버릇이 있기 때문에 참기 어려운 인내를 필요로 합니다. 그러나 일본이 이제부터 처리해야만 할 어려운 문제들을 해결하는 데에서 결코 무시할 수 없는 요소입니다.

달리 표현하면 지배의 정당성을 강조하고 있는 것이다. 인민의 환심, 즉 지배의 정당성을 확보하지 못하면 일본의 한국통치는 난관에 부딪칠 수밖에 없다는 점을 강조하고 있다.

지배의 정당성과 관련하여 스티븐스는 병탄을 염두에 두고 있었다.[52] 그의 표현을 그대로 인용하면, "솔직히 말한다면, 우리들 가운데 이번에 설정된 보호는 일한 양국의 관계와 지위에서 과도기적 상태임에 불과하다고 믿는 사람들이 많습니다. 그 지도보호 및 감독이라는 단어는 참으로 현저한 의미를 가지고 있어 이론상 또는 사실상 훗날 두 나라 사이가 한층 밀접한 관계가 성립할 수 있습니다." 한층 밀접한 관계, 즉 병탄을 위해서 인민의 환심, 즉 지배의 정당성이 필요하다는 것이다. 그렇지 않을 경우 일본은 어려움에 직면할 수밖에 없다는 것을 그는 다음과 같이 강조하고 있다.

강자가 약자에 대하여 폭력을 휘둘러 가혹한 수단으로 실행하는 합병은 종국적으로 양자 모두 구제할 수 없는 해를 입게 될 것입니다. 한국이 그와 같은 수단에 의하여 합병된다면, 한반도는 일본의 발전과 발달에 도움이 되기보다는 오히려 저해가 되고, 국비(國費)의 증가를 불러오고, 결국은 국난의 원인이 될 것입니다.

한국인의 지지를 받을 수 있는 통치를 점진적으로 추진하지 않을 경우, 일본은 당연히 획득할 수 있는 이익, 즉 완전한 병합을 이룰 수 없다는 것이다. 이토가 통감직에 임하면서 강조한 열복론이나 점진주의, 또는 선별적 이민정책 등은 스티븐스의 의견서의 내용과 일치하고 있다. 그리고 이 모든 것은 스티븐스가 염두에 두고 있는 병탄을 이루기 위함이었고, 이토는 초기부터 그 길을 닦았다.

제11장

통감통치 : 특성과 메커니즘

이토 히로부미는 1906년 2월 20일 도쿄를 출발하여 이세 신궁(伊勢神宮)을 참배하고, 28일 시모노세키에서 군함을 타고 대한제국을 향해서 현해탄을 건넜다. 임지로 부임하기 직전 이토는 부임 인사차 궁궐로 메이지 천황을 찾았다. 천황은 이토가 "노구를 이끌고 멀리 한국에 부임하는 노고"를 위로하면서, 따뜻한 마음의 징표로 금시계와 마차, 그리고 마차를 끄는 말 한필을 선물했다.

3월 1일 부산에 도착한 이토는 간단한 도착 성명을 발표했다. 성명 내용은 자신은 "한편으로는 한국 외교에 관하여 일본에 위탁한 사항을 집행하고, 다른 한편으로는 한국 시정에 관한 조언자, 권고자로서의 책임을 다할 것"이라는 것과, 업무수행은 "정의에 기초해서 직무를 공평하게 집행한다"는 것이었다.[1] 이토는 한국 땅을 밟으면서 자신의 업무는 대한제국의 외교만 관장하는 것이 아니라, 내정도 관리한다는 것을 확실히 했다.

이제 통감 이토는 '막강한' 권력을 가지고 한국에 왔다. 통감부 및 이사청(理事廳 : 한국 내 주요 도시 13곳에 설치하여 통감의 지휘감독 아래 과거 영사에 속하는 업무를 담당하는 기관) 관제를 스스로 기초한 이토는 통감직을 수락하면서 두 가지 조건을 전제로 했다.[2] 하나는 내각으로부터의 독립성이다. 정부조직법상 통감은 천황의 친재(親裁)를 받아 국무를 시행하는 천황 직속이었다. 대한제국 통치를 위한 정책 구상과 집행에서 내각이나 각 성(省)의 간섭이나 구속을 받지 않겠다는 것이 이토의 뜻이었다. 통감부의 권한집중을 우려한 외무대신 고무라 주타로와 외무성 관료들이 이에 강력히 반대했으나, 중요한 외교사항에 관해서는 외무대신을 거쳐 내각 총리대신을 경유하도록 했을 뿐 이토의 요구가 그대로 받아들여졌다. 이는 고무라가 지적한 것과 같이 사실상 통감부를 외무성으로부터 분리하는 것이나 다름없었다.[3]

다른 하나는 한국에 주둔하고 있는 일본군의 통수권이다. 이토는 한국에서 군통수권을 장악함으로써 통감의 절대적 권력을 대외적으로 과시하는 동시에 군부의 간섭이나 관여를 사전에 차단하려고 했다. 일본군은 천황직속으로 군인 이외의 문관이 지휘할 수 없는 특수한 영역에 속했다. 물론 천황의 참모인 참모총장이 실제로 군을 움직이지만, 이 역시 칙명을 받는 형식을 취했다. 군인 통감을 희망했던 군부에게는 이토의 조건은 받아들이기가 어려운 요구였다. 참모차장인 고다마 겐타로는 물론 한국주둔군 사령관 하세가와 요시미치도 강력히 반대했다. 이는 천황대권을 흠집낼 뿐만 아니라, 군인정신을 엉망으로 만드는 결과를 초래한다는 것이 이유였다. 야마가타도 군부의 반대에 동의하면서도, 이토를 피하고서는 아무것도 할 수 없는 현상을 파악하고 "대국적 견지"에서 이토의 요구를 수용했다. 이토는 "원수(元帥)와 동등한 권한"의 통수권을 확보했다.[4] 그것은 일본역사상 전무후무한 조치였다.

이처럼 막강한 권한을 행사할 수 있는 통감으로 부임한 이토의 중심 정무는 대한제국의 내정을 장악하는 것이었다.

1. 전기 시정개선

대한제국 경영을 위한 이토의 통감통치를 총체적으로 "시정개선(施政改善)"이라고 이름하고 있다. 시정(施政)의 사전적 해석은 "정무(政務)를 시행하는 것"으로서, 그 "정무"에는 입법, 사법, 행정, 외교 등 모두가 포함된다. 대단히 추상적이고도 포괄적인 의미를 지니고 있었다. 을사5조약은 통감부의 기능을 외교에 한정하고 있지만, 시정개선으로 알려진 이토의 주요 업무는 외교는 물론 내정 전반을 지배하는 것이었다.

한일관계에서 "시정개선"이라는 단어가 정부문서에 공식적으로 등장하는 것은 1904년의 한일의정서에서였다. 그 제1조는 "한일 두 나라는 항구적이고 변함없는 친교를 유지하고, 동양 평화를 확고히 이룩하기 위하여 대한제국 정부는 대일본제국 정부를 확고히 믿고 시정개선에 관한 충고를 받아들인다"고 규정했다.[5] 그리고 을사5조약에서는 일본은 "한국이 실지로 부강해졌다고 인정할 때까지" 시정개선을 계속할 것을 명문화했다. 통감 이토 히로부미는 부임하면서부터 기회 있을 때마다 시정개선의 본질은 한국을 문명국의 반열에 올리고 한국인을 비참한 환경에서 구출하는 것이고, 그 실체는 종래의 정치 방법을 혁신하고, 현상을 개선하는 것임을 강조했다. 그러나 실제로 그것은 한국 식민지화의 또다른 이름이었을 뿐이다.

보호통치로 알려진 이토의 시정개선이 표방하는 대외적 명분은 한국의 문명화와 근대화와 식산흥업이었다. 비문명적이고도 전근대적인 법, 제도, 행정, 관행 등 제반의 법과 제도와 운영을 개선하여 부강한 독립국가, 또는 근대적 문명국가로 인도하는 데에 일본이 선린적 동반자로서 도움을 준다는 것이었다. 크로머가 그랬듯이 이토 또한 문명론을 한국지배와 통치 명분으로 정당화했다. 한국은 비문명적이고, 한국인은 무지하기 때문에 시정개선이라는 혁신을 통해서 한국을 문명화시키고, 무지한 한국인의 인지(人智)를 계발하고, 국제적으로 통용되지 않는 쇄국적 풍습을 뜯어고치고, 법률과 재판을 개량하는 것이 통감과 일본의 역할이라는 것이었다. 달리 표현하여 이토는 "한국인의 문명도를 높인 문명의 전도자"라는 것이다.[6]

그러나 명분과 달리, 시정개선의 실체는 대한제국의 외교뿐만 아니라 내정을 포함한 일체의 정무를 완전히 장악하고 병탄을 위한 제도와 정책의 골간을 만들어내는 것이었다. 물론 역사적 업적과 평가를 늘 중요시해온 이토가 한국인의 "열복" 속에서 시정개선을 완수하려는 고민이 없었던 것은 아니다. 또한 그의 시정개선이 전근대적이고 억압적인 제도와 관행을 개선하여 근대화와 식산흥업에 어느 정도 기여했음을 부인할 수 없다. 그렇다고 해서, 시정개선이 한국의 식민지화라는 국가목표의 본질에서 벗어난 것은 아니었다. 이토 스스로 표현하고 있는 것과 같이 "시정개선과 세력확장은 그 이름은 다르지만, 사실은 하나"였다.[7] 따라서 이토가 통감으로 부임하여 퇴임할 때까지 실시한 시정개선의 본질은 세력확장을 위한 기초를 튼튼히 하는 것이고, 병탄의 빗장을 여는 것이었다. 그런 의미에서 문명화라는 이름으로 추진된 이토의 시정개선은 대한제국식민지화라는 "제국주의적 목표를 위장하는" 수단이었을 뿐이다.[8]

거의 3년 반(1906. 3-1909. 7)에 걸친 이토의 통치 기간 동안 그가 지휘한 한국정부는 박제순(1858-1916)과 이완용(1856-1926)을 수반으로 한 두 내각으로 나누어진다. 시정개선의 전반기라고 할 수 있는 박제순 내각이나, 후반기인 이완용 내각 모두 간접통치 방식이었다. 그러나 체제구성이나 성격, 또는 이토의 시정개선 방식에 있어서 현격한 차이를 보이고 있다.

박제순 체제에서의 이토의 통치방식은 고모리 도쿠지의 표현을 빌리면, "회유(懷柔)와 온언(溫言)"이었다.[9] 기존의 정부조직과 정책결정과정을 그대로 인정하면서 '문명의 전도사'와 '선정(善政)의 주체'라는 이미지를 구축하고, 지배계층을 친일세력으로 만들고, 고종의 권력을 무력화시키는 것이 핵심이었다. 물론 박제순 내각도 을사5조약을 성사시킨 친일내각이었지만, 이토의 시정개선에 대해서는 비교적 소극적이었다. 소극적이라는 것은 박제순 내각이 통감통치에 저항적이었다는 의미가 아니라, 시정개선에 익숙하지 못했고 또한 이토의 회유와 온언 책략 때문이기도 했다.

그러나 1907년 5월부터 시작된 이완용 체제하에서의 시정개선 또한 간접통치 방식이었으나, 그 성격은 크게 달랐다. 대한제국 정부를 본격적인 친일내각으로 전면개편하고 일본식 내각책임제를 도입한 명실상부한 이토 체제였다. 박제순 체제에서는 한국사회의 권력구조와 내정의 상황을 파악하고 지배정책의 방향을 모색하면서 대한제국에 용빙된 일본인 고문관들을 활용하는 지배방식을 구사했다면, 이완용 체제에서는 부통감 제도를 신설하고 일본인 차관을 임명하여 한국내각을 완전히 장악하고 식민화를 위한 보다 공개적이고도 적극적인 지배방식을 시행했다. 앞에서도 지적했듯이, 초기에는 한국민중을 의식한 회유정책을 구사했다면, 헤이그 사건과도 맞물려 있는 후반기에는 공격적 무력탄압 방식을 채택했다.

2. 통치의 메커니즘

"알현" 정치

시정개선을 위한 이토의 지배방식은 간접통치였다. 형식적으로는 대한제국의 황제와 정부가 국정을 운영하지만, 실질적으로는 통감과 통감부가 배후에서 한국정부를 조종하고 관리, 감독하는 체제를 구축했다. 크로머의 "가려진 보호통치 체제"처럼 막후에서 한편으로는 황제의 지배권을 통제하면서, 다른 한편으로는 내각을 지배하는 통치방법이었다.

간접통치이지만 이를 원활하고도 효과적으로 운영하기 위하여 이토는 두 개의 장치를 마련했다. 하나는 전반적인 통치 방향과 기저를 논의하기 위하여 고종황제와의 협의를 정례화한 것이었다. 이는 을사5조약 제3조에 명시된, 통감은 "한국 황제폐하를 궁중에서 알현하는 권리를 가진다"에 근거하고 있다. 이토는 알현(謁見)이라는 절차를 거쳐 자신이 구상하고 있는 개략적인 시정개선의 방향과 방안을 먼저 고종에게 보고하고 협의한다는 것이었다. 대외적 명칭은 알현이고, 형태는 협의와 보고와 재가였지만, 실은 통감부의 정책을 고종에게 통보하거나 또는 강압을 동반한 협의나 다름없었다. 다만 외형상 한국의 최고 통치권자인 고종의 재가를 받아 통치한다는 정당성을 확보하기 위한 형식에 불과한 것이었다. 물론 이토가 제시한 방향과 정책에 대한 황제의 거부는 통하지 않았고, 이는 부임

인사에서부터 명백하게 드러났다.

이토는 고종을 알현하는 것으로 시정개선을 위한 공식적 활동을 시작했다. 그는 3월 9일 부임 인사차 수행원들을 대동하고 고종을 알현했다. 이 자리에서도 이토가 제기한 시정개선의 주제는 외교가 아니라 내정이었다.[10] 의례적인 인사를 끝내고 수행원들을 물린 이후 이토는 시정개선의 필요성을 길게 설명했다. 그는 먼저 메이지 유신 후 일본이 국가의 기틀을 다질 수 있었던 것은 명실상부한 시정개선을 적기에 힘써 실행했기 때문이라고 일본의 경우를 설명했다. 이어 한국이 당면한 시정개선의 과제로 금융, 교육, 군제, 궁중부의 사안, 궁중의 재정 등 다섯 가지를 지적하고, 구체적으로 여섯 항목의 실천방안과 내용을 제시했다. 그것들은 1) 시정개선을 실시하는 시기로서 '지금'이 가장 중요하고, 2) 한국의 황실과 정부는 와신상담(臥薪嘗膽)을 감수할 각오가 필요하고, 3) 입법과 행정의 모든 개선은 경중완급에 따라서 이토 자신이 개선안을 만들어 제시하고, 4) 필요한 자금은 차관으로 충당하고, 5) 간이(簡易)교육을 보급하고, 6) 경찰력을 확보한다는 것이었다. 모두가 내정에 관한 사안이었다. 이 모든 일은 통감인 자신이 주도하게 될 것이고, 고종이 이에 동의해줄 것을 다음과 같이 요구했다.

(시정개선을) 실행하는 것이 오늘의 급무입니다. 때문에 히로부미는 (한국정부의) 각 대신과 협의하여 (개선)안을 만들어 수시로 황제 재가를 거쳐 실행하려는 것이 제 뜻이니, 이를 허락해주시기를 바랍니다.[11]

고종은 이에 동의하지 않았다. 그는 "시정개선에 관한 일은 짐의 정부 대신들과 충분히 협의하기를 바라오. 그리고 또한 정부 대신이 그 결과를 보고할 때마다 짐이 자세히 설명을 듣고 재가하여 적절히 조치하도록 하겠소"라고 자신의 의지를 밝혔다. 내정은 직접 관리하겠다는 뜻이었다. 이토는 이를 수용하지 않았다. 그는 자신의 임무는 한일 두 나라의 관계를 더욱 친밀하게 하는 동시에, 한국의 쇠운을 만회하여 독립부강에 이르게 하기 위함이라는 것을 다시 내세웠다. 이를 위해서는 시의적절한 국정 개량이 필요하고, 이 기회를 놓치면 한국은 마침내 흥하는 날이 없이 영원히 절망하게 될 것이라고 경고하면서, 그 단초를 여는 것이 자신의 임무라고 강조했다. 그러면서 이토는 고종을 위협하는 것을 잊지 않았다.

> 히로부미가 이번 통감 임무를 맡아 귀국에 대한 지도경영을 담당함에 있어서 열강들은 모두 찬동의 뜻을 표시하고, 많은 동정(同情)으로 그 사실을 인정했습니다. 그렇기 때문에 장래 히로부미가 귀국의 진운에 필요한 충언이나 행동에 대하여 열국 중 이의를 제기하거나 방해를 시도하는 것과 같은 일은 결단코 없으리라고 믿습니다. 폐하께서도 이를 기억해주시기 바랍니다.[12]

고종이나 한국정부의 의지와 관계없이 내정도 자신의 뜻대로 처리할 것이고, 열강도 이를 견제하지 않을 것임을 강조한 것이다. 이는 1905년의 을사5조약 당시 이토가 고종에게 "내정, 즉 자치의 요건은 의연히 폐하의 친재 아래서 폐하의 정부가 이를 이행하는 것은 종전과 조금도 다름이 없습니다"라고 약속한 것과는 크게 다르다.[13] 알현이 정무를 황제에게 보고하고 협의하여, 황제로부터 재가를 받는 절차가 아니라는 것은 첫 알현에서부터 확실해졌다.

통감으로 부임한 이토와 고종의 긴장은 첫 대면부터 팽팽했다. 시정개선을 황제 중심으로 추진하려는 고종과 통감이 주도하려는 이토와의 대치가 처음부터 나타났다.

"한국 시정개선에 관한 협의회"

통치 메커니즘의 또다른 장치는 구체적 정책 입안과 집행을 막후에서 조종하기 위한 협의체 구성이다. "한국 시정개선에 관한 협의회"(이하 협의회)가 바로 그것이다. 통감 관저에서 이토가 주재하는 이 협의회에는 대한제국의 내각 대신 전원과 필요에 따라 대한제국에 용빙된 일본인 고문 및 통감부 고위관리들이 참석했다. 협의회에서 시정개선에 관한 구체적 정책을 논의하고, 내각 결의를 거친 후에 황제의 재가를 받아 한국정부에 의해서 집행되었다. 그러나 뒤에 자세히 언급하겠지만, 협의회 논의라는 것은 한국정부에 용빙된 일본인 고문과 통감부 고위관리들이 입안한 주요 정책을 추인하는 것에 불과했고, 내각 결의는 형식적인 것이었다. 제1차 협의회의 모습은 이러한 협의회의 성격을 잘 보여주고 있다.[14]

알현에 이어 이토는 9월 13일 통감 관저에서 제1차 협의회를 주재했다. 한국정부에서는 군부대신 이근택을 제외하고 박제순 참정대신 이하 모두가 참석했다. 을사5적의 한 사람인 이근택은 조약체결 후 민중으로부터 공격을 받아 운신이 자유롭지 못했다. 일본 측에서는 이토와 그의 통역관과 비서가 자리를 함께했고, 한국정부에 용빙된 메가다 다네타로 재정고문이 별실에서 대기하고 있었다.[15]

이토는 알현 당시 고종에게 각서 형태로 제시했던 시정개선의 대강(大綱)을 각 대신들에게 회람시키면서 "이를 한꺼번에 실시하는 것은 대단히 어렵기 때문에 적절한 순서에 따라서 앞으로 실행하게 될 것"이라는 뜻을 밝혔다. 시정개선을 위한 자금에 대해서는 한국의 현상에 비추어볼 때 1,000만 엔 내외의 자금이 필요하고 이를 차관으로 마련하여, 먼저 농업개량, 도로개축, 배수, 관개, 식림과 같은 장래의 생산력을 높여 다수 농민에게 이익을 줄 수 있는 분야에 사용하고, 다음으로 간이 교육을 위한 시설에 투자해야 한다는 수순을 제시했다.

주도면밀한 이토는 옆방에서 대기하고 있던 메가다 다네타로를 불러 통감으로 부임하면서 시정개선에 필요한 자금으로 조달한 1,000만 엔의 성격과 사용계획을 구체적으로 대신들에게 설명할 것을 지시했다. 메가다의 보고에 의하면, 이토는 한국의 관세수입을 담보로 일본흥업은행(日本興業銀行)으로부터 1,000만 엔의 차관을 성사시켜, 일차적으로 500만 엔은 3월 중 일시에 입금될 것이 확정되었고, 나머지는 필요에 따라 사용이

가능하다는 것을 밝혔다. 대신들은 거액의 자금이 신속하게 조달되는 현실에 크게 놀랐다. 이토는 모든 대신들에게 차관도입의 찬성 여부를 물었다. 이의가 있을 수 없었다. 내각을 대표해서 박제순 참정대신이 동의의 뜻을 밝혔다.

이어서 이토는 시급하게 착수해야 할 시정개선의 영역과 방향을 제시했다. 첫째는 경찰력 증강이었다. 이토의 평가에 의하면, 한국의 치안은 "일본군대가 주둔하지 않았다면, 지금 어떤 사태가 벌어질지 예측하기 어려운 상태"였다. 경찰의 역할을 군대에 맡길 수도 있으나, 한국군대는 "나라를 지키는 데에 활용해야 할 총칼과 탄약을 저당 잡힐" 정도로 "군인으로서의 능력도 훈련도 턱없이 부족했기" 때문에 불가하다는 것이었다. 물론 징병제를 실시하여 근대적 군대로 변모시키는 것을 검토할 수 있지만, 이를 위해서는 호적제도의 정비와 교육보급이 선행되어야 하기 때문에 용이하지 않다는 점을 지적했다. 이러한 어려움은 일본경찰의 지원으로 쉽게 극복할 수 있다는 것을 이토는 다음과 같이 설명했다.

> 물론 오늘의 (한국)경찰은 전혀 만족할 수 없습니다. 위험한 경우에 경찰관이라는 자가 지금처럼 도망가서 숨거나 또는 방관하는 상태에서는 안심하고 인민의 보호를 맡길 수는 없지 않겠습니까? 그러나 한국인 경찰관을 보조하는 일본인 경찰관을 활용할 경우 용이하게 경찰력을 증진할 수 있을 것입니다.[16]

달리 표현하여 한국의 경찰업무를 일본경찰이 담당하겠다는 것이다. 이토는 경찰력 증강을 위해서 차관을 어떻게 활용할지 내부대신 이지용에게 마루야마 쓰루키치 경찰고문과 협의하여 신속히 착수할 것을 지시했다. 그리고 메가다에게는 경찰력 증강에 필요한 경비에 관하여 담당 대신 및 마루야마 고문과 협의하여 결정할 것을 명했다.

둘째는 교육문제였다. 이토는 어린 시절부터 실시하는 교육은 시간과 비용이 필요한 사업임을 강조했다. 이를 위해서는 가능한 한 신속히 교육사업을 시작하고, 교육비는 우선적으로 정부의 자금으로 충당하고, 점진적으로 방안을 강구해야 한다는 것을 강조했다. 그리고 이완용 학부대신에게 인구가 많은 큰 마을을 선정하여 학교를 설치하고, 가능한 한 다수의 인민이 편리한 교육을 받아 문명화의 길로 들어설 수 있도록 기획할 것을 지시했다. 그는 또한 학교설립 못지않게 교사의 중요성을 강조했다. 그의 표현을 그대로 인용하면, "아무리 많은 학교를 설립하더라도 교사를 구할 수 없다면, 이는 마치 용을 그리고 눈을 그려 넣지 않는 것과 같다"고 예를 들면서 교사와 교과서가 절대적으로 부족한 현실을 지적하고, 한국정부에 용빙된 학정참여관과 협의하여 대책을 강구할 것을 학부대신에게 지시했다.

셋째는 농공업의 개선이었다. 이토에 의하면 한국의 공업은 "대단히 유치한" 데에 반하여 농업에 종사하는 "인민은 대단히 많고 무역도 대체로 농산물"에 관계되는 것이었다. 그렇기 때문에 다수 인민의 행복을 증진하기 위해서는 먼저 농업개량에 착수할 필요가 있다는 점을 강조했다. 그가 농업개량을 지적한 또다른 이유는 한국에는 공업을 진흥할 수 있는 충분한 지식, 경험, 기능을 겸비한 기술자가 없기 때문이기도 했다. 권중현 농상공부대신이 공업진흥을 위해서 공장을 짓고 해외에서 적당한 기술자를 용빙하여 새로운 기술자를 양성할 것을 제안할 때도 이토는 이에 반대의 뜻을 명확히 했다. 먼저 농업을 중점적으로 개량하고, 공업은 점진적으로 발전시켜야 한다는 것이었다. 그는 "(공업개발은) 작게 시작하여 이를 점차 발전시키는 것이 순서입니다. 처음부터 큰 계획을 수립했다가 손실을 불러오는 것과 같은 일이 있어서는 안 될 것입니다"라고 신중한 태도를 보였다.

점심 후에 계속된 회의에서 이토는 한국에 주둔하고 있는 일본군의 군사시설의 기밀유지를 위한 군율 규정에 대하여 일본군부와 협의하고 있다는 점을 통보했다. 이어서 한국의 재판제도의 문제점을 지적하면서, 재판제도의 개량이 무엇보다도 절실함을 지적했다. 이토는 자신이 일본을 떠나기 전에 이미 개정해야만 할 영사재판제도의 법률안을 의회에 제출하고 왔음을 통보했다. 이 법률안이 통과되면 이사청의 판결에 대한 항소는 나가사키(長崎) 공소원(控訴院 : 각 지방의 지방재판소를 관장하는 2심 재판소)에 제출할 필요 없이 새로 한성에 설치하는 통감부 법무원에 제소하게 된다는 것이었다. 그러면서 그는 "이 신제도는 한국인에게 크게 편리할 것입니다. 왜냐하면 종래의 한국인이 원고이고 일본인이 피고인 경우 한국인이 영사재판에서 패소해도 많은 소송비를 필요로 하기 때문에 나가사키 공소원에 항소할 수 없었지만, 앞으로는 항소할 수 있게 되기 때문입니다. 머지않아 통감부에 법무원이 설치될 때에 이를 모범으로 한국의 재판제도를 개선할 것입니다"라고 설명했다. 그리고 재판제도, 군사재판, 영사재판, 감옥제도 등의 개량과 개선을 위한 법률 검토와 정비가 선행되어야 한다는 점을 지적하고, 이하영 법부대신에게 시간을 두고 검토할 것을 지시했다.

협의회는 오후 4시 15분에 끝났다. 시정개선의 핵심이 외교가 아니라 내정에 있음이 첫 협의회에서 명확히 드러났다. 이토는 회의를 끝내면서 각 대신의 의견을 들어볼 때 시정개선에 이의(異議)가 없다는 것을 확인할 수 있다고 결론지으면서, 두 가지를 약속했다. 하나는 자신이 의도하는 개선의 내용과 방향을 충분히 논의하기 위해서 각 대신들과 개별적으로 자주 만남의 시간을 가지겠다는 것이었다. 대신들과의 격의 없는 소통과 대화의 필요성을 이토는 다음과 같이 말하고 있다.

개선이라는 것은 현재의 것을 한층 더 완전하게 한다는 것을 뜻합니다. 이는 무정부국가에 정치조직을 신설한다는 의미가 결코 아닙니다. 그렇기 때문에 현재의 상황을 정확하게 파악하는 것이 필요합니다. 현행제도나 통계 등을 확실히 알지 못하면, 결코 적절한 개선을 기획할 수 없을 것입니다. 때문에 수시로 각 대신을 만나 사정을 청취하도록 하겠습니다.[17]

시정개선을 추진함에 있어서 점진적 개선을 택하고, 또한 대신들과 긴밀하게 협의하여 대신의 의견을 반영하겠다는 뜻이었다.

또다른 약속은 대신들의 신분보장이었다. 결정적 실책이 없는 한 대신의 직위를 보장함과 동시에 배일 민중으로부터의 보호도 약속했다. 특히 을사5조약 후 민중으로부터 공격받은 이근택 군부대신의 경우와 같은 "변고"가 없도록 필요하다면, 신변을 경호하겠다는 것을 강조했다.

참정대신 박재순은 "대단히 유익한 협의회를 만들어준 것에 대하여 깊이 감사하는" 말을 했고, 법부대신 이하영은 "사람의 앞날을 미리 예측할 수는 없지만, 우리 대신들은 하나로 뭉쳐 열심히 업무에 임할 것을 결심했습니다. 우리들의 일신을 이처럼 염려해주시는 (통감의) 뜻에 각 대신을 대표하여 깊이 감사드립니다"라고 감사의 뜻을 표시했다. 한국의 대신들은 이미 황제 고종의 신하가 아니라 통감 이토의 신하였다.

시정개선의 대체적 윤곽과 방향을 설명하는 첫 협의회는 이렇게 끝났다. 메이지의 헌법을 기초하고, 관료제를 정착시키고, 네 차례 총리대신을 역임하면서 내각을 이끌었던 이토의 협의회 운영은 탁상공론에 치우쳤던 한국정부의 내각을 압도하기에 충분했다. 제1차 협의회에서 지시받은 메가다는 21일에 열린 제2차 협의회에서 교육, 수도공사, 도로공사, 농공업은행 보조 등을 시급하게 추진해야 할 분야로 선정하고, 이에 필요한 총 466만6,000엔의 예산안 내용을 구체적으로 제시하고 설명했다.[18] 정책을 제시하고, 논의하고, 결정하여 집행을 지시하고, 그리고 그 결과를 확인하는 근대적 행정기법은 능률적이고 효과적이었다. 더욱이 막대한 자금을 확보하고 있는 이토의 협의회가 거듭할수록 한국의 내정은 통감부에 예속될 수밖에 없었다.

협의회의 특징은 일본이 의도하고 이토가 주도하는 일체의 시정개선 정책은 형식적으로는 대한제국 정부의 승인을 거쳐서 결정되고 집행된다는 사실이었다. 실질적인 정책 입안과 집행 방향은 이토의 지시를 받아 대한제국에 용빙된 고문과 통감부 내의 총무부, 농상공부, 경무국에서 확정하고, 이를 협의회에서 승인을 거쳐 한국내각이 집행하는 형태를 갖추었을 뿐이다. 통감 관저에서 진행된 협의회는 통감직에서 물러나는 1909년 3월까지 이토에 의해서 주도되면서, 이토의 통치 구상을 정당화하고 구체화하는 제도적 장치로 활용되었다.[19]

3. 지배의 특성

크로머가 이집트 통치에서 그러했듯이 이토는 통감통치를 시작하면서 가능한 한 기존의 체제를 흔들지 않고 그대로 유지하려고 했다. 특별히 "회유와 온언"을 바탕으로 한 통감통치의 전반기라고 할 수 있는 박제순 체제에서는 이토 스스로가 강조하고 있는 것과 같이, "어디까지나 현직을 바탕"으로 "현상유지를 중심"으로 했다.[20] 그것은 이토가 전반적인 상황을 충분히 파악하고 있지 못했기 때문이기도 하지만, 갑작스러운 조직과 인사 개편은 저항과 혼란을 불러온다는 것을 잘 알고 있었기 때문이었다. 정책 결정과 집행 또한 가능한 한 종전 방식을 그대로 답습하려고 했다. 예컨대 3월 21일 개최된 제2차 협의회에서 이토는 대신들에게 그 동안 한국정부가 중요한 정책을 결정하고 집행해온 방법을 물었다. 참정대신 박제순은 각 담당 부처가 먼저 안을 준비하여 의정부에서 협의를 거친 후 황제의 재가를 받아 집행한다고 답했다. 그러자 이토는 "그렇다면 오늘의 사업계획에 관해서도 안을 만들어 논의하여 기존 방법대로" 처리하는 것이 좋겠다는 뜻을 밝혔다.[21] 통감통치를 시작하는 초기부터 적응하기 어려운 새로운 운영방법은 체제 내에서 저항을 불러올 수 있음을 염려한 것이다.

정책을 논의하는 과정에서도 대신들의 반대나 이론이 나타나면 이토는 양보하는 모습을 보였다. 그는 "나는 억지로 내 주장만을 고집하지 않습니다. 각 대신들이 절충하여 가장 좋은 쪽으로 결정해주기를 바랍니다"라고 결정권을 대신들에게 넘겨주기도 했다.[22] 그러나 실질적으로는 막후에서 한국정부 내의 일본인 고문단, 통감부, 협의회를 통해서 이토는 모든 정책을 자신의 구상대로 이끌어나갔다.

이토는 모든 시정개선은 법을 근거로 추진한다는 것을 한국정부 대신들에게 인식시키려고 했다. 사람에 의한 통치가 아니라, 법과 제도에 의한 통치형태를 갖춤으로써 지배의 공정성과 정당성과 보편성을 확보하려고 했다. 정책결정 과정은 대체로 협의회에 제출된 안건을 대신들과 함께 논의하고, 적절한 위원회를 구성하여 정책방향과 구체적 방안을 마련하고, 그 안을 다시 협의회에서 논의하여 법안과 시행령을 확정하고, 중요한 사안은 황제의 재가를 받아 집행하는 형태를 취했다. 이 과정에서 이토가 자주 활용한 수단은 필요에 따라 수시로 조직하는 임시 위원회였다. 치도(治道)위원회, 교육위원회, 지방제도조사위원회, 재판 및 감옥 개선조사위원회, 법률조사위원회 등과 같은 것이 그것이다. 위원회는 한국인도 포함되어 있었지만, 전문적 지식을 구비한 일본인 고문이나 통감부의 관리가 주도적으로 운영했다. 그들은 이토의 지시에 따라 법률이나 시행령을 제정하고, 세부적인 실천방안을 작성하여 집행했다. 자신의 의도대로 시정개선을 추진하면서도 한국인이 참여하는 공적 기구를 활용하고 통치의 정당성과 공공성을 확보하는 이토의 행정능력을 잘 보여주고 있다.

이토는 협의회를 운영하면서 정책 결정과 집행, 그리고 집행결과에 대해서 확인하고 평가하는 치밀함을 보였다. 각 부에서 올리는 예산 책정과 지출은 물론, 행정부서 신설과 통폐합, 정부 인사, 일본인 용빙 등과 같은 행정을 직접 관장했다. 학교와 도로 건설의 현황이나 압록강 삼림 벌채, 또는 한성병원, 적십자병원과 당시 국립병원인 광제원(廣濟院)의 합병도 직접 지휘했다. 법과 제도라는 틀 속에서 대신들의 판공비까지 직접 책정할 정도로 행정부를 장악했다.

'선정'의 이미지

통감으로 부임하면서부터 이토는 효과적 시정개선을 위한 몇 가지 정략적 방안을 가지고 있었다. 첫째는 선정(善政)의 이미지를 확산시키는 것이었다. 앞에서도 지적한 것과 같이 이토는 통감으로 현지에 착임하기 전부터 기회가 있을 때마다 한국인이 열복할 수 있는 선정론을 강조했다. 또한 통감으로 부임하면서부터 한국인들에게 '자비로운' 지배자 이미지를 심어주려고 했고, 시정개선이 인민을 위한 것이라는 점을 부각시키려고 노력했다. 그는 한국인의 환심을 얻어야 한다는 스티븐스의 제안을 기억하고 있었고, 영국의 이집트 지배정책이 성공할 수 있었던 것은 크로머가 이집트 민중의 안정과 번영을 증진시기기 위해서 고심참담하면서 법과 제도를 만들어 시행했기 때문이라는 사례도 잘 알고 있었다. 그래서 이토는 처음부터 "인민"을 앞에 내세웠고, 시정개선의 목표가 국리민복에 있음을 강조하면서 한국인의 환심을 사려고 했다.

고종과의 두 번째 알현에서도 이토는 시정개선의 목표가 국리민복에 있음을 주장했다. 국가의 근본이 국리민복에 있음을 설명하면서 시정개선은 법을 바탕으로 한 국민의 생명과 재산 보장에서부터 시작한다는 점을 강조했다. 고종에게 국력신장과 국운융성을 위해서는 "국민의 부력(富力)을 배양해야" 하고, 국민의 힘을 기르기 위해서는 "국민의 신체와 재산이 보장되어야" 하고, 이를 위해서는 "법률에 의한 보장"이 필수적이라는 것이었다. 한국처럼 법이 아침과 저녁이 다르고 탐관오리에 의하여 항상 인민의 생명과 재산이 위협받고 있다면, 기강이 바로잡히지 않는다는 것이었다. 이토는 대한제국의 기틀을 바로잡고 민력(民力)을 바탕으로 국력을 배양하는 것이 시정개선이고 자신의 역할임을 강조했다.[23]

앞에서 구체적으로 기술한 첫 협의회에서 이토가 가장 먼저 제시한 것도 역시 국리민복이었다. 그는 자신이 마련한 1,000만 엔의 자금을 배분하면서 "가장 먼저 염두에 두어야 할 것은 인민의 이익"에 있다는 점을 최우선의 명분으로 내세우는 것을 잊지 않았다. 정부 재정이나 금융을 위해서도 자금이 필요하지만, 그보다 먼저 인민에게 직접 이익이 돌아갈 수 있는 민간분야에 자금을 투입해야 한다는 것이었다. 그는 대신들에게 농민이

통감 부임 후의 한복을 입은 이토. 왼쪽부터 이토의 딸, 내부대신 이지용과 그의 처, 이토와 그의 처, 조선총독부 중추원 참의를 지낸 박의병과 그의 처

국민의 대부분을 차지하고 있는 상황에서 다수 농민을 이롭게 하는 사업과, 다수 인민에게 유익한 교육사업에 자금을 우선적으로 투자할 것을 제시했다. 이토에 의하면 시정개선은 한편으로는 농업을 발달시켜 "국민 생활을 풍족하게" 하고, 다른 한편으로는 교육을 통하여 "인지(人智)를 개발해야" 한다는 것이었다. 제2차 협의회에서 볼 수 있는 것과 같이 실제로 농업생산을 증가시킬 수 있는 농토개량, 도로 개설, 배수, 관개, 조림과 간이학교 설립 등 교육에 우선적으로 자금을 배정했다.

경찰력을 증강하는 것도 인민이 안심하고 생업에 종사할 수 있도록 치안을 확보하기 위한 것이며, 재판제도 개선과 감옥제도를 개량하는 것도 인민이 공정한 재판을 받을 수 있고, 죄인이라도 적절한 대우가 필요하기 때문이라는 것이었다. 행정조직을 개편하는 것은 인민의 권리를 보호하기 위해서이고, 세법을 개선하는 것은 인민의 부담을 덜게 하기 위해서라는 것이었다. 특히 그는 정부와 황실이 이중적으로 세금을 거두어들이는 것을 신랄하게 비판하면서 시정을 촉구했다. 그의 지적에 의하면 "인민이 부담하는 세금은 정부가 국법에 따라 징수해야 함에도 불구하고, 한국에서는 정부 외에 황실도 역시 세금을 징수하는 폐단"이 있고, 이는 인민을 대단히 고통스럽게 한다는 것이었다.[24] 그것은 황실의 초법적 세금징수의 부당성을 명분으로 내세우면서 실은 배일을 주도하는 황실의 자금줄을 차단하기 위한 책략이기도 했다.

이토는 시정개선 사업을 추진함에 있어서 국민여론을 중시하는 태도를 취했다. 각 대신들에게도 "인민의 불평과 불만을 야기하지 않도록 주의"할 것을 당부할 정도였다. 제1차 협의회에서 이하영 법부대신이 한국의 법률과 재판조직이 불완전하다고 하여 일본인만으로 조직된 한국주차군의 군법회의가 군율을 범한 한국인을 심판하고 처벌하는 처사에 대하여 한국인들이 "유감"으로 생각하고 있다고 구체적으로 제시하자, 이토도 한국인의 불만을 인정하고 적절한 조치를 위해서 군과 협의할 것을 밝혔다. 그리고 제2차 협의회에서는 규정을 개정했음을 통고했다. 즉 군령위반범을 심판하는 군법회의에 한국관리 1명을 참석시키고, 심판위원회는 심판개정 일시를 미리 한국의 담당 관헌에게 통고하도록 하며, 집행은 한국관리가 담당하는 것으로 개정했다. 이처럼 한국인의 감정을 융화시키는 조치는 신속히 처리하겠다는 것이 이토의 뜻이었다.[25]

이토는 인민을 대변하고 정부를 비판하는 입장에 자신의 위치를 설정했다. 대한제국이 이처럼 어려운 지경에 처한 것은 인민 때문이 아니라 정부의 무능함과 정치의 부패 때문이라는 것이 이토의 입장이었다.

그리고 정부의 대신을 필두로 시정개선을 일선에서 담당하고 있는 관리들이 솔선해서 앞장설 것을 당부했다. 이토는 또한 인민의 자유와 권리는 물론 언론의 자유도 강조했다. 정부의 대신들이 「대한매일신보」가 불온한 기사를 게재하여 정부를 공격하는 것을 통제하기 위하여 정부가 이에 상당한 제재를 가할 필요가 있음을 주장하면서 이를 요구할 때도, 오히려 이토는 이를 허락지 않았다. 그는 문명국가에서는 언론의 자유를 존중하고 있기 때문에 신문에 제재를 가하는 것은 용이한 일이 아니라고 지적하면서,

언론의 자유를 탄압하는 것을 반대했다.[26]

내각 장악

선정의 이미지를 부각함과 동시에 이토가 주의를 기울인 또다른 정략적 방안은 내각을 완전히 장악하는 것이었다. 그는 처음부터 왕실과 정부의 구별을 명확히 하고, 자신이 구상하는 시정개선을 일선에서 집행할 정부를 친일 세력화하는 데에 주력했다. 이를 위해서 이토는 정부의 독립성을 강조하면서 정부 대신들에게 시정개선의 시대적 의미와 자신감을 심어주는 데에 정성을 기울였다. 시정개선에 대한 공감대를 형성하고 대신들이 앞장서서 이를 추진하도록 하겠다는 의도였다.

박제순 내각은 을사5조약을 성사시킨 친일 인물들로 구성되어 있었다. 그러나 그들은 이토가 의도하는 시정개선의 방향과 의미와 내용을 정확하게 파악하지 못했다. 그렇기 때문에 이토로서는 대신들에게 시정개선에 대한 확신을 심어주는 것이 필요했다. 첫 협의회를 시작하면서 이토가 "시정개선을 실시하면 당초에는 인민들 가운데 불평을 부르짖는 사람들이 있을 것"이라고 설명하면서, "3, 5년 후 실제로 효과가 나타나면 그들은 반드시 기뻐할 것"이라고 시정개선의 어려움과 시간이 필요성을 강조한 것도 대신들의 각오와 확신이 필요했기 때문이었다. 이토에 의하면, 시정개선은 고통을 감수해야만 하는 "선각자의 사업"이었다. 그렇기 때문에 어려움과 반대가 있게 마련이고, 시간이 필요하고, 소명의식이 필요했다. 이토의 말을 직접 들어보자.

> 무릇 (시정개선이라는) 개혁은 입으로 이루어지는 것이 아니라 반드시 이를 실행해야만 합니다.……애당초 시정개선은 선각자의 사업입니다. 국민이 깨닫기를 기다려서 개혁을 실시하고자 하면 필경 착수시기를 놓치게 될 것입니다. 때문에 이를 담당하는 당국자가 먼저 앞장서서 사업을 착수하여 그 효과를 국민에게 제시하지 않으면 안 됩니다. 국민이 개혁에 반대하는 것을 오히려 당연하다고

각오하고, 처음부터 일신을 희생하여 시정개선 사업을 수행함으로써 백성을 구제한다는 결심이 없으면 안 됩니다.[27]

이토는 대신들에게 시정개선이라는 개혁은 각 영역에서 제도나 관행 등의 많은 변화가 불가피하기 때문에 변화에 대한 저항과 반대가 반드시 나타나게 마련이라는 점을 주지시켰다. 처음에는 반대하고 이론을 제기하지만, 어려움을 극복하고 시정개선의 이익이 현실로 나타나면, 결국 반대하던 국민들도 "열복"을 하게 될 것이고, 여기에 시정개선의 참 의미가 있다는 것이 이토의 지론이었다. 그리고 또한 시정개선은 초기에 그 틀을 잡아야 한다는 것이 그의 판단이었다. 이토에 의하면, 시정개선은 "마치 나무를 심고 키우는 작업과 같아서 일정한 시기에 도달할 때까지는 조심스럽게 배양할 필요가 있지만, 뿌리가 내린 후에는 자연히 발육하게" 되기 때문에 시작단계에 방향과 목표를 확실히 정하고 인민을 한 방향으로 이끌어가야만 한다는 것이었다.[28]

이토는 친일적 성향의 정부가 국민들로부터 신뢰받지 못하고 있고, 또한 대신들이 "곤란한" 입장에 있다는 현실도 자신이 잘 알고 있다는 것을 대신들에게 인지시키려고 노력했다. 그러나 비난과 어려움은 개선효과가 나타날 때에 극복할 수 있고, 한걸음 더 나아가서 비난 때문에 해야 할 개혁을 뒤로 미루거나 회피한다면 국가는 발전할 수 없다는 위기의식과 사명감을 강조했다. 그는 한국은 "시정개선을 위한 마지막 기회"를 맞이하고 있다고 경고하면서, 대신들은 "백절불굴의 정신을 발휘하여 어려움을 기회로 삼아 위로 임금을 바로잡고, 아래로 인민을 구하는 방법"을 시정개선에서 찾아야 한다고 격려했다.[29] 이토는 자신도 "만강(滿腔)의 뜨거운 피를 한국을 위해서 뿌릴 각오"로 시정개선에 임하고 있다면서 대신들의 시대적 소명과 역할을 강조했다.[30]

이토는 시정개선에 대한 자신의 강력한 의지를 표현함과 동시에 통감에 대한 대신들의 신뢰가 흔들리지 않도록 주의를 기울이는 것을 잊지 않았다. 러일전쟁 승전을 축하하는 관병식에 참석하기 위하여 도쿄로 떠나기 전에 가진 제4차 협의회에서 이토는 대신들을 전적으로 신뢰하고, 부재중에 어떤 일이 발생하더라도 절대로 동요하지 말 것을 당부하고 있다.

내가 여러분께 간절히 바라는 바는 나의 귀국이 의혹의 원인이 되어 여러 가지 풍설과 뜬소문이 있더라도 정부는 확고부동한 결심으로 국사를 장악해야 할 것입니다. 귀국에 대하여 내가 가장 염려하는 바는 정부의 동요입니다. 비록 인심이 다소 동요하더라도 정부는 절대로 동요하지 말기를 충심으로 바랍니다. 지금까지 여러분과 협의한 기업(起業)의 순서도 대충 결정되었으나 이를 한꺼번에 착수하면 시행상의 어려움이 있을 수 있기 때문에 질서 있게 추진해야만 할 것입니다.……나는 여러분을 깊이 신뢰하고 있습니다.[31]

그리고 통감의 부재중에 고종이 마음대로 대신을 교체하거나 시정개선의 기본원칙을 변동해서는 안 된다는 뜻을 고종에게 명확히 전달하고 약속을 받겠다는 강력한 의지를 표현함으로써 대신들을 안심시키려고 했다.

이토는 대신들에게 결코 어려운 역할만을 요구하지는 않았다. 그는 시정개선의 필요성과 대신들의 역할을 강조하면서 동시에 그들에게 '당근'을 주는 것을 잊지 않았다. 그는 기회가 있을 때마다 대신들을 신뢰하고 있다는 점을 강조하고, 신분을 확실히 보장하면서 시정개선에 앞장설 것을 당부했다. 이는 결코 거짓 약속이 아니었다. 통감으로 부임할 당시의 내각을 1년 넘도록 그대로 유지하면서 내각을 장악했다. 물론 그는 대신들을 위협하고 긴장을 고조시키는 것을 잊지 않았다. 대신들이 자신의 통제 밖에서 행동하는 듯하면 이토는 "나는 남에게 기만딩히는 것을 좋아하지 않고, 또 남을 기만하지도 않습니다"라고 강조하면서, "바라건대 여러분에게도 나를 속이지 않는다는 성실성을 확인하고 싶습니다"라고 압박하여 대신들을 늘 긴장케 했다.[32]

4. 고종의 무력화

선정의 이미지를 부각하고 내각을 장악하면서도 이토가 가장 고심한 정략적 방안은 황권을 통제하고 고종을 무력화시킬 수 있는 길을 모색하는 것이었다. 그는 초기부터 친일 대신들로 구성된 박제순 정부를 장악하는 데에는 아무런 문제가 없었다. 그러나 큰 조직과 풍부한 재정을 배경으로 하고 있는 궁내부, 즉 고종을 통제하는 일은 그리 쉽지 않았다.

이토는 초기부터 왕실과 정부의 구별을 확실히 하고 내각에 대한 고종의 영향력을 차단하려고 했고, 궁내부도 정부가 운영하는 법제도의 틀 안에 있다는 점을 내각과 황실에 주지시키기 위하여 노력했다. 제2차 협의회에서 이토는 대신들에게 왕실과 정부의 구별을 확실히 확립해야 한다는 것이 자신의 뜻이라고 밝히면서, 행정부가 왕실의 영향권에서부터 독자적 지위를 확보할 뜻을 명확히 했다. 이는 방대한 고종과 궁내부의 권한을 통제하겠다는 의미였다.

이토가 통감으로 부임한 뒤 고종과의 신경전과 마찰은 끊이지 않았다. 을사5조약 이후 성립된 친일내각을 원천적으로 신뢰하지 않는 고종은 내각을 통한 시정개선에 협조적이 아니었을 뿐만 아니라, 여러 가지 방법과 수단을 동원하여 시정개선을 방해했고 내각을 흔들었다. 비록 그것이 외세에 의존적인 방법이었다고 하더라도, 고종은 일본 헌병과 경찰의 감시 속에서도, 끊임없이 밀서와 밀사를 통하여 주권회복을 시도하고, 지방에서의 봉기를 후원했다. 특별히 이토가 업무협의차 일시 귀국하여 통감 자리를 비울 때면 고종은 자신의 의사대로 인사를 실시하고, 대신 경질설을 유포하여 친일내각 붕괴를 꾀하기도 했다.

이토는 동양의 패권국가라는 일본을 대리하는 '강자'로서 한국에 왔다. 그는 또한 '동양의 비스마르크'라고 일컬어질 정도로 국제적으로도 능력을 평가받는 인물이었다. 그러나 고종 또한 그리 만만한 인물이 아니었다. 12세에 왕위에 오른 그는 10년간의 대원군 섭정을 거치고, 왕권을 확립하는 과정에서 대원군과 민비의 갈등, 민비의 전횡, 임오군란, 갑신정변, 청일전쟁, 민비 시해, 아관파천, 러일전쟁 등의 수많은 역경을 거쳐오면서 권력을 지킨 경력을 가지고 있었다. 뿐만 아니라 개화파와 수구파, 또는 친청파와 친로파와 친일파로 갈라져 끊임없이 세도(勢道)를 좇는 지배계층을 조종하고 경쟁시키는 나름대로의 권모술수를 체득하고 있었다. 비록 몰락의 길을 걸어왔더라도, 고종은 내외의 격동 속에서 반세기에 가까운 세월을 빛과 그림자 속에서 권력을 관리해온 인물이었다. 녹록하게 볼 인물이 아니라는 것을 이토도 잘 알고 있었다. 또한 역경의 과정을 지내오면서 자신과 가장 가까운 왕비가 일본인들의 칼에 의하여 무참하게 쓰러지는 쓰라린 경험을 가지고 있는 고종이 일본을 어떻게 보았으리라는 것을 짐작하는 것은 그리 어렵지 않았다.

고종은 1904년의 한일의정서 이후 이용익과 같이 자신이 신뢰하는 신하나 또는 외국 언론인, 외교관, 교사 등을 비밀리에 동원하여 일본의 부당한 침략을 세계에 알리고, 한국의 독립지원을 호소했다. 특히 그는 미국, 러시아, 프랑스로부터의 지지를 기대했다. 이러한 사정을 잘 알고 있는 이토에게 고종은 가볍게 대할 수 없는 인물이었다.

1899년 주한공사로 부임하여 7년 동안 재임하면서 한일의정서, 한일협정서, 을사5조약 등을 성사시킨 하야시 곤스케에 의하면, 한국에서 벌어지는 "모든 정치의 폐단은 한국 황제를 중심으로 한 궁중으로부터" 나왔다.[33] 그렇기 때문에 황제를 중심으로 한 궁중 개혁이 없이는 실질적 시정개선이 어렵다는 것이 하야시의 지론이었다. 을사5조약 체결 후 서울을 떠나면서 그는 통감 이토에게 다음과 같은 사신(私信)을 보냈다.

(한국을) 보호국으로 만들었기 때문에 안심해도 된다고 생각하시는 것은 절대 금물입니다.……이제부터도 궁중에서는 무엇인가 일본의 규범을 피할 기획을 계속할 것입니다. 그것이 지금까지의 조선정부의 외교의 방법이라는 것을 생각하면, 여전히 불안함이 남아 있습니다. 이 점은 특별히 세심한 배려와 주의가

필요합니다.[34]

일본이 한국을 보호국으로 만들어 고종에 대한 통제력을 강화했기 때문에 "왕은 종래보다 더 악성인 계획을 생각하고 있다는 것을 예상하여" 대처해야 한다는 것이었다.

대한제국이 일본의 보호국이 되었어도 권력의 근원은 역시 고종이었고, 또 고종이 그 동안 일본의 세력을 몰아내기 위하여 어떻게 해왔는지를 이토도 잘 알고 있었다. 이토에 의하면, 고종은 "유생이나 양반들로 하여금 일본 배척운동을 일으키게 하고, 각지에서의 소요를 유도하는" 반일의 근원이었고, "항상 면종복배의 태도"로 어려운 상황을 피해나갔다.[35] 그리고 고종을 중심으로 모여 있는 궁중은 "잡배(雜輩)의 소굴"이었다. 이토의 표현을 그대로 인용하면, "궁중의 관리는 하나 같이 모두가 잡배이고, 위계가 1품에 오른 사람도 모두가 잡배"였다.[36] 그러므로 내정을 완전히 장악하고 병탄의 토대를 구축하기 위해서는 반일의 근원인 황권을 약화시키고 종국적으로는 해체시켜야만 했다. 그렇다고 해서 이토는 서두르지 않았다. 늘 그렇듯이 적당한 기회를 기다리면서 고종을 무력화시키는 작업을 하나씩 추진했다.

이토는 통감업무를 시작하면서부터 황권을 약화시키기 위하여 세 가지 책략을 구사했다. 첫째 책략은 알현을 통해서 기회가 있을 때마다 고종을 압박하고 황권을 조금씩 위축시켜가는 것이었다. 이러한 이토의 의도는 4월 18일 알현에서 잘 드러나고 있다. 통감으로 부임한 지 50일 만에 러일전쟁 개선 관병식에 참석하기 위하여 도쿄로 출발하기 3일 전 이토는 고종을 알현하는 자리에서 자신의 부재중에 있어서는 안 될 세 가지 경고를 확실히 했다.

첫째 경고는 시정개선의 방침이 대체로 확정되었기 때문에 방침과 정략의 변경이나 또는 내각의 변동이 있어서는 안 된다는 뜻을 확실히 하면서 자신의 부재중에 시정개선의 방향을 바꾸려고 한다거나 대신에 대한 인사

조치가 있어서는 안 된다는 경고였다.

둘째 경고는 궁내부가 내각과 협의 없이 외국인과 이권계약을 체결해서는 안 된다는 것이었다. 그 동안 궁중이나 궁중의 관리들은 외국인에게 특허를 허용하거나 또는 광산채굴권과 같은 계약을 체결했고, 이는 고종의 '비자금'으로 활용되었다. 이와 같은 궁중의 독단적인 행위는 곧 외교문제로 발전될 수 있고, 이는 한국의 외교를 관장하고 있는 일본의 문제나 다름없다는 것이 이토의 주장이었다. 그러나 실은 궁중의 재정권을 압박하고 고종의 자금줄을 차단하기 위함이었다.

셋째 경고는 통감통치에 대한 저항을 반역으로 다스리겠다는 경고였다. 일본이 한국 황실의 존엄을 유지하고 안녕을 보장하고 있기 때문에 이에 반대하는 행위는 반역으로 간주하고, 시정개선을 담당하고 있는 정부에 반항하고 정부를 무너뜨리려는 기도 또한 반역으로 보고 엄격한 조치를 취하겠다는 경고였다.[37] 고종이 정부 인사나 이권 문제에 개입하는 것은 물론, 통감부나 내각에 저항하는 행동을 막후에서 조종하는 것을 용납하지 않겠다는 경고와 위협이었다. 이토는 4월 18일의 고종과의 대화 내용을 다음날 19일에 가진 제5차 협의회에서 대신들에게 전달하고 강력한 자신의 의지를 밝혔다.

이토의 위협은 위협으로만 끝나지 않았고, 기회가 마련되자 '궁중숙청(宮中肅淸)'으로 이어졌다. 이토가 한성으로 돌아와서 70여 일 만에 통감업무에 복귀하면서 이토는 그 동안 일본 헌병대와 궁중의 상궁을 통하여 수집한 정보를 바탕으로 황실의 권력을 통제하기 위한 공격을 정면으로 시도했다.[38] 이토에 의하면 자신의 부재중에 고종은 "독자적으로 의정(議政)을 임명하거나" 또는 측근을 통해서 밀지를 내려 "유생을 선동하고", "열국에 애소(哀訴)하여 동정을 받아 협약파기의 책략"을 멈추지 않았다.[39]

7월 2일 가진 알현에서 이토는 고종이 자신을 후작이라고 칭하여 간접적으로 통감을 승인하지 않고 있다는 점, 일본이 한국의 외교를 관리하고 있음에도 불구하고 고종이 외국인을 접견할 때에 자신을 배제하고 있다는 사실, 자신이 부임한 이후 궁내부의 요구대로 황실의 경비증가 등 많은 편의를 제공했음에도 불구하고 "문명국"으로서의 면모를 갖추기 위한 궁중숙청을 외면했다는 것 등을 지적했다. 그러면서 이토는 고종에게, "궁중의 정황이 어떻습니까? 무당의 무리들이 당당하게 궁궐을 출입하고 있고, 협잡배들이 궁중을 문란하게 하고 있지 않습니까? 내외의 모든 사람들이 인정하고 있는 것과 같이 문명국의 궁중에서는 이런 예를 볼 수 없습니다. 폐하께서는 문명국의 모범에 따라 궁중숙청을 실행하겠습니까?"라고 추궁하였다. 고종이 침묵을 지속하자 이토는 증거를 내밀었다.

> 폐하께서는 지금 유생 김승민이라는 자를 궁중으로 불러들여 이용하고 있다는 것을 알고 있습니다. 헌병대에서 심문한 결과 그가 가지고 있던 서류 가운데 "폐하께서 섬나라 오랑캐 적신(敵臣) 이토, 하세가와 운운"이라고 적혀 있습니다. 이것이 폐하의 말이냐고 묻자 그는 진실로 그렇다고 답했습니다. 이것이 과연 폐하가 늘 말하는 일한 양국의 교의를 돈독히 하신다는 뜻과 일치하는 것입니까?[40]

그러면서 이토는 궁중이 폭도[의병]에게 자금을 공급하고 궁중과 폭도가 암암리에 연락을 취하고, 그리고 궁중과 상하이 및 블라디보스토크 사이에 밀사와 밀서가 왕래하고 있음을 파악하고 있을 뿐만 아니라, 이에 대한 충분한 증거를 확보하고 있다고 고종을 협박했다. 그러면서 궁중숙청의 실효를 거두기 위하여 통감부가 신하들의 궁중 출입을 엄격히 통제할 뜻을 확실히 했다.

고종이 잠시 시간을 줄 것을 요구했으나 이토는 이를 받아들이지 않았다. 다음날에는 이재극 궁내부대신이 직접 이토가 주재하는 제7차 협의회에 참석하여 고종도 김승민 건으로 크게 반성하고 있다면서, 궁내부가 직접 궁중숙청에 진력할 뜻이 있음을 밝히고 통감의 재고를 당부했다. 이토는 거절했다. 그리고 궁궐 내외의 단속은 경찰 고문 마루야마가 담당하고, 궁궐 내의 숙청은 궁내부, 경찰 고문단, 통감부가 위원회를 조직하여 집행방법을 강구하게 될 것이라는 뜻을 밝혔다.[41] 7월 6일에는 궁금령(宮禁令)이 반포되었다.[42] 이에 따라 궁궐을 출입할 때는 누구나 출입표를 소지해야만 했다. 고종은 지난날처럼 외부와의 자유로운 접촉을 가질 수 없게 되었고, 궁중은 점차 권력과 정치의 핵심에서 벗어나게 되었다. 당시 한성에 체류하던 「트리뷴(Tribune)」의 특파원 더글러스 스토리의 표현을 빌리면, 고종은 일본의 철저한 감시와 통제하에 놓여 있는 "유폐된 황제(the captive emperor)"였다.[43] 궁금령을 계기로 이토는 고종을 권력의 축에서 한걸음 밀어내고, 친일세력에게는 확신을 심어주는 데에 성공했다.

고종을 무력화시키기 위하여 이토가 구사한 두 번째 책략은 내각 대신들로 하여금 고종과의 대립각을 더욱 날카롭게 하도록 하는 것이었다. 고종을 중심으로 한 궁내부 세력의 성격과 실태를 잘 알고 있던 이토는 처음부터 황실과 내각의 분권을 강조하면서 내각권력을 강화하려고 했다. 그는 고종에게 무조건 복종만 하는 대신들의 태도를 비판하면서 고종과 궁내부에 대한 정부의 견제를 강조했다. 또한 고종이 정부에 부당한 요구나 지시를 할 때는 대신들이 이에 당당히 맞설 것을 요구했다. 이토에 의하면, 정부와 대신들은 "어떠한 나쁜 짓도 어떠한 폐해도 폐하를 위해서 하는 일이라고 말하면, 이미 어떻게도 할 수가 없는 것으로 생각하고 있다"는 것이었다. 이토는 신하의 도리를 내세워 고종을 절대시하는 대신들의 태도를 비판했다.

군주라고 할지라도 결코 완전한 사람이 아니기 때문에 간쟁(諫爭)하는 신하의 보필이 필요하다는 것이었다. 당나라 태종이 명군(明君)으로 역사에 남을 수 있는 것도 18학사라는 신하들이 태종을 보필했기 때문이라는 고사를 설명하면서, 국가에 유익하다고 믿으면 비록 그것이 황제의 뜻에 반하더라도 직간하여 실행에 옮겨야 하는 것이 나라와 국민과 역사에 대한 도리라는 점을 강조했다. 자신의 직무를 위해서 "일개의 병졸조차 국가를 위해 전사하는데", 하물며 "국가의 운명을 두 어깨에 짊어진 국무대신들이 죽음이 두려워서" 해야 할 일을 하지 않는 것은 있을 수 없다는 것이었다.[44]

이토는 그 예의 하나로 황실의 낭비를 비판하고, 대신들은 이를 제지해야 할 의무가 있음을 강조했다. 그에 의하면 문명국에서는 황실이 정부와 협력하여 자선 또는 빈민구제와 같은 사업을 하고 있지만, 한국의 황실은 그렇지 않을 뿐만 아니라 오히려 국고를 낭비하고 있다는 것이다. 1906년 7월 12일, 제8차 협의회의 오전 회의를 끝내고 대신들과의 점심자리에서 이토는 황태자의 결혼비용을 예로 들어 황실의 낭비와 대신의 임무를 구체적으로 지적했다. 한국의 황실은 막대한 황실경비를 국고로부터 보조받으면서도 국가와 사회를 위하여 베푸는 것이 없고 오히려 낭비하고 있다는 것이다. 이토는 국고에서 지출하는 막대한 황태자의 결혼비용을 예로 들었다. 일본에서는 황태자 결혼 당시 경비(35만 엔)가 적게 들었을 뿐만 아니라, 이를 국고에 부담시키지 않고 전부 황실에서 지출했다는 것이다. 이에 반하여 한국 육군의 1년 경비에 해당하는 125만 엔이라는 결혼비용은 한국의 재정상황으로 보아 적절치 않을 뿐만 아니라, 이를 국고에서 지출하는 것은 더더욱 타당치 않다는 것이었다. 그러면서 이토는 내부대신 이지용에게, "이 내부대신처럼 황제의 신뢰가 깊은 사람은 황제로 하여금 불필요한 낭비를 줄이도록 해야 할 의무"가 있고, 또한 그것이 신하의 도리라고 역설했다. 그러면서 황제를 보필하기 위한 신하의 도리를 다음과 같이 강조했다.

대권이라고 해도 그 사용에 잘못이 있다면, 보필하는 신료들은 이를 말려야만 할 것입니다. 내가 여러분에게 바라는 바는 폐하의 눈과 귀가 헷갈리게 하지 않음에 있습니다. 폐하께서 헷갈리지 않으실 분이시라면 나는 결코 이런 말을 하지 않을 것이나, 과거 1년간의 경험에 비추어 폐하의 성품과 행실도 대충 알고 있기 때문에 이렇게 간절하게 충언하는 바이오. 국무대신으로서 여러분은 과연 폐하의 눈과 귀를 흐리게 하지 않도록 할 수 있겠소?[45]

대신들이 긴밀하게 연락하여 황제의 권한과 맞설 것을 권유하고 있는 것이었다.

이토가 황제의 권력을 약화시키고 해체하기 위하여 활용한 세 번째 책략은 궁내부를 축소하고 자금줄을 차단하는 것이었다. 이는 고종을 무력화시키는 가장 치명적인 방책이었다. 방대한 조직과 독자적인 재원을 가지고 있었던 과거에는 궁내부의 정치적 영향력이 의정부를 압도할 수 있었고, 이를 바탕으로 한 고종은 명실상부한 권력의 주체였다. 황권을 배경으로 궁내부는 위로는 대신에서 아래로는 군수에 이르기까지 모든 인사를 주도했고, 재정적으로도 나라의 재정[國庫]과 대립할 정도의 힘을 지니고 있었다. 궁내부는 정부와 별도로 징세관을 파견하여 잡세(雜稅)를 징수했고 또 때에 따라서는 새로운 세금을 신설하여 부과하기도 했다.[46] 뿐만 아니라 의정부와는 협의 없이 독자적으로 외국인과 전답이나 임야의 임대, 황무지 개간, 벌채, 염업특권, 광산채굴 등 각종 계약을 체결했다. 이는 고종이 활용하는 정치자금의 중요한 부분이었다. 통감부의 평가에 의하면, 행정권을 행사함에 있어서 궁정은 "정부 이외의 정부"였고, "정부 이상의 정부"였다.[47] 궁내부의 막강한 권력을 해체하지 않고서는 대한제국을 완전히 장악하는 것이 대단히 어렵거나 불가능하다는 것이 통감부의 판단이었다.

이토는 협의회와 한국정부에 초빙된 일본인 고문을 활용하여 내각을 장악할 수 있었다. 그러나 큰 조직과 풍부한 재정을 배경으로 하고 있는 궁내부, 즉 고종을 통제하는 일은 그리 쉽지 않았다. 늘 그렇듯이 이토는 서두르지 않고 때를 기다리면서 궁내부를 무력화시키기 위한 책략을 하나씩 실행해 나갔다. 그 시작이 앞에서 설명한 1906년 이후 진행된 '궁중숙청'이었다. 궁금령 이후 궁궐 출입이 철저히 통제되고, 궁내부의 25개 관청을 12개로 통폐합하여 조직을 축소했다. 이와 병행해서 황실의 자금줄도 차단했다. 궁금령 직후 이토는 내각 직속으로 제실 소유 및 국유재산 조사국을 신설하고 일본관리들을 대거 투입하여 황실의 재산정리를 위한 사무를 관장케 했다. 일본인을 포함한 위원회의 결의는 내각의 총리대신에게 보고하고, 내각회의를 거쳐, 황제의 재가를 받아 실행하게 했다. 그동안 황실의 재원이었던 인삼의 전매사업, 역둔토(驛屯土)를 위시한 토지부대 수입, 특허권, 광산채굴권 등이 정부로 이관되면서 황실재정은 점차 고갈되어갔다.[48]

이토는 문명화의 상징이라는 법을 내세워 궁내부를 압박했고 황실 자금줄을 차단했다. 황실이 운영하는 모든 수익 행위도 반드시 법의 테두리 안에서 이루어져야만 한다는 것이었다. 이토는 제4차 협의회에서 대신들에게 다음과 같이 훈시한 바 있었다.

황실의 부동산은 전답, 임야, 황무지, 광산 등 여러 가지가 있을 수 있습니다. 그런데 이들 부동산이 한국법률의 지배를 받지 않는다면, 국내에 수많은 작은 정부가 있는 것과 다름이 아닙니다. 그러므로 법률의 범위 밖에서 황실이 자유롭게 계약을 맺는 것은 도리가 허용하지 않는 바이오. 물론 법률에 따라서 황실이 이익을 거두는 것은 문제될 바가 아닙니다.[49]

특히 통감부가 통제하고 있는 내각과 협의 없이 이루어지고 있는 황실과 외국인의 거래를 주시했다. 통감으로 부임한 직후부터 그는 황실이 독자적으로 외국인과 광물채굴권을 거래하는 것을 통제하려고 했다. 그의 표현을 빌리면, "황실이라고 해도 통감의 동의 없이 사사롭게 특허를 외국인에게 부여하는 것은 절대로 묵과할 수 없다"는 것이었다. 묵과할 수 없다는 이토의 구체적 시도가 광업조례법 제정이었다. 이토는 제4차 협의회에서 "무릇 한국 내에 있는 광물은 그 소유주가 누구임을 불문하고 이를 지배하는 것은 유일한 법률이 아닐 수 없습니다. 하나의 국토 안에 2개의 정부가 있을 수 없기 때문에 비록 황실 소유와 관계되는 광산이라도 법률의 지배를 받아야만 합니다"라고 통제의 뜻을 밝혔다. 그리고 통감부에서 마련한 광업조례안을 박제순 내각에 제시하고 조속히 법제화할 것을 지시했다.

조례안의 핵심은 종래에 황실이 정부와 무관하게 행사하던 광업특권을 금지하고, 통감부가 심의하고, 그 결과를 정부가 허락하는 법적 절차를 제도화한다는 것이다. 즉 광물채굴권을 통감부가 장악하겠다는 것이었다. 이토에 의하면 한국 황실은 부동산 등 재산을 소유할 수 있지만, 이들 재산도 법률의 지배를 받아야만 하고, 법률 범위 밖에서 황실이 자유로이 계약을 맺는 것은 옳지 않다는 것이다. 더욱이 한국의 외교권을 담당하고 있는 일본은 한국 황실이 마음대로 외국인에게 광산특허를 팔 경우 외교적 문제가 야기될 수 있다는 것이었다.[50] 1907년 7월 한국정부는 이토의 의도대로 광산법을 확정하고 9월부터 시행했다. 이로써 이제까지와 달리 모든 광산과 광물은 국가의 소유이고, 채굴허가권은 황실이 아니라 정부에 있음을 명확히 했다.[51] 이토는 법을 내세워 한편으로는 황실의 자금원을 차단하고, 다른 한편으로는 한국의 지하 자원권을 지배할 수 있는 길을 열었다. 이러한 일련의 조치는 1907년 밀사를 헤이그로 파견할 때에 고종이 비용을 염려할 정도로 황실재정을 궁핍하게 만들었다.

5. 전기 시정개선의 내용

이토는 한국의 추운 겨울을 피하기 위하여 1906년 11월 21일 한성을 떠나 마산을 거쳐 일본으로 향했다. 떠나기 직전에 가진 제12차 협의회에서 이토는 그 동안 진행해온 시정개선을 되돌아보고 앞으로의 구상을 논의했다. 이토는 시정개선을 위한 그 동안의 업무는 "파종의 시절"로서 "무성한 성과를 보기에는 짧은 시간"이라고 전제하고, 그러나 그 동안 추진해온 사업을 "그르치지 않고 잘 진행한다면, 장래에 반드시 성과를 거둘 수 있을 것"이라는 자신감을 보였다. 그러면서 그러한 성과는 "각 대신이 진력한 결과로서 한국에 보답하는 공적"이라고 치하했다. 그리고 "뇌력(腦力)과 재력이 잘 조화"를 이룬 "내년도 예산을 보건대 정리와 진보의 행적이 역력하여" 시정개선이 궤도에 오르게 될 것이라고 낙관했다.

이토가 대신들에게 강조한 시정개선은 무정부국가에 정치조직을 신설하는 것이 아니라, 불완전한 것을 보다 완전하게 개선하는 것이었다. 그러나 그가 1년도 안 되는 짧은 기간 동안에 실시한 시정개선 조치는 가히 무정부국가에 정치조직을 신설하는 것과 다름없었다. 한국의 관세수입을 담보로 한 1,000만 엔의 차입금과 12차례의 협의회를 통해서 이토는 각종의 개선작업을 정력적으로 추진했다. 그가 그리는 큰 그림은 황실과 정부를 구분하고, 행정과 사법을 분리하고, 재정과 세무행정을 중앙집권화하고, 중앙정부와 지방정부의 권한과 책임 한계를 확정하고, 토지제도를 확립하는 등 근대적 국가체제를 갖춘다는 것이었다.[52] 그리고 이러한 개선을 뒷받침하기 위해서 법과 규율을 정하고 제도를 신설, 개편한다는 것이었다.

전기 시정개선은 '문명사업'에 치중했다. 제2차 협의회가 보여주고 있는 것과 같이 통감부가 처음으로 발표한 개선 내용도 교육, 도로, 수도, 위생과 같은 공공사업에 치중하고 있다. 1,000만 엔의 기업자금 투자도 공공사업에 집중적으로 배정했다. 인천, 부산, 원산, 목포, 군산, 진남포, 신의주, 청진 등의 항만의 축항(築港)사업을 추진하고, 안전한 항로를 개척하기 위하여 1906년 이후 5개년 계획으로 100여 대의 등대와 기타 항로 표지의 건설사업도 실시했다. 또한 위생과 의료사업에도 관심을 기울였다. 뿐만 아니라 수원과 목포에 농림 모범장을 설립하여 농업생산의 증대와 가축사육, 양잠, 면화 등의 생산증대를 위한 연구와 실험을 할 수 있도록 했다.

이토가 주도하는 모든 개선의 특징은 임의적이거나 즉흥적이 아니라, 법과 제도를 바탕으로 했다는 점이다. 그렇게 함으로써 시정개선이라는 지배의 공정성과 정당성을 확보하려고 했다. 그러나 '문명사업'을 포함한 개선의 본질과 실상은 대한제국의 행정, 치안, 재정, 교육 등 모든 영역의 실권을 서서히 장악하는 것이었고, 법과 제도는 대한제국의 일본화를 위한 수단이었을 뿐이다. 그러한 의미에서 이토는 병탄의 설계자였고, 틀을 고안한 인물이라는 비난을 피할 수 없다.

물론 이토가 문명적 지배자로서 성공하고, 자신의 보호지배 기간에 한국이 문명국으로 발돋움하고, 한국인이 "열복하는" 지배를 이루려고 했으며 그래서 선정을 베풀려고 노력한 부분이 없지 않다. 그렇다고 해서 그의 통치와 지배가 일본인의 한국지배라는 본질에서 결코 벗어나지는 않았다. 법을 앞세운 모든 개선작업은 결국 일본인이 대한제국의 모든 실권을 서서히 장악하기 위함이었다. 이는 그의 개선작업에서 명확히 드러나고 있다.

이토가 첫 협의회에서 제시한 경찰력 증강이 그 대표적인 사례이다. 경찰력 증강의 대외적 명분은 치안유지였으나, 그 뒤에 숨은 목적은 경찰권을 장악하는 것이었다. 이토의 지시에 따라 대한제국의 경무(警務) 고문으로 용빙된 마루야마 시게토시가 주도한 1906년 6월의 제1기 경무확장에 의해서 전국에 일본인 경찰관을 배치하여 경찰사무를 집행하고 실질적으로 경찰력을 장악했다. 그리고 1907년 7월 제2기 경무확장을 단행함으로써 경찰권을 완전히 장악하게 되었다.[53] 1906년 8월부터 헌병의 경찰업무를 폐지했지만, 동시에 "한국 황실의 강녕을 보장하고 일한 양국의 친교를 유지하기 위해서"라는 이름으로 헌병으로 하여금 고등 군사경찰 업무를 담당게 하여 더욱 강한 사찰체제를 구축했다.[54]

통감부는 1906년 9월 중앙정부와 지방정부의 관계를 규정하면서 지방행정 개선을 위하여 행정구역을 13도(道), 11부(府), 333군으로 개정했다. 그리고 도에는 한국인이 임명되는 관찰사 외에 참서관(參書官), 경무관, 통역관 제도를 신설하여 일본인이 지방행정에 참여할 수 있는 길을 터놓았다.[55]

통감부는 재판사무를 쇄신하고 재판제도를 확립한다는 명목으로 법부에 일본인 참여관을 배치하고 사법행정과 법령개정의 업무를 담당게 하여 실질적으로 중앙과 지방의 재판을 장악했다. 이토는 도쿄 제국대학의 우메 겐지로 법학교수를 초빙하여 1906년 10월 토지가옥 증명규칙, 외국인 토지소유 규정, 토지건물 증명규칙 등의 법령을 제정발포하고, 법전편찬을 위한 준비작업에 착수했다.[56] 물론 모든 법령과 규칙, 그리고 법전편찬은 일본법을 모델로 삼았다.

이토가 강조한 교육도 마찬가지였다. 첫 협의회에서부터 이토는 시간을 필요로 하는 교육은 어렸을 때부터 시행하고, 초등교육의 확장에 역점을 두고, 그리고 이러한 교육사업을 가급적 빨리 실시할 것을 강조했다. 제2차 협의회에서 교육자금으로 50만 엔을 우선적으로 배정한 것도 이토가 교육을 얼마나 중요시했는가를 보여주는 대목이다. 통감부는 1906년 8월 교육제도를 정비한다는 이름 아래 한국정부에 용빙된 일본인의 주도하에 학부직할 학교 및 공립학교 관제 및 직할학교 교직원 정원령, 사범학교령, 고등학교령, 외국인학교령, 보통학교령 등을 제정하여 발포했다.[57] 이후에 추진된 교육제도는 정비, 교과서 편찬은 일본을 모델로 삼았고, 일본인을 교사 또는 교사 양성원으로 투입했다. 산업, 금융, 조세, 상업 등 모든 분야도 마찬가지였다.

이처럼 이토는 법을 제정하고 제도를 개편, 정리하는 과정을 통해서 한국의 행정, 치안, 재판, 교육, 금융, 산업 등 각 분야의 핵심적 위치에 일본인을 투입했다. 또한 일본을 모방한 법과 제도를 일반화함으로써 한국인의 사고와 판단과 행동양식의 준거로 삼으려고 했다. 이러한 이토의 의도는 정미7조약 이후에 추진된 후기 시정개선에서 더욱 명확하게 드러남을 볼 수 있다.

제12장
대한제국의 해체

1. 내각 교체

이토는 추운 겨울을 일본에서 보내고 1907년 3월 한성으로 돌아왔다. 배일(排日)의 분위기는 더욱 고조되어 있었고 정국은 혼란스러웠다. 군부대신 권중현의 표현에 의하면, "협의회에 참석한 7명의 대신을 제외하고는 전 국민 모두가 배일당(排日黨)"이라고 할 정도로 반일 분위기가 고조되었다.[1] 대한자강회(大韓自強會), 서우회(西友會), 교육회와 같은 정치단체, 「대한매일신보」 등 언론기관, 국채보상운동을 주도하는 민중단체 등이 연일 박제순 정부를 비난했다. 이토에 의하면, 이들이 "겉으로는 정부를 비난하고 공격하고 있지만, 실은 배일을 뜻하고" 있었다.[2] 더구나 통감부의 촉탁으로 이토를 보좌하고 있는 우치다 료헤이가 막후에서 관리하고 있는 일진회(一進會)까지 박제순 내각 비판에 가세하면서 정부는 더욱 곤궁한 입장에 처했다. 이토가 부임할 때부터 한국정부를 이끌어온 박제순 참정대신은 5월 22일 사의를 표시했다.

이토는 후임으로 이완용 학부대신을 선택했다. 외무대신 하야시 다다스에게 보낸 기밀문서에 의하면 이토가 이완용을 발탁한 이유는 그가 을사5조약 조인 당시 다른 대신들보다 먼저 단호하게 결심하고 협약체결에 찬성했고, 의지가 강하고 또한 황제에 대한 태도도 한국인 중에서는 보기

드물게 대담한 성질의 소유자로서 당면한 어려움을 타개하여 나가기에 가장 적절한 인물로 판단되었기 때문이었다. 참정대신으로 지명을 받은 이완용 또한 이토에게 다음과 같은 내각구성의 3대 원칙을 약속하면서 강한 의지를 보였다.

> 이완용은 신내각을 조직함에 있어서 1) 시대의 흐름을 통달하고 일본과 한국이 처한 지위를 알고 이의 제휴를 실현할 것, 2) 시정개선의 결실을 거두기 위하여 최선을 다할 것, 3) 어떤 어려움을 만나도 위의 목적을 달성하기까지는 중도에 물러나지 않는다는 세 요소를 구비한 인물, 즉 궁중의 방해나 또는 궁중의 의사에 반하더라도 결코 피하지 않는 용기 있는 인물들로 구성한다는 뜻을 밝혔습니다.[3]

1907년 5월 22일 고종을 알현한 이토는 자신과 함께 시정개선을 이끌 가장 적임자로 이완용을 박제순 후임으로 추천했다. 고종은 부정적이었다. 이완용은 연령이나 경력 모두 참정대신의 자리에 오르기에는 부족하고, 일반여론 또한 받아들이지 않을 것이라고 반대의 뜻을 명확히 했다. 이토는 이완용의 관력(官歷)이나 연령 모두 문제될 것이 없고, 또한 한국에서의 여론이라는 것은 부정확하기 때문에 고려할 필요가 없다고 설명하면서 임명을 요구했다. 그러나 고종은 숙고할 필요가 있다며 승인을 거부했다. 그러자 이토는 화제를 바꾸며 강경한 자세로 "폐하께서는 늘 교언영색(巧言令色)으로 일한교의(日韓交誼)의 친밀을 말하지만, 항상 우리를 기만하고 있습니다"라고 공격하면서, 그 동안 조약에 위반한 일체를 폭로하여 문책할 수 있다고 압박했다.[4] 결국 고종은 같은 날 이완용에게 내각 조직을 명했다.

이완용은 이토와 협의하여 이병무(군부), 조중응(법부), 송병준(농상공부) 등을 대신으로 임명하고 내각을 꾸렸다. 「오사카 마이니치 신문(大阪每日新聞)」의 서울 특파원으로서 을사5조약 이후 한국의 변화를 취재한 나라자키 간이치의 기록을 그대로 인용하면, "신내각은 일본당 내각"이었고, "신내각은 모든 것을 이토 통감의 지도에 따라서 시정개선을 수행한다는 확신으로 태어난 정부"였다.[5]

이완용 내각의 출범은 두 가지 점에서 이토의 한국경영 구상의 전환을 보여주고 있다. 하나는 "회유와 온언" 정책의 종식을 뜻하고 있다. 이토가 그 동안 한국인의 "열복"을 기대하면서 취했던 소극적인 지배방침에서 강경과 억압과 통제의 방향으로 선회하고 있음을 시사했다. 이완용 내각 출범 직후 소집된 협의회에서 이 변화를 감지할 수 있다.

이완용을 비롯하여 새로 선임된 한국정부의 대신 전원과 쓰루하라 사다키치 총무장관을 위시한 통감부의 중요한 책임자 전원이 참석한 제16차 협의회가 5월 30일 이토의 관저에서 개최되었다. 종전의 협의회처럼 개선 정책을 협의하는 모임이 아니라 새로운 대신들에게 각오를 촉구하는 훈시를 하기 위해서였다. 그는 먼저 자신의 진실성을 강조하면서 말문을 열었다. 통감으로 부임한 이래 자신은 겉과 속이 다르지 않게 오로지 일본과 한국의 친목을 도모하고 두 나라가 제휴하여 부강을 이루기 위하여 힘써 왔음을 상기시키면서, 통감부가 시행해온 시정개선의 목적은 한국국민을 어려움으로부터 구출하는 데에 있음을 강조했다. 그리고 이를 위해서 자신은 한편으로는 교육을 보급하여 한국인을 세계 문명국인의 대열에 올려놓고, 다른 한편으로는 식산흥업을 일으켜 한국을 오늘의 빈약한 상황에서 벗어나게 하려고 성심성의를 다해 노력해왔다는 점을 상기시켰다.

그럼에도 불구하고 한국인은 이러한 자신의 참뜻을 이해하지 못하고 있다는 것이었다. 이토에 의하면, 한국인은 시정개선의 시급성과 일본의 진실성을 깨닫지 못하고 배일 감정만을 키워가고 있었다. 그는 강하게 대신들을 질타했다.

일본이 한국을 위해서 러시아와 전쟁을 치르고 승리했기 때문에 오늘 (한국의) 외교권을 일본이 거둔 것은 당연한 결과입니다. 왜냐하면 외교권을 한국인 수중에 방치한다면, 한국은 언제까지나 열국의 경쟁장이 되어 일본을 위태롭게 하기 때문입니다. 한국인들은 오늘에 이르러서도 외교권을 회복할 실력을 양성하는 데에 힘을 쓰기보다, 오로지 다른 나라의 도움을 빌려 이를 일본의 수중에서 제거하려고 힘쓰고 있습니다. 그렇지만 어떤 나라도 타국을 위해 자국의 재력과 국민의 생명을 희생시키는 나라는 없다는 것을 알아야 합니다. 만일 그런 나라가 있다면, 먼저 자국의 이익을 꾀하고 다음으로 타국의 이익을 도모할 것입니다. 무릇 모든 나라는 스스로 독립할 수 있는 힘이 없이, 오직 다른 나라에 의존해서 독립을 얻을 수 없습니다. 지금과 같은 상황이 계속된다면, 한국을 멸망시키는 것은 타국이 아니라 한국 자신일 것입니다. 그렇기 때문에 여러분들은 배신이나 표리가 있어서는 안 될 것입니다.[6]

이토는 광대한 영토와 많은 인구를 보유하고 있는 중국이 마치 개들에게 물어뜯기는 고깃덩어리와 같은 신세가 된 것은 자신을 지킬 수 있는 '힘'이 없었기 때문이라는 점을 강조해서 지적했다. 그렇기 때문에 한국이 살 길은 배일을 꿈꿀 것이 아니라 일본과 더불어 급변하는 형세에 대응할 수 있는 계획과 대책을 세워야 하고, 그것은, 이토의 표현에 의하면, "표리가 다르지 않게 일본의 시정개선에 순응하는" 것이었다. 그러면서 대신들에게 "한국인들이 러일전쟁과 같은 대격전(大激戰)을 목격하고서도 여전히 각성하지 못하고 있는 것은 무엇 때문입니까?"라고 힐문했다.

박제순 내각 때와는 달리 이토는 자신이 직접 앞장서서 시정개선을 이끌고 나갈 뜻이 있음을 밝혔다. 매달 2-3회의 협의회를 정례화하는 것을 원칙으로 하지만, 긴급한 정치문제는 언제라도 논의할 수 있다고 강조하면서 수시로 의견을 나눌 것을 다짐했다. 내정에 더욱 깊숙이 관여하겠다는 뜻이었다. 또한 이토는 고종과 대신들의 면담을 보다 적극적으로 통제하려고 했다. 그는 대신들에게 황제를 알현할 때에는 이완용 참정대신을 동반하고, 개별적으로 황제의 부름을 받았을 때에도 역시 참정대신을 동반할 것을 지시했다. 이유는 각료들이 비밀리에 혼자서 알현하는 것은 군주의 총명을 가리기 때문이라고 했지만, 실은 고종과 대신의 접촉 자체를 원천적으로 차단하여 고종을 정무에서 완전히 격리시키겠다는 뜻이었다. 이토의 태도가 강경해지고 있음을 보여주고 있다.

이완용을 위시하여 누구도 반론을 제기하지 않았다. 다만 내각은 지리적으로 가장 가깝고 이해관계가 밀접한 일본과의 제휴가 한국에게 가장 유익하고, 이를 위해서 모두가 "한 마음"으로 노력해야 한다는 결의를 다졌다.

이토의 강경한 태도는 대신들은 물론이고 고종에게도 향했다. 그는 고종을 염두에 두고, "어디까지나 내가 다른 사람을 기만하지 않는 이상, 다른 사람이 나를 기만하는 것을 결코 용납할 수 없습니다"라고 강하게 경고했다. 그는 자신이 한국 사정을 알게 되면서 깨달은 것은 한국을 망하게 하는 것은 한국인의 무모한 배일의 감정이고, 그 배후에는 고종이 도사리고 있다는 것이었다. 고종을 알현한 자리에서도 그는 배일사상이 고조되는 것은 전적으로 궁중의 의지에서 나오고 있다고 지적하면서 고종에 대한 비난을 주저하지 않았다.

들리는 바에 의하면 폐하께서는 끊임없이 신료들을 조종하여 배일주의를 민간에게 고취한다고 합니다. 이는 대단히 잘못된 처사입니다. 이는 비단 목적을 이룰 수 없을 뿐만 아니라 필경에는 국가를 대단히 위태로운 지경에 몰아넣는 어리석은 책략에 불과합니다. 한국이나 황실 그 누구를 위해서도 조금도 이익이 되지 않습니다. 오늘 이후로는 이처럼 어리석은 책략을 배척하기 위하여 본관은 폐하에게 끊임없이 고간(苦諫)을 드리도록 하겠습니다. 옛 말에 양약은 입에 쓰고 간언은 귀에 거슬린다고 합니다. 본관의 간언이 폐하의 뜻에 거슬린다고 해도 폐하를 위해서 침묵하지 않겠습니다. 충심을 피력하여 폐하의 신료들을 대신해서 존엄을 모독하는 처사를 멈추도록 하겠습니다.[7]

그리고 가열되는 배일 분위기를 황실이 앞장서서 저지하지 않는다면, "일본은 결국 한국 보호의 임무를 버리고, 다시 한걸음 더 나가는 조치를 취하지 않을 수 없다"는, 즉 병탄 가능성을 시사했다.[8] 더 이상 "열복"을 기대하지 않음을 보여주고 있다.

이완용 내각의 등장이 시사하는 이토의 한국 경영구상의 또다른 변화는 친일지배계층과 민중세력의 통합을 통하여 국면전환을 시도한다는 것이다. 박제순 체제하에서의 시정개선은 전적으로 양반세력을 중심으로 추진되었을 뿐 민중세력을 등한시했다. 이토의 개인 촉탁 우치다 료헤이가 일진회와 박제순 내각의 연대를 제안할 때도 이토는 이를 승낙하지 않았다. 그러나 이완용 내각에는 송병준(1858-1925)을 입각시킴으로써 양반세력을 배경으로 하는 이완용과, 일진회를 배후로 하는 송병준의 협력과 경쟁을 활용하려고 했다.

이완용 내각의 한 특징은 친일단체이면서 동시에 대중 정치집단이라고 할 수 있는 일진회를 배경으로 하는 송병준의 등용이었다. 이토가 송병준을 내각으로 끌어들인 것은 이완용과 송병준 사이의 친일 충성을 경쟁시켜 한편으로는 반일세력에 대항하면서, 다른 한편으로는 통감부의 시정개선 정책을 강력하게 추진할 수 있으리라고 기대했기 때문이다. 그의 기대는 적중했다. 일본육군사관학교 출신으로 고종을 가장 가까운 거리에서 호위하면서 감시한 시종무관 어담[9]은 이토의 책략과 의도를 다음과 같이 기록하고 있다. 즉 "이완용 총리가 귀족단체를 배경으로 하고 있음에 반하여 송병준 상공대신은 일진회를 배경으로 하고 있어 도저히 서로 화합할 수 없는 두 세력이었다. 처음부터 매사에 알력의 불꽃이 튀었다. 이토 통감은 이 두 세력을 적절히 조종했고, 두 조류를 잘 이용하여 어부지리를 얻었다."[10]

이토는 통감으로 부임하면서 우익 국가주의 단체인 흑룡회(黑龍會) 회장인 우치다 료헤이를 촉탁으로 대동했다. 우치다는 감옥에 있는 송병준을 석방시키고, 궁지에 몰려 있던 일진회를 후원하여 친일단체로 육성했다. 통감부로부터 매달 2,000엔의 보조금을 받을 정도로 일진회는 통감부에 예속되었다. 우치다는 일진회와 박제순 내각의 연립을 추진했으나, 박제순이 이에 찬동하지 않았을 뿐 아니라 이토도 적극적이 아니었다. 그러나 이완용 체제에서는 송병준을 농상공부대신으로 입각시켜 두 세력이 전면에서 경쟁하면서 통감부의 정책을 수행하도록 했다.

이완용과 송병준 두 사람은 모두 일찍부터 고종의 폐위를 주장할 정도로 강한 친일적 성향을 드러냈다. 송병준은 이토가 겨울을 보내기 위하여 도쿄로 출발하기 직전인 1906년 11월 18일 통감부 관저로 이토를 방문하여 고종의 폐위 방안을 제시했다. 그는 "통감 부재를 이용하여 일진회가 주동이 되어 황제를 폐위시키고, 새로운 내각을 조직하여 악폐 정치를 개혁해야만 한다"고 주장하면서, 다만 일본 군대와 경찰이 사태를 방관하여 일진회원들이 자유롭게 행동할 수 있게 해달라고 부탁했다. 이토는 가부를 명백히 밝히지 않고, 하세가와 사령관에게 송병준의 계획을 들려주고 적절히 처리할 것을 지시했다. 하세가와는 송병준의 계획을 시기상조라고 판단하고 받아들이지 않았다.[11]

이완용 또한 고종의 폐위계획을 하세가와와 협의했다. 송병준의 고종 폐위계획 제안이 있은 지 약 2주일 후인 12월 10일 이완용도 하세가와 사령관을 방문하여 통감 부재를 기회로 삼아 자신을 포함한 3-4명의 동지가 폐위를 단행하겠다고 제안했다. 물론 일본에 어떠한 책임도 돌아가지 않도록 신중하게 처리하겠다는 것을 약속하면서 다만 이면으로 지원과 양해를 구했다. 하세가와는 역시 시기가 아니라는 이유로 이완용의 계획에도 동의하지 않았다.[12]

두 사람의 제안은 실행으로 옮겨지지는 않았다. 그러나 한국정부의 실권자라고도 할 수 있는 두 사람이 경쟁적으로 고종 폐위를 통감부에 제안한 것은 고종 퇴위가 그리 멀지 않았음을 시사하고 있다. 뒤에서 볼 수 있는 것과 같이 헤이그 밀사사건 이후 이완용과 송병준 두 사람은 이토의 구상을 실천에 옮기는 데에 경쟁적으로 협력했다.

2. 헤이그 밀사사건

이토는 이완용 체제에 힘을 실어주기 위해서 이완용 체제 출범과 함께 기존의 의정부 관제를 내각 체제로 개편했다. 일본 내각제를 본떠서 6월 14일 발표한 관제에 의하면 국무대신이 국정을 장악하는 책임(제2조)을 지고, 내각 총리대신은 국무대신의 수반으로서 내각 주관의 행정사무를 처리하고, 필요할 때는 각령(閣令)을 공표할 수 있고, 행정부 처분이나 명령을 중지할 수 있는 권한을 가지게 되었다(제3-5조). 그리고 법률이나 칙령은 모두 총리대신과 관계 대신의 부서(副署)를 의무화했다.[13] 내각의 책임과 권한이 확대되고 법제화되면서 황제의 권한이 축소되었고, 정치 및 행정에 관여할 수 있는 폭이 크게 좁아졌다. 그러나 이토는 고종의 권한 축소만으로는 만족할 수 없었다.

통감통치가 1년이 지났음에도 불구하고 기대하는 "열복"의 결과는 나타나지 않았고, 반일 분위기는 날로 강화되었고, 한국 사정은 더욱 악화되었다. 일본의 조야에서도 이토의 통감통치에 대한 비판의 소리가 높아졌다. 그러나 이토는 때를 기다릴 줄 아는 정치인이었다. 안팎에서 이토의 유화정책을 비판하면서 고종에 대한 강경책을 촉구할 때마다, 그는 적절한 시기가 올 때까지 기다려야 하는 법이라고 하면서 오히려 과격한 행동을 통제했다.

그 적절한 시기가 드디어 도래했다. 1907년 6월에 발생한 이른바 헤이그 밀사사건이 그것이다. 1907년 6월부터 10월까지 제2회 만국평화회의가 네덜란드의 헤이그에서 개최되었다. 26개국의 대표가 참석하는 이 회의의 제창자는 러시아의 황제 니콜라이 2세였다.

고종황제는 헤이그 만국평화회의를 주권회복의 무대로 활용하려고 했다. 그는 을사5조약의 부당성과 통감통치의 실상을 국제사회에 알리기 위하여 전직 고위관리인 이상설과 이준을 만국평화회의에 밀사로 파견했다. 황제의 신임장을 지참한 두 사람은 비밀리에 5월 21일 블라디보스토크를 향하여 출발했다. 시베리아를 거쳐 6월 4일 러시아 수도 상트페테르부르크에 도착하여, 전 러시아 공사 이범진을 통하여 만국평화회의의 제창자인 러시아 황제에게 고종의 친서를 제출하였다. 그리고 전 러시아 공사관 참사관 이위종(이범진의 장남)과 함께 6월 24일 헤이그에 도착하였다. 이들과 별도로 고종이 신뢰하는 「코리아 리뷰」의 호머 헐버트도 5월 8일 서울을 출발했다. 그는 고베와 블라디보스토크, 그리고 상트페테르부르크를 거쳐 7월 10일 헤이그에 나타났다.

세 사람의 밀사는 만국평화회의의 의장인 러시아 대표를 위시하여, 미국, 영국, 프랑스, 네덜란드 대표를 차례로 방문하여 고종의 신임장을 제시했다. 그리고 한국의 전권위원으로 회의에 참석할 수 있도록 조치할 것을 요구했다. 또한 일본의 협박 때문에 체결된 1905년의 을사5조약은 마땅히 무효화되어야 한다는 것을 호소했다. 그러나 의장과 주관국은 한국 정부는 이미 자주적 외교권을 상실했다는 이유로 대표의 참석과 발언을 거부했다. 다만 네덜란드의 언론인 스테드의 주선으로 그들은 평화회의를 계기로 개최된 국제협회에서 호소할 기회를 얻었다.

러시아어, 프랑스어, 영어에 능통한 청년 이위종이 세계의 언론인에게 조국의 비통한 실정을 설명하면서 주권회복의 후원을 청하는 "한국을 위한 호소(A Plea for Korea)"를 발표했다. 호소문은 "일본은 러일전쟁을 시작하면서 한국의 독립보전과 극동의 무역을 위한 문호개방이라는 두 가지의 중요한 목적을 위해서 싸운다고 천명했고", 일본 언론은 세계를 향하여 "일본만을 위해서 싸우는 것이 아니라 모든 문명과 무역국가의 상업적 이익을 위해서 싸우는 것이라고 거듭 거듭 주장했음"을 상기시키는 것으로 시작하고 있다. 이어서 전쟁에서 승리한 일본은 군사력을 앞세워 폭력과 강압으로 강제한 을사5조약의 체결 상황을 자세히 설명했다. 그후 일본은 세계를 향하여 공언했던 것과 달리 한국의 주권을 하나씩 잠식하고 있고, 통감 이토는 한국을 개혁한다고 하면서 실은 일본의 이익을 위하여 착취하고 있다는 것을 조목조목 설명했다. 그리고 한국인의 각오를 다음과 같이 설명하면서 호소문을 끝내고 있다.

> 한국인은 조직되어 있지 않다. 그러나 일본의 잔인하고 비인간적이며 이기적인
> 침략에 저항한다는 하나의 목적을 위하여 이미 단결되어 있다. 가능한 모든
> 수단을 동원하여 저항하고 싸우기로 단단히 결심한 2,000만의 한국인을 도살한
> 다는 것은 일본인으로서 즐거운 일도 아니고 쉬운 일도 아니라는 것이 입증될
> 것이다. 현실적으로 일본은 이미 한국의 독립과 문호개방에 대한 그들의 엄숙한
> 약속을 위반했다.[14]

"한국을 위한 호소"의 전문(全文)이 세계 각국에 보도되면서 한국 문제
는 다시 주목을 끌었으나, 구체적 성과는 거두지 못했다. 이에 밀사 중
한 사람인 이준은 울분한 나머지 그곳에서 분사(憤死)했다.

이토의 대응

프레더릭 매켄지가 정확하게 지적하고 있는 것과 같이 밀사사건은 "일
본이 행동을 위해서 오랫동안 기다려온 구실"을 제공했다.[15] 이토가 인내
심을 가지고 기다리던 '적절한' 시기가 온 것이다. 정우회를 함께 꾸려온
오가와 헤이키치는 헤이그 소식을 전해 듣자 "오늘 밀사사건과 같은 좋은
기회가 도래한 것은 일본을 위해서는 물론 각하를 위해서도 행복한 일입
니다. 저는 각하가 반드시 이번 기회를 이용하여 한국 문제를 근본적으로
해결할 것을 믿어 조금도 의심치 않습니다"라고 축하의 편지를 보냈다.[16]
이토는 이미 이상설과 이준이 헤이그를 향하여 출발했고, 그리고 호머
헐버트가 일본을 향했을 때부터 그들의 동향을 알고 있었다. 5월 22일 알
현에서 고종이 이완용 내각 성립에 반대 입장을 표했을 때, 이토는 "폐하
께서 미국인 헐버트에게 만국평화회의에서 한국 국권회복을 위한 운동을
당부하셨고, 운동비로 거액의 금액을 주고자 했으나, 자금 마련에 애를
먹고 다른 사람에게 돈을 구할 방법을 상담한 사실"을 알고 있다고 추궁하

면서 고종의 "음모와 기만의 계략"을 강하게 비난한 일이 있었다.[17] 5월 24일에는 블라디보스토크 주재관으로부터 이상설과 이준 등이 만국평화회의에 참석해서 한국의 독립을 위한 활동을 전개할 것 같다는 전문을 통감부 총무장관을 통해서 보고받은 바 있었다. 6월 29일에는 일본을 대표해서 만국평화회의에 참석한 이토의 측근인 쓰즈키 게이로쿠로부터도 밀사들이 헤이그에 나타났다는 보고를 받았다. 이러한 정황을 고려할 때, 이토는 밀사 활동을 처음부터 알고 있었다. 다만 그가 확인하고 싶었던 것은 밀사와 고종의 관계였다.[18]

외무대신 하야시 다다스에게 7월 3일 보낸 전문에서 이토의 의도가 어디에 있는지 잘 드러나고 있다. 이토는 밀사 파견이 "과연 고종의 칙명에 의한 것이라면, 우리 정부도 이 기회에 한국에 대해서 국면일변(局面一變)을 위한 조치를 취할 수 있는 좋은 시기라고 믿는다. 밀사 파견 음모가 확실하다면, 조세권, 병권, 재판권을 우리가 장악할 수 있는 좋은 기회라고 인정하는 것"이라고 하면서,[19] 대안 검토를 당부했다. 짧은 전문에서 "좋은 시기"와 "좋은 기회"를 반복할 정도로 이토는 이 기회를 기다려왔다. 그는 한국의 조세권과 병권과 사법권을 장악할 수 있는 기회를 기다리면서 방안을 모색하고 있었음을 알 수 있다.

외무성으로부터 헤이그 밀사사건에 관한 보다 상세한 내용을 전달받은 이토는 총리대신 이완용으로 하여금 고종에게 "이번 일의 책임은 전적으로 황제 한 사람에게 돌아가는 것임을 선언하고, 아울러 그 행위는 일본에 대해서 공공연하게 적의를 명확히 표시하였으니, 협약 위반으로 일본은 한국에 당연히 전쟁을 선포할 이유가 된다는 뜻"을 전했다.[20]

7월 7일 이토는 총리대신 사이온지 긴모치(1849-1940)에게 특별 기밀 전문을 보냈다. 그 전문에서 이토는 자신이 이완용을 통하여 고종에게 일본이 한국에 선전포고할 권리를 가지고 있다고 경고했다는 것, 고종은 밀사사건과 무관하다고 변명하고 있다는 것, 이 문제로 궁정이 심각하게 번민하고 있다는 것, 내각에서 양위 문제가 논의되고 있다는 것 등의 소식을 전했다. 전문은 다음과 같이 끝을 맺고 있다.

이 기회에 우리 정부가 취해야 할 수단방법— 예컨대 한걸음 더 진척된 조약을 체결하여 우리에게 내정상의 어떤 권리를 양여하게 하는 것과 같은 것— 을 묘의(廟議)에서 논의하여 훈시해줄 것을 희망합니다. 양위와 같은 일은 본관이 깊이 주의하고 있고, 한인이 가볍게 행동하여 그 책임이 일본에 돌아오는 것과 같은 사태는 절대로 용납하지 않을 것이므로 안심해도 될 것입니다. 본관의 생각으로는 이번 사태를 그대로 넘긴다면, 황제의 음모와 기만을 도저히 막을 길이 없다고 믿습니다. 이 문제는 대단히 중대한 것이므로 원로 각 대신의 숙의 를 거쳐 천황에게도 보고되기를 희망합니다. 또한 본건으로 인하여 고민에 빠진 궁정[고종]이 밀정을 일본에 파견하여 각 방면에서 정보를 수집하려는 계획을 가지고 있기 때문에 정부는 물론 궁내성, 원로, 기타 각 부서가 함께 충분히 주의하기 바랍니다.[21]

이 전문은 문제해결을 위한 이토의 주도면밀한 몇 가지 특성을 잘 보여 주고 있다. 첫째, 이토는 이미 내정 장악과 고종의 양위를 복안으로 생각 하고 있었다는 점이다. 달리 표현하여 그는 이 기회를 한국 문제를 일거에 해결할 수 있는 적절한 시기로 판단하고 있었음을 알 수 있다. 둘째, 고종 양위는 한국정부의 독자적인 판단과 결정으로 추진하여 일본과는 절대로 무관한 것으로 처리한다는 것이다. 러시아를 위시한 강대국과의 외교문제 로 비약할 수도 있는 고종의 폐위문제에 일본이 관여하지 않았다는 것을 대외적으로 확실히 하겠다는 것이다. 셋째, 이토는 사건처리에 대한 자신 의 복안을 제시하면서도, 그 결정은 그 동안 통감정치에 비판적 태도를 지속해온 원로와 대신에게 미루고 있다는 점이다. 뿐만 아니라 메이지 천 황에게도 보고를 요구함으로써 이 사건 처리로 인한 책임과 비판에서 자 유로워질 수 있는 길을 열어놓겠다는 의도가 숨어 있음을 볼 수 있다.
　헤이그 밀사사건이 알려지면서 일본 내의 비판적 여론이 고조되었다.

일본의 주요 일간지들은 한결같이 고종을 비난하는 한편, 동시에 이토의 소극적 대응을 비판했다. 그들은 통감부가 더 강력하고 적극적인 지배정책을 수행할 것을 촉구했다. 7월 11일자「지지 신보(時事申報)」는 "한국의 왕은 마땅히 일본으로 와서 헤이그 사건에 대하여 친히 사죄해야 한다"고 강조했고, 「호치 신문(報知新聞)」 사설은 "한반도는 일본제국의 전진기지의 하나로 간주되어왔으므로, 이번 기회에 획기적인 변화를 위한 강력한 대한정책의 수립이 필요하다"라고 병탄을 촉구했다. 7월 20일자「대한매일신보」보도에 의하면 와세다 대학에서는 "한국의 황제를 일본의 화족"으로 삼자는 주장이 있었고, 「니로쿠 신문(二六新聞)」은 "한국 황제를 일본으로 옮기고, 내각은 일본인으로 귀화한 사람으로 구성하게" 해야 한다는 주장을 펴고 있었다.

정치권도 강경한 입장이었다. 7월 14일 정계의 원로인 고노 히로나카, 오가와 헤이키치, 우익의 대부라고 할 수 있는 도야마 미쓰루 등 6인은 한국 문제의 근본적 해결을 위한 일한병합 건의서를 총리 사이온지 긴모치와 통감 이토 히로부미에게 제출했다. 이 건의서는 "한국 황제의 주권을 일본에 선양하여 두 나라를 합병한다"는 제1안과, "황제로 하여금 그 지위를 황태자에게 양위하고 통치권을 일본에 위임한다"는 제2안을 제시했다. 그리고 제1안이 상책이지만, 그것이 어렵다면 제2안은 반드시 실현되어야 한다고 주장했다.[22]

정우회(政友會)와 헌정당(憲政黨) 대표들도 총리 사이온지를 예방하고 일본의 여론이 고종 폐위를 기대하고 있으므로, 정부는 여론에 호응하여 적절한 조치를 취해야 할 것이라고 압력을 넣었다. 또한 야마가타와 가쓰라 계의 대동구락부(大同俱樂部)도 정부의 단호한 처분과 용단을 촉구했다.

이토의 훈령 요청을 받은 사이온지 총리는 정책방향을 확정하기 위하여 7월 10일 원로-대신 회의를 소집했다. 이 회의에서 신중한 숙의를 거쳐 다음과 같은 "대한처리방침(對韓處理方針)"을 확정하고 천황의 재가를

받아 12일 극비로 분류하여 통감 이토 히로부미에게 전달했다.[23]

　제국정부는 오늘의 기회를 놓치지 말고 한국 내정에 관한 전권을 장악할 것을 희망한다. 그 실행에 관해서는 현지 상황을 참조할 필요가 있기 때문에 이를 통감에게 일임한다. 만일 앞의 희망을 완전히 이룰 수 없는 사정이 있다면, 적어도 내각 대신 이하 중요한 관헌의 임명은 통감의 동의를 얻어 실행하고, 또한 통감이 추천하는 일본인을 내각 대신 이하 중요한 관헌에 임명하도록 한다.
　위의 뜻에 기초한 우리의 지위를 확립하는 방법은 한국 황제의 칙명에 의하지 않고 양국 정부 사이의 협약으로 한다.
　본건은 대단히 중요한 문제이므로 외무대신을 한국으로 파견하여 직접 통감에게 설명하기로 한다.

　이와 함께 논의된 2개의 "처리요강안(處理要綱案)"과 이에 대한 원로들과 대신들의 의견을 첨부했다. 제1 처리요강안은 세 개의 대안을 포함하고 있다. 즉. 첫째, 한국 황제로 하여금 그 대권에 속하는 내치정무의 실행을 통감에게 위임하도록 할 것. 둘째, 한국정부로 하여금 내정에 관한 중요 사항은 모두 통감의 동의를 얻어 시행하도록 하고, 그리고 시정개선에 대해서는 통감의 지도를 받는다는 것을 약속하도록 할 것. 셋째, 군부와 탁지부 대신은 일본인으로 임명할 것 등이었다. 첨부된 제2 처리요강안은 "한국 황제로 하여금 황태자에게 양위하도록 할 것이고, 장래의 화근을 두절하기 위해서는 이와 같은 수단을 택하지 않을 수 없다. 단 본건의 실행은 한국정부로 하여금 실행하도록 하는 것이 바람직하고, 한국 황제와 정부는 통감의 부서(副署) 없이 정무를 실행할 수 없도록 한다(통감은 부왕[副王], 혹은 섭정의 권한을 가진다). 각 성(省) 가운데 중요 부서는 일본 정부가 파견한 관료로 하여금 대신 또는 차관 직무를 시행하도록 한다"는 것을 명시했다.
　끝으로 원로-대신 회의에서 제시된 원로와 대신의 의견을 첨부했다.

"한국 황제가 일본 황제에게 양위하는" 문제, 즉 병합에 대해서는 야마가타와 데라우치는 "지금은 반대한다"는 입장을 보였고, 또한 다수가 부정적이었다. "한국 황제가 황태자에게 양위하는" 문제에 대해서는 야마가타는 "지금은 반대", 다수도 부정적이었다. 다만 데라우치만은 "당장 실행"을 주장했다. 그러나 "협약에 동의하지 않을 때는 즉시 합병을 실행한다"는 데에는 모두가 찬성했다.

원로-대신 회의는 내정의 전권 장악 원칙에는 일치하고 있다. 그러면서도 이처럼 장황한 처리방안과 원로와 각 대신의 의견까지 첨부한 것은 통일된 훈령을 만들지 못했다는 것을 뜻한다. 이러한 결과는 내무대신으로 회의에 참석했던 하라 다카시가 지적하고 있는 것처럼 이토의 의지를 정확히 파악하지 못했고, 원로의 결정에 이토가 동의치 않고 귀국할 경우 곤란해지기 때문이었다. 하야시 외무대신은 정부방침의 최저선만 정하고 나머지는 이토에게 위임하고, 각료 중 한 명을 한성으로 파견하여 설명할 것을 건의했다.[24]

원로-대신 회의가 명확한 훈령을 제시하지 못한 것과 달리 오히려 메이지 천황은 확실한 의지를 표시했다. 정부의 논의와 처리방안을 보고받은 메이지는 시종장을 통하여 이토에게 자신의 뜻을 확실히 밝혔다. 그는 "한국 황제의 마음이 실로 확정되지 않아 한일협약도 겉으로만 받아들이는 척하고 그 동안 몇 번 바뀌었는지 셀 수도 없다. 이번 기회에 그의 두뇌를 개량하여 장래에 절대로 변하지 않도록 확실한 방법을 세우라"는 것이었다. 그리고 구체적인 정책에 대해서도, "이번에 새로운 조약을 체결하여 군정, 재정, 내정, 또는 궁내 출입 무리의 감소 등을 엄중히 처리하여 정리하는 한편, 200-300만 엔을 한국 황제에게 주고, 공사(公私)의 사용을 통감부가 감독하여 은혜를 베푸는 것은 어떻겠는가?"[25]라고 제안했다. 그의 뜻은 이미 병탄을 염두에 두고 있음을 알 수 있다. 외무대신 하야시 다다스는 천황의 뜻과 정부의 처리방안을 들고 7월 15일 한성으로 출발했다.

한국정부의 대응

이토는 통감부 막료들에게도 강력한 조치를 강구할 것을 지시하는 한편, 고종을 압박했다. 7월 3일 이토는 궁내부의 예식과장을 통감부로 불러 도쿄의 외무성으로부터 보고된 밀사사건의 전문을 황제에게 전달하도록 했다. 이어 고종을 알현하고 밀사 파견과 같이 음험한 수단으로 일본의 보호권을 거부하려고 하는 것보다는 오히려 일본에 대하여 당당하게 선전을 포고하느니만 못하다고 위협했다. 이완용에게는 황제가 그 동안 여러 차례 보호조약을 무시하고 배반을 꾀했다고 지적하고, 고종이 음모를 계속한다면, 일본은 한국에 직접 전쟁의 길을 택하게 될 것이라고 경고했다. 그리고 총리로서 책임을 지고 황제에게 해결의 길을 찾을 것을 권고했다. 한국정부는 수습을 위한 해결책을 찾기에 부심했다.[26]

한국정부는 헤이그 사건의 대책을 논의하기 위하여 7월 6일 고종황제가 참석한 가운데 어전회의를 열었다. 송병준을 위시한 친일파 대신들은 밀사사건의 전말을 추궁하는 한편 그 책임이 황제에게 있음을 은연중 강조했다. 그러나 고종은 이번 사건과 자신은 아무런 관련도 없으며, 헤이그에 있는 사람들이 밀서를 위조한 것이라고 해명하고 대신들에게 사태 수습책을 강구할 것을 지시했다. 그러나 대신들은 사태의 중요성을 강조하면서 이 문제는 대신들의 힘으로 해결할 수 없고 황제 스스로가 앞장서서 풀어야 한다고 주장했다.

송병준은 밀사사건에 대한 구체적 사죄방법을 제시했다. 그는 황제가 러일전쟁 이후 여러 차례 일본의 신의를 배반했다는 점을 지적하면서, "헤이그 밀사사건은 그 책임이 폐하에게 있습니다. 이제 폐하께서 친히 도쿄에 가서 일본 천황에게 사죄하든지, 그렇지 않으면 하세가와 주둔군 사령관을 대한문 앞에 맞아 면박(面縛)의 예를 하십시오. 이 두 가지를 차마 하지 못한다면 결연히 일본에 선전(宣戰)할 수밖에 없습니다. 그러나 일패도지하면, 국가 존망의 운명이 어떻게 될 것인지는 쉽게 예측할 수 있습니다"라고 협박했다.[27] 고종은 송병준에게 "경은 누구의 신하인가?"라고 책망하고 분연히 일어나서 내전으로 들어갔다. 한성 특파원들이 전하는 일본 신문에 의하면, 한성에서는 문제해결의 길을 찾기 위해서 "연일 어전회의와 내각회의"가 열렸고, "한국 황제는 초조해" 있었고, "한국 궁궐은 마치 감옥과 같은" 상태에 있었다.[28]

일찍부터 고종의 폐위를 주장해온 우치다 료헤이와 일진회도 이 기회를 놓칠 리 없었다. 사건의 전말을 알게 된 우치다는 7월 4일 이토에게 밀사 파견에 대하여 고종에게 그 책임을 추궁하고, 고종의 폐위를 긍정적으로 검토할 것을 강력히 건의했다. 그리고 그는 통감부의 조치만을 기다리고 있지 않았다.

우치다는 이번 계기를 이용하여 반일의 근원인 고종의 폐위를 성사시킬 뿐만 아니라, 폐위는 반드시 한국인의 요구에 의해서 이루어져야 한다는 그의 지론을 실천하려고 했다. 그는 고종의 퇴위 문제를 송병준과 이용구와 협의하면서, 송병준은 어전회의에서 고종의 퇴위를 주장하는 한편, 이용구는 일진회를 동원하여 고종의 퇴위를 위한 국민운동을 전개할 것을 제안했다. 두 사람 모두 적극적으로 동조했다. 특히 이용구는 폐위와 같이 중대한 계획을 내각에만 전적으로 의존할 것이 아니라, 일진회가 적극적으로 주도할 것을 다음과 같이 강조했다.

폐위를 성사시키는 것은 대단히 중대한 일이기 때문에 대신들의 처사만 전적으로 믿고 기다릴 수는 없습니다. 만일 내각이 실패할 때에는 일진회의 힘으로라도 반드시 목적을 관철시키지 않으면 안 됩니다. 그러므로 일진회는 내각과 별도로 만일에 대비해서 해결책을 준비할 필요가 있습니다.[29]

일진회는 적극적으로 활동하기 시작했다. 일진회 일지에 의하면 일진회는 헤이그 밀사사건으로 야기된 정치적 불안을 해결하기 위해서는 고종의 조속한 양위가 불가피하다는 것을 강조하면서 양위를 촉구하는 진정서를 총리 이완용에게 제출했다. 통감 이토에게는 한국인이 어리석어 깨우치지 못해 헤이그 문제와 같은 사건을 저질렀지만, "각하의 높고 넓은 덕과 변함없는 굳은 마음으로 용서해줄 것을 엎드려 빕니다"는 사죄의 글을 담은 공식 서한을 보냈다.[30] 동시에 일진회는 유세반을 편성하여 충청도, 전라도, 경상도 삼남지역을 돌며 밀사사건의 정치성과 고종 퇴위의 필요성을 강조하는 대중유세를 벌였다.

고종의 양위

헤이그 사건에 대한 일본정부와 통감부의 강경노선과 보다 획기적 조치를 요구하는 일본국민의 여론에 직면한 한국정부는 날마다 내각회의를 열어 수습대책을 강구했다. 하야시 외무대신이 처리방안을 들고 직접 한국을 방문한다는 소식을 접한 이완용은 7월 16일 다시 내각회의를 개최하고 해결방책을 논의했다. 이완용과 송병준이 주도하는 내각회의의 결론은 황제 양위였다. 4시간에 걸친 대신들의 협의는 황제 양위를 결행하는 것이 시국수습에 가장 적당한 방법이라는 결론이었다. 오후 8시 이완용은 입궐하여 고종에게 헤이그 사건으로 인하여 일본정부와 국민이 격분하고 있다는 사실, 하야시 외무대신이 한국을 방문하여 강경 조치를 취할 수 있다는 점, 일본의 극단적 조치를 사전에 예방하기 위해서 한국정부가 먼저 일본이 납득할 만한 조치를 취할 필요가 있다는 것 등을 설명했다. 사태수습을 위한 방책으로 1) 1905년 11월 17일 체결된 한일협약[을사5조약]에 어새를 날인하여 이를 추인하거나, 2) 섭정을 실시하거나, 3) 황제가 친히 일본으로 가서 일본 황제에게 사죄하는 세 가지 방안 가운데 하나를 선택할 것을 제시했다. 고종이 3가지 안을 모두 거부하자, 이완용은 다시 일본정부의 추궁을 피할 수 있는 방안의 하나로 황태자에게 양위할 것을 상신했다. 고종은 양위의 뜻도 없음을 명확히 했다.[31] 17일과 18에는 모든 각료가 함께 입궐하여 양위를 재촉했다.

대신들의 양위 독촉에 시달린 고종은 18일 저녁 이토를 불러 자신의 양위가 불가피한 것인지 그의 의사를 타진하려고 했다. 고종은 헤이그에 나타난 밀사라는 것은 자신과는 아무런 관계가 없다고 해명했다. 그러나 이토는 아무리 변명한다고 해도 "열강의 환시(環視) 속에 나타난 이번의 밀사 파견은 명백한 조약위반으로서 그 책임 또한 자명합니다"라고 답하고, 그 책임이 고종에게 있음을 확실히 했다. 고종은 말을 돌려 "우리 대신들은 짐에게 양위할 것을 요구하는데, 통감의 의견은 어떠시오" 하고 물었다. 이토의 태도는 냉랭했고 답변은 단호했다. "그와 같은 일은 귀국의 중대한 사안으로서 본관과 같은 일본의 신하로서 제위 문제에 관여할 권한이 없기 때문에 폐하의 하문에 봉답할 처지가 아닙니다."[32]

이토의 알현 내용은 1907년 7월 21일자 「도쿄아사히 신문(東京朝日新聞)」에 "한국황제양위비록(韓國皇帝讓位秘錄)"이라는 제목으로 고종과 이토의 대화를 상세히 보도했다. 이는 통감부가 알현 내용을 언론에 의도적으로 전했음을 뜻하고 있다. 고종과 이토 두 사람이 은밀히 나눈 대화의 내용이 일본 언론에 보도되었다는 것은 통감부의 정보제공과 승인이 없이는 이루어질 수 없기 때문이다. 이토는 이 보도를 통해서 한편으로는 고종의 양위를 기정사실화하려고 했고, 다른 한편으로는 일본 국내에서 자신의 점진주의 정책에 대한 비판 여론을 무마하려는 목적이 있었음을 알 수 있다. 이토가 언론을 이용한 것이다.

하야시 다다스 외무대신이 7월 18일 서울에 도착했다. 한국정부는 더욱 긴박하게 돌아갔다. 18일 밤 각료 일동은 거듭하여 고종에게 양위할 것을 주청했다. 고종이 계속 받아들이지 않자, 이완용과 송병준은 다시 앞장서서 황제가 헤이그 사건의 모든 책임을 지고 제위에서 물러나는 것만이 국가가 직면한 위기를 해결할 수 있는 길이라고 양위를 거듭 강권했다. 이토 히로부미의 전기에 의하면 마지막 단계에 이르러 이완용은 황제에게 자결을 촉구할 정도로 사태가 험악하게 전개되었다.[33]

궁정에서 대신들이 고종에게 양위를 강요하는 그 시간에 일진회는 궁정 밖에서 촛불 시위를 벌였다. 일진회 일지에 의하면 부회장의 지휘 아래 일반 회원 300여 명이 모여서 15명씩 짝을 지어 촛불을 켜들고 궁궐을 돌면서 양위를 재촉했다. 그들은 고종의 양위 소식이 전해진 19일 새벽에야 해산했다.

안팎에서 밀려드는 압력을 견디지 못한 고종황제는 결국 19일 새벽 3시에 "이제 군국의 대사를 황태자로 하여금 대리케 한다"라는 조칙을 내렸다. 고종이 양위가 아니라 대리를 택한 것은 뒷날 자신의 왕권회복의 가능성을 열어놓기 위해서였다. 그러나 그것은 무의미한 노력이었다.

당시 일본의 내무대신이었고 이토의 측근이기도 한 하라 다카시는 "조선의 국왕이 그 자리를 황태자에게 물려주었다고 한다. 우리의 제의로 생긴 일이 아니라 그 나라 내각원들이 우리나라에 대한 사죄의 의미와 또 난국을 피하자는 뜻에서 취한 일일 것이다"라고 자신의 일기에 적었다.[34] 그러나 매켄지가 확언하고 있는 것처럼 고종의 퇴위는 "일본정부가 꾸민 천벌을 받을 짓"이었다.[35] 겉으로 볼 때 일본은 아무 일도 하지 않은 것 같았으나, 박은식이 탄식하는 것처럼 "이번 선위는 고종의 의중에서 나온 것이 아니라, 일본의 압박과 위협에서 연유한 것"을 모두가 알고 있었다. 따라서 "아버지가 자식에게 왕위를 전하는 것은 나라의 상례(常例)이며 성전(盛典)인데, 이제 신민들의 반대가 격렬하여 유혈의 참극까지 연출하게" 되었다.[36]

고종의 퇴위는, 이토의 측근인 고마쓰 미도리가 실토하고 있는 바와 같이, 사태수습에 전혀 도움이 되지 않았다. 오히려 한국의 형세를 악화일로의 길로 몰고가는 결정적 계기가 되었다. 고종의 양위가 일본 압력과 친일세력의 영합으로 강제되었다는 소식이 전해지자 여론은 들끓었고, 국민의 반일감정은 행동으로 나타났다. 고종의 양위가 알려진 7월 20일 수많은 민중과 유생들이 대한문 앞에 모여 통곡했고, 담뱃가게까지 철시하는 등 격분한 민중은 이완용의 집에 불을 지르고, 서대문 밖의 경찰분서와 파출소를 파괴하고, 군부대신 이병무의 집을 습격했다. 민중들은 또 일진회 기관지인 국민신보사를 습격하여 윤전기 등 기물을 파괴했다. 뿐만 아니라 시위보병 제1연대의 일부는 무기를 가지고 병영을 벗어나 경무청 청사

에 발포하면서 일본경찰관과 총격전을 벌이는 등 민중시위와 무력충돌이 곳곳에서 일어났다.[37]

언론은 여론을 더욱 격분시켰다. 「황성신문」은 "아! 산하가 깨어져 부서지고 국가가 창망(蒼茫)하여 많은 눈물과 피를 토해내고 있다"고 탄식했고, 「대한매일신보」는 "대한 천지에 일진동풍이 홀연히 크게 일어나 하룻밤 사이에 삼천리 전국강토가 떴다 잠겼다 하는 고로 충신과 열사들이 통곡하며 실성도 하여 중심에서 끓는 피를 어느 곳에 한번 쏟아낼꼬!"하고 비분강개했다. 통감부와 대신들은 지탄의 대상이었다. 「대한매일신보」는 "일본이 한국에 대하여 황실을 강핍(强逼)하며 대신을 종으로 부리고 백성을 짐승으로 다루는 행동이 이미 극에 달하였다"고 통감부를 비난했고, "한국 대신들이 외국 사람이 시키는 것을 좇아 황제를 협박하는 지경에 이르렀으니, 그 사람이 누구인가? 총리대신 이완용, 내부대신 임선준, 법부대신 조중응, 탁지부대신 고영희, 군부대신 이병무, 학부대신 이재곤, 농상공부대신 송병준이다"라고 지탄했다.[38] 이완용을 위시한 대신들은 모두 생명의 위협을 느껴 헌병대의 보호를 받아야만 했다.

상황이 급박하게 돌아가자 이토는 본국에 지원군 파병을 요청했다. 7월 21일 사이온지 총리에게 보낸 극비 전문은 "현재 서울의 정황이 착잡하여 그 파급이 장래 어떻게 발전할지 예측하기 대단히 어렵습니다. 한편으로는 한국군대의 정황이 불온하여 어떠한 사변이 일어날지 알 수 없고, 또 다른 한편으로는 한국에 체류하는 모든 외국인은 우리가 자신들을 보호해 줄 것으로 믿고 있습니다. 그러므로 가장 가까운 병영으로부터 혼성 1개여단을 급히 당지로 파병할 필요가 있습니다." 그리고 지방에는 아직 서울의 소식이 전달되지 않아 비교적 조용하지만, "수일 후면 많은 소요가 일어날 것으로 예측한다"는 상황분석을 보고했다.[39] 이토는 24일 하루에도 여러 차례 "가능한 한 신속한 출병"을 요청하는 전문을 사이온지 총리에게 보낼 정도로 상황이 다급한 것으로 판단했다.[40]

1907년 7월 20일 일본군대의 삼엄한 경계 속에서 당사자들인 고종과 순종 두 사람 모두 참석하지 않은 채 약식 양위식이 치러졌다. 일본은 황제가 황태자에게 정권을 양위하는 것으로 발표하여 대리가 아니라 양위라는 것을 공식화했다. 고종은 그의 파란만장한 44년간의 재위를 이렇게 마감했다.

청일전쟁 후 고종이 구사한 대외정책의 본질은 외세의존적이었다. 청국, 일본, 러시아를 적절히 이용하여 그들의 대립과 갈등 속에서 독립을 유지하려고 했다. 청일전쟁에서 청국이 패배하면서 청국에 대한 기대는 없어졌고, 삼국간섭 후에는 러시아에 대한 기대가 커졌다. 을미사변 이후 일본에 대한 고종의 불신은 고조되었고, 이는 아관파천을 몰고왔다. 이를 계기로 일본의 침략의도를 저지할 수 있었다. 그렇다고 해서 고종이 일본을 완전히 배제한 것은 아니었다. 한국 문제에 러시아를 끌어들이기 위하여 때때로 일본을 활용하기도 했다. 그러나 아관파천 후 러시아의 한국정책은 소극적으로 일관했고, 고종의 기대만큼 후원적이지도 않았다. 의화단사건을 계기로 다시 일본이 동아시아의 중심세력으로 등장하면서 서서히 한국정부를 압도했다. 그리고 러일전쟁에서의 패배로 한국정부에 가장 강력한 영향력을 행사했던 러시아는 완전히 밀려났다. 러일전쟁을 전후하여 고종은 끊임없이 밀서, 밀사 외교를 전개하면서 러시아의 지원을 기대했다. 뿐만 아니라 태프트-가쓰라 밀약을 체결한 미국이나 러일전쟁 당시 중립이거나 일본을 지지했던 열강의 지원을 호소하는 비밀외교를 전개했다. "만 권의 만국공법이 한 대의 대포만 못하다"는 후쿠자와의 냉엄한 국제정치의 논리를 깨닫지 못하고 외세에만 매달렸다. 고종은 을사보호조약 후에도 밀사외교를 통해서 국권을 회복하려고 했다. 그 절정이 헤이그 밀사사건이었고, 결국 고종은 왕위에서 물러나는 비운을 감내해야만 했다. 헤이그 밀사사건 당시 주한 영국 총영사였던 헨리 콕번이 본국에 보고하고 있듯이, 고종은 미국이나 러시아 등과 같은 열강이 도와줄 것으로 믿고 있는 "정치적인 착각"의 세계에 살고 있었다. 자력 없이 남의 힘에 기대는 책략으로 생존하려고 했던 결과는 망국의 비운을 재촉했다.

고종은 일본 세력 앞에서 무기력했다. 그럼에도 불구하고 여전히 그는 일본에 대한 한국인의 저항의 원동력이었고 상징적 존재였다. 고종이 비록 몰락해가고 있는 나라의 왕이기는 했지만, 12세에 왕위에 올라 수많은 정치적 역경을 거치면서 왕권을 지켜온 인물이었다. 이토도 가볍게 대할 수 없는 인물이라는 것을 잘 알고 있었다. 정미7조약 이전에는 황제 중심의 통치체제를 유지하려는 고종과 통감 중심의 통치체제를 구축하려는 이토 사이에 끊임없는 갈등과 긴장이 계속되었다. 형식적이기는 했지만, 이토는 중요한 시정개선의 방향과 정책은 반드시 고종을 알현하고 보고한 뒤 허락받는 형태를 취했다. 그리고 때때로 이토는 고종과 어려운 정치교섭이나 협상을 해야만 했다.

그러나 고종의 양위를 받은 순종은 그렇지 못했다. 매켄지가 지적하고 있는 것처럼 순종은 "지적(知的)으로 모자라는 분으로서 그의 측신들의 손에 이용만 당하는 도구에 불과하였다."[41] 이토 스스로 "선제[고종]의 시대에는 때로는 총리대신의 주청을 재가하지 않는 경우도 없지 않았지만, 현 황제에 있어서는 그와 같은 일이 없다"고 할 정도로 순종은 통감에 복종적이었다. 순종을 무시하기는 통감부만이 아니었다. 한국정부의 대신이 더했다. 송병준은 "지금의 황제폐하는 어떤 일이라도 듣기를 거절하지 않아 내각의 대신들이 오히려 황공할 정도이다. 총리대신이 주청하면 무엇이든지 곧 재가하지 않는 것이 없다"고 공공연히 발언할 정도로 황제의 권위가 추락했다.[42] 황제의 위상이 말할 수 없이 추락했음을 극명하게 보여주는 실상은 이토의 알현 회수이다. 고종이 황제의 자리에서 물러날 때까지 통감 이토는 공식적으로만 24회 알현하고 시정개선에 관하여 협의를 해야만 했다. 그러나 정미7조약 이후 통감직에서 물러날 때까지 이토는 다만 4차례 순종을 알현했고, 그 내용도 무시해도 좋을 정도로 무의미한 것이었다.

3. 정미7조약

고종의 양위식 다음 날인 7월 21일부터 23일 사이에 통감부와 일본 외무성은 바삐 움직였다. 한국의 주권을 잠식하는 새로운 협약을 만들기 위해서였다. 주도면밀한 이토는 고종의 퇴위를 압박하면서 새로운 협약을 구상하고 있었다. 이토는 하야시 다다스가 정부의 훈령을 가지고 한성에 도착하기 전에 이미 자신의 협상안을 준비하여 가지고 있었다. 그 내용은 25일에 조인되는 정미7조약[한일신협약]에 하나가 더 포함된(제1조) 아래의 8개 조항으로 구성되어 있었다.

1) 한국 황제폐하의 조칙은 미리 통감에게 자문할 것
2) 한국정부는 시정개선에 관해 통감의 지도를 받을 것
3) 한국정부의 법령제정 및 중요한 행정상의 처분은 미리 통감의 승인을 거칠 것
4) 한국의 사법사무는 보통 행정사무와 구별할 것
5) 한국의 관리 임면은 통감의 동의를 얻어 실행할 것
6) 한국정부는 통감이 추천하는 일본인을 한국의 관리로 임명할 것
7) 한국정부는 통감의 동의 없이 외국인을 용빙하지 않을 것
8) 1904년 8월 22일 조인된 한일협약의 제1항[일본인 재무고문의 용빙]은 폐지할 것

이토는 이와 함께 조약 내용을 구체적으로 실천할 수 있는 방안을 비공개 각서로 준비했다. 그의 치밀함을 보여주는 대목이다. 그의 협상안에는 원로-대신 회의에서 논의된 요구사항이 모두 포함되어 있었다. 하야시 외무대신은 이토와 "숙담(熟談)한" 후 한국정부와 "협상을 마무리 짓기 위해서는 다소의 수정이 있을 수 있다"는 단서를 부쳐 사이온지 총리에게 24일 극비문서로 타전했다.[43] 그보다 하루 전인 23일 이토는 협상을 위한 새로

운 조약안을 아래와 같은 일본의 입장과 함께 기밀문서로 분류하여 이완용 총리대신에게 보냈다.

일본제국정부는 지난 1905년 11월 일한협약 체결 이래 더욱더 양국의 우의를 존중하고 조약상의 의무를 성실히 준수해왔다. 그럼에도 불구하고 한국은 누누이 배신행위를 감행했다. 이로 인하여 제국의 인심이 격앙되고, 또한 한국의 시정개선에 막대한 어려움을 가져왔다. 그러므로 장래에 이러한 행위의 재연을 확실히 저지하고, 동시에 한국의 부강을 도모하고 한국인의 행복을 증진시키는 것을 목적으로 하는 별지(別紙)의 협약을 한국정부에 요구하는 바이다. 본건은 대단히 긴요한 사항이므로 신속한 결정이 필요하다. 본인은 이미 제국정부로부터 언제든지 약정에 조인할 수 있는 권한을 위임받았으므로 귀하의 신속한 의견을 바라는 바이다.[44]

보다 중요한 것은 비공개를 전제로 첨부한 각서였다. 각서는 다음과 같은 5개항을 포함하고 있다. 1) 대심원, 공소원(控訴院), 지방재판소를 신설하고 주요 직책에 일본인을 임명하고, 2) 감옥을 지방재판소 소재지에 신설하고 형무소 소장에 일본인을 임명하고, 3) 군대 해산을 핵심으로 한 군비를 정리하고, 4) 고문 또는 참여관이라는 이름으로 한국정부에 용빙(傭聘)된 모든 사람은 해용(解傭)하고, 5) 중앙정부 및 지방청에 일본인을 한국의 관리로 임명하는 것으로, 여기에는 각 부의 차관, 내부 경무국장, 경무사 및 부경무사, 각도의 사무관과 경무관이 포함되었다.[45] 사법권과 행정권을 직접 행사하는 고위관리의 부서를 완전히 일본인이 독점하고, 군대까지 해체함으로써 내정권을 완전히 장악하기 위한 구체적이고 상세한 방안이었다.

이토는 협상이 쉽게 성사되지 않으리라고 예상했던 것 같다. 7월 24일 사이온지 총리에게 보낸 전문에 "지난 밤 이완용 총리대신을 만나 상세히 설명하고 오늘 (협상안을) 정식으로 제출했다"고 보고하고, 이어서 "한국

정부 안에서 이미 이의를 제기하는 자가 있다고 하므로, (신구) 두 황제의 재가를 받기가 대단히 어렵다는 것을 충분히 예견할 수 있다"고 상황을 설명했다. 그리고 끝으로 "만일 (한국정부가 협상안을) 거절할 경우, 본관은 바로 귀국하여 정부의 결정을 받들겠다"고 했다. 협상이 결렬될 경우 귀국할 것을 염두에 두고 있었던 것이다. 하세가와 사령관 역시 원만히 해결될 수 있을지 우려된다는 전문을 데라우치 육군대신에게 따로 보고했다.[46]

그러나 예상과 달리 새로운 조약인 정미7조약은 25일 쉽게 조인되었다. 다만 이토가 준비한 협상안의 제1조, 즉 "한국 황제폐하의 조칙은 미리 통감에게 자문할 것"이라는 조항만 삭제되고, 비공개 각서를 포함하여 모두가 원안대로 확정되었다. 「대한매일신보」가 보도하고 있는 것처럼 "이제 일본통감은 이 대한제국 안에서 면류관 없는 왕이 되었다."[47]

7월 25일 「도쿄아사히 신문」은 새로운 조약이 "이처럼 간단하고도 신속히" 처리될 수 있었던 것은 두 가지 이유 때문이라고 전하고 있다. 하나는 이토가 지휘하고 있는 "엄격하고 치밀한 우리 군대의 배치와 경찰 행동에 궁정이 몹시 두려워서 떨었기 때문"이었고, 다른 하나는 이완용 총리의 역할에 의한 것이었다. 신문에 의하면 이완용은 24일 밤 이미 물러난 고종을 알현하고 "만일 폐하가 일본의 요구에 이론을 제기하고 망설일 경우 일본의 태도가 어떻게 변할지 알 수 없으니, 전폭적으로 용인하는 이외의 다른 길이 없을 것"이라는 점을 강조했기 때문이었다는 것이다. 이완용은 알현한 지 40분 만에 재가를 받았다. 결국 국가의 운명을 가름하는 정미7조약은 일본의 군사적 위협과 친일세력의 영합으로 이루어졌음을 보여주고 있다.

이토는 여세를 몰아 27일에는 한국 내 언론을 통제하기 위한 신문지법 (新聞紙法)을 만들어 한국인이 경영하는 신문발행의 허가제, 신문기사의 사전검열제, 필요할 때에는 발매, 반포의 금지 및 압수, 발행정지 및 금지를 규정함으로써 언론탄압의 장치를 마련했다. 또한 29일에는 집회와 결사를 금지하는 보안법을 제정하여 보안상 필요한 경우 결사의 금지 및 집회의 제한, 해산을 명령할 수 있게 했다. 한국인의 여론과 행동을 통제하기 위함이었다. 그것은 언론의 중요성과 문명론을 강조했던 것과는 정반대의 처사였다.

항상 국제적 여론을 중요시해온 이토는 29일 저녁 국내외 언론인들을 일본인구락부(日本人俱樂部)로 초대했다. 당시 한성에는 헤이그 사건 이후 긴박하게 돌아가는 정세를 취재하기 위해서 많은 외신기자들이 체류하고 있었다. 총독부의 고위관리들을 배석시킨 이 자리에서 이토는 그 동안의 통감부 정책, 헤이그 사건 이후의 상황변화와 정미7조약의 조인, 그리고 앞으로의 통감통치의 방향에 관하여 설명했다.

그는 먼저 최초로 한국의 독립을 승인한 나라는 한국 자신이 아니라 일본이라는 것을 강조했다. 그러면서 한국은 오히려 항상 스스로 독립을 파괴해왔고, 일본은 한국의 독립을 옹호해왔음을 상기시켰다. 이토의 표현을 그대로 빌리면, "수천 년 사대주의 밑에서 벌레처럼 살아온 한국인의 천성은 아직 구제되지 않았고", 따라서 한국이 홀로 서기 위해서는 "일본의 보호와 지도와 감독이 필요하다"는 것이었다. 그러나 그는 당시 시중에 유포되어 있던 합병설은 강력하게 부인했다.

일본은 한국을 합병할 필요가 없습니다. 합병은 커다란 재앙이 될 것입니다. 한국은 자치를 해야만 합니다. 그러나 일본의 지도와 감독이 없이는 건전한 자치를 이룰 수 없습니다. 이것이 이번에 신협약을 보게 된 이유입니다.……나는 서양인에게도, 한국인에게도, 일본인에게도 공언합니다.……일본은 한국에 대하여 아량을 베풀어야 할 필요가 있다고 생각합니다. 한국도 역시 병력을 양성할 필요가 있습니다. 재정이나 행정의 확충도 한국 자신을 위해서 필요합니다. 일본은 끝까지 한국을 돕지 않으면 안 됩니다. 나는 지금까지 이를 주장해왔거니와 앞으로도 변함이 없을 것입니다. 장래에도 유지할 생각입니다.[48]

그러면서 이토는 한국과 일본이 제휴하여 "욱일(旭日)의 깃발[일장기]과 팔괘(八卦)의 깃발[태극기]이 나란히 휘날리는 것으로 일본은 만족한다"고 강조하여 병탄의 뜻이 없음을 거듭 밝혔다. 그러나 그것은 거짓말이었다. 그로부터 이틀 후인 31일 한국군대를 해산함으로써 그의 공언(公言)은 사언(詐言)이었음이 밝혀졌다.

내외 기자들에게 한국의 병력을 양성할 필요성을 공언한 지 2일 후 이토는 군대해산을 단행했다. 증원부대인 보병 제12여단이 서울에 도착한 7월 31일 "황궁 경비를 담당하는 육군 1대대를 제외하고 모든 군대는 해산한다"고 규정한(제3조 1항) 정미7조약의 이면 각서에 근거하여 통감부는 한국군 해산을 결정했다. 이토는 이완용, 이병무, 하세가와 요시미치와 협의하여 이완용으로 하여금 조칙을 발표케 했다. 이완용과 이병무는 황제의 이름으로 "한국군대는 용병으로 조직되어 있으므로 경비와 능률에 지장이 있으니, 후일 징병법을 발포하여 공고한 병력을 구비하기로 하고……황실 호위에 필요한 자만을 선발하고 그 외의 군대는 전부 해산한다"는 조칙을 발표했다. 동시에 군대해산으로 나타날 수 있는 한국인의 무력저항을 진압하는 임무를 황제가 미리 통감에게 의뢰한다는 내용의 조칙을 아울러 발표케 했다.[49]

8월 1일 한국군대의 해산이 단행되었다. 아침 7시 일본군 사령관 하세가와는 군부대신 이병무와 함께 각 부대 대대장 이상을 자신의 관저로 소집하여 이들에게 조칙을 전달하고, 해산에 적극 협조할 것을 당부했다. 그리고 오전 10시에 거행될 해산식에는 총기를 휴대하지 말고 집합할 것을 명했다. 훈련원에서 삼엄한 일본군의 경비 아래 거행된 어수선한 해산식은 한 시간 만에 끝났다. 박은식은 해산의 광경을 다음과 같이 전하고 있다. "아! 이 훈련원은 어떤 곳인가? 이 나라 500년 동안 군인들이 무예를 훈련하던 곳이 아닌가? 오늘날의 군인들도 이곳에서 여러 해 동안 씩씩하게 무예를 연마했던 곳인데 갑자기 이날로써 이별을 고해야 하게 되었으니, 그 누가 이를 슬퍼하지 않겠는가?"[50]

일본은 주도면밀하게 군대해산을 강행했으나, 한국군인들은 해산에 강력히 저항했다. 시위보병 제1연대 제1대대장인 박성환이 강압적인 군대해산과 무장해제에 반대하여, 군인으로서 나라를 지키지 못하고 신하로서 충성을 다하지 못하면 만번 죽어 아까울 것이 없다는 유서를 남기고 자신의 총으로 자결했다.[51] 이는 한국군인의 불만을 폭발시키는 도화선이 되었다. 해산식은 무력투쟁으로 바뀌었다.

군대해산과 병행해서 이토는 8월 2일부터 행정부 장악을 위한 구체적인 인사조치를 단행했다. 정미7조약의 제5조는 "한국정부는 통감이 추천하는 일본인을 한국의 관리로 임명하도록" 되어 있고, 또한 이면 각서 제5조에 의하면 각부 차관, 내부 경무국장, 경무사 및 부경무사, 각도 경무관 등 중앙과 지방의 중요 직책에 일본인을 임명하게 되어 있었다. 대외적 명분은 한국의 관리는 법률과 정치에 대한 사상이 결핍되어 있고, 더하여 불규칙한 임면(任免)으로 사무에 숙달되어 있지 않기 때문에 그들에게 모범을 보여 사무를 원활하게 이루기 위함이었다.[52] 즉 시정개선을 보다 신속하고 효과적으로 추진하기 위해서는 보다 전문적 지식과 능력을 갖춘 일본인 채용이 불가피하다는 것이었다.

이에 근거하여 이토는 군대해산 다음 날인 8월 2일 마루야마 시게토시를 경시총감에 임명하는 것으로 시작하여 한국내각의 각 부의 차관에 일본인들을 임명했다. 그들은 거의 모두가 통감부에서 선임된 인물들이기 때문에 통감부의 정책을 잘 알고 있었다. 다만 그들은 그 동안 배후에서 정책을 조종하고 감독하던 일을 한국내각에서 직접 주도하는 위치로 바뀌었을 뿐이다.[53]

통감부 관제도 개정했다. 먼저 통감의 직권을 한국에서 제국정부를 대표하고 조약 빛 법령에 근거한 모든 정무를 통할하도록 강화했다. 이로써 통감은 한국의 외교권뿐만 아니라 내정권까지 장악한 실질적인 통치권자가 되었다.[54] 매켄지에 의하면, 한국의 대신들은 이토의 도구였고, 황현의 표현에 의하면, 이토는 왕관 없는 왕의 자리에 올랐다. 부통감제를 설치하여 통감을 보좌하도록 했고, 통감부의 관리 2명과 한국정부의 일본인 차관 전원으로 구성된 참여관제도가 신설되면서 실질적 정책 입안과 집행을 담당했다. 그 동안에는 통감부가 한국정부에 용빙된 고문을 통해서 간접적으로 지배정책을 지도, 감독하고, 한국정부가 이를 집행하는 형태를 취했으나, 참여관제도가 가동되면서 한국정부의 차관인 동시에 통감부의 참여관인 일본인이 정책을 입안하고, 동시에 집행하게 되었다. 그 동안 정책 입안 및 감독과 집행이 통감부와 한국정부로 이원화되었던 조직이 차관-참여관으로 일원화되었다. 주로 통감부의 총무장관이 주관하는 참여관 회의에서 중요한 구체적 정책을 심의 결정하고, 이를 협의회에 참석하는 한국 대신에게 통지하는 체제로 바뀌었다. 이른바 차관정치의 시작이다. 차관제가 시작되면서 통감부의 외무, 농상공무, 경무 3총장직은 폐지되었다.[55]

헤이그 밀사사건을 계기로 이토는 고종의 양위, 정미7조약 체결, 군대 해산, 정부개편 등을 신속하게 처리했다. 한 달도 안 되는 짧은 시간 안에 500여 년 동안 지속된 한 왕조의 권력은 완전히 해체되었다. 물론 이 지경에 이르게 된 것은 한국정부의 무능과 무기력에 원인이 있었지만, 이토의 상황판단과 과감한 업무추진 능력이 이를 가능케 했다. 때를 기다리다가 적절한 기회가 왔다고 판단하면 과감하게 행동으로 옮기는 이토의 스타일을 잘 보여주고 있다.

필요한 조치를 매듭지은 이토는 8월 10일 메이지 천황에게 고종의 양위와 정미7조약 경과를 보고하고, 정무를 협의하기 위하여 일시 귀국했다. 보고를 받은 천황은 자신이 일찍부터 동양 평화를 중요시하여 이토에게 한국 부식(扶植)의 임무를 맡겼고, 이토가 그 뜻을 잘 받들어 힘들고 어려움을 참고 진력하여 신조약의 성립을 완성할 수 있었다고 강조하면서 그 공을 높이 치하했다. 그 공으로 21일 작위 서열이 가장 높은 공작(公爵)을 수여했다.

4. 황태자 영친왕의 일본 유학

일본으로 떠나기 직전인 1907년 8월 8일 이토는 순종을 알현하고, 잠시 귀국하겠다는 뜻을 보고했다. 이어서 따로 전 황제 고종을 알현했다. 식사를 겸한 두 시간의 알현 내용은 구체적으로 기록되어 있지 않아 어떤 대화가 있었는지 알 수 없다. 다만 이토가 고종에게 "충고한" 두 가지 사항의 요점만 기록되어 있다. 하나는 고종의 정치참여를 부정하는 것으로서, "양위 후 전 황제의 지위는 전혀 정치와 무관하다. 그럼에도 불구하고 전 황제가 알게 모르게 정치적으로 용훼(容喙)한다면 양위가 유명무실하기 때문에 그때는 부득이 전 황제를 먼 곳으로 옮기지 않을 수 없다"는 것이었다.

다른 하나는 고종 자신의 셋째 아들이기도 한 황태자 영친왕의 일본 유학 권유였다. 이토는 "황태자가 새롭게 책립되면 문명적 교육을 위하여 수학(修學)의 길을 강구하는 것이 필요하고, 이를 위해서 일본에 유학하는 것이 바람직하다"고 제안했다.[56] 황태자로 하여금 일본식 생활양식과 교육을 받도록 하겠다는 것이었다. 정미7조약 체결에 이어 실시한 군대해산과 행정조직 개편이 내정 장악을 위한 가시적이고도 즉각적인 조치였다면, 황태자의 일본 유학은 한국 황실의 일본화를 위한 장기적인 포석이라고 할 수 있다. 이는 황태자의 일본인화를 의미하는 것이고, 황태자의 일본인화는 한국인의 일본인화를 상징하는 깊은 뜻을 담고 있었다. 이토는 한국의 황태자가 일본에 가서 신교육을 받는 것은 한국이 자립의 바탕을 마련하고, 한일 두 나라의 영원한 화친의 자질을 배양하는 길이라고 강조했다. 그러나 이는 명분일 뿐이었다. 유학하게 되는 황태자는 가깝게는 그 동안 반일운동의 근원이었던 궁정을 묶어두기 위한 인질이었고, 멀리는 황태자를 일본에 동화시키려는 의도가 숨어 있었다. 한국인의 정체성을 해체하기 위한 작업이다. 그러나 고종에게는 이미 이토의 의견에 반대할 힘이 없었고, 일본이 시키는 대로 움직이는 각료로 구성된 정부 또한 거부할 의사가 없었다.

일본 황태자의 한국 방문 기념사진. 앞줄 오른쪽으로부터, 이토 히로부미, 아리스가와노미야 다루히토, 이왕세자, 일본 황태자, 뒷줄 오른쪽에서부터, 조중응, 송병준, 가쓰라 다로, 도고 헤이하치로, 이완용, 이병무

9월 19일 한성으로 돌아오기 전, 이토는 메이지 천황에게 한국 황태자의 일본 유학에 관하여 보고하고 내락을 받았다. 이와 함께 그는 한국 황태자의 일본 유학에 앞서 일본 황태자(뒷날 다이쇼[大正] 천황)의 방한을 요청하고 이 또한 허락을 받았다. 이토는 일본 황태자의 방한을 통해서 천황이 얼마나 한국에 관심을 가지고 있는가를 한국인들에게 보여줌과 동시에, 한국 황태자의 일본 유학을 보다 명분 있게 실행하고 한국 내에서의 반대여론을 사전에 차단하는 의도를 가지고 있었다.

부통감으로 임명된 소네 아라스케와 함께 이토가 한국으로 돌아온 것은 10월 3일이었다. 일본 황태자 일행은 10월 10일 도쿄를 출발하여 16일 순종과 황태자인 영친왕의 영접을 받으면서 인천에 도착했다.

황족을 대표한 아리스가와노미야 다케히토를 위시하여 총리를 역임한 가쓰라 다로 육군대장, 러일전쟁의 영웅 도고 헤이하치로 해군대장 등이 황태자를 수행했다. 황태자는 정부와 통감부가 주관하는 연회에 참석하고, 한국의 황제와 황후, 황태자, 전 황제 고종, 그리고 정부 요인들을 만나

일본 군복을 입은 영친
왕과 이토 히로부미

훈장을 주고받는 등 의례적인 4박 5일의 국빈방문을 끝내고 20일 귀국했다.

다음으로는 대한제국의 황태자가 일본을 방문할 차례였다. 그러나 한국 황태자의 일본 방문은 단순한 답방이 아니라 도쿄 유학을 전제로 한 것이었다. 한 역사학자가 주장하고 있는 바와 같이 명분은 문명적 교육을 위한 유학이지만, 실질적으로는 인질이나 다름없는 일본정부의 행위는 "명백한 납치"였다.[57] 순종은 11월 4일 황태자가 도쿄로 유학한다는 것을 정식으로 결정하고 발표했다. 그리고 19일 이토 히로부미에게 황태자를 성심성의껏 지도하고 인도하는 태자태사(太子太師)의 직책을 맡겼다. 이토는 한국궁정에서 황족의 대우를 받게 되었다.

한국의 황태자 영친왕은 반일-배일운동이 나날이 격화되고 있는 1907년 12월 5일 이토와 함께 일본으로 떠났다. 영친왕은 이토와 함께 18일 천황을 예방했고, 20일에는 천황이 황태자를 답방했다. 그로부터 영친왕은 일본 황실의 지도 아래에서 일본의 '계몽교육'을 받으면서 일본에서의 삶을 시작했다.

영친왕의 출국 다음 날, 「대한매일신보」가 전하는 다음과 같은 기사는 영친왕의 일본행이 어떠한 상황에서 진행되었는지 상상할 수 있다. "황태자 전하께서 일본으로 행계(行啓)하시기 전에 태황대폐하[고종]께서 궁내대신 이윤용 씨에게 하교하기를 이토 통감과 교섭하여 동궁이 떠나기 전에 부자간의 정리를 위로하기 위하여 같이 거처할 수 있게 하라고 했으나, 이윤용 씨가 아뢰기를 교섭하기가 어렵다고 하여 태황대폐하께서 대단히 섭섭하게 여기셨다더라."[58]

1897년에 태어난 영친왕(英親王)은 1907년 고종의 강제양위 후 순종이 그 대를 잇자 황태자의 자리에 올랐다. 그의 나이 10세에 유학이라는 이름으로 일본으로 끌려가 사실상의 인질로 서글픈 한 세상을 살았다.[59] 정략결혼의 상대였던 나시모토노미야 마사코 여사의 표현을 그대로 인용하면, 그는 "열한 살 때 볼모로 일본에 끌려가" 본인의 의사와는 관계없이 "일본 황족과의 결혼을 강요"당한 "일본 국책의 희생자"였다.[60]

제13장
억압과 저항

1. 후기 시정개선 — 관제개혁

일본 황태자가 한국 방문을 끝내고 돌아가자, 이토는 헤이그 밀사사건 이후 중단되었던 협의회를 다시 개최하여 후기 시정개선을 주도했다. 일본을 모델로 삼는 본격적인 관제개혁이 시작되었다. 1907년 10월 26일 통감 관저에서 개최된 제22차 협의회는 이제까지와 달리 한국 대신뿐만 아니라 소네 아라스케 부통감과 한국내각의 일본인 차관, 그리고 통감부의 참여관 전원이 참석했다. 한국인 대신보다 일본인이 더 많았다. 대한제국의 권력은 이제 명실상부하게 일본인에게 넘어갔다. 이토는 이 자리에서 한일신협약[정미7조약]에 따라 일본인을 한국관리로 채용하고, 경찰을 확장하고, 재판의 독립을 위해 관제개정이 필요하다는 것을 강조했다. 그리고 이를 위해서 일본정부와 협의하여 5년간 필요한 경비 1,800만 엔을 지출하기로 했음을 통지했다.[1]

그로부터 한 달 후인 11월 29일의 제23차 협의회에서 이토는 그 동안 통감부에서 준비한 각 부서의 관제개혁안을 제시했다. 일본인을 한국정부의 관리로 채용하는 것을 핵심으로 한 관제개편의 필요성을 논의한 후, 회의를 마치면서 이토는 "현재 우리(일본과 한국)가 함께 진력하고 있는 정치는 어디까지나 한국의 정치이지 결코 일본의 정치는 아닙니다. 물론

이 관제개혁안은 통감부가 기초한 것이지만, 여러분이 불만족스럽다면 추진할 수 없습니다. 나는 어디까지나 여러분의 발언권을 존중하지 결코 강압적으로 이 초안대로 실시하고 싶은 뜻은 없습니다"라고 밝히고, 내각에서 충분한 토의와 솔직한 의견 개진을 요구했다. 그러나 그는 "여러분이 충분히 만족하여 이를 실시하기를 희망합니다"라는 단서를 달았다.[2] 이토의 희망을 거스를 사람은 아무도 없었다.

이토가 의도하는 관제개정은 두 가지 목표를 지니고 있었다. 하나는 한국정부의 고위직, 특히 중요 부처의 고위직에 일본관리를 배치하여 내정을 완전히 장악하는 것이고, 다른 하나는 일본의 제도를 모범으로 한국의 법과 관료체계를 개편함으로써 법과 제도의 일본화에 있었다.

실질적으로 이토는 정미7조약과 이면 각서에 따라서 공개적으로 많은 일본인을 투입하여 대한제국 정부를 완전히 장악했다. 정미7조약 제5조는 한국정부는 통감이 추천한 일본인을 한국정부의 관리로 임명할 것을 규정하고, 또한 비공개 이면 각서 제4조는 고문 또는 참여관이라는 이름으로 한국정부에 고용된 모든 사람을 해고할 것을 규정하고 있다. 이에 따라 그 동안 한국정부에 의하여 고문, 보좌관, 참여관 또는 그 부속원으로 고용되었던 일본인 관리들의 대부분은 해고와 동시에 한국정부의 관리로 임명되었다. 일본인을 채용하는 이유는 한국인 관리는 법률과 정치사상이 결핍되어 있고, 임면이 일정하지 않아 사무에 숙달되어 있지 않기 때문에 한국인 관리에게 모범을 보이고 사무 처리에 민활(敏活)을 기하기 위해서라고 설명하고 있다. 시정개선을 보다 신속하고 효과적으로 추진하기 위해서는 일본인의 채용이 불가피하다는 것이었다. 1908년 말 현재로 한국정부에 진출한 판임관(判任官) 이상의 일본인 관료는 2,080명으로 나타났다. 그들이 관장하고 있는 부서는 탁지(962명), 법부(393명), 내부(373명) 등으로서 한국의 재정, 사법, 경찰을 장악하고 있음을 알 수 있다.[3] 중요부서의 상층부를 일본인이 장악함으로써 정책의 입안과 집행에서 실질적 운영은 일본인 손으로 넘어가게 되었다.

관제개편의 첫 대상은 "각종 음모의 소굴"로 간주되었던 황실이었다. 정미7조약 체결 직후 통감부는 궁정을 숙청하고, 관기(官紀)를 바로잡고, 제법규를 제정하고, 불필요한 관리를 도태시켜 한국궁정의 면모를 일신하기 위해서 관제개편을 공포했다. 궁내부의 조직을 통폐합하여 축소하고, 일본인을 임용했다. 초기에는 재정을 다루는 중요 부서에만 일본인 관리를 배치했으나, 시간이 가면서 거의 모든 부서에 일본인을 배치했다. 일본인의 임용을 확대하면서, 대신 많은 한국인을 퇴직시켰다.[4]

그 동안 고종의 반대로 차질을 빚어온 황실의 재산정리도 본격적으로 시작되었다. 황실의 핵심 부서인 궁내부는 막대한 재원과 많은 토지를 가지고 있어 방대한 수입을 확보하고 있었다. 이러한 황실의 재정은 그 동안 고종이 은밀히 구사해온 밀사외교와 반일운동을 가능케 한 자산이 되었다. 점차 격화되고 있는 반일투쟁의 이런 재정적 기반을 해체하는 것은 통감부로서는 중요한 과제였다. 황실이 독자적으로 세금을 징수하던 조세관 제도를 폐지하고, 황실의 자금원이 되었던 인삼세, 홍삼 전매사업, 각종의 토지 잡세 등을 국고수입으로 넘겼다. 또한 제사에 사용되고 있던 토지와 건물, 황실이 소유하고 있던 토지를 위시해서 일체의 부동산을 국유로 이관했다. 황실은 무기력했고, 모든 중요 대소사는 일본인이 관장하기에 이르렀다. 궁내부에서 일본인의 영향력이 강화되었다. 궁내부의 한 일본인 관리에 의하면 궁내부의 일개 사무관이 "당대의 대신이나 부국(部局)의 장관을 부렸고", 또한 "그들을 우습게 느낄" 정도로 세도가 당당했다.[5]

이토는 통감으로 부임하면서부터 한국의 재정을 장악하고 관리하기 위하여 상당한 주의를 기울었다. 일차적으로 대장성의 주세국장(主税局長) 메가다를 한국정부의 재정고문으로 용빙계약을 체결하고, 그를 통해서 한국의 재정을 관장했다.[6] 정미7조약 후에는 국가재정을 경영하는 탁지부를 대대적으로 개편했다.

사법사무와 보통 행정사무를 구별하는 정미7조약(제3조)과 재판소 설치 지역과 판검사를 포함한 일본인 수를 구체적으로 명시한 이면 각서(제1조)

에 근거하여 사법제도를 대대적으로 정비했다. 그리고 일본인 법관을 대량으로 채용했다.[7] 명분은 "법률 제정, 법관 양성은 하루아침에 이루어지는 것이 아니다. 따라서 현재 응급수단으로서 한편으로는 한국인의 신체와 재산을 보호하고, 또 다른 한편으로는 한국인으로 하여금 재판사무를 실제로 연습하기 위한 목적으로서 일한 양국인으로 조직하는 재판소를 신설한다"는 것이었다.

1906년 7월 이후 한국정부의 법률고문으로 이토를 도와 부동산법을 정비한 우메 겐지로는 한국의 재판제도, 토지제도, 관습을 조사했다. 그리고 그의 손을 거쳐 "종래의 제도를 일신하고 문명국의 범례에 따른 완비된 재판소 설치"를 위하여 1907년 12월 재판소 구성법, 재판소 구성법 시행령, 재판소 설치법을 제정, 공포했다. 일본의 재판소 구성법을 모방한 이 법에 따라 3심제를 채용했다. 이는 정미7조약의 이면 각서 제1조에 해당하는 재판소 신설을 구체화하기 위함이었다. 1908년 3월에는 대심원장을 비롯하여 다수의 판사, 검사, 재판소 서기에 일본인을 임명했다. 그 결과 각종 재판소 직원 전체(274명)의 81.8%에 해당하는 224명이 일본인이었다.[8] 통감부가 "'문명국의 범례'라는 이름 아래 진행된 일련의 사법개혁 조치는 어디까지나 일본인 주도"로 이루어졌을 뿐이었다.[9]

그 동안 내부에 속해 있던 감옥에 관한 사무를 법부로 이관하고, 이면 각서 제2조에 의하여 한성을 위시하여 전국에 8개 감옥을 1908년 1월부터 설치하고 일본인을 소장으로 임명했다.

이토가 정성을 들인 사법제도 정비의 또다른 측면은 재판소 신설과 조화를 이루기 위한 법전편찬이었다. 그는 "일본법을 모범으로 삼아" 소위 "5법, 즉 민법, 형법, 상법, 소송법, 재판소구성법이라는 국가 근본법의 법전"을 만드는 데에 정력을 기울였다.[10] 이를 위해서 통감부는 1907년 12월 "법전조사국관제"를 공포하고 1908년 1월에 법전조사국장에 법부차관 구라토미 유자부로를 임명하고 한국법전조사 사업을 본격적으로 추진했다.[11]

일본법을 모범으로 한 법전편찬과 일본제도를 모방한 재판소 설치, 그리고 일본인에 의한 법과 사법기관 운영은 결국 한국인의 법사상, 법제도, 법운영 등 법과 관련된 모든 제도와 사고, 운영의 일본화를 의미하는 것이었다. 법의 식민지화이다.

사법부 개편과 함께 경찰제도의 개편도 단행했다. 그 동안 통감부가 실질적으로 경찰력을 통제했으나, 형식적으로는 한국경찰과 고문경찰(顧問警察)이라는 이중구조로 이루어져 있었다. 그러나 정미7조약 제5조의 일본인을 한국정부의 관리로 임용할 수 있는 길이 열리면서 하나의 경찰조직체로 통합되었다. 한국정부에 임용된 고문경찰은 전부 한국정부 소속이 되었다. 경찰의 상부구조는 대부분 일본인이 차지하고, 하위직인 순사는 대부분 한국인을 임명했다.[12] 또한 구체적으로 1907년 10월 29일에는 재한국 일본인에 대한 경찰사무의 지휘감독권을 일본 관헌에게 위임하는 협약문을 이토와 이완용이 체결함으로써 경찰업무를 실질적으로 통감부가 장악했다.[13]

중앙정부의 각 부처 관제개혁과 함께 1908년 1월 1일 각 도에 일본인 서기관을 임용하는 것으로 지방관제 개정의 서막을 열었다. 그리고 4월에는 각 도의 서기관을 소집하여 서기관회의를 열고, 이어서 관찰사회의를 개최하여 지방시정의 방향을 정했다. 그것들은 지방 행정조직의 개선, 경시청 관할지역의 축소, 도경찰부의 설치, 군의 통폐합, 부윤 및 군수의 임용법 개정, 지방세 부과 등에 관한 것이었다. 지방관 회의가 있을 때마다 이토는 관찰사, 서기관 등을 통감부로 불러 장시간에 걸쳐 장래의 시정방침을 훈시하고 동시에 이는 한일제휴의 실익을 거두기 위한 급무라는 경고를 주지시켰다. 이에 따라 한국정부는 6월에 지방관 임용법을 개정하여 각 도의 관찰사와 경찰부를 실치하고, 관찰사에는 한국인을 임명했으나, 그 밑에 실무 담당자에는 일본인을 배치했다. 9월에는 군(郡)을 통폐합하고, 지방세법을 제정하여 지방행정을 일본인이 실질적으로 주도할 수 있도록 조치했다.[14]

행정, 사법, 경찰, 그리고 군대는 국가주권의 핵심 요체이다. 군대를 해체하고, 행정과 사법과 치안을 장악한 일본은 실질적으로 한국의 주권을 모두 장악한 것이나 다름없었다. 이토는 이를 완성함으로써 일본의 한국 병탄의 기반을 완전히 다졌다고 할 수 있다.

2. 의병과 항쟁

이토는 박제순 내각 때와 달리, 정미7조약 조인 이후 한국의 내정을 지배하기 위해서 입법, 제도개편, 일본인 임용 등을 신속히 처리해 나갔다. 그러나 이러한 조치에 대한 한국인의 저항 또한 강화되었다. 문명화를 앞세운 이토의 지배가 물질적 황폐함은 물론이고 정신적 왜곡을 불러오는 식민지화에 있다는 것이 밝혀진 이상 이를 거부하는 길은 무력을 수반한 물리적 저항, 알베르 멤미의 용어를 빌리면 "절대적 저항" 이외의 다른 방법은 없었다.[15]

일본 제국주의에 대한 한국의 근대적 민중저항은 폐정개혁과 반외세를 주장한 동학운동과 청일전쟁 당시로 거슬러올라간다.[16] 그리고 을사5조약을 계기로 일본의 침략이 노골화되자, 이에 분노한 민중의 항일운동이 거세게 일어났다. 그러나 민중적 저항을 본격적이고도 전국적인 무력항쟁으로 발전시킨 것은 헤이그 밀사사건의 결과로 나타난 고종의 강제 퇴위, 한국의 주권을 송두리째 앗아간 정미7조약, 그리고 뒤이어진 한국군대의 해산이었다. 군대해산 후 민중저항은 의병이라는 무력항쟁으로 발전했다.

박은식에 의하면, 의병은 국가가 위급한 지경에 이르렀을 때 국가의 명령을 기다리지 않고 자발적으로 일어나서 싸우는 민중의 의용군이었다. 국가가 존망의 위급한 상황에 처할 때 국가의 명령을 기다리지 않고 자발적으로 무장 항쟁을 주도하는 군사집단을 의미한다. 「데일리 메일」의 특파원 매켄지는 의병을 "정의의 군대(righteous army)"라고 불렀다. 고종의 강제양위 이후 한국민중은 정부를 믿기보다 스스로 무기를 들고 일어나서 일본에 맞서 독립을 지키려고 했다.

일본의 한국군대 해산 조치는 황현이 기록하고 있는 것처럼 온 나라에서 의병이 일어나는 결정적 계기를 만들었고, 이토의 통감통치를 더욱 어렵게 만들었다. 그는 통감으로 부임하면서부터 한국인의 민중적 저항에 부딪쳤으나, 처음부터 한국인의 저항을 과소평가했고, "회유와 온언" 정책으로 극복할 수 있다고 자신했다. 일본정부나 통감부도 저항은 일시적 현상이고, 필요하다면 언제든지 힘으로 평정할 수 있다고 판단했다. 그러나 그것은 오산이었다. 병탄을 위한 조치가 가속화되면서 통감부에 대한 민중의 저항은 의병의 무력투쟁으로 발전했고, 시간이 흐를수록 저항의 강도는 더욱 치열해졌고, 범위는 전국으로 확산되었다. 통감부가 발표한 의병과 일본군의 교전 통계가 보여주고 있는 것과 같이, 의병투쟁은 지속적이고 격화되는 추세였다. 1909년 후반부에 접어들면서 약화되는 현상을 보이기는 했으나, 병탄이 강행될 때까지 의병의 무력투쟁은 상당 기간 계속되었다. 이토는 자신했던 한국인의 "열복"이 실현 불가능하다는 것을 점차 깨닫게 되었다. 갈수록 거세지는 의병의 저항은 이토로 하여금 통감직에서 물러나기로 결심하게 된 결정적 원인이 되었다.

의병의 무력투쟁이 강화, 지속되자 이토는 이를 진압하기 위한 병력을 계속 증강했고 탄압의 강도도 강해졌다. 한국군 해산 직전에 증파된 12여단을 시작으로, 9월에 기병 1개 연대, 1908년 5월에 다시 보병 2개 연대를 증강했다. 또한 1909년 5월에는 한국주둔군과는 별도로 2개 연대로 구성된 한국 파견대를 창설했다. 그리고 의병토벌을 신속하고도 효과적으로 추진하기 위하여 그 동안 군대, 헌병대, 경찰 등에 흩어져 있던 의병 진압 지휘체계를 통합하여 한국주둔 헌병대를 설치했다. 음모와 공작의 달인으로 알려진 아카시 모토지로 소장이 지휘하는 한국주둔 헌병대는 치안경찰과 군사경찰의 임무를 동시에 수행했다. 1907년 말 현재 헌병장교 2,347여 명과 헌병보조원 4,234명을 전국 460여 개의 헌병대에 배치했다.[17] 소위 헌병통치의 시작이었다.

이토가 관제를 개정하고 일본인을 대거 투입하여 한국의 내정을 장악해 나갔으나, 날로 거세지는 의병의 항쟁은 통감통치, 특히 지방통치에 커다란 장애가 되었다. 제22차 협의회에서 그는 "폭도[의병]를 진압하지 못하는 동안"은 지방행정이나 사법사무는 물론 세금징수도 대단히 곤란하다는 점을 인정했다. 제23차 협의회에서도 대신들에게, "지방의 폭동[의병투쟁]이 여전히 가라앉지 않는 것은 나로서도 참으로 통탄스럽다고 하지 않을 수 없습니다. 그렇다고 이를 진압하고 선무할 명안(名案)도 없습니다. 언젠가는 이 폭동도 가라앉겠지만, 폭동이 가라앉을 때까지는 지방행정의 현저한 변혁이 불가하다고 생각합니다"라고 하소연할 정도로 심각했다.[18] 그가 택한 "명안"은 결국 무력 탄압이었다.

통감부의 의병 탄압은 가혹했다. 러일전쟁을 치른 막강한 일본군대는 전선 없는 전쟁에서 양민과 의병을 구별 없이 무자비하게 학살했고 또 방화했다. 「대한매일신보」는 "일본군은 도처에서 불을 질러 크고 작은 촌락이 불타지 않은 곳이 없고, 한국인을 보는 대로 발포하여 죽어간 자가 부지기수"에 이른다고 보도하고 있다.[19] 한국인의 저항을 현장에서 취재한 매켄지 또한 일본군은 "의병들을 참살했고", "도처에서 민가를 방화했고", 의병에 협조한 듯한 "혐의를 받는 많은 민간인들을 살해했다." 일본군은 포로들도 "총구로 배를 사정없이 찔러 죽였다"고 기록하고 있다.[20]

다음의 표에서 볼 수 있는 것과 같이 조선주차군 사령부가 발표한 통계에 의하면 1907년 정미7조약 이후 병탄이 이루어진 1910년까지 의병투쟁에서 사망한 한국인은 1만7,688명에 이르렀다. 이에 비하여 일본군 사망자는 133명에 불과하다. 더욱이 한국인 사망자가 큰 데에 비하여 부상자(3,800)와 포로(1,933)는 상대적으로 그 수가 적었다. 그 이유를 매켄지가 들려주고 있다. "일본군들은 지방의 수많은 전투에서 모든 부상병들과 그들이 포위한 의병들을 조직적으로 몰살했음을 알 수 있다.……많은 전투를 겪는 동안 의병들의 전사자가 많은데, 부상병이나 포로에 관해서는 아

의병투쟁 상황

	1907년 (8-12월)	1908년	1909년	1910년	계
충돌 횟수(회)	323	1,451	898	147	2,819
충돌 의병수(인)	44,116	69,832	25,763	1,892	141,603
의병 측 손해 — 사망(인)	3,627	11,562	2,374	125	17,688
부상(인)	1,592	1,719	453	54	3,800
체포(인)	139	1,417	329	48	1,933
포획총(정)	1,235	5,081	1,329	116	7,824
일본 측 손해 — 전사(인)	29	75	25	4	133
부상(인)	63	170	30	6	269

출처 : 조선주차군 사령부 편, 「조선폭도토벌지」에서

무런 언급이 없는 것은 일본 측 통계가 이를 잘 증명해주고 있다."[21] 일본
군의 의병토벌은 진압을 위한 것이 아니라, 살육(殺戮)을 위한 군사 토벌
작전이었다. 일본군의 이러한 만행은 국제적 여론을 자극했다.

이토는 무력으로 의병활동을 진압하면서도, 다른 한편으로는 한국사회
의 지도층을 설득하여 사태를 진정시키려고 노력했다. 그는 1908년 6월
19일 한국의 원로, 대신을 역임한 사람, 유림 대표 등 소위 명망가를 초청
하여 한국의 국내상황을 설명하면서 협조를 다음과 같이 당부했다.

나는 오직 한국을 지도하고 도와주는 것만을 목적으로 하고 있습니다. 물론
한국의 멸망을 원하지 않습니다. 예컨대 폭도들과 같이, 나는 그들의 진의와
진정에 많은 동정을 표하지만, 그들은 다만 국가의 멸망만을 분개하고 있을
뿐, 한국을 구하는 길을 알지 못하고 있습니다. 만일 오늘 폭도들로 하여금 그들
의 뜻을 이루게 한다면, 그 결과가 어찌 되겠습니까? 오히려 한국의 멸망을
재촉할 뿐입니다. 즉 한국을 생각하고 한국을 위해서 애쓰고 힘을 다한다는
점에서 말한다면, 나의 뜻은 그들의 뜻과 추호도 다르지 않습니다. 다만 그 수단
이 다를 뿐입니다.……나의 정책에 대하여 그들이 오늘 비판하고 있지만, 훗날

마음을 고쳐 오늘의 잘못을 깨우칠 때가 반드시 있을 것을 믿습니다.[22]

이토의 전기 작가에 의하면 이토가 이러한 모임을 여러 차례 계속하는 동안, 한국의 지식인들은 그의 위대한 인격에 감화되어 자기도 모르는 사이에 일본의 진의를 양해하게 되었다고 기록하고 있지만, 한국인의 무력투쟁은 강도를 더해갔고, 이에 대한 일본의 탄압은 더욱 혹독해져갔다.

일본군의 의병 초토화 작전은 한국에서 군통수권을 장악하고 있는 이토의 지휘 아래 진행되었다. 앞에서 보았듯이 이토는 한국 통감으로 부임하면서 군부의 반대를 누르고 천황으로부터 통수권을 확보했다. 그러므로 한국에 주둔하고 있는 모든 일본군의 최고 지휘권과 명령권, 즉 통수권은 통감 이토 히로부미에게 있었다. 의병을 토벌하기 위한 모든 군사적 행동은 이토의 권한 안에서 이루어졌다. 달리 표현하면 이토의 지시와 승인이라는 명령체계 안에서 의병토벌을 위한 살육작전이 진행되었다는 사실이다. 이는 이토의 문명론이 어떤 것이고, 또한 그가 강조한 "한국을 살리는" 정책의 진면목이 무엇인지를 잘 설명해주고 있다. 이토는 일본군을 통한 토벌과 별도로 한국인에 의한 토벌을 위하여 일진회를 막후에서 조종하는 우치다 료헤이도 활용했다. 이토가 사이온지 총리에게 보고한 것과 같이 고종의 퇴위는 어디까지나 "한국인에 의한 폐위의 모양새"를 갖추어야만 했다.[23] 따라서 한국 황제의 퇴위와 정미7조약이 폭동의 원인이 되었다면, "최소한 표면적으로라도 폭동은 한국인에 의해서 진압되어야 한다"는 논리가 성립된다. 이를 위해서 이토는 우치다와 일진회를 활용했다.[24]

우치다는 먼저 일진회 회원을 각 지방으로 파견하여 의병의 실태와 정보를 종합하여 작성한 보고서를 이토와 통감부의 헌병사령관 아카시 모토지로, 그리고 도쿄의 야마가타와 데라우치에게 보냈다. 보고서에 의하면, 지방의 농민들이 "낮에는 평화스럽게 농업에 종사하고 있으나, 밤에는 의병과 내통하여 폭도로 돌변하는 대단히 위태롭고 심각한 분위기"였고, "폭도들의 봉기는 해산된 군인들이 기초가 되어 화적과 무뢰한의 무리가 부화뇌동하고 있고, 불량한 빈민과 유생 또한 이에 가담하고 있으며, 면장이나 촌장과 같은 마을의 지도자들이 이끌고" 있었다. 그리고 그 세력이 "대단히 위협적이어서 진압을 위해서는 경찰력만으로는 불충분하고 군대와 헌병의 동원이 필요하고", 앞으로 통감통치에 중대한 영향을 미칠 이런 폭동을 진압하기 위하여 강경한 조치가 필요하다는 것을 강조했다.[25]

우치다는 송병준, 이용구 등과 협의하여 일진회를 중심으로 의병에 대항할 수 있는 자위단(自衛團)을 조직하고, 자위단은 일본군대와 헌병대의 보호와 감독 아래에서 의병에 맞서 대항한다는 안을 만들어 이토에게 보고했다. 통감부와 주둔군사령부는 우치다의 제안을 받아들여 자위단 조직에 필요한 비용 1만2,000엔과 3,000정의 무기를 공급했다.

이완용이 중심이 된 내각에서 별도로 자위단조직후원회를 구성하는 동안, 일진회는 전국적으로 자위단 조직에 필요한 조치에 박차를 가했다. 일진회의 간부와 우치다를 중심으로 한 일본 낭인들은 11개 팀을 구성하여 각지에서 자위단 망을 구축하는 것을 독려하기 위해서 11월 20일부터 지방으로 출발했다. 이용구, 우치다 료헤이, 다케다 한시도 일진회원을 이끌고 강원도, 경상도, 충청도 지역을 순회하면서 군마다 자위단의 세포조직을 결성했다.[26]

3. 순종의 지방순행

이토와 통감부가 무력탄압과 강력한 통제정책을 실시했지만, 한국민중의 저항과 의병투쟁은 전국적으로 번져 나갔다. 양민을 학살하는 일본군의 가혹하고 난폭한 행동이 점차 외국에도 알려지기 시작했다. 이토는 민심을 수습하고, 의병을 회유하고, 그리고 확산되는 국제적 비난을 차단하기 위한 방안으로 순종을 이용하려고 했다. 이토는 메이지 초기에 천황이 실시한 지방순행을 본받아 민심의 일신을 꾀하기 위하여 순종에게 지방

순행을 종용했다.[27]

그러나 순행목적은, 이토가 가쓰라 총리에게 밝히고 있는 바와 같이, 한국민중으로 하여금 모두가 일본을 신뢰하는 것 이외에 다른 길이 없다는 점을 알리기 위한 것이었다.[28] 이토는 이완용 총리에게 순종의 순행을 지시하고 자신이 수행할 뜻을 밝혔다. 1909년 1월 4일 순종은 지방순행에 앞서 다음과 같은 조서를 발표했다.

지방의 소란은 아직도 안정되지 않고 백성들의 곤란은 끝이 없으니, 말을 하고 보니 다친 듯 가슴이 아프다. 더구나 이런 혹한을 만나 백성들의 곤궁함이 더 심해질 것은 뻔하다. 어찌 한시인들 모르는 체하고 나 혼자 편안히 지낼 수가 있겠는가. 그래서 단연 분발하고 확고하게 결단하여 새해부터 우선 여러 유사(有司)들을 인솔하고 직접 국내를 순시하면서 지방 형편을 시찰하고 백성들의 고통을 알아보려고 한다. 짐의 태자태사(太子·太師)이며 통감인 공작 이토 히로부미가……이번 짐의 행차에 특별히 배종할 것을 명하여 짐의 지방의 급한 일을 많이 돕게 해서 근본을 공고하게 하고 나라를 편안하게 하여 난국을 빨리 수습하도록 기대하는 바이다.[29]

7일 서울을 출발한 순종은 대구, 부산, 마산, 대구를 경유하여 13일 궁궐에 돌아왔다. 황제의 남부 순행에는 이토와 이완용을 위시한 한국인과 일본인 관료 200여 명이 수행했다. 이토는 순종의 이름으로 지방 치적, 효부 시상, 고령자 우대, 각 단체에 하사금 수여, 순국자 제사, 한일 양국민의 환영회, 제등행사, 군수 및 양반과 유생의 접견, 군사훈련 등 다양한 행사를 통해서 민심을 수습하려고 했다. 그는 가는 곳마다 연설을 통해서 통감부가 이끄는 시정개선의 목적이 한국의 문명화, 근대화, 식산흥업에 있다는 것을, 그리고 동양의 평화를 위한 한국과 일본의 연대를 강조했다. 대구에서 행한 이토의 훈시를 들어보자.

오늘 일본이 한국에서 구하는 것은 한국이 종래의 형세를 일변하여 민(民)을 지식으로 인도하고 산업을 일으켜 일본과 같은 문명의 은택을 입어 힘을 합치는 데에 있습니다. 일본과 한국이 힘을 합친다면 동양을 지키는 데에 한층 더 강해짐은 말할 필요도 없습니다. 이것이 일본이 진정으로 한국에 바라는 바입니다. 한국이 비록 대국은 아니지만 인구 1,000만 이상을 가지고 있고, 남북이 삼천리에 이르고 있습니다. 이 영토와 인민을 칼로 정복한다고 해도, 백성의 마음을 얻지 못하면 다스릴 수 없습니다. 소위 손해만 있고 이익이 없는 일이라면, 오히려 이를 부식(扶植)하지 않느니만 못합니다. 한국이 부강해지면 장래 힘을 합하여 동양의 형세를 유지하기에 좋은 입장입니다.[30]

순종의 남부 순행은 서북부 순행으로 이어졌다. 27일 한성을 출발한 순행 일행은 평양, 의주, 정주, 평양, 황주, 개성을 거쳐 2월 3일 한성에 돌아왔다. 순행의 분위기가 어떠했는가는 다음과 같은 「대한매일신보」의 논설이 잘 설명해주고 있다.

대왕대폐하께서 서도에 순행하시는데 지방관리가……태극기 옆에 일본 국기를 함께 달라고 한 번 말하고 두 번 말하며 말할 때마다 크게 공갈하였으되……우리 대왕대폐하께서 지방에 순행하사 우리 민정을 두루 살피시는 이때에 우리 백성은 당당히 우리 대한 국기만 달지니 아무리 관찰사의 영이 엄하고 순사의 공갈이 심할지라도 우리 대한 국기 곁에 다른 나라 국기가 와서 걸림을 허락하지 아니하리라.[31]

이토가 고안하고 수행한 순종의 지방순행은 민심을 일신하기보다 오히려 배일의 분위기를 고조시켰을 뿐이었다. 강력한 지시가 있었음에도 불구하고, 배일의 표지로 이토를 위한 일본국기인 일장기의 게양을 거부하는 것은 물론, 삼엄한 경계 속에서도 일장기를 파기하는 사태까지 나타났다. 국민들은 "이토는 어디까지나 황상폐하를 수행한 배종 신하이니, 황상

폐하 이외에 어떤 배종 신하를 위해서도 국기를 드는 것은 비리(非理)"라고 하며 노골적인 배일의 감정을 드러냈다.[32] 순종의 지방순행을 통해서 이토가 다시 확인할 수 있었던 것은 "열복"을 기대할 수 없다는 사실이었다. 이토에게 남은 대안은 통감 사임 이외에 다른 길이 없었다.

제14장

이토 히로부미의 통감 사임과
대한제국 병탄

1909년 1월 27일 한성을 출발한 순종의 서북부 순행은 2월 3일 끝났다. 이토 스스로 인정하고 있는 것과 같이 "순행의 효과는 기대한 바에 미치지 못했다."[1] 그는 그로부터 일주일 후인 2월 10일 감기와 위장병으로 지친 몸을 이끌고 귀국 길에 올랐다. 통감으로서의 마지막 귀국 길이었다. 24일 메이지 천황에게 귀국을 보고한 후, 이토는 심신의 피로를 달래기 위하여 마쓰야마의 도고 온천에서 20여 일 동안의 긴 휴식을 취했다. 오이소의 자택으로 돌아온 것은 3월 31일이었다. 휴식을 취하면서 그는 두 가지 결심을 굳혔다. 하나는 통감직 사임이고 다른 하나는 '공개적' 병탄 지지였다.

통감으로 재임하는 동안 이토는 일관되게 병탄을 부인했다. 일본은 한국을 병합할 필요도 없고 의지도 없다는 점을 기회 있을 때마다 국내외에 천명했다. 일본의 보호통치는 오로지 한국을 도와서 문명화와 근대화의 길로 인도하고, 문명화된 한국이 일본과 제휴하여 동양 평화를 지키기 위함에 있다는 것을 강조했다. 그러한 연유로 그는 일본 정치권은 물론 국제적으로도 한국병탄 반대론자로 알려져 있었다. 그러나 통감 사임을 결심하면서 이토는 오랫동안 마음속에 담고 있던 대한제국 병탄의 의지를 드러냈고, 이를 공개적으로 지지하고 나섰다.

1. 이토와 가쓰라의 회합

일본의 국내외 정세와 한국내의 변화를 치밀하게 관찰해온 고무라 주타로 외무대신은 이토가 귀국한 1909년 초 한국 문제를 "최종적으로 해결해야 할 시기가 한걸음 한걸음 다가오고 있다"고 판단했다.[2] 그때를 위해서 그는 외무성 정무국장에게 대한제국 처리의 기본방침을 기안할 것을 지시했다. 구라치의 회고에 의하면, "대신[고무라 외무대신]의 의견"을 바탕으로 입안한 초안은 "대단히 간단한 것으로서 두 조항으로 구성되어" 있었다. 첫 조항은 "적당한 시기에 한국병합을 단행한다. 한국을 병합하고 이를 제국판도의 일부로 하는 것은 (한)반도에 우리의 실력을 확립하기 위해서 가장 확실한 방법이다. 제국이 내외의 형세에 비추어 적당한 시기에 단연코 병합을 실행하고, 반도를 명실공히 우리 통치하에 두고, 한국과 여러 외국과의 조약관계를 소멸시키는 것은 제국백년의 장계(長計)이다." 둘째 조항은 "병합 시기가 도래할 때까지 병합 방침에 기초하여 충분히 보호의 실권을 거두고, 힘써 실력의 부식을 도모한다."[3] 정무국장으로부터 초안작성을 보고받은 고무라는 자신의 뜻을 가필하여 3월 30일 가쓰라 총리에게 보고하고 동의를 받았다. 극비에 부쳐진 이 원안은 원로나 각료 그 누구에게도 보이지 않았다. 왜냐하면 이에 대한 이토의 의견이 아직 판명되지 않았기 때문이었다.[4]

가쓰라는 무엇보다 먼저 그 동안 병탄을 부인해온 이토 히로부미의 '속마음'을 확인하는 것이 필요했다. 이토가 휴양에서 돌아온 직후인 4월 10일 가쓰라는 고무라와 함께 도쿄의 관저로 이토를 찾아갔다. 합병 반대론자로 알려진 이토의 진의를 파악하고, 대한제국 문제를 어떻게 처리할 것인가를 논의하기 위해서였다. 두 사람은 이토의 반대를 대비하여 면밀한 관계서류와 대응을 위한 복안까지 준비하고 있었다.

통감부에서 이토를 보좌했을 뿐만 아니라, 뒷날 이토의 전기를 쓴 고마쓰 미도리의 기록에 의하면, 밀담은 다음과 같이 진행되었다. 가쓰라가 먼저 입을 열었다.

일청, 일러 두 전쟁이 한국 문제를 해결하기 위한 것이었음은 지금 다시 말할
필요도 없습니다. 그러나 지난 3년 반의 걸친 보호제도의 실험에 비추어볼 때
아직도 해결의 서광이 보이지 않고 있고, 이에 대해서는 각하께서도 대단히
유감으로 생각하고 계신 것으로 알고 있습니다. 각하께서는 이미 사임의 뜻을
밝혔습니다만, 각하의 명성과 지혜로도 사태가 여전히 지금과 같다면, 어느 누구
도 지금의 난국을 도저히 타개해 나갈 수가 없을 것입니다. 현상은 더욱더 악화
될 것이 틀림없습니다. 그렇기 때문에 단연코 한국을 병합하는 이외의 달리
양책(良策)은 없다고 믿습니다. 각하의 뜻은 어떻습니까?[5]

여송연 연기를 천장으로 내뿜으면서 가쓰라의 말을 듣고 있던 이토는
"그렇게 하는 것 이외에 달리 방법이 없겠지"라고 "대수롭지 않게, 혼잣말
하듯이" 대답했다. 가쓰라는 이토의 힘이 빠진, 그러나 긍정적인 답을 듣
고 보다 구체적으로 방안을 설명하고 이토의 확실한 의도를 다시 확인하
려고 했다.
　"병합 후 조선총독을 두고 천황으로부터 일체의 통치권을 부여받아 대
행하고, 한국 황제는, 일본의 황족 대우를 하여 천황, 황태자 다음으로,
그랜드 듀크(Grand Duke), 곧 대공(大公)으로 하면 어떻겠습니까?"라고
가쓰라가 묻자, 이토는 "그것이 좋겠지"라고 간단히 대답했다. 가쓰라는
또다시 "한국의 왕족, 내각 대신, 옛 대신 등은 귀족으로 삼아 새로 공후백
자남의 작위를 수여하고 상당한 세습재산을 주는 것은 어떻겠습니까?"라
고 물었다. 이토는 "그것도 좋겠지"라고 여전히 간단히 동의했다. 이어서
고무라는 구라치가 만든 실행방침을 제시했다. 이를 살펴본 이토는 이 방
안에 대해서는 아무런 의견을 제시하지 않고, 다만 강대국과 외교문제가
일어나지 않도록 준비하고 있느냐고 물었다. 고무라는 "미국의 하와이 병
합이나 프랑스의 말레지아 병합의 예도 있습니다. 한국병합은 이런 것들

에 비하여 훨씬 정당한 조치이기 때문에 아무런 문제도 일어나지 않으리라고 믿습니다"라고 답했다. 가쓰라는 "대체적으로 찬성이라는 말씀이시지요?"라고 다시 한번 확답을 받으려고 하자, 이토는 "이론은 없네"라고 확인해주었다.[6]

이토의 진의를 확인한 가쓰라는 이 사실을 4월 17일 야마가타에게 보고했다. 이토가 병탄에 동의했다는 사실과 함께 가쓰라는 "모든 사정을 고려할 때 지금이 (병탄) 실행의 시기"이고, 이토 후임으로 "소네를 임명하고 앞으로 모든 정책을 정부가 직접 지휘할" 방침이고, "데라우치와 고무라도 의견을 같이하고" 있다는 점을 밝혔다.[7] 야마가타도 이론이 없었다.

이어서 이토는 4월 24일 가쓰라 다로가 회장으로 있는 동양협회(東洋協會)가 주최하는 한국 진신단(搢神團 : 벼슬이 높은 사람들)의 일본관광 환영회에서 자신의 심중을 보다 적극적으로 드러냈다. 그는 서양열강이 동양을 향하여 문호개방과 기회균등을 요구하고 있으나, 한일관계는 이와 다르다고 주장하면서, "한국과 일본 두 나라 사이에는 문호가 없습니다. 따라서 기회균등을 말할 필요가 없습니다. 종래 두 나라는 두 나라로서 함께 존립했고 함께 열립(列立)해왔고, 지금은 협동적인 관계로 발전한 경우이고, 이제 한걸음 더 나아가 일가(一家)를 이루어야 할 것입니다"라고 강조했다.[8] 이토가 공개석상에서 처음으로 한국병탄에 대한 의향을 밝혔다.

2. 이토와 병탄

그렇다면 병탄에 대한 이토의 참뜻은 어디에 있었고 지배의 실체는 무엇이었을까? 병탄 반대에서 병탄 지지로 선회한 이유는 무엇일까? 왜 사임을 결심하면서 병탄을 지지했을까? 그리고 과연 이토는 병탄 반대론자였을까? 이런 의문들이 제기되지 않을 수 없다. 이를 설명해주는 명확한 자료는 없다. 그러나 해답을 찾아갈 수는 있다.

최근 일본학계에서는 통감통치 시기의 이토 히로부미를 새로운 시각에서 해석하는 연구가 나오고 있다. 즉 통감으로서 이토의 의도와 역할은 병탄이라는 침략성보다는 한국의 근대화와 문명화라는 긍정적 시각에서 평가하려는 것이 그것이다. 그 내용은 대체로 이렇다. 이토가 구상하고 추진한 보호통치의 목표는 시정개선을 통해서 한국의 근대화를 이루려는 것이었고, 근대화된 한국과 제휴함으로써 일본의 안전보장에 유익한 한일 관계를 설정하려는 것이었고, 따라서 그는 자신의 통감통치 말기까지 한국의 병탄을 고려하지 않았다는 것이다. 이토는 사법과 행정을 분리하여 법치를 확립하고, 근대적 교육을 실시하고, 금융과 식산을 일으켜 한국의 문명화, 근대화, 경제성장을 달성하고, 통감부 통치에 대한 한국국민의 지지를 확대하려고 노력한 것으로 평가해야 한다는 것이다. 이토는 2, 3년간의 보호통치가 실효를 거두게 되면 통감정치에 대한 저항도 약화되고, 오히려 이해와 지지를 확보할 수 있을 것으로 기대했다는 것이다.

그러나 고종의 권력남용, 박제순 내각의 붕괴, 이어서 등장한 이완용 내각과 일진회의 갈등 등으로 인하여 보호정치의 실효를 거둘 수 없게 되자 결국 병탄의 길로 들어섰다는 것이다. 이토가 1909년 4월 자신의 도쿄 관저에서 가쓰라 총리와 고무라 외무대신에게 명시적으로 병탄에 동의하기에 이른 것도 결국 한국통치에 임하는 이토의 진심을 한국인들이 의심하고 협력하지 않았기 때문이라는 것이다. 달리 표현하면 이토의 진심, 즉 한국의 문명화, 근대화, 식산흥업을 위한 통감통치의 구상을 한국인이 신뢰하지 않았을 뿐만 아니라, 오히려 의병활동에서 볼 수 있듯이 날로 강화되는 무장 반일활동과 통감통치 배척이 그로 하여금 병탄에 동의하게 만들었다는 것이다. 이는 일본으로 하여금 병탄의 길을 택하게 한 '상당한' 책임은 한국에 있다는 해석이다.[9]

사실일까? 그렇지 않다. 앞에서도 지적한 바와 같이 한국을 일본의 판도로 만든다는 정한은 1873년의 정한론까지 거슬러올라가지 않는다고 하더라도 메이지 지도자들 사이에 이미 합의된 가장 중요한 국가정책의 하나였다. 1877년의 서남전쟁 이후 잠시 수면 밑으로 내려갔던 정한 문제는 1894년 처음으로 다시 내각회의에서 논의되기 시작한 후 여러 차례 원로회의와 내각에서 논의되고, 결정되고, 메이지 천황의 승인을 받으면서 거듭 재확인된 확정된 정책이나 다름없었다. 다만 언제 어떤 방법으로 이를 실행하느냐만이 남아 있었을 뿐이다. 물론 이 모든 결정에는 총리 또는 원로로서 이토 히로부미가 주도하거나 참여했다.

처음부터 이토의 통감통치 구상에는 한국을 일본 제국판도의 일부로 만든다는 병탄계획이 들어 있었다. 이토의 진의를 누구보다 먼저 간파한 사람은 외무대신 고무라 주타로였다. 그는 통감으로 부임할 때부터 이토가 "비병합론주의자가 아니라, 다만 이를 결행하는 데에 따르는 어려움을 깊이 염려했을" 뿐이었고, "세상에서는 이토가 병합론에 찬성한 것은 훨씬 뒤 만년에 들어서였다고 추단하는 사람이 있으나, 이토의 가슴 속에는 의외로 일찍부터 병합의 필요성을 느끼고 있었다"고 명쾌하게 진단했다.[10] 유신 원훈의 한 사람이면서 이토의 제1차 내각에서 농상무대신을 역임한 다니 간죠 또한 이토는 한국 문제에 대해서 처음부터 "치밀한 정견(定見)"을 가지고 있었다고 확언하고 있다.[11] 다만 그 정견을 밖으로 드러내지 않았을 뿐이었다.

이토는 정견을 밖으로 드러내지 않았을 뿐만 아니라, 구라치 데쓰지로가 지적하고 있는 것처럼, 그는 한국에 관해서는 될 수 있는 대로 진의를 감추고 마음에도 없는 의논을 펼치는 경향이 있어 사람들을 혼란스럽게 만들었다. 그러나 이토와 긴밀한 관계에 있었던 사람들의 증언이나 기록을 통해서 그의 '속마음'을 들여다볼 수 있다.

이토가 창당한 정우회를 이끌면서 정당정치를 확립시키는 데에 크게 기여했고 또한 정당을 배경으로 한 최초의 평민 재상으로 알려진 하라 다카시도 이토의 '속마음'을 읽고 있었다. 당시 내무대신이었던 하라는 그의 일기에서 "요컨대 한국합병은 이토가 통감으로 부임할 때부터 이미 내정되어 있는 정책이고, 이를 실행하는 것은 강대국의 감정을 충분히 고려

하여 가장 적당한 시기에 결행하게" 될 것이라고 기록하고 있다.[12]

이토가 자신의 속마음을 가장 솔직하게 드러내고 있는 것은 아마도 통감부의 총무장관으로서 이토를 보좌했던 이시쓰카 에이조의 회고담일 것이다. 통감업무를 정리하고 한국을 떠날 때 후사를 당부할 정도로 이토는 이시쓰카를 신임했다. 그는 이토가 "통감으로 부임하면서부터 병합의 기운이 급속도로 촉진되었다"고 회고하면서, "세상에서는 이토 공이 일한병합에 반대 의견을 가지고 있었던 것처럼 전해지고 있으나, 이는 큰 오해이다. 공은 이 문제에 대하여 말은 하지 않고 있었지만, 공의 마음속에 가지고 있는 종국의 목적이 병합에 있었다는 것은 조금도 의심할 여지가 없다"고 확언하고 있다. 그러면서 이토가 러일전쟁 직후 "지체 없이 단숨에 병합"을 실현하지 못한 것을 후회했다고 전하고 있다. 이토는 통감직을 마감할 시기에 이르러 "병합의 필요가 아니라, 오히려 병합의 기회를 잃은 것을 통감(痛感)했다"는 것이다.[13]

병탄의 필요성을 '강하게' 인정하고 있던 이토의 진의는 외교문서에도 나타나 있다. 1907년 4월 일본이 러시아와 외교협상(제1차)을 벌이고 있을 때, 이토가 보인 반응이 그것이다. 1907년 4월 13일 이토는 외무대신 하야시 다다스에게 일본과 한국 사이의 "장래의 발전이라는 것은 어넥세이션(annexation, 병탄)까지도 포함한다는 뜻을 밝히는 것이 가장 상책일 것이다.……한국의 형세가 지금처럼 진행된다면 해를 거듭할수록 어넥세이션은 점점 더욱 어려워질 것이다. 따라서 지금 우리의 의사를 분명히 하여 미리 러시아의 승낙을 받아놓지 않으면 안 된다"고 병탄 의지를 강력히 피력했다.[14] 그러면서 그는 한국 문제를 근본적으로 해결하는 것이 급선무이기 때문에 몽고 문제에 관해서는 가능한 한 러시아의 요구를 들어줄 필요가 있다는 의견을 보였다. 이토의 심중에 병탄이 자리잡고 있음을 보여주는 확실한 대목이다.

그로부터 닷새 후인 4월 18일, 하야시 외무대신은 현지에서 협상을 주도하고 있는 특명전권공사 모토노 이치로에게 "장래의 발전"에 대하여

"러시아 정부는 일본이 언젠가 한국을 병합한다는 사실을 승인토록 하고", 그 내용이 "본 조약에 기입되는 것을 희망하지만, 러시아 정부가 이를 공표하는 것에 동의하지 않는다면 비밀협약에서라도 승낙받을"것을 훈령했다.[15] 이 훈령은 7월 30일 체결된 제1차 러일협약의 비밀조항에 "방해 또는 간섭하지 않는다"는 문구로 나타났다.[16]

한국병탄은 이미 정해진 불변의 정책이었다. 그런 연유로 이토가 고심한 것은 병탄이냐 아니냐가 아니라, 어려움이 없는 병탄, 그의 용어를 그대로 인용하면 "열복"을 이루어낼 수 있는 방책을 찾는 것이었다. 그가 즐겨 자주 강조한 한국의 "문명화", "근대화", "선정", "식산흥업", "법치", "제휴" 등과 같은 언설은 어려움이 없는 병탄을 이루기 위한 정치적 수단에 불과했다. 달리 설명하여 그가 기회 있을 때마다 병탄을 부인한 것은 한국인을 안심시키고 국제적 관심을 돌리기 위한 정치적 수사 그 이상도 이하도 아니었다.

이토는 다만 겉으로 급진적인 병탄을 부인했을 뿐이었다. 헤이그 사건 후 안팎에서 이토에 대한 비난과 조기병탄론이 강하게 대두했을 때에도, 그는 "모든 기관을 정비한 후가 아니면 (병합은) 불가하다. 나는 항상 이를 위하여 노력하고 있고, 이 기초가 확립되지 않는다면, 어떠한 설명이나 방안도 쓸모가 없다"라고 할 정도로 확고한 병탄의 방향으로 향하고 있었다. 고모리 도쿠지는 이토의 통감통치를 다음과 같이 평가했다.

이토 통감이 한국에 요구하는 문화라는 것은 어디까지나 일본의 문화이다.……어디까지나 일본과 한국은 하나, 즉 문자 그대로 일시동인(一視同仁)으로 시작해서 일시동인으로 끝나는 존재라는 뜻이다. 그렇기 때문에 (이토의 지배는) 결코 한때 구제(救濟)에 그치는 것이 아니라 미래영겁(未來永劫)의 구제를 뜻한다.[17]

이토는 처음부터 병탄을 마음속에 품고 있었다. 다만 그의 정치 스타일은 "소걸음처럼 천천히 목적지를 향해서 걷는" 점진주의였고, 한국 문제에 대한 기본입장 또한 점진주의에 기초하고 있었을 뿐이었다. 물론 이토의 점진주의가 그가 강조하는 한국의 문명화, 근대화, 식산흥업을 위한 것은 아니었다. 또한 을사5조약의 규정대로 "한국이 부강해지면" 통감부 지배를 종식시키기 위한 전략으로서의 점진주의도 아니었다. 보다는 열강으로부터의 간섭을 배제하고, 한국인의 저항과 통치비용을 최소화하면서 한국을 일본화한다는 의미에서의 점진주의였다. 그러므로 고모리가 평가한 것처럼 이토는 병탄을 부인하거나 반대한 것이 아니라, "먼저 부분적 권리를 거두어들이고, 이어서 서서히 전권을 거두어들이는 방침"으로서의 점진주의를 의미했다.[18]

이토는 강대국의 시선과 재정문제를 늘 염두에 두었고, 또한 이 점이 병탄 급진론자들과 의견을 달리하고 있는 부분이기도 했다. 제2차 영일동맹, 태프트-가쓰라 밀약, 포츠머스 조약 등을 통해서 열강들이 한국에서 일본의 "탁월한" 지위를 인정했으나, 이토는 열강의 개입 가능성을 완전히 배제하지 않았다. 물론 이토도 일본이 한국을 병탄할 경우 삼국간섭과 같이 열강이 물리적으로 간섭할 가능성은 희박하다고 판단했다. 그러나 통감직에서 물러난 후에도 병탄과정에서 열강의 움직임에 주의해서 대처해야 한다고 한 것으로 보아 강대국의 개입 가능성을 늘 열어놓고 있었다. 특히 그는 러시아와 영국의 입장을 항상 염두에 두었다. 삼국간섭의 쓰라린 외교적 실패를 체험한 이토는 열강으로부터의 확고한 보장을 우선시했다. 아직 일본이 불평등조약 체제 안에 있었다는 점을 고려한다면, 이토의 염려가 지나친 것만은 아니었다.

이토와도 긴밀한 관계를 맺어온 정우회의 오가와 헤이키치는 헤이그 밀사사건 이후 의회에서도 한국병합을 주장한 급진적 인물이었다. 이토는 통감부로 자신을 찾아온 그에게 병합을 해야 한다는 데에 동의하고, 또한 병합을 실행하는 데에 커다란 문제가 없다는 것을 인정하면서도, 자신이 우려하고 있는 점을 다음과 같이 설명했다.

지금 한국을 합병할 수도 있습니다. 또한 (한국의) 주권을 전부 (우리에게) 위탁하게 하는 것도 어렵지 않습니다. 용이하게 할 수 있습니다. 할 수 있지만, 합병을 실행한다면 제일 먼저 막대한 자금이 필요합니다. 또한 (한국은) 대만이나 어디처럼 여기저기 떠돌아다니며 살아가고 있는 인민의 집단이 아닙니다. 지금은 어찌되었든, 예부터 한 나라를 이루고 살아온 조선이기 때문에 너무 급하게 극단적으로 처리하면 뒤에 여러 가지 어려움이 남게 되고, 그래서 불이익을 초래하게 될 수 있다는 점을 염두에 두지 않으면 안 됩니다.[19]

이토의 점진주의는, 오가와의 표현을 빌리면 "말려죽이기 정책(生殺し主義)"이었다. 말려죽이기 정책은 우치다 료헤이의 평가에서도 확인할 수 있다. 3년 가까이 이토의 휘하에서 병탄운동을 일선에서 추진했던 우치다 료헤이는 한국에 대한 이토의 진의를 일찍부터 간파하고 있었다. 우치다가 "통감 이토는 한국이 부강해지고 발전하면 독립하게 될 것이라고 늘 공언하지만, 한국의 독립이 불가능하다는 것은 그 자신이 누구보다 잘 알고 있다"고 확언한 것은 이토의 심중을 헤아리고 있었음을 시사하고 있다. 그러면서 그는 이토의 통치방법은 "한국의 군주와 백성의 음모가 나타나고 소요가 일어날 때마다 그 기회를 이용하여 한국인의 권리를 하나씩 삭제하고, 일본의 이익을 하나씩 확보하여 점차적으로 정치상의 실권을 빼앗고, 한국 왕을 허수아비로 만드는 용의주도하고 신중한" 점진주의에 바탕하고 있다고 밝혔다.[20]

망국의 지경에 이르러 한국인들도 이토의 점진주의가 말려죽이기 정책이라는 것을 알았다. 「신한민보」는 이토의 대한정책을 "첨수정책(添水政策)"이라고 이름하면서, "물이 종이를 적실 때 한 칸 두 칸으로 시작하여 열 폭 백 폭을 적시는 것과 같이 이등박문의 대한정책도 물이 종이를 적시듯 먼저 한 칸을 탁수(濁水)한 후에 두 칸, 세 칸을 탁수했다. 이처럼 하나씩 하나씩 탁수한 까닭으로 저 무지몽매한 동포들은 눈을 뻔히 뜨고 멸망을 당하였도다"라고 탄식했다.[21]

3. 이토의 사임 결심과 병탄 지지

이토가 병탄을 공개적으로 지지하고 나선 것은 그의 사임 결정과 밀접한 관계가 있다. 그러므로 그의 병탄 지지의 진의를 규명하기 위해서는 그가 사임을 결심하게 된 배경이 무엇인가를 추적할 필요가 있다. 그 동안 이토의 사임 이유로는 한국 내에서의 강한 저항, 한국정부 안에서의 이완용 세력과 일진회를 배경으로 한 송병준 세력의 알력, 일본 정치권에서의 이토의 회유정책에 대한 비판과 언론의 비난, 국권론자들의 통감 퇴임운동, 사이온지와 하라의 퇴임 권유[22] 등과 같은 것들이 지적되었다. 이런 이유들이 그의 사임 결심과 무관하다고 할 수는 없다.

물론 이토가 통감 사임을 결심하게 된 중요한 원인은 무엇보다 의병투쟁에서 볼 수 있는 것과 같이 한국인의 지칠 줄 모르는 저항이었다. 통감으로 부임한 이래 이토는 한국인의 끊임없는 저항에 직면해야만 했고, 시간이 갈수록 "열복하는" 지배정치가 불가능하다는 것을 절실히 체험했다. 도쿠토미 소호는 이토가 사임하게 된 결정적 이유를 다음과 같이 간략하게 정리하고 있다.

이토는 1907년 이후 통감통치의 실험과 극동정세의 장래를 감안할 때, 도저히 통감통치를 영속할 수 없다는 것을 간파하고 가쓰라의 숙론(宿論 : 한국병합론)과 일치하게 이르렀다. 이토가 용퇴의 뜻을 정하고 끝내 통감직을 사임하기에 이르게 된 동기는 전적으로 바로 여기에 있다.[23]

그러나 한국인의 저항만이 결정적이고 본질적인 사임 이유는 아니었다. 그보다는 당시 정세의 흐름과 진행되고 있던 권력 지도의 변화, 병탄 가능성, 자신이 놓여 있는 정치적 위상과 상황 등과 같은 여건에 대한 치밀한 계산과 판단을 근거로 한 것이었다. 그리고 1908년 사의를 표시했던 것과 달리 그의 결심은 확고한 것이었다. 메이지 천황이 그의 사표를 반려했음에도 불구하고, 이토는 재차 사표를 올릴 정도로 확실한 결심이 섰던 것이다.[24] 이토가 사임의 뜻을 굳힌 이유는 무엇일까?

첫째 이유는 사이온지 내각의 퇴장과 가쓰라 내각의 등장이라는 정치상황의 변화였다. 이토의 통감 취임은 제1차 가쓰라 정권을 이은 제1차 사이온지 내각(1906. 1)의 출범과 함께했다. 사이온지 긴모치는 이토와 정치노선을 같이하는 이토의 후계자였다. 이토가 1882년 헌법제도 조사를 위하여 유럽으로 떠날 때, 이와쿠라가 사이온지를 이토의 수행원으로 추천하면서 장래의 정치인으로 성장할 수 있도록 지도해줄 것을 당부했다는 것은 앞에서 말한 대로이다. 그후부터 이토와 사이온지는 특수한 관계를 유지했다. 이토는 정계에서 사이온지의 후견인으로서 정치 활로의 길잡이 역할을 했고, 사이온지 또한 이토의 후계자로 자타가 공인하는 관계였다. 이토가 정우회를 창당할 때도 사이온지와 같이했고, 또한 이토가 정우회를 떠나야만 할 때에는 사이온지를 자신의 후임 총재로 삼았다. 1906년 1월 정우회를 배경으로 내각을 구성한 사이온지 내각이 출범하면서 이토가 통감으로 부임했고, 사이온지 내각은 점진주의를 바탕으로 한 이토의 보호통치를 적극 후원했다.

그러나 1908년 7월에 등장한 제2차 가쓰라 내각의 한국정책은 사이온지 정권과 그 성격을 크게 달리하고 있었다. 이토의 통제권 밖에 있는 가쓰라 내각은 철저하고도 적극적인 병탄주의자들로 구성되었다. 가쓰라의 배후에는 원로 야마가타 아리토모가 자리하고 있었다. 이토와는 정적관계에 있던 야마가타는 이토가 통감으로 한국에 나가 있는 동안 일본 정국을 주도했다. 관과 군의 실권을 장악하고 있던 야마가타는 이토에게 일한관계를 근본적으로 해결하는 것이 어떤가고 제의할 정도로 공개적 병탄론자였다.[25] 야마가타의 또다른 후계자로 인정받고 있는 데라우치 마사타케 육군대신도 병탄을 하루라도 빨리 당기기를 원하는 급진 병탄론자였다. 내무대신에 오른 히라다 도스케 또한 야마가타의 최측근으로서 강경론자였다.

가쓰라는 내각을 꾸리면서 한국 문제에 대한 해결책은 보호통치를 넘어 병탄에 있음을 명확히 했다. 그는 러일전쟁 당시 외무대신으로 함께 일한 경험이 있는 고무라 주타로를 다시 외무대신으로 발탁했다. 고무라는 러일전쟁과 포츠머스 조약, 한일의정서, 한일협정서, 을사5조약, 정미7조약 등을 만들어낸 대표적 병탄론자였다. 그러므로 제2차 가쓰라 내각은 가쓰라의 표현을 빌리면 "유사 이래의 숙제이고 유신 이후의 현안"인 "한국병합을 해결하기" 위한 내각이나 다름없었다.[26]

가쓰라 내각의 등장은 이토 자신이 사이온지 내각에서와 같이 자기 의지대로 시정개선을 수행할 수 없다는 것을 잘 알고 있었다. 종전의 정책을 지속하려면, 내각은 물론 야마가타와도 상당한 마찰을 감내해야만 했다. 가쓰라 내각이 출범한 직후인 1908년 8월에 이토가 통감직 사임을 표시했던 것도 그런 의미에서였다. 당시 이토는 자신의 임무는 한국 보호의 단서를 여는 것이고, 2년 반 가까운 통치를 통해서 단서를 열었지만 아직 그 전도는 요원하고, 그래서 적당한 시기에 적당한 인물에게 통감의 자리를 넘겨 한국 보호의 대성(大成)을 기대하겠다면서 물러날 뜻을 밝혔다.[27] 그러나 야마가타와 가쓰라가 이를 수용하지 않았다. 당시 내무대신이었던 하라 다카시의 일기에 의하면 이토의 사임이 좌절된 것은 "야마가타 계파의 간계(奸計)" 때문이었다. 당시 이토의 사임을 해군대신 야마모토 곤노효에가 반대했고, 가쓰라와 고무라도 유임을 희망했고, 그리고 무엇보다, 야마가타가 추밀원의장직을 양보할 뜻이 없었고 이토의 유임을 원하고 있었다.[28] 야마가타와 가쓰라가 이토의 유임을 열심히 희망한 것은 원로 가운데 천황의 신임이 가장 두터운 이토가 외지에 머물러 있는 것이 야마가타 계파의 세력에 유리하다고 판단했기 때문이었다.[29] 권력의 흐름에 민감하고 항상 대안을 준비하는 이토가 가쓰라 내각의 등장과 통감통치의 관계가 어떻게 전개되리라는 것을 모를 리 없었다. 그는 통감에서 물러날 때가 되었다고 판단했고, 적당한 시기를 찾았던 것이다.

둘째 이유는 병탄론의 급부상이었다. 가쓰라 내각의 등장은 일본과 한국에서 병탄론이 힘을 받기 시작한 시기와 맞물려 있다. 앞에서도 지적했듯이 헤이그 사건 이후 일본의 여론은 한국 황제의 양위만으로 만족하지 않았다. 분위기는 한국 문제의 근본적 해결이라는 병탄 방향으로 점차 강화되면서, 동시에 이토의 점진주의적인 "회유와 온언" 정책도 비판의 대상이 되었다. 정치권이나 군부와도 밀접한 관계를 맺고 있는 도야마 미쓰루와 같은 우익세력 또한 한국병탄을 일본민족의 최대 급선무라고 외치면서 정부에 강경책을 촉구했다. 특히 이토의 개인 촉탁으로 일진회를 실질적으로 장악하고 있는 흑룡회의 우치다 료헤이는 이토의 열복정책은 실현가능성이 없을 뿐만 아니라, 한국 사정에 적합지 않은 비현실적 정책이라고 비판하면서, 정책결정의 실권을 장악하고 있는 야마가타, 가쓰라, 데라우치에게 병탄을 촉구하는 보고서를 끊임없이 제출했다. 동시에 병탄을 촉구하는 캠페인을 전개하면서 여론 확산을 주도했다.[30] 사이온지 내각의 바탕이라고 할 수 있는 정우회를 비롯한 정치권도 여론에 호응하여 정부가 적절한 조치를 취할 것을 강력히 건의했다.

일본뿐만 아니라 한국 지배계층 안에서도 일본의 한국병탄을 공개적으로 지지하고 나서는 분위기가 조성되고 있었다. 이는 한국의 친일 세력들 사이의 권력암투와 밀접한 관계가 있었다. 이토가 1907년 친일내각을 구성할 때, 이완용을 참정대신으로 발탁하고 일진회의 송병준을 농상공부대신으로 입각시킨 것은 앞에서도 지적했듯이 이완용과 송병준의 충성경쟁을 통해서 자신의 뜻을 관철하려는 이토의 전략이었다. 실제로 송병준은 고종의 퇴위, 정미7조약, 군대해산 과정에 적극적으로 협력하여 이토의 뜻을 충실히 이행하는 역할을 했다. 또한 의병투쟁이 확산되자 일진회가 자위단을 결성하고 의병 진압에 앞장서기도 했다. 그 결과 정부 안에서 송병준의 영향력이 점차 확대되었고, 일진회의 진출도 눈에 띄게 드러났다. 이완용과 이완용이 배경으로 하고 있는 일부 양반계급은 불안했다. 송병준 파의 세력확대는 곧 이완용 파의 세력축소를 의미하는 것이기 때문이었다.

의병투쟁이 전국으로 확산되면서 일진회는 국민적 반일운동의 중심 공격목표로 부상했다. 이토는 일진회를 고종 폐위, 정미7조약, 군대해산 등과 같은 정치적 목적을 이루는 데에 활용했고 또 그 공도 인정하고 있었다. 그러나 일진회가 국민적 반일의 상징적 존재로 등장하면서부터는 오히려 통감부 통치에 부담이 된다고 판단한 이토는 일진회와 일정한 거리를 두었다. 이는 송병준 세력의 퇴조와 이완용 파의 득세를 의미했다. 이완용과 일진회를 배경으로 한 송병준의 권력갈등의 한 양태로 나타난 것이기는 했지만, 한국병탄 문제에 대한 송병준과 가쓰라의 다음과 같은 대화는 당시의 분위기를 상징적으로 보여주고 있다.

송병준 : 이토 통감은 도무지 결단을 하지 못하고 있습니다. 일한합방의 실행은 진실로 가장 시급한 과제입니다. 청컨대 각하의 영단을 기다립니다.

가쓰라 : 그게 그렇게 쉬운 일이 아니지 않는가?

송병준 : 그리 어려운 일도 아닙니다. 1억 엔(一億圓) 정도만 있으면 간단히 실행할 수 있습니다.

가쓰라 : 1억 엔은 일본 재산으로서도 대금(大金)이네, 너무 비싼 것 아닌가, 그 절반 정도면 어떤가?

송병준 : 아닙니다. 절대로 비싸지 않습니다. 생각해보십시오. 8,600방리(方里)의 면적과 2,000만의 인구를 가지는 것이고, 그 위에 수십억이 될지 또는 수백억이 될지 알 수 없는 부원(富源)을 지니고 있는 한국을 사는 대가로서는 턱없이 싼 값입니다.[31]

비록 일본 총리와 친일파 거두와의 대화라고 하더라도, 병탄은 금전적 흥정의 대상이 될 정도로 무르익었다. 한국과 일본에서 성숙되고 있는 병탄 분위기를 이토가 모를 리 없었다. 가쓰라 내각의 성격과 한국병탄을 둘러싼 상황을 감안할 때 병탄의 시기가 임박했고, 통감직에서 물러날 때가 왔다는 것을 알았다.

셋째 이유는 병탄의 길을 열어줄 시기가 이르렀다는 판단이다. 가쓰라 내각의 강성 병탄 의지나 일본과 한국에서 성숙되고 있는 병탄 분위기를 감안할 때, 이토는 자신이 통감의 자리에서 물러나는 것이 병탄을 구체화할 수 있는 단초를 열어주는 결정적 계기가 된다는 것을 누구보다도 잘 알고 있었다. 통감으로 재임하는 동안 일관되게 병탄을 부인했음은 공지의 사실처럼 알려져 있었다. 이토가 병탄에 반대하면서 통감직에 머물러 있다면, 가쓰라 내각이 병탄을 구체적으로 정책화하고 실행하는 데에는 많은 어려움이 따를 수밖에 없었다. 동시에 통감직에 있으면서 병탄을 지지하고 나서는 것은 병탄을 부인해온 그 동안의 공언을 뒤집는 것으로서 명성을 존중하는 이토로서는 취하기 어려운 행동이었다. 이토는 사임을 택함으로써 이 두 가지 어려움을 해결할 수 있었다. 이토의 사임을 용퇴로 규정하고 있는 가쓰라의 표현에 의하면, "이토 공의 용퇴가 오래전부터 펴온 우리의 숙론(宿論)을 실행할 수 있는 기회를 열었다."[32]

넷째 이유는 자신의 사임과 함께 가쓰라가 병탄작업을 적극적으로 추진할 것으로 예상했고, 병탄 후 한국이 제국판도의 일부로 작동할 수 있는 법과 제도적 장치를 완료했다는 판단이다. 실질적으로 이토의 진의를 타진한 직후 야마가타에게 보낸 편지에서 가쓰라는 "앞으로 (병탄)문제를 어떻게 처리해야 할 것인가는 반드시 절박한 문제로 다가올 것"이기 때문에 "모든 것을 지도할" 필요가 있고, 이를 위해서 "소네를 후임으로 추천"을 한다는 뜻을 밝혔다.[33] 가쓰라가 직접 병탄문제를 주도하겠다는 뜻이다. 앞에서도 설명한 바와 같이 이완용 내각 출범 후, 이토는 한국의 법과 행정 체계를 일본의 법과 제도를 "모범"으로 하여 정비해 나갔다. 그리고 모든 중요 부서는 일본인 관리들이 장악했다. 실질적으로 이미 일본정부의 일부나 다름없었다. 그런 의미에서 이토는 병탄 준비를 완료했고, 병탄 후 지배할 수 있는 법과 제도를 완비했다.

다섯째 이유는 이토는 한국, 일본, 그리고 국제사회를 향하여 기회가 있을 때마다 일본의 한국병탄을 공식적으로 부인했고, 또한 한국의 독립을 강조해왔다. 초대 통감으로 임명되어 서울로 떠나기 전에 가진 기자회견에서도 이토는 통감부의 근본이념과 기본정책 노선은 한국정부의 개혁을 돕고, 한국의 독립을 보호하는 것이라고 천명했다. 또 정미7조약이 조인된 직후에도 이토는 일본은 한국을 병탄할 필요가 없다는 것을 공식적으로 확언했다. 그리고 한국은 반드시 자치국이 되어야 하고, 이를 성취시키는 것이 자신의 임무라고 기회 있을 때마다 거듭 공언했다. 자타가 공인하는 일본의 대표적 정치가인 자신이 공언을 뒤집는 식언(食言)의 정치인이라는 오명을 남기고 싶지는 않았다. 오만한 이토로서는 자신의 명예를 더럽히는 일을 받아들일 수 없었다. 더욱이 "적당한 시기"가 오면 일본의 한국병탄은 반드시 이루어진다는 것을 누구보다도 잘 알고 있었던 이토는 스스로가 거듭 부인해온 병탄을 수행하는 장본인이 되고 싶지 않았을 뿐이었다. 고무라 주타로가 적절하게 표현한 것과 같이 이토는 병탄이라는 "흉중의 계획을 밖으로 드러내지 않았을" 뿐이었다.[34]

이토는 수완 있는 정치가였다. 한국에서의 3년 반의 경험을 통하여, 일본은 한국인이 승복하는 병탄을 성사시킬 수 없다는 것을 누구보다도 잘 알고 있었다. 그리고 필요한 모든 조건이 성숙되면 자신이 병탄정책을 수행하지 않아도 누군가에 의해서 반드시 이루어지리라는 것 또한 잘 알고 있었다. 이토는 1909년 초에 '지금'이 사임 시기라고 판단했고, 병탄을 승인함으로써 생기는 비판과 평가를 후임자에게 넘겨주려고 했다.

끝으로 식민지정치의 멘토라고도 할 수 있는 크로머의 사임과도 무관하지 않을 수도 있다. 통감통치 기간 내내 옆에서 이토를 보좌한 기우치 주시로가 "일본의 통감제는 이집트의 영국 통감정치를 모범을 삼은 것"이고, "이토 공 또한 이집트의 통감 크로머의 문화주의와 점진주의를 답습한 것"이라고 할 정도로 크로머의 이집트 통치를 모델로 삼았다.[35] 앞에서도 설명했듯이 크로머는 1883년부터 24년 동안 문화주의와 점진주의를 표방하면서 이집트인의 큰 저항 없이 이집트를 식민지화하는 데에 크게 기여했다. 그러나 1906년의 덴샤와이 사건(Denshawai Incident)을 기점으로 번져

나가기 시작한 강력한 이집트 민족주의의 저항에 부딪치면서 1907년 결국 사임하지 않을 수 없었다. 이토가 한국에서 의병과 대치하고 있을 때였다. 물론 이토가 크로머의 사임에서 영향을 받았다는 증거는 없다. 그러나 24년 동안 비교적 열복 속에서 이집트를 통치해온 크로머도 이집트인의 민족적 저항에 부딪치면서 사임할 수밖에 없었던 현상은 이토에게도 심리적 영향을 미쳤을 수 있다.

이토는 사임을 결심하면서 병탄작업이 보다 신속하게 이루어지기를 희망했다. 그는 자신의 후임 통감으로 급진 병탄론자인 육군대신 데라우치를 추천했음이 이를 설명해주고 있다. 오히려 가쓰라가 한걸음 물러나서 소네를 후임으로 선택했다. 데라우치를 추천하는 이토에게 가쓰라는 "후임으로는 데라우치 마사타케가 적당하다고 생각하지만, 현 내각에서 중요한 결정의 상담 대상은 겨우 데라우치 한 사람이기 때문에 지금 한국으로 보내는 것은 대단히 곤란합니다"라고 하면서 소네를 후임자로 택할 뜻이 있음을 밝혔다.[36] 병탄에 대한 이토의 속마음이 무엇이었는지를 설명해주고 있다.

병탄 추진

이토가 사임을 결심하고 병탄정책을 공개적으로 지지하게 되면서 정부가 주도하는 병탄 프로젝트는 급물살을 탔다. 대한제국병탄은 더 이상 통감부나 재야의 대륙낭인들에게 맡겨둘 문제가 아니었다. 가쓰라가 야마가타에게 보고한 바와 같이 외무대신 고무라와 함께 전면에 나섰고, 정부는 방침을 확정했다. 구라치 데쓰키치의 초안을 바탕으로 한 대방침과 "대한시설강령(對韓施設綱領)"을 포함한 "한국병합에 관한 건"을 7월 6일 각의에서 결정하고, 같은 날 메이지 천황의 결재를 받았다. 1873년 제기되었던 정한 문제는 그로부터 36년 만에 국가정책으로 확정되었다.

한국병탄의 기본방침이라고 할 수 있는 일본정부의 최종 결정은 세 가지 핵심사항을 내포하고 있다. 첫째는 "적당한 시기에 한국병합을 단행한다"는 것이고, 둘째는 "병합시기가 도래할 때까지는 병합 방침에 따라 충분히 보호의 실권을 확립할 수 있는 실력을 가질 수 있도록 도모한다"는 것이다. 그리고 셋째는 병합의 시기가 도래할 때까지 일본정부가 주력해야 할 정책, 즉 "대한시설강령"을 확정한 것이다. 대한시설강령은 구체적으로 한국에 군대주둔과 헌병과 경찰력의 강화, 한국의 외국교섭사무 완전 장악, 한국철도의 일본 철도원으로 이관 및 남만주철도와의 연결, 다수 일본인의 한국 이주, 그리고 한국의 중앙정부와 지방관청의 일본인 관리의 권한을 확장하는 것 등 5개 조항을 포함하고 있다.[37]

고무라 외무대신은 기본방침을 구체적으로 수행하기 위한 "병합 단행의 순서와 방법 등의 세목"을 작성해서 7월 하순 가쓰라 총리에게 제출했다. 이는 "병합 실행의 시기를 예측하기는 어렵지만, 실행할 좋은 시기가 도래할 경우 취해야만 할 방침과 조치는 지금부터 강구할 필요"가 있다는 것이 고무라의 확신이었다.[38] 가쓰라는 고무라의 의견서를 다시 각의에서 논의한 후 병탄 실행의 구체적 수순과 방법으로서 아래와 같은 "대강"을 정리했다.[39]

"대강"

한반도를 명실공히 우리 통치 아래 두고, 아울러 한국과 제외국의 조약관계를 소멸시키기 위해서 적당한 시기에 한국의 병합을 단행해야만 한다는 것은 이미 각의에서 결정된 바와 같다. 병합을 단행할 때에는 제국정부와 한국정부 사이에 하나의 조약을 체결하고, 한국의 뜻에 따르는 형식에 의해서 병합을 실행하는 것이 가장 온당한 방법일 것이다. 그러나 이 방법[한국의 요구에 의한 병합]에 의해서 병합을 실행할 수 없을 경우에는 우리의 일방적인 행위에 의해서 제국정부에서 한국에 대해 병합을 선언하도록 한다. 어떤 방법에 의하든지 병합 실행 시에는 조칙으로써 병합을 선포하고, 제외국에 대해서는 병합 후 제국정부 방침의 대체(大體)를 선언한다. 이를 위한 "대강"은 아래와 같다.

제1. 병합의 방법

병합 실행을 위해서는 가능한 한 일한 두 정부 사이의 하나의 조약을 체결하도록 노력한다. 조약에는 다음과 같은 취지를 포함토록 한다.

1) 한국은 더 이상 존립하지 않고, 전적으로 제국영토의 일부로 할 것

2) 한국 황제는 완전히 폐위하고, 지금의 황제와 황실은 명실공히 일체 정권에 관계할 수 없다는 것.

3) 한국의 현황제와 황실의 대우를 정할 것.

그러나 한국의 상황으로 위의 목적을 이룰 수 없을 경우에는 제국정부는 일방적으로 한국에 병합을 선언한다.

제2. 병합의 선포

병합 실행 시 조칙을 발포하여 병합의 사실을 내외에 선포한다. 다음과 같은 사항을 선명(宣明)한다.

1) 병합의 사정과 함께 병합 실행에 이르게 된 사유.

2) 동아시아에서 영원한 평화를 유지하고, 제국의 안정을 확보하고, 동시에 한국민의 복리를 증진하고 한반도에서 외국인의 안녕을 도모하기 위하여 병합이 필요하다는 것.

제3. 외국에 대한 선언

한국과 제외국과의 조약은 병합과 동시에 소멸하고, 법권과 세권은 전적으로 일본에 속하게 됨으로써 제국정부는 전항의 조칙발포와 동시에 관계제국에 대하여 병합 사실을 통고하고 또한 다음과 같은 사항을 선포한다.

1) 제국과 외국과의 조약은 적용할 수 있는 한, 그 효력을 한반도에도 미칠 수 있다는 것.

2) 외국인에 관한 관할권은 전현 당해 일본관헌이 이를 행한다는 것.

3) 수출입세는 당분간 현행 한국세율과 동일한 율에 의하여 징수한다는 것.

4) 외국인의 기득권은 병합에 의하여 발생하는 새 사태와 양립할 수 없는

것을 제외하고는 충분히 보호한다는 것

5) 내지를 외국인에게 개방하고, 거주 및 영업의 자유를 향유할 수 있다는 것.

6) 제국과 한국 개항(開港) 사이 및 한국 각 개항 사이의 연안무역은 당분간 종전대로 실시하고, 이를 외국선박에게 허락한다는 것.

청국은 우리에 대하여 내지잡거(內地雜居)를 허락하지 않았기 때문에 1899년 칙령 제 352호에 준하여 청국인을 취급하고, 그 취지에 따라 전기 선언에 적당한 변경을 가한다.

그리고 사후 처리문제를 정리했다. 즉 한국 황실은 일본 황족에 준하고, 한국 황족은 공작과 후작에 준하고, 고등 양반은 백작, 자작, 남작에 준하여 대우하기로 확정했다. 또한 병탄 실행 시기에 관해서는 특별한 "주의"가 필요한데, 최상의 상황은 "한국인들로 하여금 합병을 열렬히 청원하게 하는 것"이고, "진행 중에 있는 러시아와의 교섭이 완료되는" 때를 선택하기로 결정했다. 대방침, 시설강령, 구체적 방법과 수순, 시기 등을 확정함으로써 병탄을 실행할 모든 준비를 끝냈다. 다만 "적당한 시기"를 탐색하기에 이르렀다.

한편 통감을 사임하고 추밀원의장에 임명된 이토는 통감부의 사무인계를 위하여 한성을 향해서 시모노세키를 출발했다. 그의 마지막 한국행이었다. 7월 5일 한성에 도착한 이토는 후임 소네 통감이 한국 대신과 통감부 고위관리를 관저로 초청한 연회에서 "한일 두 나라는 한 집[一家]"을 이루어야 한다는 것을 거듭 강조하여 병탄의 뜻을 시사했다. 14일 귀국길에 오르기까지 열흘 동안 이토는 순종과 고종에게 이임 인사와 각종 환영회에 참석하는 등 바쁜 날을 보내면서도, 병탄에 필요한 마지막 과업을 끝내는 것을 잊지 않았다. 가쓰라 총리로부터 7월 6일 개최된 내각 회의에서 한국병탄 정책이 확정되었다는 전보를 받은 이토는 직접 한국정부의 대신들을 설득하여 12일 한국의 사법 및 감옥사무를 일본정부에 위탁하는 협약을 체결했다. 이토에 의하면, 이는 "병합을 전제"로 한 최종 작업이었다.[40] 이로써 "사실상의 병합"이 이루어졌다.[41] 약 3년 반 동안에 이토는 한국의 외교권, 행정권, 경찰권, 사법권을 탈취하고 군대를 해산함으로써 국가권력을 완전히 해체했다. 한국을 제국판도의 일부로 만들기 위한 병탄에 걸림돌이 되는 모든 장애를 제거하고, 마지막 과정만을 남겨놓았다. 대한제국의 폐멸(廢滅)은 이미 목전에 이르렀다.

통감 관저를 떠나는 14일 아침 관저 정원 깊숙이 자리잡고 있는 정자에 들러 다음과 같은 시를 남겼다.[42]

남산 발치의 녹천정에서(南山脚下綠泉亭)

삼 년 세월이 꿈속에서 지나갔네(三載星霜夢裏經)

마음과 인간은 상황 따라 변하는 것(心緒人間隨境變)

떠날 때 한가하게 바라보니 산 구름이 푸르네(別時閑看岫雲靑)

이토는 실패와 좌절을 모르는 정치인이었다. 메이지 국가건설의 대들보로서 중요한 직책을 두루 거치는 동안, 그는 자신의 뜻과 구상을 관철하지 못한 경우는 한번도 없었다. 그러나 통감으로서 이토의 구상은 '외형상' 실패로 끝났다. 3년 반의 보호통치는 그가 감당하기 어려운 한국의 국민적 저항을 불러왔고, 그래서 한국인의 "열복"을 목표로 삼았던 그의 구상은 좌절되었다. 그러나 비록 그가 "열복"의 지배를 구현할 수는 없었더라도, 메이지 최대의 국가목표라고 할 수 있는 한국병탄이 가능하고, 병탄 이후 차질 없이 식민정책을 이어갈 수 있는 제도와 틀을 갖추어놓았다는 점에서 그의 통치는 성공적이었다. 이토의 3년 반이 없이는 1910년의 병탄을 기대할 수 없었고, 그후 지속된 35년간의 식민통치 또한 불가능했기 때문이다.

제15장

이토의 죽음과
대한제국의 폐멸

인간 이토 히로부미와 국가 대한제국의 생명이 다해가고 있었다. 실질적 병탄을 주도한 이토는 1909년 10월 26일 아침 하얼빈 역두에서 죽음을 맞이했다. 그로부터 10개월 후인 1910년 8월 29일 대한제국이 공식적으로 폐멸(廢滅)을 고하게 되었다.

1. 이토의 죽음

고토 신페이의 헌책(獻策)

이토는 7월 20일 천황에게 마지막 한국 방문 보고를 끝내고, 8월 1일부터는 한국 황태자 영친왕과 함께 동북지방과 북해도 일대를 여행했다. 미도(水戸)에서 시작하여 23일 만에 도쿄로 돌아왔다. 이토는 가는 곳마다 황태자의 일본 유학이 한일융화와 동양 평화를 위한 것이라고 강조했다.

이토는 한 달 보름정도 휴식을 취한 후 만주 여행 길에 올랐다. 그가 무엇 때문에 이 시기에 만주행을 택했는지는 정확히 알 수 없다. 그는 아직 만주 전역을 둘러볼 기회가 없었을 뿐만 아니라, 삼국간섭의 한이 서려 있는 랴오둥 반도에도 발을 디뎌보지 못했다. 만주여행은 그의 오랜 바람이기도 했다. 이러한 그에게 결정적인 계기를 만들어준 것은 체신대신인 고토 신페이의 헌책(獻策)이었던 것으로 알려져 있다.

고토 신페이(1857-1924)는 이와테 현(岩手縣) 출신으로서 독일에 유학하여 의학을 공부하고 내무성 위생국장(1892)으로 관료생활을 시작했다. 청일전쟁 당시 군에서 행정수완을 발휘했고, 당시 육군차관이었던 고다마 요시오의 눈에 들었다. 그후 고다마가 대만총독으로 부임하면서 1898년 고토를 민정장관으로 발탁했다. 그는 철저한 조사와 현지의 상황을 바탕으로 강력한 경제개혁과 인프라 건설을 추진하여 총독을 보좌하면서 대만 식민지경영의 초석을 다졌다. 고다마를 연결 고리로 한 그의 인맥은 자연히 야마가타-가쓰라로 이어졌다. 행정과 경영 능력을 인정받은 고토는 1906년부터 남만주철도주식회사(이하 만철)의 초대 총재로서 임명되었다. 만철 경영에도 수완을 발휘하여 조차지통치와 철도경영을 통한 만주경영의 틀을 만들고 철도를 통한 대륙팽창정책의 기반을 다진 식민지경영의 선구적 인물이었다. 그는 제2차 가쓰라 내각에서 체신대신의 자리에 올랐다.

헤이그 사건을 계기로 내정을 완전히 장악한 이토가 1907년 9월 일시 귀국하여 업무를 협의한 후 한성으로 돌아가는 길에 이쿠시마(嚴島)에 3일간 머물렀다. 신사참배가 명분이었지만, 실은 고토 신페이를 만나기 위함이었다. 당시 만철 총재였던 고토는 일찍부터 이토에게 자신이 평가하고 있는 세계정세와 동양정국의 흐름을 보고하고 동양경영을 위해서 자신이 구상하고 있는 일본의 진로를 제시할 수 있는 기회를 줄 것을 여러 차례 간청해왔다.

이토는 고토가 야마가타-가쓰라 계파에 속해 있다는 것을 알고 있으면서도, 그가 능력과 수완을 평가받고 있고, 특히 한국과 밀접한 관계에 있는 만주경영에 깊숙이 관여하고 있었기 때문에 그를 만났다.

"이쿠시마 야화(嚴島夜話)"로 알려진 고토의 회고에 의하면 두 사람은 "술버릇 나쁜 사람이 싸우는 듯한 격론을 사흘 낮밤" 계속했다. 고토가 남긴 "야화"와 그의 헌책을 줄이면 다음과 같다.[1] 러일전쟁 후 고토가 만주에서 바라보는 동아시아는 격동의 소용돌이 속으로 빠져들고 있었다. 특히 강대국들 사이의 청국분할정책과 서태후가 주도한다는 미청동맹설(美淸同盟說)은 그의 위기감을 더욱 자극했다. 이러한 동아시아 정세변화에 기민하게 대응하기 위해서는 일본이 청나라와 러시아의 관계를 재정립할 수 있는 국책을 속히 확정하는 것이고, 이 과업을 담당할 수 있는 인물은 이토뿐이라는 것이 고토의 판단이었다. 그는 이토에게 "한국이라는 작은 천지에 매달리지 말고 세계무대로 나가서 당대의 군웅과 세계정세를 의논하여 러시아 및 중국과의 관계를 조절할" 것을 권유하면서 자신도 동참할 뜻을 다음과 같이 밝혔다.

현재 제국의 급무는 청국과 러시아에 대한 근본정책을 수립하여 백년대계를 크게 정하는 것보다 더 중요한 것은 없다고 생각합니다. 이를 해결하기 위해서는 한 세대의 두터운 명망을 짊어지고 있는 공작 각하 이외에는 적임자가 없습니다. 불초 본디 미련하지만, 각하께서 결정한다면 준마의 꼬리에 붙어 작은 정성을 다하는 것을 사양치 않겠습니다.

그러면서 고토는 동양 문제의 근본해결책으로서 두 가지를 제시했다. 하나는 대아시아주의를 동양 평화의 근본정책으로 삼는다는 것이다. 즉 청나라의 서태후를 설득하여 미청동맹의 허구성을 깨우쳐주고, 일본과 더불어 동양인의 동양, 즉 대아시아주의의 본뜻을 깨닫도록 설득하여 이를 동양 평화의 근본책으로 삼는다는 것이다. 다른 하나는 신구대륙대치론(新舊大陸對峙論)이다. 대서양을 사이로 유럽[구대륙]과 미국[신대륙]이 대치하고 있고, 태평양을 사이에 두고 아시아[구대륙]와 미국[신대륙]이 마주하고 있는 상황에서 유럽과 아시아의 구대륙이 연합하여 한편으로는 청국의 안정을 꾀하고, 다른 한편으로는 신흥 세력인 미국의 팽창에 공동으로 대처한다는 것이다.

서태후를 위시한 중국의 정치지도자들을 설득하는 것이나 또는 구대륙의 연대를 이루어낼 수 있는 인물은 "불출세의 위재(偉材)이고 한 세대를 압도하는 성망(聲望)을 지니고 있는"이토 이외에 아무도 없다는 점을 고토는 강조했다. 그리고 이를 이룩하기 위해서는 이토가 통감의 직책이나 또는 외교상의 공직을 내려놓고 "오직 한 사람의 경세가로서 대륙과 유럽을 만유하면서 열국의 준걸들의 손을 잡고 세계의 대세를 토론하는"것이 효과적일 것이라는 의견을 제시했다. 고토의 표현에 의하면 국제적 인물인 이토가 외교적 공직 없이 대륙을 "만유하면서" 각국의 지도자들과 교류하는 것은 "매우 깊고 미묘한 의미"를 가지게 될 것이라는 점을 강조했다.

이토는 첫째 안인 대아시아주의에 대해서는 부정적이었다. 대아시아주의는 오히려 황화론(黃禍論, Yellow Peril)을 더 확산시키고 강화하는 결과를 가져오게 될 뿐만 아니라, 중국에는 서태후를 위시하여 그 누구도 세계정세를 논할 만한 인물이 없다는 것이 반대의 이유였다. 그러나 신구대륙대치론에 관해서는 비상한 관심을 보였다. 이토는 고토가 신구대륙대치론에 관하여 누구와도 협의하지 않았다는 것을 확인하고, 야마가타는 물론 가쓰라에게도 발설하지 말 것을 지시했다. 그리고 신구대륙대치론은 중대한 정무에 속하기 때문에 먼저 천황의 뜻을 살펴야 한다는 점을 지적했다.

하얼빈 행

그로부터 2년 후인 1909년 8월 한국 황태자와 함께 홋카이도 여행에서 돌아온 직후 이토는 당시 체신대신으로 가쓰라 내각에 참여하고 있는 고토와 다시 회합을 가지고, 만유의 뜻이 있음을 밝혔다. 고토는 적극적으로 찬성하면서 러시아 최대 실력자로서 동양 문제에 깊이 관여하고 있는 재무대신 코코프체프와의 회담을 권유했고, 고토의 주선으로 하얼빈 회담이 결정되기에 이르렀다.

이토는 자신의 만주여행이 만유임을 강조했다. 출발 직전에 가진 기자들과의 대화에서도 하얼빈까지 여행할 계획이고, 여행 중 청국이나 러시아 사람들과 회견하게 될 기회가 있게 될 것이라고 하면서도 정략적 의도가 없는 여행임을 강조했다.[2] 그러나 단순한 만유가 아니라는 것은 여행을 떠나기 직전, 자신의 아들에게 앞으로 일본은 러시아나 중국과의 관계에서 많은 어려움에 부딪칠 수 있고, 이를 풀어가기 위해서는 깊이 고심할 필요가 있다고 한 암시에서도 확인할 수 있다. 그는 아들에게 "하얼빈에서 바로 돌아올지, 중국에 들를지, 또는 유럽까지 갈지 아직 결정하지 않았다"라고 일정이 정해지지 않았음을 알려주었다. 그리고 끝으로 "어찌되었든 건강에 주의하고 열심히 공부하는 것이 좋을 것"이라고 훈계했다.[3] 이토가 남긴 유언이었다.

이토는 출발 직전 가쓰라 총리에게 사신을 보내 "외무대신이 금명간 영국대사를 만나, 영국정부의 의향을 들어봐줄 것"을 당부했다. "영국정부의 의향"이란 자신과 러시아의 재무대신 코코프체프와의 회담을 영국이 어떻게 생각하고 있느냐 하는 것이다. 영국의 눈치를 보면서까지 추진하는 코코프체프와의 회담이야말로 그의 여행이 단순한 만유가 아님을 증명하고 있다.

이토의 만주행과 코코프체프와의 회담이 고토가 제시한 것과 같이 근본적인 동양정책을 수립하기 위한 것이었는지, 또는 신구대륙대치론을 설파하기 위한 것인지는 정확치 않다. 그러나 확실한 것은 한국병탄이라는 국책을 실행하기에 앞서서 먼저 한국과 국경을 접하고 있는 러시아와 청국으로부터 합의를 끌어내기 위한 것임에는 틀림없었다. 이토는 "병합실행은 용이하지만, 연내 한국 문제에 가장 통절(痛切)한 관계를 가지고 있는 러시아와 청국과의 양해가 이루어지지 않는다면, 의외의 어려움에 부딪칠 수 있다"고 판단하고 있었다. 당시 병탄의 방침은 확정되었으나 아직 극비에 부쳐져 있었으므로 이를 실천하기 전에 두 나라와의 교섭을 통해 내락을 받을 필요가 있었다. 이토는 "양국의 유력자와 만나 한국을 명실공히 일본의 영토로 할 수밖에 없다"는 사정을 설명하고 합의를 끌어내야만 하는 사명을 지녔다.[4] 이토의 만주행은 이 어려움을 해결하기 위함이었다.

러일전쟁에서 러시아가 패배함으로써 일본이 한반도 주도권을 장악했지만, 러시아는 여전히 무시할 수 없는 존재였다. 한국정부 또한 끊임없이 러시아에 의존해서 일본의 보호통치를 무력화시키려고 하는 것을 이토는 잘 알고 있었다. 만일 한국병탄을 어렵게 만들 나라가 있다면, 이는 반드시 러시아일 것이라는 것이 이토의 생각이었다. 그는 또한 청국이 독자적으로는 반대할 수는 없지만, 러시아와 연대하여 방해공작을 전개할 경우 병탄작업은 난항을 겪을 수 있을 것으로 예상했다. 그러므로 그는 "근본적 동양정책 수립의 전제로서 먼저 한국 처분에 대한 두 나라의 양해"가 필요하다고 생각했고, 그 첫걸음이 코코프체프와의 회담이라고 판단했다.

이토 히로부미는 10월 14일 오후 5시 20분 오이소를 출발했다. 동행인은 귀족원 의원 무로다 요시후미, 육군중장 무라타 야쓰시, 궁내대신 비서관 모리 야스지로, 남만주철도회사 총재 나카무라 제코, 이토의 주치의 등이었다. 가이난(槐男)으로도 알려진 모리는 오랫동안 이토의 한시(漢詩) 선생이었다. 기차가 하코네(箱根)를 지날 무렵 다음과 같은 한시를 남겼다.

늦가을 집을 떠나 먼 길에 오르니(秋晚辭家上遠程)
차창에는 이야기가 끝나고 벌레 소리 들리네(車窓談盡聽蟲聲)
내일 아침에는 발해의 파도 높기도 하리니(明朝渤海波千尺)
충혼을 애도하기 위하여 이 길에 나섰네(欲弔忠魂是此行)[5]

이토와 일행은 청나라의 리훙장과 청일전쟁을 마감하기 위하여 담판했던 시모노세키의 슌판로(春帆樓)에서 하룻밤을 묵었다. 일행은 16일 상선에 올라 만주로 향했다.

이토는 18일 만주의 첫 기착지인 다롄에 도착했다. 19일에는 관민합동 환영회에 참석하여 환대를 받았다. 환영회에서 그는 만주는 극동의 평화와 밀접한 관계에 있고, 만주에서 일본의 방침은 문호개방과 상공업의 기회균등에 있다는 점을 강조했다.

20일에는 뤼순에 도착했다. 랴오둥 반도 최남단에 위치한 뤼순은 남쪽에 산둥 반도의 웨이하이웨이(威海衛)를 바라보고 있다. 뤼순은 동서로 두 개의 항구로 이루어져 있는데, 협소한 뤼순 입구의 서항(西港)은 천연의 요새로서 오랫동안 청국 해군의 근거지였으나, 삼국간섭 후에는 러시아 해군이, 포츠머스 조약 후부터는 일본이 장악했다. 관동주 및 만주를 통치하는 일본의 관동도독부(關東都督府)가 이곳에 위치하고 있었다. 도독 오시마 요시마사 육군대장의 안내를 받아 러일전쟁의 격전지를 돌아보았다.

21일 뤼순을 떠나 랴오양, 펑톈, 푸순을 거쳐 25일 저녁 7시 창춘에 도착했다. 24일에는 만철 총재인 나카무라 제코의 안내를 받아 만철이 경영하는 푸순 탄갱을 참관했다. 러시아가 동청철도의 남만주지선의 시설권을 얻을 때부터 이곳의 채굴권을 확보했으나, 러일전쟁 후 철도와 함께 만철에 인계되었다. 노천채광(露天採鑛)인 푸순 탄갱은 지름이 남북으로 2.5km, 동서로 6.5km, 깊이가 385m에 이르는 추정 매장량이 9억5,000만 톤에 달하는 거대한 석탄광이었다. 이토 눈에도 진기한 풍경으로 비쳤다.

푸순에서 창춘으로 가는 기차 안에서 만주의 풍물을 바라보면서 다음과 같은 시를 읊었다. 이토가 남긴 마지막 한시이다.

만리평원 남만주(萬里平原南滿洲)
풍광은 광활하고 원대한데 가을이 하늘에 걸려 있네(風光濶遠一天秋)
지난날 전쟁의 흔적에는 아직도 분노가 남아 있고(當年戰跡留餘憤)
또다시 나그네에게 어두운 근심으로 다가오네(更使行人牽暗愁)[6]

이토 히로부미를 실은 특별열차는 저녁 7시 창춘에 도착했다. 최종 도착지인 하얼빈으로 가는 기차로 갈아타기 위해서였다. 다롄에서 창춘까지는 만철이 제공한 특별열차를 이용했으나, 창춘부터는 러시아가 이토를 위해서 제공한 화려한 특별열차를 이용했다.[7] 재무대신으로서 동청철도를 지휘 감독하고 있는 코코프체프의 배려였다. 그는 이토를 영접하기 위하여 동청철도의 간부들을 창춘으로 파견하여 하얼빈까지 호위토록 하는 정성을 보였다. 창춘에서 늦게 출발한 이토 일행의 특별열차는 10월 26일 아침 9시 정각 하얼빈 역에 도착했다.[8]

코코프체프가 열차 안으로 들어가서 기내 영접을 했다. 코코프체프를 맞아 이토는 "각하께서 동청철도 시찰을 위해 만주에 올 예정이라는 말을 듣고 이 여행을 계획했습니다. 실은 그 동안 일본과 러시아 사이에 이해가 충돌하는 문제가 나타날 때마다 공평하고 현명한 태도로 문제를 처리해온 각하께서 여정을 일본까지 연장한다면, 양국친교에 크게 이바지할 것으로 생각했습니다. 그러나 의회개회가 임박하고 공사다망하여 일본 방문이 이루어질 수 없다고 판단하여 우리 정부는 저에게 각하를 만주에서 영접하도록 하여 이렇게 뵙게 되었습니다"라고 정중하게 인사했다.

이에 코코프체프는 "귀국에서는 말할 것도 없고 세계 모든 나라에서 절대적으로 존경을 받고 계신 각하로부터 이처럼 분에 넘치는 말씀을 듣게 되니 송구스러워 몸 둘 바를 모르겠습니다. 저는 다만 황제의 신임에 따라 직무를 수행할 뿐입니다. 무엇이든 황제폐하의 결정 없이는 실현할 수 없습니다. 원래 러시아는 정의와 공평을 존중하는 모든 나라와 평화와 협조의 관계를 유지하기를 희망하고 있습니다. 때문에 제가 뜻하는 바는 일본의 중대한 이해에 관계되는 모든 문제를 처리함에 있어서도 우리 황제폐하의 공평한 결정에 공헌하게 될 것입니다. 이 점 알아주시기 바랍니다"라고 답했다. 이토는 다시 "저는 여러 문제에 관하여 각하와 흉금을 터놓고 이야기를 나누고 싶어 이곳에 왔습니다. 그렇다고 해서 저의 의견이 결코 귀국 황제폐하에게 불만을 뜻한다거나, 또는 귀국에게 불이익을 뜻하는 것이 아니라는 점을 알아주시기 바랍니다"라고 의미 깊은 말을 했다.[9]

코코프체프는 보다 자세한 이야기는 뒤로 미루기로 하고 먼저 역두에 마련된 환영의식에 참여해줄 것을 부탁했다. 군악대가 연주하는 가운데 이토는 코코프체프와 나란히 선두에 서서 의장대를 열병했다. 나카무라 만철 총재, 가와카미 도시히코 총영사 등이 그 뒤를 따랐다. 열병 후 출영한 각국 영사들과 인사를 끝내고, 일본인 환영객을 향하여 막 걸음을 떼는 순간 총성이 울렸다. 이토의 몸이 휘청했고, 한 걸음 앞서 있던 코코프체프가 손을 뻗어 붙잡으려고 했고, 뒤따르던 일본인들이 급히 부축했다. 쓰러진 이토는 코코프체프의 지시에 따라서 열차 안으로 옮겨졌고, 주치의가 거류민 의사와 함께 응급조치를 취했으나 그의 생명은 끝났다. 주치의에 의하면 이토의 사망은 열차가 도착한 지 한 시간 후인 10시였다. 그의 69세의 생애는 하얼빈 역두에서 끝났다. 여섯 발의 총탄 가운데 세 발이 이토의 급소를 타격했고, 나머지 세 발은 다른 세 일본인을 맞혔다.

이토의 사체를 실은 특별열차는 오후 6시 다시 창춘으로 돌아왔다. 그의 영구는 일본 군함으로 옮겨져 28일 다롄을 출발하여 31일 밤에 요코스카 항에 입항했다. 그리고 11월 2일 도쿄의 신바시(新橋) 역에 도착했다. 황족, 원로, 각료, 육해군의 장성 등 2,000여 명이 이토의 사체를 맞았다. 11월 4일 국장을 치르고 오이무라(大井村)에 묻혔다.

아이러니컬하게도 하얼빈에서 이토의 죽음은 동시대의 많은 사람들의 부러움이었다. 인생의 황혼 길에 들어선 이토가 병상이 아니라 이국땅에서 암살이라는 극적인 인생의 종막, 그것도 일본의 숙원사업인 정한을 완수하기 위함이었다는 사실은 그의 위상을 한층 더 크게 만들었다. 막말이래 오랫동안 동지이면서 정적관계를 유지했던 야마가타 아리토모는 주변 사람들에게 "이토라는 인간은 참으로 행운을 타고난 사람이다. 죽을 장소를 택한 것에 대해서는 군인인 나로서도 참으로 부럽다"고 속마음을 털어놓았다.[10] 오쿠보 도시미치 사망 후 함께 메이지 정부를 이끌었고 그후 정당정치의 경쟁자였던 오쿠마 시게노부는 그의 추도사에서 "이토는 나보다 두 살 아래다. 연령으로 보더라도 아직 죽을 시기는 아니다. 더군다나 일본이라는 나라는 아직도 해야 할 일이 많이 있기 때문에 아무리 생각해 봐도 유감스러운 일이다. 그러나 어차피 죽을 것이라면 다다미 위에서 죽느니 차라리 드넓은 만주 벌판에서 자객의 손에 죽는 것이 오히려 영예롭다고 생각한다. 비스마르크의 만년은 어떠했는가? 참으로 비참하지 않았는가? 우리들은 비스마르크의 만년에 비해 이토는 실로 영광스러운 죽음을 맞이했다고 생각하며 그나마 스스로를 위로하고 있다"고 밝혔다.[11] 메이지 천황의 사망을 접하면서 자결로 메이지 천황에게 절대 충성했던 뤼순 공략의 육군대장 노기 마레스케는 "큰소리로 말할 수는 없지만, 이토 공은 실로 죽을 장소를 잘 얻은 사람"이라고 부러워했다.[12]

2. 대한제국의 폐멸

하얼빈에서의 이토의 죽음은 많은 한국인들을 기쁘게 했다.[13] 그러나 동시에 대한제국의 폐멸을 독촉했다. 그의 죽음은 역설적으로 그가 강조하고 일본정부가 기다리던 적당한 시기에 병탄을 단행한다는 "적당한 시기"를 제공하게 되었다.

이토의 죽음은 일본 국내외적으로 커다란 파장을 몰고왔다. 국제적으로는 병탄의 명분을 축적하게 되었고, 국내적으로는 병탄을 위한 국민적 지지를 확보할 수 있었다. 국내 여론은 압도적으로 근본적 해결, 즉 병탄을 촉구하는 쪽으로 강화되었다. 언론에는 즉각적 병탄을 요구하는 성명서가 연일 발표되었고, 정계는 강경조치를 요구하고 나섰다.

정우회의 중진인 오가와 헤이키치, 오타케 간이치, 「니로쿠 신문(二六新聞)」의 편집장 후쿠다 와고로 등이 중심이 되어 활동하고 있는 조선문제동지회(朝鮮問題同志會)는 병탄의 당위성과 불가피성을 강조하는 국민대회를 개최하면서 강경 여론을 주도했다. 동지회에 의하면 정부는 그 동안 "반도의 종주권을 확보하지 않고, 우유부단한 고식적 정책"에 매달려왔기 때문에 한국인들은 "비밀결사와 음모단을 조직하고, 폭도가 횡행하여 양민을 도탄으로 몰아넣고 있다"는 것이다. 그들은 정부 당국에게 근본적인 해결을 위한 실행을 촉구했다.

총리 가쓰라 다로는 "이토의 뜻밖의 재난"을 "병탄의 방침을 실행할"

적시라고 판단했다. 그러나 앞의 대강에서 밝힌 바와 같이 그는 병탄을 정부가 능동적으로 실행하는 것으로 비치기보다는, 외형적으로라도, 한국인의 요구에 의한 것으로 연출하고 싶었다. 가쓰라의 표현을 빌리면, "한국인들로 하여금 합병을 열렬히 청원하게 하는 것이 최상"의 상황이었다.[14] 이는 고무라 외무대신이 솔직히 털어놓고 있는 것과 같이 "우리 편에서 앞장서서 병합을 결정하는" 것은 그 동안 일본이 여러 차례 한국의 독립부익과 독립유지를 강조해온 "선언"에 배치되는 것으로서 "약간 부담스럽기" 때문이었다.[15] 한국인이 원하는 병탄을 완성하기 위해서 가쓰라 내각의 후원을 받으면서 우치다 료헤이를 중심으로 한 우익집단이 병탄작업의 전면에 나섰다.

이토의 장례식이 끝나자, 우치다와 스기야마 시게마루는 총리 가쓰라와 협의하여 한성에서 활동하고 있던 다케다 한시를 도쿄로 불렀다. 그로 하여금 일진회의 이름으로 합방청원서(合邦請願書)를 작성케 하기 위함이었다. 우치다와 스기야마는 다케다가 작성한 청원서 초안을 원로 야마가타와 가쓰라에게 전달하고, 일진회가 이 청원서를 당국에 제출하면, 일본 정부가 이를 수용하여 병탄을 단행하는 형태를 취한다는 시나리오를 협의했다.

스기야마는 육군대신 데라우치를 따로 방문하여 청원서 내용을 설명했다. 데라우치는 청원서에 동조하면서 보다 구체적인 행동방안과 대책을 지시한 메모를 그에게 전달했다. 9개의 항목으로 되어 있는 이 메모에는, 일진회로 하여금 합병청원서를 총리, 국왕, 통감에게 제출하게 하고, 청원 과정에서 일어날 수 있는 한국인의 반대에 대한 조치를 강구하고, 병합 드라마에 시종 일본은 전혀 관여하지 않고 어디까지나 한국인들 단독으로 처리한 것으로 하고, 일본정부는 태연하게 청원서의 제출을 기다려 처리하되, 장래 열강에 대한 대처 등을 사전에 심사숙고하여 그 대책을 강구할 것 등의 내용이 포함되어 있었다.[16]

우치다는 가쓰라 총리가 승인한 합방청원서를 지니고 12월 1일 한성으로 돌아왔다. 3파 제휴의 실현 가능성이 희박하다는 보고를 받은 그는 이용구, 송병준, 다케다와 협의하여 일진회 단독으로 합방청원을 단행키로 결정했다. 그리고 합방상주문과 합방청원서를 일진회 회장 이용구와 "일백만 회원"의 이름으로 12월 4일 대한제국의 황제, 총리, 일본의 통감에게 제출했다.

순종에게 보낸 합방상주문(合邦上奏文)에서 일진회는 한국과 일본은 정치, 사회, 문화, 종교 등 모든 면에서 결코 분리될 수 없고 반드시 합방되어야 한다는 것, 합방은 한국인의 번영과 동양의 평화를 위해서 필요하다는 것, 합방이 성취되는 그 날은 한국 황실의 종말을 뜻하는 것이 아니고 오히려 영원히 존속할 수 있는 시발점이라는 것, 그리고 2,000만의 한국민중이 일본 천황의 은덕 아래 행복을 누릴 수 있는 유일한 길이라는 것을 강조하여 황제가 합방에 동의할 것을 촉구했다.

총리 이완용에게 보낸 청원서에서 일진회는 한국이 현재까지 존립할 수 있었던 것은 갑신정변 후 일본이 사심 없이 보호해주었기 때문이라는 것, 한국인이 일본민족의 구성분자가 될 수 있다면 황실은 물론 온 국민이 자손만대에 걸쳐 축복받게 될 것이라는 점을 강조하고 있다. 그렇기 때문에 총리와 정부의 모든 각료는 2,000만 민중의 희망이 성취될 수 있도록 힘써야 한다고 주장했다.

통감 소네에게 보낸 청원서에서 일진회는 "민중"을 대신하여 일본 천황과 통감이 2,000만 민중을 잘 보살펴준 것에 감사한다는 것, 한국인도 일본인과 같이 일등 국민이 되기 위해서는 반드시 일본 천황의 보호를 받아야 한다는 것, 그러므로 통감은 일진회가 2,000만 민중을 대표해서 일본 천황에게 간청하는 것이 성취될 수 있도록 노력해줄 것을 요청했다.

같은 날 일진회는 "동양 전체의 평화"와 "한국 황실이 영원히 존경받고 숭배 받을 수 있는 기초를 공고히 하며", "우리 인민이 동등하게 대우받는 복리를 향유하기" 위하여 전개하는 일진회의 합방청원운동에 "2,000만 민중이 적극적으로 참여할 것을 호소하는" 합방성명서를 발표했다.[17]

일진회의 합방 성명은 온 국민의 분노를 샀다. 「대한매일신보」와 「황성신문」은 연일 논설을 게재하여 일진회를 비판하고, 국민의 각성을 촉구하고, 내각을 질타했다. 「대한매일신보」는 1909년 12월 5일자 논설에서 "슬프다 너희 일진회야, 너희는 홀로 대한국 인민이 아닌가. 5조약(을사5조약) 때에 불 붓는 데에 키질을 하였으며, 7협약(정미7조약) 때에 물 긋는 데에 바람을 도왔음으로 일진회 석자만 들어도 국민이 이를 갈거늘, 오히려 부족하여 이제 또 일종의 괴이한 선언을 지어내는가"라고 질타했다. 12월 5일자 「황성신문」의 논설은 "아 슬프고 통탄할 일이다. 소위 일진회장 이용구의 상소문이여, 그 패덕하고 흉악함이 우리 대한신민(大韓臣民)된 자로 도저히 볼 수 없고 읽을 수 없구나"라고 탄식했다. 또 「대한매일신보」는 12월 8일자 논설에서 "저 일진회는 한국이 한 치만 남아도 한 치를 멸하고, 한인이 일개만 남아도 일개를 죽이고자 하나니 동포들아 아는가 모르는가. 살았는가 죽었는가"라고 국민의 각성을 촉구했다.

일진회와 병탄 주도권 장악을 위하여 경쟁하고 있던 이완용도 병탄을 둘러싼 정치 소용돌이에 적극적으로 뛰어들었다. 그는 한편으로는 반정부운동에서 돌아선 대한협회를 사주하여 국민대연설회를 조직하여 일진회의 합방 성명에 대항케 했다. 그들은 도처에서 국민대회를 열어 일진회가 제창한 합방 성명은 한국을 위태롭게 하는 것이라고 크게 비난하며 공격했고, 이어서 통감부와 한국내각 앞으로 비(非)합방 상서를 제출하게 했다. 이완용 총리는 또다른 한편으로는 일진회가 제출한 합방청원서를 모두 기각했다. 물론 이완용이 일진회의 합방운동에 부정적 태도를 취한 것은 그가 일본의 한국병탄을 반대했기 때문은 아니었다. 보다는 병탄이라는 '대사 결행'의 주도권을 일진회에게 내줄 수 없었기 때문이었다. 병탄의 주도직 역할을 일진회에 빼앗긴다는 것은 그만큼 일본의 지원으로부터 멀어지는 것이고, 정치적 입지의 약화를 의미했다. 1909년 12월 12일의 「대한매일신보」는 "내각 당국자 여러분들이여, 그 동안 나라 파는 도적질을 몇 차례나 했느뇨. 을사5조약에서 제1차 도적의 이름을 얻었고, 정미7

협정에서 제2차 도적의 이름을 득(得)했으며, 그 다음에도 많은 사건에서 도적질을 꾸몄는데, 이번에 또다시 도적 습관이 일어나 동포를 속이고, 국민을 팔려는가"라고 매국행위를 꾸짖었다. 황현의 「매천야록」도 "완용이 합방론을 스스로 주장하려다가, 일진회에 선수를 빼앗겼으므로 질투하였다"라고 기록하고 있다. 두 집단의 나라를 파는 주도권 쟁탈전은 치열했다. 일진회와 이완용 내각을 질타하는 기사가 연일 지면에 차고 넘쳤다.

수차례에 걸쳐 제출한 합방상주문과 건의서가 기각되자, 이용구는 12월 21일 합방을 간청하는 진정서를 일본의 가쓰라 총리에게 직접 제출했다. 이 진정서에서 이용구는 동양의 평화와 한국인의 안녕을 위해 일본정부의 즉각적인 합방 단행을 촉구했다. 비슷한 내용의 진정서를 12월 28일 다수의 일본 중의원 의원 앞으로 발송하기도 했다. 일본정부가 기다리는 "적당한 시기"의 조건을 충족시키는 "한국인의 병합 요구"가 드디어 성숙되고 있었다. 정부가 나설 때가 왔다.

정부의 조치

이토 히로부미의 죽음 이후 한국 정국은 혼미의 수렁으로 빠져들었다. 혼란하면 할수록 병탄을 위한 "적당한 시기"가 다가왔다. 일본 국내의 여론과 한국 정치의 변화를 주시해온 일본정부 당국은 점차 국면이 성숙되고 있다고 판단했다. 1910년 2월 2일 가쓰라 총리는 그 동안 이용구와 송병준의 고문으로 실질적으로 일진회를 조종해온 스기야마 시게마루를 불러 그에게 일진회와 관련된 정부의 병탄정책을 알려주고 적절한 조치를 지시했다. 4개 조항으로 만들어진 가쓰라의 일한합병처분안(日韓合倂處分案)이라는 메모에는 "1) 일진회와 기타 단체의 합방 의견서는 적절히 수리하고 합방 반대 의견서는 모두 기각한다. 2) 합방에 귀를 기울일 것인가의 여부는 어디까지나 일본정부 방침과 활동에 관한 것으로서 이에 대한 한국인의 어떠한 형태의 간섭도 용납하지 않는다. 3) 일진회가 오랫동안 친일적 지조를 지켜왔고, 온건하고 통일된 행동을 취해왔을 뿐만 아니라 두 나라를 위하여 몸과 마음을 다해온 성의를 충분히 이해하고 있다. 4) 위의 3개 조항은 당국의 오해 없이 내훈(內訓)으로 처리해야 할 것"이라는 내용이 포함되어 있다.[18] 일진회의 용도가 폐기되고 있음을 시사하고 있다.

일본정부는 신속하게 움직였다. 고무라 외무대신은 2월에 재외공관장들에게 "한국병합방침"과 "시설대강"을 통보했다. 이토를 위시한 원로와 정부가 우려했던 것은 병탄에 대한 열강의 승인이었다. 특히 러시아와 영국의 승인이 무엇보다 중요했다. 앞에서도 지적했듯이 이토의 만주행도 병탄 실행의 최대 걸림돌이라고 할 수 있는 러시아의 협조를 얻기 위함이었다. 4월 5일부터 제2차 러일협약을 위한 협상이 진행되었다. 가쓰라가 병합 실행의 시기를 "목하 교섭 중에 있는 러시아와의 사건이 완결된 후 가장 가까운 때"로 예정하고 있는 것도 러시아의 중요성을 잘 설명하고 있다. 협상과정에서 모토노 대사는 표트르 스톨리핀 러시아 수상으로부터 "일본이 장래에 한국을 병합하려는 것은 물론 어쩔 수 없는 일이고, 러시아에서도 이에 대해서 별로 이의를 주창할 이유나 권리가 없다"는 확답을 받았다.[19] 가장 큰 난제의 해결이었다.

고무라 외무대신은 5월 19일 주일 영국대사 맥도널드와의 회견에서 한국 병합은 피할 수 없는 운명에 다다르고 있다며 실행이 가까웠음을 통보했다. 그리고 7월 17일에는 가토 대사를 통해 가까운 시일 안에 한국병합을 단행하고 병합 후 한국과 모든 외국과의 체결조약은 실효한다는 점을 영국정부에 전했다.

5월 30일 그 동안 소극적이었던 소네 통감을 경질하고, 강경론자인 데라우치 육군대신을 통감으로 겸임 발령했다. 같은 날 야마가타 아리토모의 양자인 야마가타 이사부로를 부통감으로 임명했다. 그리고 6월 3일에는 병탄 후 한국지배는 초헌법적인 천황대권에 근거하고, 총독은 천황 직속으로 대한제국에서의 일체의 정무를 장악하며, 총독은 법률 사항에 관한 명령권을 가지고 있고, 대한제국의 정치기관을 개폐(改廢)하고, 병탄실행에 필요한 경비는 예비비에서 충당한다는 등을 포함한 13개 항목의 "병합 후의 한국에 대한 시정방침"을 각의에서 확정했다.

6월에는 외무성의 구라치 데쓰키치, 통감부의 고마쓰 미도리, 내각의 나카니시 세이이치 등 실무 관료를 중심으로 한 병합준비위원회가 설치되었다. 준비위원회는 여러 차례의 심의 과정을 거쳐 조선(朝鮮)이라는 명칭으로 그들의 식민지가 된 대한제국을 부르기로 결정했다. 조선인의 법적 지위, 황실의 존칭, 황족의 대우, 외국거류지의 처분 등을 포함한 21개항의 병합실행 방법세목을 확정하여 내각에 제출했다.[20] 7월 8일 내각은 병합조약안, 조칙안, 선언안, 병합실행 방법세목 등을 최종적으로 결정했다. 그리고 일본정부는 한국 황실, 유공자, 양반에 지급할 금액 및 일체의 선후책에 대한 비용으로 3,000만 엔의 별도 예산을 책정했다. 앞에서 지적했듯이 송병준이 제시한 1억 엔의 3분의 1도 못 되는 돈으로 '한국을 산' 결과가 되었다.

중요한 준비가 모두 끝나자 데라우치 신임 통감이 삼엄한 경호를 받으며 7월 23일 한성에 도착했다. 매켄지에 의하면, 데라우치는 "끝장은 내는 정책을 수행하겠다고 공언하고 나선 사람"으로서 "한국인이야말로 집어삼켜 씨를 말려버려야 할 민족이라고 생각하는 인물"이었다. 데라우치가 "한성에 들어오던 날, 그것은 마치 찬바람이 도시를 스쳐간 것처럼 싸늘했고", "경찰과 헌병이 곳곳에 깔려 있으며 밀정들은 사람의 마음까지 뚫어보는 것 같았고" 곁눈질도 할 수 없는 분위기였다.[21]

데라우치는 즉시 정치, 종교, 사회단체의 모든 활동을 규제하는 한편, 병합에 비협조적인 관리는 그 직책에서 해임할 뜻을 밝혔다. 8월 16일 데라우치는 이완용을 통감 관저로 불러 병합의 뜻을 통보했다. 그는 이완용에게 일본정부는 한국을 보호하기 위하여 청일, 러일 두 차례의 전쟁을 치르면서 수만의 생명과 수십억의 재산을 희생했다는 점을 다시 밝히고, 보호통치로는 한국 황실의 안전과 한국인 전체의 복리를 증진할 수 없기 때문에 두 나라를 합하여 하나로 만들고 정치기관을 통일하는 것 이외의 다른 길이 없다는 점을 강조했다. 그리고 병합정책을 지지하지 않을 경우 송병준으로 하여금 새 내각을 조직하도록 하겠다는 뜻을 밝히고 도쿄에 머물러 있던 송병준의 귀국을 지시했다.[22]

데라우치가 이완용에게 제시한 일본의 병합안은 같은 날 한국내각에서 커다란 저항 없이 통과되었다. 그로부터 6일 뒤인 8월 22일 한국 황제는 한국 전부에 관한 일체의 통치권을 완전히 그리고 영구히 일본국 황제에게 양여하고, 일본국 황제는 앞에서 제시한 양여를 수락하고 또한 한국을 일본제국에 병합하는 것을 승낙한다는 8개 조항의 이른바 일한합병조약(日韓合併條約)이 이완용과 데라우치 사이에서 조인되었다. 이 조약은 대한해협을 사이에 두고 8월 29일 조서와 함께 두 나라에서 공식적으로 공포되었다. 한국 황제는 밖으로 동양의 평화를 공고히 하고 안으로 온 나라의 모든 민생을 보존하기 위하여 한국의 통치권을 종전부터 믿고 의지해온 이웃 나라 대일본 황제에게 양여하는 것이니 온 국민은 일본 제국의 문명과 새 정부에 복종하여 행복을 같이 누리리라는 유시를 발표했다. 일본 천황은 동양의 평화를 영원히 유지하고, 제국의 안전을 장래에 보장하고, 한국 내의 공공의 안녕을 유지하고, 민중의 복리를 증진시키기 위하여 한국 황제의 병합 요구를 받아들인다는 조서를 발표했다.[23] 이로써 독립 한국의 민족사는 중단되었고, 35년의 식민지 통치와 한국인의 민족 독립 항쟁의 역사가 시작되었다. 이토 히로부미가 하얼빈 역두에 쓰러진 지 10 개월 후였다.

같은 날 아침 일본 외무대신 고무라 주타로는 신문사 대표들을 도쿄의 외무대신 관저로 초청하여 그 동안의 경위를 설명하고 언론의 협조를 당부했다. 「요미우리 신문(讀賣新聞)」이 전하는 고무라의 발언 내용의 요지는 일본은 1905년 동양 화란(禍亂)의 화근(禍根)을 단절하기 위하여 한국에 대한 보호통치를 시작했다는 것, 그러나 그 동안의 통치에 비추어볼 때 보호통치만으로는 화란의 근원을 단절한다는 한국통치의 책임을 다할 수 없다는 것을 깨닫게 되었다는 것, 그래서 1909년 7월 한국병합의 방침을 확정하고 필요한 시기에 단연 이를 결행하기로 결정하고, 결정된 방침대로 병합을 단행하기로 했다는 것 등 그 동안의 사정을 설명했다. 이어서 제국정부는 조선의 치안을 충분히 유지하고, 산업발달의 임무를 다하여 조선인의 복리를 증진하고, 일한일가(日韓一家)를 이루어 동양 평화의 즐거움을 누리는 데에 기여하겠다고 다짐했다. 그리고 이를 위해서 언론이 앞장 서줄 것을 당부했다. 그것은 바로 이토가 병탄의 명분으로 내세웠던 말이다.

그러나 그후 진행된 한국의 일본화, 즉 일본은 동화를 전제로 하여 한국을 식민통치함으로써 한국과 일본의 갈등을 더욱 뿌리 깊게 만들었고, 결국 동아시아의 대동아공영권(大東亞共榮圈)을 건설하기 위한 태평양 전쟁을 일으킴으로써 자신을 패망의 길로 인도했다.

에필로그

역사의 기록과 기록의 역사

이토가 숨을 거두기 직전 남긴 말로 알려진 "어리석은 녀석(馬鹿な奴ち
や)"이라는 에피소드가 인구에 회자되고 마치 진실인 양 후세에 전해지고
있다. 그러나 이는 진실이 아니다. 뒷날 만들어진 이야기이다.

이 말이 세상에 알려지기 시작한 것은 통감부의 외사국장으로 이토를
도왔고, 병탄 후에는 총독부의 외교부장과 중추원 서기관장으로 식민통치
의 일역을 담당했던 고마쓰 미도리가 1928년 편집 책임자가 되어 출간한
「이토 공 전집(伊藤公全集)」 이후부터이다. 전집 제3권에 수록된 이토의
일대기라고 할 수 있는 "이토 공 정전(伊藤公正傳)"에 "어리석은 녀석"이
라는 구절이 다음과 같이 등장하고 있다.

(한국인이) 공을 향하여 부라우닝 연발총을 발사했다. 그 중 세 발이 공의 흉간에
명중했다. 공은 태연자약하여 놀라지도 않고 수행원의 옹호를 받아 스스로 걸음
을 떼어 타고 온 기차 안으로 들어가 수행의사 고야마 젠의 응급처리를 받았
다.……공은 고통을 호소하지 않고 다만 구두를 벗기라고 명하고 여전히 브랜디
를 찾아 마셨다. 흉도(兇徒)가 어떤 사람이냐고 물었다. 한인 안중근이라는 말을
듣고 "어리석은 녀석"이라고 한마디 했을 뿐이다. 부상 후 30분 만에 한 세대의
영웅은 69세를 일기로 백옥루(白玉樓 : 문인이 죽어서 간다는 누각)의 한 사람이
되었다.[1]

그러나 이토는 총에 맞은 후 스스로 걷지도, 자신을 저격한 자가 누구냐고 묻지도, 그리고 아무런 말도 못했다. 이토가 최후로 말했다는 "어리석은 녀석"이라는 말은 그의 죽음을 극화하고 병탄을 왜곡하기 위하여 뒷날 만들어진 기록이다. 그 표현 이면에는 문명화와 식산흥업을 지배철학으로 삼은 이토를 암살하는 어리석은 짓이 결국 병탄을 자초했다는 점을 부각하기 위한 것이었다.

　이토의 암살은 '세기적 사건'이었다. 당시 일본은 미국이나 영국과 어깨를 나란히 하는 강대국이었고, 이토는 중국의 리훙장과 더불어 국제적으로 가장 잘 알려진 동양인 정치가였고 외교가였다. 그는 미국의 루트 국무장관, 영국의 솔즈베리 외무대신, 러시아의 람스도르프 외무대신이나 비테 재무대신, 독일의 비스마르크 수상 등과 같은 열강의 정치, 외교 지도자들과 교류하면서 제국 일본의 국권확장을 이끌었던 인물이다. 더욱이 그의 만주행은 러시아 제국 황제의 절대적 신임을 받고 있는 코코프체프 재무대신과의 회담을 위해서였기 때문에 국제적 관심과 뉴스의 초점이었다. 한국 병탄과 만주 문제는 물론, 동아시아의 새로운 제국주의적 국제질서를 만들어내기 위한 외교적 행각이었기 때문에 이토가 하얼빈에 도착할 당시 일본인 기자는 물론 많은 외신기자들이 그를 기다리고 있었다. 하얼빈에서의 암살 사건은 언론의 비상한 관심을 끌었고 그의 사망과 직후에 전개된 사태는 신속하게 보도되었다. 전해지는 것처럼 이토가 죽기 직전 마지막 말을 남겼다면 그의 발언은 반드시 언론에 크게 보도되었을 것이다. 그러나 당시 일본 언론은 물론, 중국, 러시아, 영어권의 그 어느 언론 매체에도 이토가 총에 맞은 후 말을 남겼다는 기록은 찾아볼 수 없다.

　이토가 하얼빈에 도착한 후 그가 숨을 거둘 때까지 가장 가까이 있었던 인물은 초청자인 러시아의 실력자 코코프체프였다. 저격 당시 옆에 있었던 그는 이토를 열차로 옮기도록 지시했고, 이토의 사망을 공식적으로 확인할 때까지 현장에 있었다. 「뉴욕 타임스」가 전하는 코코프체프의 설명에 의하면, 완전히 의식을 잃은 이토를 몇 사람이 그의 팔과 몸을 받쳐 들어 객차

안으로 옮겼다. 그때 이토는 이미 시체나 다름없었다.[2]

이토의 사위이기도 한 스에마쓰 겐초가 1910년 출판한 책에는 이토의 최후를 "한국 망명의 한 광한(狂漢)이 군중 속에서 뛰어나와 공을 저격했다. 공은 흉부에 세 발의 총탄을 맞고 얼마 지나서 죽었다"라고 기록하고 있다.[3]

후루야 히사쓰나는 오랫동안 이토의 기록을 담당한 인물이다. 만주행에 동행했던 후루야는 사건 직후부터 순간순간을 전문으로 일본정부와 이토의 부인 우메코에게 소식을 전했다.[4] 사건 직후인 26일 오전 10시로 되어 있는 하얼빈 발 첫 전문은 가쓰라 다로 수상과 오이소에 있는 이토 부인에게 보낸 것이었다. 내용은 "이토 공 오늘 아침 9시 하얼빈에 도착하여 정거장에서 (러시아) 재무대신과 함께 군대사열을 할 때 한국인이 발사한 피스톨에 여러 발 공격받아 생명이 위험함"이었다. 10시 30분 가쓰라에게 보낸 두 번째 전문에는 "이토 공 절명. 곧 창춘으로 돌아가서 뤼순 또는 다롄에서 군함으로 요코스카로 직항하겠음. 창춘으로 회신 바람"이라고 이토의 사망을 통보했다. 같은 시간에 부인에게 "공작 10시 절명. 곧 돌아가겠음"이라는 별도의 전문을 보냈다.

창춘에 도착한 후 후루야는 그 동안의 사정을 자세히 가쓰라에게 타전했다. 26일 6시 발(發)로 되어 있는 그의 전문은 "이토 공 조난 전말 상세 보고서"였다. 이에 의하면 25일 창춘에 도착하여 출발할 때까지, 기차 안에서의 일, 그리고 하얼빈 도착 후의 상황을 설명한 후 피격에서 사망에 이르기까지를 다음과 같이 보고하고 있다.

(러시아) 재무대신 이하 러시아 문무관 및 수행원 일동과 함께 9시 30분 막 사열을 끝내고 몇 걸음 뒤로 돌아갈 때 군대의 한쪽 끝 뒤에서 머리가 짧고 양복을 입은 한 청년이 갑자기 공의 지척에까지 다가와 피스톨로 공을 저격하고 계속해서 여러 발 발사했습니다. 곧 공을 부축하여 열차 안으로 들어갔고, 고야마 의사는 정거장에 출영한 러시아 의사 등과 응급조치를 취했으나, 잠시 신음

후 오전 10시 끝내 사망했습니다. 공작의 부상은 별도의 전문의 고야마 의사의 진단서를 참고하시기 바랍니다. 범인이 소지한 7연발의 피스톨은 6발을 발사했고, 그 가운데 3발은 공에게 명중했고, 한 발은 모리 비서관의 팔과 어깨를 관통했고, 한 발은 가와카미 총영사의 팔과 어깨, 그리고 다른 한 발은 다나카 만철 이사의 다리를 가볍게 스쳤습니다. 범인은 피스톨 외에 작은 칼을 품고 있었다고 합니다.[5]

가쓰라 총리에게 종합적으로 상황을 자세히 설명한 이 보고서에는 이토가 자신을 저격한 사람이 누구냐고 묻거나 또는 "어리석은 녀석"이라는 말을 남겼다는 기록은 없다. 뿐만 아니라 범인이 한국인이라는 단정적 표현도 없다.

10월 26일과 27일 사이에 후루야가 이토의 부인 우메코, 수상 가쓰라, 외무대신 고무라 등과 주고받은 많은 전문 가운데에도 이토가 저격당한 후 죽을 때에 말을 남겼다는 기록은 없다. 뿐만 아니라 사건 직후부터 일본 외무성, 하얼빈 영사관, 통감부, 헌병대 사이에 오고간 전문들 사이에도 이토의 최후 발언에 관한 기록은 없다.[6]

당시의 보고서와 보도를 종합해보면, 세 발의 총탄을 맞은 후 이토는 의식을 잃은 죽은 상태나 다름없었고, 하얼빈을 떠나 창춘에 도착할 때까지는 저격자가 한국인이라는 것에 대해서도 확신이 없었다. 10월 27일 「도쿄아사이 신문」(26일 2시 반 하얼빈 영사가 전송)에 의하면 "한국인으로 생각되는 자에 의해서 저격당했다"라고 보도하고 있다. 그리고 저격자가 한국인이라는 것은 곧 알려졌지만, 이름이 안응칠이라는 보도가 언론에 처음으로 등장하기 시작한 것도 28일부터였다.[7]

그러므로 이토가 자신을 저격한 사람이 누구냐고 물었고, 수행원이 한국인이라고 답했고, 이토가 이를 듣고 "어리석은 녀석"이라는 최후의 말을 남겼다는 것은 진실이 아니다.

프랑스의 역사가 폴 벤느가 정의하고 있는 것처럼 역사는 진실의 이야기이고, 실제로 일어난 일의 기록이다. 그 이야기와 기록을 통해서 후세대는 특정 사건이 일어난 시대의 시대적 배경과 그 시대를 살았던 사람들의 사고와 행동양식, 사건의 본질과 성격, 그리고 그 사건이 후대에 미친 영향을 알 수 있다.[8] 그러나 이러한 모든 것들은 이야기와 기록이 진실을 바탕으로 했다는 가정 위에서만 가능하다. 만일 기록이 진실이 아니고 왜곡된 것이라면, 더욱이 특별한 목적의식이 있는 왜곡이라면, 역사는 전혀 다른 모습으로 나타날 것이다.

이 책을 준비하면서 품게 된 가장 큰 의문의 하나는 대한제국 병탄과정이었던 1904년 이후의 이토 히로부미를 중심으로 한 기록과 이야기의 진실성 문제였다. 그 의문은 책을 마무리하는 지금도 여전히 남아 있다. 대한제국 병탄과정에서 일본이 남긴 기록은 특별한 목적의식을 바탕에 깔고 기술한 것이 아닐까 하는 의구심을 떨쳐버릴 수가 없다.

목적의식이라고 함은 한국인은 스스로 독립을 지킬 수 없는 민족이고, 대한제국의 군주와 지배층은 시대정신과 국가관이 없었고, 오직 자신의 안위만을 우선했고, 일본의 한반도 진출은 침략이 아니라 청국이나 러시아로부터 한국의 독립을 보존하기 위한 조치였고, 일본이 취한 한국의 보호조치는 한국인의 문명화와 식산흥업을 위한 것이었고, 이를 주도한 이토는 침략자가 아니라 문명의 사도였고, 의병은 세상물정을 모르는 폭도들이었고, 대한제국은 식민지로 전락할 수밖에 없었다는 것 등과 같은 점을 부각시키고 진실로 만들려는 것이다. 일본은 기록을 통해서 이러한 왜곡된 한국상을 진실인 것처럼 치장했고 병탄을 합리화했다.

이토는 일찍부터 기록의 중요성을 잘 아는 정치인이었고, 이미 생전에 사후에 남을 기록들을 정리하고 있었다. 그는 1900년 5월 기자 출신인 후루야 히사쓰나를 개인 촉탁으로 채용한 후 하얼빈에서 쓰러지는 순간까지 그를 옆에 두고 한국병탄과 관련된 자신의 공식 활동의 기록들을 정리했다.

1904년 한일의정서를 마무리 짓기 위하여 대한제국을 방문하고 고종황제를 알현한 이후 1909년 통감직을 사임할 때까지 이토는 많은 공식 기록을 남겼다. 고종황제와의 대화를 상세히 기록하여 메이지 천황에게 제출한 "복명서(復命書)", 통감으로 부임한 이후의 "황제 알현기", 통감지배정책을 논의한 "한국시정개선에 관한 협의회록", 한국 대신들과 가졌던 "대화록" 등이 그 일부이다. 이러한 모든 기록은 「일본외교문서」, 「주한일본공사관기록」, 「통감부기록」 등에 남아 있고, 정부의 공식문서로 인정받고 있다. 이 기록들은 앞에서 지적한 목적의식을 충실히 반영하고 있다. 일본의 대한제국 병탄을 연구하기 위해서는 반드시 이 자료에 의존할 수 밖에 없는데, 지금까지의 모든 연구가 그랬다.

이러한 기록들을 근거로 한 이토의 보호통치는 끝까지 한국병탄을 의도하지 않았고, 그가 통감으로 실시한 지배정책을 "자치육성정책"으로, 또는 그를 "문명의 사도"로 평가하고 있다. 이토는 보호통치를 통해서 "한국인의 문명도가 높아지고 자치능력을 구비하여 의회정치가 뿌리를 내리는 날에는 한국 재(再)독립의 길이 열려 진정으로 일한동맹이 구축될 것을 꿈꾸었다"는 것이다.[9] 이토가 최종적으로 병탄에 동의한 것은 한국인이 문명화와 식산흥업이라는 "보호"의 본질을 깨우치지 못하고 저항했기 때문에 초래한 불가피한 결단으로 해석하고 있다. 그리고 안중근의 이토 암살은 병탄을 자초하는 결과를 가져왔다는 것이다.

그러나 앞에서 본 바와 같이 한반도 지배는 메이지 일본이 들어서면서부터 내세운 가장 중요한 "국시(國是)"의 하나였고, 두 번의 큰 전쟁을 치른 것도 결국 그 국시를 실현하기 위해서였다. 이토는 한국인의 열복과 열강의 지지를 받으면서 국시를 실현하기 위하여 보호통치의 명분으로 문명, 계몽, 식산흥업, 독립, 자치능력 등을 강조했다. 그러나 그의 지배는 문명의 탈을 쓴 근대적 법과 제도, 군사력, 그리고 정보와 사법기관, 푸코의 표현을 빌리면 "기기(器機, apparatus)"와 "권력의 그물망(web of power)"에 의존한 비문명적이고 억압적인 지배였다.[10] 그리고 물질적 황폐함은 물론이고 정신적 왜곡을 목적으로 한 식민지화의 기반을 닦는 것이었다.

일본의 대한제국 보호국화와 이토의 통감지배를 미화하고 병탄의 불가피성을 강조하고 있는 기록들은 역사의 기록이 아니라 특별한 목적을 위한 기록의 역사임을 보여주고 있다. 대한제국의 운명을 가름하는 중요한 순간의 기록들이 일본 측에는 자세히 남아 있지만, 한국 측에는 존재하지 않는다. 4년 가까이 97회 계속된 시정개선협의회에 대한 한국 측 기록은 단한 건도 찾아볼 수 없다. 심지어 고종황제와 이토의 대화 내용도 일본 정부 문서에만 남아 있을 뿐, 「조선왕조실록」에도 그 내용이 존재하지 않는다. '가해자'의 기록은 있지만, '피해자'의 기록은 없다. 이토가 메이지 천황에게 보고하는 복명서나 황제 알현기에는 마치 이토가 고종을 훈시하고 교육하는 듯한 표현으로 가득한 대화내용이 구체적이고도 자세히 기록되어 있다. 그러나 「고종실록」에는 고종이 이토를 접견했다는 기록만 있을 뿐, 어떤 대화가 어떻게 전개되었는지는 전혀 찾아볼 수 없다. 「고종 – 순종실록」이 대한제국 폐멸 후 시노다 지사쿠를 위원장으로 하고, 실제적 총책임을 경성제국대학 교수 오다 쇼고가 주도했다는 점을 고려한다면, 일본 측 기록에 반대되는 기록은 지워버렸거나 개찬했을 가능성이 크다.[11] 역사를 기록한 것이 아니라 기록을 통해서 역사를 만든 것이다.

후기

　나의 이토 히로부미에 대한 관심은 오래전부터 지대했다. 한때는 나의 박사 학위논문 주제로 심각하게 검토하기도 했었다. 이토가 일본의 대한제국 병탄 프로젝트를 주도했고 그후 지속된 35년의 식민지배에 초석을 다졌기 때문만이 아니라, 메이지 일본의 틀을 짰고 건설의 설계자였기 때문이다. 그는 근대 일본 국가건설의 주역이면서 동시에 '비틀어진' 한일관계의 시발점이기도 하다. 근현대 일본사와 한일관계사에 드리운 이토의 긴 그림자의 참모습을 밝혀보려는 것이 이 책의 목적이었다. 그러나 얼마나 이루어졌는지는 의문이다.

　마무리한 원고를 출판사에 넘기고 나면, 해방감을 느끼기보다 불안하고 초조해진다. 교정을 볼 때가 되면 그 불안과 초조함의 강도가 더해진다. 늘 그래왔듯이 이번에도 예외가 아니다. 활자화된 결과물이 처음 시작할 때 품었던 구상에 크게 못 미쳤다는 능력의 한계를 깨우치기 때문이 아닐까 한다. 이 작업을 시작한 지 5년이 넘었음에도 불구하고 결과는 만족스럽지 못한 것 같다. 더욱이 집필의 마지막 단계에서 감내하기 어려운 어려움을 당하면서 마무리 작업에 혼란을 겪었기 때문이었는지도 모른다. 부족한 대로 출판을 결심했다.

　책을 출판하기까지 많은 사람의 도움을 받았다. 대한제국 정치사를 깊이 있게 연구하고 있는 서영희 교수와 이토의 국가체제 구상을 연구한 방광석 박사로부터 많은 도움을 받았다. 이토의 한시를 번역하는 데는 국민대학교 중국학과의 팽철호 교수로부터 지도를 받았다. 국민대학교의 이종은, 김영미, 류미나 교수는 이 분야의 연구자들을 만나볼 수 있도록 자리를 만들어주시고 토론에 함께해주셨다. 한국사뿐만 아니라 일본 야사에도 밝으신 가천대학의 박종렬 교수께서 초고를 읽으시고 많은 잘못을 바로잡아주셨다. 정년 후 연구하는 데에 가장 불편한 것은 자료를 자유롭게 볼 수 있는 도서관과 멀어진다는 사실이다. 이 불편함은 서울대학교의 남기정 교수와 고려대학교의 정일준, 한정선 교수의 도움으로 해결되었다. 필요한 귀한 자료와 책들이 공급되었다. 도와주신 모든 분들께 깊이 감사드린다. 또한 개인적으로 몹시 힘들 때 위로와 격려로 마음을 다스릴 수 있도록 도움을 주신 국민대학교 일본학연구소의 이원덕 소장을 비롯한 모든 분께 마음으로부터 감사의 뜻을 전하고 싶다.

도서출판 까치와는 특별한 인연을 가지고 있다. 첫 번째 책인 「일본제국주의의 한 연구 — 대륙낭인과 대륙팽창」을 까치에서 출판하면서부터 박종만 대표와 인연을 맺을 수 있었다. 1980년이니 35년 전이다. 그후 반세기 가까이 한결같은 마음으로 베풀어주신 우정과 배려는 나에게 큰 힘이 되어왔다. 그 동안 일본과 관련된 몇 권의 단행본을 출간했으나, 하나의 주제를 연구대상으로 삼아 책으로 출판하는 작업은 아마도 이것이 마지막이 아닐까 생각된다. 시작한 곳에서 끝을 맺고 싶어 출판사에 나의 뜻을 전했고 그리고 흔쾌히 그 뜻이 받아들여졌다. 진심으로 감사드리고, 더 깊은 우정이 이어지기 바란다. 아울러 산만한 원고를 정리하여 편집한 출판사의 이인순 씨에게 감사드린다.

주

문헌 약자

「全集」: 小松綠 편, 「伊藤公全集」(昭和出版社, 1928), 3권

「伊藤傳」: 春畝公追頌會, 「伊藤博文傳」(春畝公追頌會, 1940), 3권

「交渉資料」: 伊藤博文 편, 「秘書類纂 朝鮮交渉資料」(原書房, 1970. 복각원본, 1936), 3권

「資料集成」: 金正明 편, 「日韓外交資料集成」(巖南堂書店, 1966), 10권

「主要文書」: 外務省 편, 「日本外交年表竝主要文書, 1840-1945」(原書房, 1965), 2권

「秘錄」: 平塚篤 편, 「伊藤博文秘錄」(春秋社, 1929-1930), 2권

「同時代史」: 三宅雪嶺, 「同時代史」(岩波書店, 1952), 6권

「明治編年史」: 中山泰昌 편, 「新聞集成 明治編年史」(本邦書籍株式會社, 1982), 15권

「保護及び倂合」: 朝鮮總督府 편, 「朝鮮の保護及び倂合」(金正柱 편, 「朝鮮統治史料」, III권에 수록된 책을 인용)

「西園寺傳」: 立命館大學西園寺公望傳編纂委員會, 「西園寺公望傳」(岩波書店, 1990-1993), 4권

「直話」: 伊藤博文 술/小松綠 편, 「伊藤公直話」(千倉書房, 1936). 본래「直話」는 1928년 출판된 「全集」 3권에 포함되어 있었으나, 1936년에 보완하여 출판했음. 이 책에서는 1936년 판을 인용했음.

「外交文書」: 外務省, 「日本外交文書」

「公事館記錄」: 국사편찬위원회 번역본, 「駐韓日本公使館記錄」 1-40

「施政年報」: 統監府, 「韓國施政年報」 3권

프롤로그

1. 德富蘇峰 편저, 「公爵桂太郎伝」(原書房, 1967 복제, 2권) II, p. 451

2. 이토에 대한 이러한 평가는 동시대나 후세에도 많이 나타나고 있다. 예컨대 池辺三山의 "伊藤博文論"(1910. 이 인물평은 뒷날 1930년에 출판된 池辺三山/瀧田樗陰 편, 「明治維新三大政治家: 大久保, 岩倉, 伊藤論」(中央公論社, 1930. 1975년 문고판으로 출간. 원문은 「中央公論」 1910년 4월호에 수록되어 있음). 津田茂麿, 「明治聖上と臣高行」(自笑會, 1928); 德富猪一郎, 「我が交遊錄」(中央公論社, 1938); 三宅雪嶺, 「同時代史」(岩波書店, 1949); 服部之總, 「明治の政治家たち」(岩波書店, 1950, 2권), 岡義武, 「近代日本の政治家」(文藝春秋, 1960) 등 참고.

3. 예컨대 이토 자료의 집대성이라고 할 수 있는 3권의 「全集」과 3권의 「伊藤傳」은 이토와 더불어 또는 이토의 참모로 보좌했던 사람들이 정리한 책이다. 최근에 출판된 것으로 伊藤之雄 「伊藤博文: 近代日本を創った男」(講談社, 2009); 瀧井一博, 「伊藤博文: 知の政治家」(中央公論社, 1910) 등이 있다. George T. Ladd, *In Korea with Marquis Ito*(Scribner's,

1908); Kengi Hamada, *Prince Ito*(Sansdeido Co., Ltd, 1936); George Kennan이 *The Outlook* 에 연재한 논평: "Korea: A Degenerate State"(1905. 10. 07); "The Sword of Peace in Japan"(1905. 10. 14); "The Korean People: The Product of A Decayed Civilization" (1905. 10. 21); "The Japanese in Korea"(1905. 11. 11); "What Japan Has Done in Korea" (1905. 11. 18). George T. Ladd, "The Annexation of Korea: An Essay in 'Benevolent Assimilation'", *Yale Review*(1911-1912) 등 참고.

제1장

1. Harold D. Lasswell, *Psychopathology and politics*(The University of Chicago Press, 1930); *Power and Personality*(Norton, 1948; The Viking Press, 1962) 참고.

2. 中原邦平, 「伊藤公實錄」(啓文社, 1909), p. 22

3. 池辺三山, p. 142

4. 「伊藤公實錄」, p. 23

5. 「我が交遊錄」, p. 50

6. 미셸 푸코 지음/정일준 역, 「미셸 푸코의 권력이론」(새물결, 1994), p. 30에서 재인용.

7. 「全集」 III, pp. 178-179

8. 「我が交遊錄」, p. 49

9. 池辺三山, p. 141; 「明治聖上と臣高行」, p. 724

10. 「全集」 III, pp. 176-178

11. 古谷久綱, 「藤公餘影」(民友社, 1910), p. 153

12. 伊藤仁太郎, 「伊藤痴遊全集 7卷: 伊藤博文・井上馨」(平凡社, 1929), p. 216

13. 제2장 참조.

14. 遠山茂樹, 「明治維新」(岩波書店, 1951); 古川 薫, 「長州奇兵隊：栄光と挫折」(創元社, 1972) 참고.

15. 「伊藤傳」 II, p. 79; 「直話」, p. 16

16. 「直話」, p. 38

17. 같은 책, p. 2. 동시대의 정치평론가 이케베 산잔은 오쿠보를 가리켜 "철두철미한 정치가로서 한 시대의 큰 정치가"라고 평했다. 오쿠보에 대한 이러한 평가는 그후에도 일관되고 있다. 池辺三山, p. 23

18. Albert Craig, "Kido Koin and Okubo Toshimichi: A Psychohistorical Analysis", Albert M Craig and Donald H. Shively, ed., *Personality in Japanese History*(University of California Press, 1970), p. 295. 기도와 오쿠보와 성격과 정치에 대한 태도에 관하여, Craig의 논문, pp. 264-308; Sydney D. Brown, "Kindo Takayoshi(1833-1877): Meiji Japan's Cautious Revolutionary," *Pacific Historical Review*, vol.24(May, 1956); Sydney D. Brown, "Okubo Toshimichi: His Political and Economic Policy in Early Meiji Japan," *Journal of Asian Studies*, vol. 21(Feb. 1962); Iwata Masakazu, *Okubo Toshimichi: The Bismark of Japan*(University of California Press, 1964) 참조.

19. 「明治聖上と臣高行」, p. 746

20. 原圭一郎 편, 「原敬日記」(福村出版社, 1965, 6권) II, p. 357(1909. 6. 3)

21. 池辺三山, pp. 141-142

22. 「明治聖上と臣高行」, p. 787

23. 小松綠, 「明治史實外交秘話」(中外商業新報社, 1927), pp. 38-39

24. 「明治聖上と臣高行」, p. 725 ; 도널드 킨 지음/김유동 옮김 「明治天皇」(다락원, 2002), II. p. 74

25. 「明治聖上と臣高行」, p. 727

26. 같은 책, p. 798

27. 같은 책, pp. 745-746

28. 같은 책, p. 728

29. 「我が交遊錄」, p. 39. 미야케 세쓰레이에 의하면, "이토의 공명심은 굉장한 것으로서 보통의 상식으로는 이해하기 어려울 정도이다. 그는 자신의 공명(功名)을 방해하는 자는 추호도 용납하지 않는다. 때때로 치기의 극단"으로 나타났다. 「同時代史」 II, p. 158

30. George Akita, *Foundations of Constitutional Government in Modern Japan, 1868-1900* (Harvard University Press, 1967), p. 62

31. 池辺三山, p. 141

32. 岡義武, 「近代日本の政治家」, p. 43. 이토의 가장 큰 취미는 '여색 즐기기'였다. 그는 늙은 기생, 어린 기생 가리지 않았고, 일단 싫증나면 곧 잊어버렸다. 마치 제삿날 꽃을 사서 쓰고 나면 미련 없이 버리듯이 그는 여자를 손에 넣고 즐기지만, 즐긴 후에는 더 생각하지 않았다. 이토 스스로 자신은 "정무를 돌보며 틈틈이 시간이 있을 때마다 기생을 상대하는 것이 제일 좋다"고 서슴없이 말하곤 했다. 이토의 호색성을 풍자한 당시의 시사만화에 관하여, 한상일, 한정선, 「일본, 만화로 제국을 그리다」(일조각, 2006), pp. 263-269

33. 池辺三山, pp. 141-142

제1부

제2장

1. 「藤公餘影」, p. 2. 「國民新聞」 기자출신인 후루야는 1900년 이후 이토가 하얼빈에서 숨을 거둘 때까지 이토의 비서관으로 활동하면서 이토의 기록을 정리했다. 특히 이토가 통감으로 대한제국을 통치할 때 가장 가까운 거리에서 보좌하면서 이토의 각종 연설문은 물론 고종 및 대신들과의 대화, 또는 내각회의의 회의록 등을 기록했다.

2. 쥬조의 성은 오치(越知), 또는 하야시(林)라는 설이 있으나 어느 쪽도 정확치 않다. 쥬조의 성씨를 알 수 없는 것은 당시 무사계급 이하는 성을 가지고 있지 않았기 때문에 그리 이상한 것이 아니다. 그러나 이토를 미화하는 당대 또는 후세의 기록자들은 미천한 쥬조 가문의 뿌리를 고레이(孝靈) 천황 또는 오야마스미노가미(大山祇神-伊豫大三島神社)에까지 끌어 붙이면서, "이토의 가계가 결코 비천한 촌뜨기 백성이 아니다"라고 설명하고 있다. 明治功臣錄刊行會 편, 「明治功臣錄, 天之卷」(新時代社, 1918), p. 276

3. 쥬조가 고향을 등진 것은 다만 생활이 어려워서 뿐만이 아니었다. 그는 가난에 찌든 쥬조가 마을에서 번정부의 연공미(年貢米) 12석을 빼돌려 유용했고, 이를 갚기 위하여 가신을 정리할 수밖에 없었다. 친척 도움을 받아 빚을 변제하려고 했으나, 실패하고 오히려 다투게 되어 친족 간에 의절하는 사태로 발전했다. 그는 더 이상 쓰가리무라에 머물기 어렵게 되었다.

4. 「藤公餘影」, pp. 23-24

5. 같은 책, pp. 31-32; 「伊藤公實錄」, p. 16

6. 「伊藤公實錄」, pp. 19-20

7. 「藤公餘影」, p. 51

8. 末松謙澄, 「孝子伊藤公」(1910. 1997년 スツノ書店 復刻), p. 32; 「伊藤公實錄」, p. 41

9. 「全集」 III, p. 7

10. 杉原勝臣, 「伊藤博文公小傳」(東京國文社, 1925), p. 6

11. 「直話」, p. 100

12. 「藤公餘影」, p. 57

13. 「直話」, p. 100

14. 「藤公餘影」, p. 51

15. 「孝子伊藤公」, pp. 41-42

16. Albert Craig, *Choshu in the Meiji Restoration*(Harvard University Press, 1967), pp. 162-164

17. 조슈의 사족인 杉百合之助의 차남으로 태어났으나, 1834년 숙부 吉田大助의 양자로 입양했다.

18. 에도 막부의 최고 책임자인 이이 나오스케(井伊直弼)와 마나베 아키가쓰는 천황의 칙허를 받지 않고 미일수호통상조약을 조인하고, 또한 쇼군 후사로 도쿠가와 이에모치(德川家茂)를 결정했다. 이러한 정책에 반대하는 인물들을 탄압하는 것으로 시작한 옥사사건은 많은 존왕양이 파와 히도츠바시(一橋) 파의 다이묘와 무사들이 연루되었다. 1858년부터 1859년에 걸친 이 탄압은 요시다 쇼인, 하시모토 사나이 등을 포함하여 100명 이상이 연좌된 막말 최대의 옥사 사건이었다.

19. 「孝子伊藤公」, p. 39; 「伊藤傳」 I, p. 23. 明神은 일본 토착의 神祇와 불교를 혼합한 신의 이름.

20. 메이지 유신으로 가는 과정에 관하여, H.D. Harootunian, *Toward Restoration: The Growth of Political Consciousness in Tokugawa Japan*(University of California Press, 1970); W.G. Beasley, *The Meiji Restoration*(Stanford University Press, 1972) 참고.

21. 「伊藤傳」 I, p. 27

22. 「伊藤傳」 I, p. 28

23. 「直話」, p. 16

24. 「全集」 III, pp. 30-34; 「直話」, pp. 171-178

25. 이토가 목을 친 장면을 다음과 같이 기록하고 있다. "이토는 순식간에 '얏' 하는 기합과 함께 칼을 빼 머리를 내리쳤다. 약간의 피부와 살덩이가 남아 있는 머리가 천천히 아래로 떨어졌다. 다카스기가 '멋지다'고 큰 소리로 이토의 기량을 칭찬했다. 방 안은 선혈이 낭자하고 참혹한 모습이었다. 세 사람은 이를 보고 자못 유쾌한 듯이 웃었다." 伊藤仁太郎, 「伊藤痴遊全集 7: 伊藤博文, 井上馨」, p. 231

26. 우노와 하나와 살해에 관하여, 「伊藤公實錄」, pp. 97-100, 159-161; 「伊藤傳」 I, pp. 73, 977-978 참조.

27. 「直話」, p. 39; 「藤公餘影」, p. 75

28. 다카스기 신사쿠 비문 전문. 「全集」 1, pp. 280-282. 東行은 다카스기의 호이다.

29. 이토가 받은 사령장에는 "야마시타(山下) 신병위조(新兵衛組)의 슌스케(春輔)는 요시다 쇼인에게서 학문을 배웠고, 또한 존왕양이의 정의를 깨달았으며, 마음이 바르고, 각별한 노력을 평가하여 준사무라이야토이(準士雇)에 임명한다"라고 기록하고 있다. 「伊藤傳」 I, pp. 77-78. 무사의 신분계급은 家老를 포함한 상급, 상중급 무사인 사무라이(士), 말을 탈 수 있는 무사로 사관 또는 장교에 해당하는 우마마와리(馬廻), 보병으로 하급무사인 가치구

미(徒士組), 그리고 잡병이라고 할 수 있는 최하위 무사인 아시가루(足輕)로 구분되어 있다. 사무라이, 우마마와리, 가치구미는 藩主로부터 급료를 받지만, 아시가루는 급료가 없다. 준사무라이(準士)는 우마마와리에 속한다.

30. 「伊藤博文公小傳」, p. 9

31. Craig, pp. 128-137; 「孝子伊藤公」, p. 96

32. 다카스기는 막부가 1862년 4월 27일 상하이로 파견한 사절단과 함께 센자이마루(千歳丸) 에 동승하여 외유 길에 올랐다. 그는 5월 7일부터 7월 4일까지 상하이에 체류하면서 보고 들은 것을 일기 형식으로 "上海淹留日錄"을 남겼다. 1862년 5월 21일의 기록, 日本近代思 想大系 1, 田中彰 校主, 「開國」(岩波書店, 1991), p. 218. 다카스기의 중국여행기 "遊清五 錄" 전문, 「開國」, pp. 209-286 참고.

33. 「伊藤傳」 I, p. 84. 이토는 구루하라 외에도 조슈의 번사인 石田太郎, 長嶺內藏에게도 "英國行"을 희망하는 뜻을 간절히 전하고, "주선"을 당부했다. 같은 책, pp. 85-86

34. 「伊藤公實錄」, p. 186

35. 「伊藤傳」 I, p. 97

36. 이토 일행을 보살펴준 매디슨의 회고록(영문), 「伊藤傳」 I, pp. 979-982 참고.

37. 「伊藤公實錄」, p. 213

38. 尾崎行雄, 「近代快傑錄」(千倉書房, 1934), p. 176

39. 鳥谷部春汀, 「明治人物評論」(博文館, 1898), p. 174

40. 「伊藤公實錄」, pp. 214-215

41. 「伊藤傳」 I, pp. 126-128

42. 같은 책, pp. 170-171

43. 大町桂月, 「伯爵後藤象二郎傳」(富山房, 1914), pp. 403-404

제3장

1. 牧野伸顯, "伊藤博文公", 「太陽」 18권 9호

2. 「藤公餘影」, p. 152

3. 「伊藤傳」 I, p. 355

4. 같은 책, pp. 361-383

5. 「明治功臣錄, 天之卷」, pp. 312-313

6. 「伊藤傳」 I, p. 381

7. 같은 책, p. 417

8. 같은 책, p. 412; 「全集」 I, pp. 168-171

9. 久米邦武 편저/水澤周 역주, 「現代語譯 米歐回覽實記, 1: アメリカ編」(慶應義塾大學 出版株式會社, 2008), p. 4. 佐賀藩 출신인 구메 구니타케는 메이지 유신 후 藩政의 내정 개혁안을 입안했고 1870년부터 중앙정부에 참여했다. 이와쿠라 사절단의 한 사람으로 미국 과 유럽 순방에 참여했고 귀국 후 시찰보고서를 집필했다. 그리고 1878년 100권의 「特命全 權大使 歐美回覽實記」를 편집했다.

10. "版籍奉還の建白"과 "國是綱目の建白"의 전문, 「伊藤傳」 I, pp. 415-425. "廢藩に關す る建議"와 "常備軍設に置關する上疏"의 전문, 「全集」 I, pp. 165-171; 「秘錄」 I, pp. 117-120 참고.

11. 「明治功臣錄, 天之卷」, p. 320. 메이지 정권이 들어서면서 새로운 관제로서 太政官制를

도입했다. 1885년 내각책임제가 실시될 때까지 지속된 이 관제는 몇 차례 개정이 있었으나, 입법, 행정, 사법의 기능을 포괄한 최고 행정기관으로 기능했다. 최고위직인 태정대신과 좌우대신, 民部省을 위시한 각 성의 경(卿:大臣), 그리고 참의(參議)로 구성되었다. 태정대신과 좌우대신은 황족이나 公家[조정]가 독점했으나, 유신 유공자, 특히 사쓰마와 조슈가 절대 다수였던 참의들이 실질적으로 정책결정의 중심 역할을 했다. 「明治功臣錄, 天之卷」, p. 320. 각 성에는 대신 아래 次官급으로서 大輔, 少輔, 少副가 있었고, 大輔가 상위의 차관이었다.

12. 「伊藤傳」 I, p. 537

13. 개혁안 전문, 같은 책 I, pp. 548-558 참고.

14. 건의서 전문, 같은 책 I, pp. 592-599

15. 「全集」 III, pp. 8-9; 「直話」, p. 49

16. 「同時代史」 I, p. 282

17. Eugene Soviak, "On the Nature of Western Progress: The Journal of the Iwakura Embassy," Donald H. Shively, ed., *Tradition and Modernization in Japanese Culture*(Princeton University Press, 1971), pp.7-34

18. 「現代語譯 米歐回覽實記, 1」, p. 13

19. 牧野伸顯, 「回顧錄」(中央公論, 1948, 2권), I, pp. 44-45. 학생 신분이었던 마키노의 당시 나이는 11살이었다. 그는 미국 필라델피아 중학교에서 3년 동안 유학하고 1874년 귀국하여 도쿄 제국대학의 전신인 開成학교에서 수학을 계속했다. 그는 1906년 이후 문부, 농상무, 내무, 외무, 궁내대신 등 요직을 두루 거친다. 이토 히로부미가 헌법조사를 위하여 유럽에 갈 당시 마키노는 런던 대사관에 근무하면서 인연을 맺게 된다.

20. 「同時代史」 I, p. 339

21. 샌프란시스코에서 행한 연설의 영어 원문, 「伊藤傳」 I, pp. 1013-1017 참고.

22. 「現代語譯 米歐回覽實記, 1」, pp. 218-219

23. 「伊藤傳」 I, p. 646; 毛利敏彦, 「明治六年の政變」(中央公論社, 1979), p. 23

24. 「明治聖上と臣高行」, pp. 271-272

25. 「伊藤傳」 I, pp. 659-660

26. 같은 책, pp. 663-664

27. 「明治聖上と臣高行」, p. 274

28. 「外交文書」 V, pp. 64-68

29. 「伊藤傳」 I, pp. 660-661

30. 「明治聖上と臣高行」, p. 274

31. 「全集」 III, p. 9; 「藤公餘影」, p. 111

32. 「全集」 III, p. 31

33. 「伊藤傳」 I, p. 706

34. 服部之總, 「明治の政治家たち」 I, p. 98

35. 「秘錄」 I, pp. 57-58

제4장

1. 煙山專太郎, 「征韓論實相」(早稻田大學出版部, 1907), p. 8

2. Hilary Conroy, *The Japanese Seizure of Korea: 1868-1910*(University of Pennsylvania Press,

1960), p. 77

3. Key-Hiuk Kim, *The Last Phase of the Asian World Order: Korea, Japan, and the Chinese Empire, 1860-1882*(University of California Press, 1980), p. 187

4. 「征韓論實相」, p. 183

5. Key-Hiuk Kim, p. 184

6. 「孝子伊藤公」, p. 490

7. 「征韓論實相」, p. 224

8. 「秘錄」 II, p. 3

9. 과정에 관하여, 「伊藤傳」 I, pp. 753-770; 「孝子伊藤公」, pp. 478-494; 「征韓論實相」, pp. 207-226; 毛利敏彦, 「明治六年の政變」 V장; Nobutaka Ike, "Triumph of the Peace Party in Japan in 1873", *Far Eastern Quarterly*, II, 3(May, 1943); Conroy, pp. 42-49; Peter Duus, *The Abacus and the Sword: The Japanese Penetration of Korea, 1895-1910* (University of California Press, 1988), pp. 38-40

10. Andrew J. Grajdanzev, *Modern Korea*(Institute of Pacific Relations, 1944), pp. 25-26; Key-Hiuk Kim, pp. 186-187

11. 「征韓論實相」; 毛利敏彦, 「明治六年の政變」 참고.

12. 「征韓論實相」, pp. 149, 185

13. 「明治六年の政變」, p. 220

14. 日本史籍協會 편, 「木戸孝允文書」(東京大學出版會, 1971, 8권), VII, p. 429

15. 메이지 초기 외교관리의 조선 병탄에 관하여, 芝原拓自 외 편주, 「對外觀」(岩波書店, 1988), pp. 5-16 참고.

16. 遠山茂樹, "征韓論 · 自由民權論 · 封建論" I, II, 「歷史學研究」, 143號(1950. 1), 145號 (1950. 5)

17. 升味準之輔, 「日本政黨史論」(東京大學出版會, 1965), I, pp. 116, 136-138

18. 피터 두스 지음/김용덕 옮김, 「日本近代史」(지식산업사, 1983), p. 106에서 재인용.

19. 讀賣新聞社 편, 「明治維新」(1968), p. 240

20. 大西鄉全集刊行會編, 「大西鄉全集」(大西鄉全集刊行會, 1923, 3권), II, p. 755; 「日本政黨史論」 I, pp. 139-144

21. George A. Lensen, ed. *Korea and Manchuria Between Russia and Japan 1895-1904: The Observations of Sir Ernest Satow*(The Diplomatic Press, 1966), pp. 45-46

22. 「木戸孝允日記」, 1869. 1. 26; 田保橋潔, 「近代日鮮關係の研究」(中樞院, 1940), I, pp. 298-311

23. 芝原拓自, 「對外觀」, pp. 12-13

24. Key-Hiuk Kim, pp. 179-183

25. 「大西鄉全集」 II, pp. 742-743

26. 「征韓論實相」, pp. 88, 153-154

27. Nobutaka Ike, *The Beginnings of Political Democracy in Japan*(John Hopkins Press, 1950), pp. 60-72; Walter Wallace McLanren, *A Political History of Japan During the Meiji Era, 1867-1912*(Frank Cass & Co. Ltd, 1965), pp. 133-152

28. 「日本政黨史論」 I, pp. 154-167

29. 「伊藤傳」 I, p. 887

30. 같은 책, pp. 848-850

31. 류큐 제도는 1879년 오키나와 현이 되었고, 청국은 류큐 지배권을 포기했다.

32. 「伊藤傳」I, p. 888

33. 같은 책, p. 889

34. 같은 책, p. 906

35. 「秘錄」I, pp. 21-30

36. 「伊藤傳」I, pp. 912-913

37. 같은 책, p. 911

38. 「秘錄」I, pp. 72-75

39. 「日本政黨史論」I, pp. 168-180

40. 「伊藤傳」II, p. 83

제5장

1. 「伊藤傳」II, p. 615

2. 「伊藤傳」I, p. 795. 이러한 일련의 조치는 입헌체제에 대한 정부의 인식을 잘 설명해주고 있다.

3. 「木戶孝允文書」VIII, p. 121-122

4. 日本史籍協會 편, 「大久保利通文書」(東京大學出版會, 1983, 10권), V, pp. 182-203; 「伊藤傳」I, pp. 796-799; 方光錫, 「伊藤博文の国家体制構想」(立教大学 博士論文, 2003)

5. 오쿠보의 암살 현장과 과정 및 참간장에 관하여, 「明治編年史」III, p. 391

6. 초기 메이지 정권의 최고 정책결정기구라고 할 수 있는 참의 회의는 사쓰마와 조슈가 장악했다. 특히 오쿠보 사망 후 참의제도가 존속한 1885년까지 14명의 참의들 가운데 10명이 사쓰마와 조슈 출신으로서 사쓰마-조슈 연합정권 체제를 강화했고 이를 이토가 주도했다.

7. 이토는 법제국(法制局) 장관(1875), 상훈국(賞勳局) 장관(1876), 형법초안심사 총재(1877), 제도조사국 장관(1884) 등을 겸하면서 메이지 시대에 중요한 법제정과 제도개혁을 주도했다. 초기의 관록세(1873), 전신조례(1874), 원로원, 대심원, 지방장관회의 설치(1875), 신문조례(1875), 교육령(1879) 등은 물론이고, 태정관제가 내각제도로 바뀌고, 초대 총리로 재임 중에도 제국대학령, 사범학교령, 소학교령, 중학교령, 화족재산세습법, 교과서검정조례, 등기법, 공인인증법(1886), 소득세법, 보안조례(1887), 시제(市制) 및 정촌제(町村制)(1888) 제정 등 그의 손길이 닿지 않은 것이 없었다. 그러나 가장 중요한 과업은 '정체'의 근본이라고 할 수 있는 헌법초안의 기초였다. 근대 일본에서 이토의 위상을 흔들릴 수 없는 지위로 끌어올린 결정적 사건은 1945년 일본이 태평양전쟁에서 패망할 때까지 국가의 틀이라고 할 수 있는 헌법을 기초했다는 사실이다.

8. 「伊藤傳」II, p. 190

9. 이토의 의견서 전문은 「伊藤傳」II, pp. 192-201 참조.

10. George Akita, *Foundation of Constitutional Government in Modern Japan, 1868-1900*, p. 38

11. Joyce C. Lebra, "Okuma Shigenobu and 1881 Political Crisis," *Journal of Asian Studies*, Vol 18(Aug. 1959)

12. 오쿠마 의견서의 전문, 「伊藤傳」II, pp. 984-994

13. 「明治聖上と臣高行」, p. 503

14. 「伊藤傳」II, p. 207: 多田好問 편, 「岩倉公實記」(原書房, 1968), III, p. 715

15. 「伊藤傳」II, pp. 208-9

16 「明治聖上と臣高行」, p. 504

17. 「西園寺傳」I, pp. 413-414: 「岩倉公實記」III, pp. 716-729

18. Akita, p. 38; Joseph Pittau, S.J., *Poltical Thopught in Early Meiji Japan, 1868-1889* (Harvard University Press, 1967), p. 91

19. 「伊藤傳」II, p. 211

20. 「岩倉公實記」III, pp. 737-739: Akita, pp. 46-49

21. 「明治編年史」IV, p. 422

22. 岡義武, 「近代日本の政治家」, p. 57

23. 「伊藤傳」II, p. 223

24. 「岩倉公實記」III, p. 753; Akita, p. 43

25. 「伊藤傳」II, pp. 235-236

26. 「明治聖上と臣高行」, p. 504

27. 오쿠마에 대한 평가는 池辺三山, pp. 174-177; 服部之總, 「明治の政治家たち」II, pp. 2-56 참조.

28. 岡義武, 「近代日本の政治家」, p. 56

29. 「伊藤傳」II, p. 216

30. 岡義武, 「近代日本の政治家」, p. 57

31. 「明治聖上と臣高行」, p. 629

32. 「同時代史」II, p. 140

33. 「伊藤傳」II, pp. 253-256. 「秘錄」II에는 29개 항목으로 되어 있다. pp. 42-44

34. 「伊藤傳」II, p. 269

35. 「西園寺傳」I, p. 411

36. 「伊藤傳」II, p. 296

37. 편지 전문, 「伊藤傳」II, pp. 302-306

38. 「伊藤傳」II, p. 311. 이토는 영어 단어를 가타가나로 표기했다.

39. 「秘錄」II, p. 48

40. 이토는 영어 단어를 가타가나로 표기했다. 「秘錄」II, pp. 45-49; 「伊藤傳」II, p. 320

41. 편지 전문, 「伊藤傳」II, pp. 335-339

42. 같은 책, p. 348

43. 같은 책, p. 365

44. 「明治聖上と臣高行」, p. 623. 기본적으로 옛 公家[조정]의 화족은 집안의 격에 따라, 그리고 옛 諸侯는 급여(石高)에 따라 결정했다. 1889년 제정된 귀족원령에 따라 30세 이상의 공작과 후작은 전원, 백작과 자작과 남작은 호선에 따라 귀족원의원이 될 수 있는 특권을 가지게 되었다. 화족령은 패전 후 1947년 폐지되었다.

45. 「伊藤傳」II, p. 442

46. 指原安三 편, 「明治政史: 正史編」(日本評論社, 1927), pp. 474-488. 중세 이래 몇 번 바뀌었지만, 최고위직인 關白 또는 太政大臣의 직위는 항상 가스가묘진(春日明神: 나라 현 가스가 신사에 모셔진 신으로, 平安시대 이래 권력의 자리에 있던 귀족 후지와라[藤原] 가문의 씨족 신)의 후손이 아니면 차지할 수 없었다. 그런데 1885년 이후에는 문벌이나

혈맥과 관계없이 총리직에 오를 수 있게 되었다.

47. 「同時代史」 II, pp. 255-6. 구로다는 술에 취해서 부인을 죽일 정도로 주사가 난폭한 것으로 알려졌다.

48. 같은 책, p. 258

49. 「明治編年史」 VI, p. 205. 초대 내각의 대신은 농상무(谷干城 : 도사 출신)와 체신(榎本武揚: 옛 막부 신하)을 제외하고는 모두가 사쓰마와 조슈 출신이었다. 궁내대신을 겸한 총리 이토, 야마가타 아리토모(내무), 이노우에 가오루(외무), 야마다 아키요시(山田顯義, 사법)가 조슈였고, 마쓰카타 마사요시(재무), 오야마 이와오(육군), 사이고 쓰구미치(해군), 모리 아리노리(森有礼, 문부)가 사쓰마 출신이었다.

50. 예컨대 하코다테(函館), 삿포로(札幌), 네무로(根室) 세 현을 폐지하고, 홋카이도 청(北海道廳) 설치(1886. 1. 26), 각 성의 대신 이하의 직무권한을 규정한 각성관제(各省官制, 2. 27), 제국대학령(3. 2), 참모본부조례 개정(3. 18), 사법학교령–소학교령–중학교령(4. 10), 화족세습재산법(4. 29), 교과용 도서검정조례규정(5. 10), 홋카이도 토지불하규칙(6. 29), 지방장관제 실시(7. 20), 등기법 및 공증인법 제정(8. 13) 등을 총리 취임 후 1년 내에 실시했다.

51. Akita, pp. 63-64; Pitau, pp. 171-175; Johannes Siemes, *Hermann Roesler and the making of the Meiji States*(Sophia University, 1968), pp. 9-52

52. 金子堅太郎, "諸國憲法制定の由來", 「明治憲政經濟史論」(國家學會, 1919), p. 75

53. 「伊藤傳」 II, pp. 584-585

54. 헌법공포의 예식과 국민들의 반응에 관하여, 「明治編年史」 VII, pp. 227-228; 「同時代史」 II, pp. 358-365

제6장

1. 大山梓 편, 「山縣朋友意見書」(原書房, 1966), pp. 201-204

2. 「伊藤傳」 II, 1; Key-Hiuk Kim, *The Last Phase of the East Asian World Order*, pp. 226-231

3. 그러나 실질적으로 군함을 파견한 것은 사절단 대표 인선의 혼선과 정부 내 사정으로 사건 발생 석 달이나 지난 12월에야 이루어졌다.

4. 角田房子/金恩淑 옮김, 「閔妃暗殺」(朝鮮日報社, 1988), p. 101

5. 신헌 지음/김종학 옮김, 「심행일기」(푸른역사, 2010), p. 355

6. Key-Hiuk Kim, p. 247; Peter Duus, *The Abacus And The Sword*, p. 48

7. Joseph H. Longford, *The Evolution of New Japan*(Cambridge University Press, 1913), p. 105

8. 일본정부는 당시 정부에 자문역할을 하고 있던 프랑스 법률학자 부아소나드(Gustave Boissonade)에게 강화도사건을 국제법에 의거해서 처리할 수 있는 방법을 여러 차례 자문받고 있다. 「交涉資料」 II, pp. 182-241 참고. 메이지 초기 부아소나드의 역할에 관하여, Alexis Dudden, *Japan's Colonization of Korea: Discourse and Power*(University of Hawaii Press, 2005), pp. 45-47 참고.

9. 「심행일기」, pp. 330-331

10. 「伊藤傳」 II, p. 5. 강화도사건과 조일수호조약을 둘러싼 정부 내의 갈등과 인선과정에 관하여, 같은 책, pp. 1-20 참조.

11. 이노우에 가쿠고로 지음/한상일 역–해설, 「서울에 남겨둔 꿈」(건국대학교출판부, 1993), p. 24

12. W. E. 그리피스 지음/신복룡 옮김, 「隱者의 나라 韓國」(평민사, 1985), p. 590. William E. Griffis의 *Corea, The Hermit Nation*은 1882년에 출판되었다.

13. 「伊藤傳」 II, p. 390

14. 한중일 3국의 연대에 관한 낭만적 견해에 관하여, 宮崎滔天, 「三十三年の夢」(文藝春秋社, 1943); In K. Hwang, *The Korean Reform Movement of the 1880s*(Schenkman Publishing Company, 1978) 참고.

15. 1862년부터 5년간 막부와 각 번이 해외에 보낸 유학생 수는 막부에서 62명, 번에서 58명으로 135명에 이르렀다. 박훈, 「메이지 유신은 어떻게 가능했는가」(민음사, 2014), pp. 100-103

16. 小松綠, 「明治史實外交秘錄」, p. 29

17. 「同時代史」 II, p. 233

18. 기밀문서 전문 「交涉資料」 I, pp. 265-268; 「資料集成」 III, pp. 3-6

19. 「同時代史」 II, pp. 233, 246

20. 「伊藤傳」 II, pp. 392-397

21. 후쿠자와는 12월 15일 이후 청국과의 전쟁을 주장하는 강경한 내용의 논설을 신문에 지속적으로 게재했다. "朝鮮事變(12. 15); 朝鮮國に日本黨なし(12. 17); 朝鮮事變の處分法(12. 23); 戰爭となれば必勝の算あり(12. 27); 御親征の準備如何(1885. 1. 8) 등. 갑신정변에 대한 「時事新報」의 기록은 「福澤諭吉全集」 X, pp. 137-221 참고.

22. 이토가 밝힌 협상의 주제와 범위는 청국 지휘관의 파면, 10만 량 배상, 일본과 청나라가 무력충돌을 피하기 위한 계획 수립, 그리고 조선에서 일본과 청나라의 관계를 재조정하겠다는 것이었다. 「伊藤傳」 II, pp. 405-406

23. 이토는 협상과정을 대담과 일기 형식으로 기록을 남겼다. 협상을 위한 대담, 진행과정, 결과 등에 관하여, 「交涉資料」 I, pp. 503-671; 「外交文書」, vol. XVIII, pp. 196-200; 「伊藤傳」 II, pp. 413-430 참고.

24. 국제적 규범 속에서 이토가 톈진 조약에서 구사한 '외교기법'에 관하여, Dudden, pp. 55-60

25. 「原敬日記」 I, p. 56

26. William Langer, *The Diplomacy of Imperialism*(Alfred A. Knopf, 1968), p. 168

27. 「東京日日新聞」, 1885. 4. 18

제7장

1. 「西園寺傳」 II, p. 158

2. 이토 사임 후 내각 인맥은 여전히 사쓰마와 조슈 중심으로 이루어진 번벌내각(藩閥內閣)이었다. 이토의 뒤를 이어 사쓰마의 구로다 기요타카(1888. 4-1889. 10), 조슈의 야마가타 아리토모(1889. 12-1891. 4), 사쓰마의 마쓰카타 마사요시(1891. 5-1892. 7)가 차례로 내각을 구성했다. 그러나 예산권을 장악하고 있는 의회를 통제할 수 없는 정부의 정국운영은 갈수록 어려워졌다.

3. 친정부계인 중앙구락부가 95명을 당선시켰으나, 야당이 반수를 훨씬 넘는 163명을 확보했다.

4. 小松綠, 「明治史實外交秘話」, p. 57

5. 「伊藤傳」 II, pp. 900-901. 메이지 천황은 "국가의 국방을 준비하는 데에 하루를 늦춘다면 백년의 후회를 남길 수 있다"고 국방의 중요성을 강조하고, 군함을 건조하기 위하여 천황 스스로 "천황가의 생활비[內廷費]를 줄여서 6년 동안 매해 30만 엔을 지원하고, 특별한

사정이 있는 사람을 제외하고는 모든 문무관료가 6년 동안 봉급의 10분의 1을 군함건조비의 보충에 충당할"것을 지시했다.

6. 한 역사가는 이토가 활용한 이러한 "악례(惡例)"는 뒷날 그대로 전통이 되어 결국 일본을 패망으로 인도하는 한 원인이 되었음을 다음과 같이 비판하고 있다. 즉 "결국 천황의 이름으로 무모한 전쟁을 계획하고, 천황의 이름으로 이를 강행하는 일이 벌어져도 국민은 아무것도 할 수 없고, 그 결과 대일본제국은 패멸(敗滅)하고 천황은 주권의 자리에서 쫓겨날 정도로 국체가 크게 변하는 대혁명이 나타났다. 그 원인이 어디에서 유래했느냐고 묻는다면, 여러 가지 이유가 있을 수 있지만 그 답의 하나는 정치가 지나치게 황실을 이용한 메이지 이래의 정부와 정치가의 잘못에서부터 시작되었다고 말하지 않을 수 없다."그 시작이 이토부터였고, 이는 이토가 후대에 남겨준 "죄"의 하나였다. 板倉卓造,「政治家史論」(慶應通信, 1954), p. 246

7. 「伊藤傳」II, p. 962;「西園寺傳」II, pp. 133-134

8. 「同時代史」III, pp. 8-9

9. 김옥균의 중국행과 암살에 관하여, 琴秉洞,「金玉均と日本-その滯日の軌跡」(綠蔭書房, 1991), 5장 참고.

10. 「同時代史」III, p. 8

11. 「明治編年史」IX, p. 53

12. 「伊藤傳」III, p. 68

13. 朴宗根 著/朴英宰 譯,「淸日戰爭과 朝鮮」(一潮閣, 1989), pp. 13-14

14. 「交涉資料」II, p. 527

15. 한상일 역-해설,「서울에 남겨둔 꿈」, p. 8; 陸奧宗光 著/中塚明 校注,「蹇蹇錄」(岩波書店, 1983), p. 23

16. 「伊藤傳」III, p. 54;「西園寺傳」II, p. 143

17. 「蹇蹇錄」, p. 26

18. 林董/由井正臣 校主,「後は昔の記 他-林董回顧錄」(平凡社, 1970), p. 75

19. 「日本」1894년 5월 25일 사설 "對外硬の精神"

20. 후쿠자와 유키치의「時事新報」사설, "日淸の戰爭は文野の戰爭なり" 1894. 7. 29. 「福澤諭吉全集」XIV, pp. 491-492

21. 우치무라 간조의 'Justification of the Corean War' 전문은, The Complete Works of Kanzo Uchimura, Vol. V, Essays and Editorials 1, 1886-June 1897(教文館, 1973), pp. 66-75 참고.

22. 藤本尚則,「巨人頭山滿翁」(田口書店, 1922), pp. 339-40; 천우협의 활동에 관하여, 한상일,「日本帝國主義의 한 研究」(까치, 1980), pp. 56-61

23. 「伊藤傳」III, p. 68

24. 「西園寺傳」II, p. 146

25. 「蹇蹇錄」, p. 73; William Langer, pp. 173-174

26. 「資料集成」V, pp. 29-30

27. 「서울에 남겨둔 꿈」, p. 97

28. 같은 책, pp. 100-101;「蹇蹇錄」, pp. 68-69

29. 「蹇蹇錄」, p. 62

30. 당시의 상황과 내정개혁안에 대하여,「서울에 남겨둔 꿈」, pp. 103, 110-112

31. 「蹇蹇錄」, p. 71

32. 같은 책, pp. 73-74

33. 「伊藤傳」 III, p. 69

34. 「조선왕조실록」, 고종 31년 6월 22일

35. 사변에 관하여, 「서울에 남겨둔 꿈」, pp. 121-133; 「伊藤傳」 III, pp. 68-70; 平井晚村 편, 「岡本柳之助 : 風雲回顧錄」(초판, 1912, 1990, 中央公論社), pp. 228-235

36. 「蹇蹇錄」, p. 135

37. 朴宗根, p. 78

38. 「明治編年史」 IX, p. 109; Stewart Lone, *Japan's First Modern War: Army and Society in the Conflict with China, 1894-95*(London: MacMillan Press, 1994)

39. 「資料集成」 IV, pp. 120-124; 「交涉資料」 III, pp. 91-96; 「蹇蹇錄」, pp. 158-160, 164-171

40. 기밀서신 전문, 「資料集成」 IV, pp. 360-363; 柳永益, 「甲午更張研究」(一潮閣, 1990), p. 73

41. 「蹇蹇錄」, p. 152

42. 「서울에 남겨둔 꿈」, pp. 132, 144-145

43. 같은 책, p. 154

44. 「西園寺傳」 II, pp. 146, 167

45. 「伊藤傳」 III, p. 99

46. 「資料集成」 IV, pp. 178-179. 그러나 「고종실록」(36책 32권 49장 B면)에는 고종이 "함화당(咸和堂)에 나아가 일본국 전권공사 이노우에 가오루를 접견했다. 국서(國書)를 바쳤기 때문이다"라고만 간단히 기록되어 있다.

47. 이노우에를 중심으로 한 일본의 '조선 보호국화' 정책의 배경과 진행과 좌절에 관하여, 柳永益, 「甲午更張研究」(一潮閣, 1990), pp. 22-87 참고.

48. 「資料集成」 IV, pp. 202-204; 柳永益, p. 50

49. 「伊藤傳」 III, p. 118; 柳永益의 연구에 의하면 이노우에는 1895년 말까지 42명의 일본인 고문관을 조선정부에 투입할 계획이었다고 한다. p. 51

50. 무쓰에게 보고한 20개조의 개혁안 전문, 「資料集成」 IV, p. 241; 「交涉資料」 III, pp. 455-463

51. 무쓰에게 보낸 계획서 전문, "朝鮮財政ニ二付キ井上公使具申", 「交涉資料」 III, pp. 536-550.

52. 柳永益, p. 62에서 재인용.

53. "伊藤首相井上公使寄スル書簡", 「交涉資料」 III, pp. 556-558

54. 「資料集成」 IV, pp. 391-393; 「伊藤傳」 III, p. 248

55. 「蹇蹇錄」, pp. 27, 59

56. "朝鮮政策上奏", 「山縣有朋意見書」, pp. 223-225

57. 뤼순 함락 후 승리감에 도취된 일본군은 6만여 명의 청국 시민을 학살했고, 이 사실은 James Grreeman에 의하여 *The New York World*에 보도되면서 일본군의 이미지가 악화되었다. Lone, pp. 156-157. 학살에 관하여 井上晴樹, 「旅順虐殺事件」(築摩書店, 1995)

58. 당시 각계의 강경론에 대하여, 「蹇蹇錄」, pp. 223-226; 岡義武, "日淸戰爭と當時における對外意識" 「國家學會雜誌」 68권 3,4호(1953), 5,6호(1955) 참고.

59. 「蹇蹇錄」 pp. 178-179

60. 「伊藤傳」 III, p. 85

61. 「伊藤傳」 III, p. 173; 「西園寺傳」 II, pp. 158-159

62. "威海衛を衝き臺灣を略すべき方略" 전문, 「伊藤傳」 III, pp. 134-138

63. 강화조약 전문, 「主要文書」 I, pp. 165-169

64. 청일전쟁과 독일의 외교관 브란트에 관하여, 막스 폰 브란트 지음/김종수 옮김, 「격동의 동아시아를 걷다 : 독일 외교관의 눈에 비친 19세기 조선, 중국, 일본」(살림, 2008), pp. 317-337 참고(브란트의 책, *Ostasiatische Fragen: China. Japan. Korea*는 1897년 출판되었다).

65. "The Japanese Imbroglio," *Blackwood's Edinburgh Magazine*, Sept. 1895, pp. 309-332. *Magazine*의 특파원이 현지에서 1895년 7월 6일 보낸 이 장문의 취재 기사는 당시 상황을 생생하게 전하고 있다. 영국의 전쟁 취재 특파원에 의하면, 일본은 1894년 청국과 전쟁에 돌입하면서부터 "일본은 공식적인 병탄을 자제하면서, 다만 형식상으로는 조선을 독립국으로 하지만 실질적으로 조선의 영토를 장악하는 것을 꾀하고 있다"고 기록했다. Blackwood's, p. 312; 협상을 둘러싼 강대국의 입장과 태도, 이토와 리홍장의 협상 과정과 내용 등에 관하여, Langer, pp. 176-191 참고.

第8장

1. 德富猪一郎, 「時務一家言」(民友社, 1913), pp. 15-16; 「蘇峰自伝」(中央公論社, 1935), p. 310

2. 「同時代史」 III, p. 65

3. 「伊藤傳」 III, p. 230

4. 같은 책, pp. 233-4

5. 같은 책, p. 247

6. 같은 책, pp. 250-251

7. 고문단에는 후일 이토의 통감통치를 보좌한 岡本柳之助(궁내겸 군부), 石塚英藏,(내무), 星亨(사법) 仁尾惟茂(재정), 齋藤修一郎(내무) 楠瀬幸彦(육군) 등이 포함되어 있었다.

8. 「서울에 남겨둔 꿈」, pp. 213-215

9. 安達謙藏, 「安達謙藏自序傳」(新樹社, 1960), pp. 53-54

10. 「資料集成」 IV, pp. 391-393; 「伊藤傳」 III, p. 248

11. 三浦梧樓, 「觀樹將軍回顧錄」(中央公論社, 1988. 초판은 1925년 政敎社에서 출판되었다), pp. 90-91. 미우라에 의하면, 육군개혁 문제에서 야마가타는 미우라의 개혁안에 항상 앞에서는 찬성했으나, 뒤에서는 반대하고 방해했다고 기록했다. pp. 193-202

12. Fred H. Harrington, *God Mammon and the Japanese: Dr. Horace N. Allen and Korean-American Relation, 1884-1905*(The University of Wisconsin Press, 1944), pp. 262-263

13. 「觀樹將軍回顧錄」, p. 266

14. 같은 책, pp. 266-267. 정부에 제출한 의견서 전문, 「交涉資料」 III, pp. 120-123

15. 미우라 회고록의 '해설자' 사에키 쇼이치(佐伯彰一), "直情怪行の魅力", 「觀樹將軍回顧錄」, p. 493

16. Conroy, pp. 306-307

17. 「全集」 III, pp. 128-129

18. 미우라의 도착 후부터 민비 시해까지에 관하여, Harrington, pp. 264-271. 알렌 서기관은 "살인자들은 왕비의 사체를 위시한 어떠한 증거물도 남기지 않기 위하여 궁내의 작은 공원에서 옷가지와 사체에 휘발유를 뿌리고 소각했다"고 기록했다. Harrington, p. 271

19. 「觀樹將軍回顧錄」, p. 279

20. 菊池謙讓, 「朝鮮雜記」(鷄鳴社, 1931, 2권), I, pp. 75-80; 黑龍會 편, 「東亞先覺志士傳」 I, pp. 511-547; 「西園寺傳」 II, pp. 168-172; Conroy, pp. 306-324; Duus, pp. 108-112; Jun Uchida, *Brokers of Empire : Japanese Settler Colonialism in Korea, 1876-1945*(Harvard University Press, 2011), pp. 47-50. 사건 후 무죄석방까지의 경과에 관하여, 「安達謙藏自序傳」, pp. 62-86. 예심종결 결정내용, 「서울에 남겨둔 꿈」, pp. 242-256. 미우라에 의하면 시모노세키 법원에서 재판 받는 동안 감옥에서 "대단히 관대한 대우"를 받았고, "도시락이나 과자"를 먹었고, "부자유스러운 것이 전혀 없었다." 또한 "감옥에서 나올 때 그 지역의 유지들로부터 환영회에 초대 받았다. 그리고 기차로 (도쿄로) 돌아왔으나, 연도 곳곳에 많은 사람들이 모여서 만세 만세를 부르면서 환영했다"고 기록하고 있다. 「觀樹將軍回顧錄」, pp. 286-288

21. George A. Lensen, ed. *Korea and Manchuria Between Russia and Japan 1895-1904: The Observations of Sir Ernest Satow*, p. 57

22. 角田房子/金恩淑 역, 「閔妃暗殺」(조선일보사, 1988), p. 262

23. 「安達謙藏自序傳」, pp. 56-57

24. 「伊藤傳」 III, pp. 248-249

25. 小松綠, 「明治史實外交秘話」, p. 29

26. 「交涉資料」 II, p. 530

27. 角田房子, p. 321

28. 까를로 로제티 지음/서울학연구소 옮김, 「꼬레아 꼬레아니 : 백년전 이태리 외교관이 본 한국과 한국인」, 숲과나무, 1996, p. 218

29. George A. Lensen, p. 94

30. 광무개혁에 관하여, 송병기, "광무연간(光武年間)의 개혁(改革)", 「한국사」 19(국사편찬위원회, 1976); 신용하, "광무개혁론(光武改革論)의 문제점", 「창작(創作)과 비평(批評)」, 1978년 여름호

31. 서영희, 「대한제국 정치사 연구」(서울대학교출판부, 2003), pp. 28-42

32. 岡義武, 「近代日本政治家」, p. 29

33. 「伊藤傳」 III, p. 369

34. 같은 책, pp. 377-380

35. 정당결성 과정에 관하여, 「西園寺傳」 II, pp. 344-354; 「伊藤傳」 III, pp. 411-416

36. 岡義武, 「山縣有朋」, p. 83

37. 같은 책, p. 87. 제4차 이토 내각의 와해와 제1차 가쓰라 내각의 성립에 관하여, 「西園寺傳」 II, pp. 360-382

38. 「原敬日記」 I, p. 341(1901. 6. 2)

39. 「同時代史」 III, p. 297

40. 「伊藤傳」 III, p. 591; 「公爵桂太郎傳」 II, 130-139; 岡, 「山縣有朋」, p. 92

41. 池辺三山, p. 165

42. 러일전쟁을 둘러싼 원로들 사이의 이견과 정책결정 과정에 관하여, Okamoto Shumpei,

The Japanese Oligarchy and the Russo-Japanese War(Columbia University Press, 1970)
참고.

43. 「伊藤傳」 III, p. 523

44. 같은 책, pp. 529-530; 谷壽夫, 「機密日露戰爭史」(原書房, 1966, 원본은 1925년 육군대
학교), pp. 8-9

45. 「公爵桂太郎傳」 I, pp. 1065-1066

46. John A. White, The Diplomacy of the Russo-Japanese War(Princeton Univeersity Press,
1964), pp. 83-84; 「公爵桂太郎傳」 I, pp. 1074-1075; A. M. Pooly/申福龍 역, 「林董秘密
回顧錄」(건국대학교출판부, 1989), p. 110

47. 林董/油井正臣 校注, 「後は昔の記 他-林董回顧錄」(平凡社, 1960), pp. 335-336; 「林董
秘密回顧錄」, p. 108

48. 「後は昔の記 他-林董回顧錄」, p. 345; 「林董秘密回顧錄」, p. 116

49. 「公爵桂太郎傳」 I, pp. 1103-1104

50. 「伊藤傳」 III, pp. 537-538

51. 外務省 편, 「日露交涉史」(原書房, 1969, 원본은 1944년 간행), pp. 356-361; 「伊藤傳」,
III, pp. 536-539. 「小村外交史」, pp. 282-283. 이토가 러시아 측에 제시한 내용과 가쓰라에
게 보낸 전신의 내용, 러시아와의 협상에 관하여, White, pp. 84-88

52. 「後は昔の記-林董回顧錄」, p. 356; 「林董秘密回顧錄」, p. 128

53. 「公爵桂太郎傳」 I, p. 1060

54. 池辺三山, p. 165

55. 「일본제국주의의 한 연구」, p. 156; Okamoto, pp. 126-143

56. 호월회의 주장과 활동에 관하여, 谷壽夫, 「機密日露戰爭史」, pp. 36-37; 宿利重一, 「兒
玉源太郎」(國際日本協會, 1942), pp. 522-526; 「일본제국주의의 한 연구」, pp. 157-158

57. 「伊藤傳」 III, pp. 583-584; 「小村外交史」, p. 306

58. 「小村外交史」, p. 322

제2부
제9장
1. 「藤公餘影」, p. 218

2. 「伊藤傳」 III, p. 396

3. 가쓰라는 내각을 출범시키면서 4개의 정강을 국정지표로 제시했다. 그들은 1. 재정의 기초를
튼튼히 하고, 상공업의 발달을 꾀한다. 2. 해군은 8萬噸을 한도로 이를 확장한다. 3. 독자적
힘으로 동양의 대국(大局)을 담당하는 것은 곤란하기 때문에 기회를 보아 유럽의 한 나라(영
국)와 협약을 체결하도록 노력한다. 4. 한국을 우리의 보호국으로 만드는 목적을 달성한다.
「公爵桂太郎傳」 II, pp. 995-996; 宇野俊一 校註, 「桂太郎自傳」(平凡社, 1993), p. 255

4. 각의결정 전문. 「資料集成」 V, pp. 3-8; 「主要文書」 I, p. 219

5. 「公使館記錄」, 18권(日韓間密約條約締結件)

6. 「資料集成」 V, pp. 20-21, 26-27

7. 같은 책, p. 32

8. 하야시 공사는 일본군 선발대가 인천에 도착한 8일 참정 심상훈을 통해서 "만일 황제폐하가
잡류의 말을 믿어 타국 공관으로 파천하는 사태가 일어난다면 종사와 황실을 보존하기

어렵다"는 협박의 뜻을 고종에게 통보했음을 외무대신에게 보고했다. 「資料集成」 V, pp. 46-47, 50

9. 朴殷植著/李章熙譯, 「韓國痛史」(박영사, 1974), pp. 92, 230

10. 谷壽夫, 「機密日露戰史」, p. 557

11. 같은 책, p. 72. 이치지는 구체적으로 총독부는 "천황 직속으로 설치하여 재한국 공사와 군대를 통솔하고", 총독에는 "대장 또는 중장"을 임명하고, 총독부 내에는 "관방, 외교부, 군사부, 교통부, 내무부를 설치하고" 필요한 요원을 한국정부에 파견할 것을 건의했다.

12. 「保護及び併合」, p. 20

13. 「資料集成」 V, pp. 90-91, 112-114

14. 「皇城新聞」, 1904. 03. 19

15. 「조선왕조실록」에는 고종이 세 차례(18, 20, 25일) 이토를 접견했다는 기록은 있지만, 대화 내용은 남아 있지 않다. 그러나 일본 측 자료에는 세 차례 고종을 알현해서 나눈 대화와 이토의 요구 등이 자세히 기록되어 있다.

16. 「伊藤傳」 III, pp. 639-642

17. 「高宗時代史」 VI, pp. 38-39; 「資料集成」 V, pp. 121-122

18. 「資料集成」 V, pp. 145-146

19. 1898년에 설립된 한성전기회사(漢城電氣會社)는 서울의 전차, 전력 공급사업을 운영하는 회사로서 모든 사업은 미국인 콜브란(H. Collbran)과 보스트윅(H. R. Bostwick)이 주도했다. 1904년 7월 회사의 명칭이 한미전기회사(韓美電氣會社)로 변경되면서 콜브란과 보스트윅은 공사 도급업자에서 주도적인 소유자로 부상했다. 그 뒤 1909년 콜브란이 이 회사를 일본의 국책회사인 일한와사회사(日韓瓦斯會社)에 매도함으로써 회사는 완전히 소멸되었다.

20. 「資料集成」 V, pp. 147-148

21. 같은 책, p. 150

22. 같은 책, p. 130

23. 고종과 이토의 대화록, 「資料集成」 V, pp. 144-151; 「伊藤傳」 III, pp. 639-642. 일본 자료가 전하는 고종과 이토의 대화에서 확인할 수 있는 것은 고종이 의정서에 동의하고 있을 뿐만 아니라, 자신의 신료들 보다 이토를 더 신뢰하고, 국가운영과 국정쇄신에 대한 이토의 식견에 공감하고, 국정쇄신을 이토에게 당부하고 있다는 점이다.

24. 고무라 외무대신에게 보낸 전문, 「資料集成」 V, p. 250

25. 「資料集成」 V, p. 253

26. 7월 21일 이후 8월 3일 이토의 방한문제가 최종적으로 부결될 때까지 하야시와 고무라 사이에 오고간 전문 내용에 관하여, 「資料集成」 V, pp. 250-262 참조.

27. 기밀문서로 고무라 외무대신에게 보낸 하야시의 "對韓私見槪要" 전문, 「資料集成」 V, pp. 141-143 참조.

28. 桝本卯平, 「自然の人小村壽太郎」(洛陽堂, 1914), pp. 649-650

29. "대한방침에 관한 결정" 전문, 「主要文書」 I, pp. 224-228

30. 「公事官記錄」, 22권 기밀 제51호

31. 「公爵桂太郎傳」 II, p. 250

32. 같은 책, p. 300

33. 「主要文書」 I, p. 233

34. 같은 책, p. 232

35. 「公爵桂太郎傳」 II, pp. 300-301

36. 각의 결정의 전문, 「資料集成」 VI-1, pp. 1, 10-12

37. 「伊藤傳」 III, pp. 680-681

38. 이토가 특사로 11월 5일 일본을 출발하여 업무를 완료하고 귀국하여 12월 7일 천황에게 복명서를 제출할 때까지 매일의 업무와 행사가 일지형태로 자세히 기록되어 있다. "伊藤大使韓國往復日誌", 「公使館記錄」 25권

39. 11월 17일자 「皇城新聞」에 의하면 이토는 도착 후 "한국 조정의 문무대신과 고등관에 이르기까지 귀중한 물품을 증정했다"고 보도하고 있다. "귀중한 물품" 가운데는 금과 은으로 만든 시계, 금은 그릇과 접시, 양탄자 등이 포함되어 있었다.

40. 「韓國特派大使伊藤博文復命書」와 「伊藤特派大使內謁見始末」은 「資料集成」 VI-1, pp. 19-27와 「公使館記錄」 25권에 상세히 남아 있다.

41. 「資料集成」 VI-1, p. 20

42. 같은 책, p. 21

43. 같은 책, p. 21

44. 같은 책, p. 23

45. 같은 책, p. 23

46. 같은 책, p. 25

47. 같은 책, p. 25-26

48. 같은 책, p. 26

49. 「皇城新聞」, 1905. 11. 20

50. 朴殷植 저/李章熙 역, 「韓國痛史」, p. 132; 박은식 저/최혜주 역, 「한국통사」(지식을만드는지식, 2010), p. 101

51. 이토와 한국정부의 대신 및 원로대신과 대담 내용, 「資料集成」 VI-1, pp. 27-34; 「公使館記錄」, 25권

52. 「資料集成」 VI-1, p. 30

53. 李章熙 역, 「韓國痛史」, pp. 132-133

54. 같은 책, p. 135

55. 같은 책, p. 139

56. 11월 19일자 「東京朝日新聞」은 17일 오후부터 3시 18일 새벽까지 긴박하게 돌아간 사정을 자세히 전했다. 「明治編年史」 XII, p. 529

57. 매켄지, 「大韓帝國의 悲劇」, p. 130

58. 「資料集成」 VI-1, pp. 51-52; 「伊藤傳」 III, p. 701

59. 林權助, 「わが七十年を語る」(第一書房, 1930), p. 197

60. 「皇城新聞」, 1905. 11. 20

61. 「매천야록」, p. 352

62. 최혜주 역, 「한국통사」, p. 104

63. "請討五賊疏"

64. "Marquis Ito Interviewed," The Korea Review, 1905. 11, pp. 428-430

65. 「資料集成」 VI-1, p. 74-75

66. "伊藤大使韓國往復日誌", 「公使館記錄」, 25권

제10장

1. 「公爵桂太郎傳」 II, p. 301
2. 「伊藤傳」 III, p. 709
3. 馬場恒吾, 「木內重四郎」(비매품, 1937), p. 152
4. 池辺三山, p. 140; 德富蘇峰, 「我が交遊錄」, p. 38; 岡義武, 「近代日本の政治家」, pp. 21-22
5. 「小川平吉關係文書」 I, p. 549
6. 「伊藤傳」 II, p. 65
7. 「孝子伊藤公」, p. 494
8. 「藤公余影」, p. 210
9. 岡義武, 「山縣有朋: 明治日本の象徵」(岩波書店, 1958), p. 85
10. 「原敬日記」 II, p. 349
11. 「全集」 II, p. 451
12. "韓國統治の方針"「秘錄」 II, p. 221. 이토의 연설 전문, pp. 220-222 참고.
13. 기자회견의 분위기와 내용에 관하여, 「明治編年史」 XIII, p. 36
14. 통치와 통치 비용에 관하여, Robert A. Dahl, *Modern Political Analysis*(Prentice-Hall, 1963), pp. 31-32, 76-79 참고.
15. 「全集」 II, p. 444
16. 小森德治, 「明石元二郎」(臺灣日日新報社, 1928) I, pp. 301-302
17. 예컨대 1907년부터 *Annual Report on the Progress and Reforms in Korea*를 출간했고, 1908년에는 *Harper's Weekly*(11 January)에 "Japanese Policy in Korea"를 기고하여 통치의 정당성을 홍보했다. 메이지 일본의 지도자들이 한국지배에 대한 국제적 여론을 확보하기 위한 노력에 관하여, Andre Schmid, *Korea Between Empires, 1895-1919*(Columbia University Press, 2002), pp. 160-170; Dudden, pp. 46-47. 이토가 발간하기 시작한 *Annual Report*는 패전하는 1945년까지 계속되었다.
18. 「全集」 II, pp. 444-445
19. 미야케 세쓰레이(三宅雪嶺)는 이토가 통감으로 임명되자 영국의 「런던 타임스」가 "영국이 이집트에서 시행한 것과 동일한 효과를 일본은 한국에서 거두어들이려고 할 것"이라는 기사를 인용하면서 일본의 대한제국 통치가 영국의 이집트 지배를 모델로 삼아 진행될 것을 예측했다. 「同時代史」 III, p. 449
20. Roger Owen, *Lord Cromer: Victorian Imperialist, Edwardian Proconsul*(Oxford University Press, 2004), p. vii
21. Raymond W. Baker, *Egypt's Uncertain Revolution under Nasser and Sadat*(Harvard, 1978), p. 3
22. Hannah Arendt, *The Origins of Totalitarianism*(Meridian Books, 1958), pp. 185, 211
23. Robert L, Tignor, *Modernization and British Colonial Rule in Egypt, 1882-1914*(Princeton University Press, 1966), p. 195
24. Owen, p. 243
25. Tingor, p. 99
26. 같은 책, pp. 222-232

27. 각종 개혁에 관하여, Tignor, ch. 6, 7, 10, 11 참조.

28. Afaf Lutfi al-Sayyid Marsot, *A Short History of Modern Egypt*(Cambridge University Press, 1985), p. 69; Tingor, pp. 52-57

29. Tignor, pp. 94-99

30. Afaf Lutfi al-Sayyid Marsot, *Egypt and Cromer*(Praeger, 1969), p. 68. 에드워드 사이드/박홍규 번역, 「문화와 제국주의」(문예출판사, 2004), p. 386

31. 초기 이집트 정부에 의하여 채용된 영국인 전체는 366명이었고, 그 가운데 39명만이 재정, 경찰, 교육, 공공 분야의 고위직을 점했다. 그리고 영국인 고문은 이집트 각료회의에 항상 참석하여 정책결정에 직접 관여했다. Owen, p. 241; Tignor, pp. 57-60

32. al-Sayyid, *A Short History of Modern Egypt*, p. 75

33. Alfred Milner, *England in Egypt*(London: Edward Arnold, 1892), p. 389

34. Owen, pp. 240-241.

35. Owen, p. 233. 영국은 1914년 이집트의 보호통치를 종식하고 정식으로 식민지로 병탄하려고 시도했으나, 강력한 이집트인의 저항과 제1차 세계대전이라는 국제정세가 이를 어렵게 만들었다. 대전 중 이집트의 반영폭동을 원치 않았던 영국은 전후 이집트의 독립을 보장하면서 병탄은 무산되었다.

36. Duus, *The Abacus and the Sword*, p. 135

37. 제7장의 4. "이노우에 가오루의 조선 보호국화 정략" 참조.

38. 外務省 편, 「小村外交史」, p. 837

39. 松田利彦, 「日本の朝鮮植民地支配と警察」(校倉書房, 2009), p. 113. 영국의 이집트 경찰개혁에 대한 마쓰이의 조사와 연구에 관하여, pp. 100-136 참조.

40. 松井茂, "目醒め行く朝鮮民衆へ", 「朝鮮統治の回顧と批判」(朝鮮新聞社, 1936), p. 110

41. 井上雅二, 「韓國經營資料・埃及に於ける英國」(清水書店, 1906), pp. 1-2. 일찍부터 '대륙웅비'의 뜻을 품은 이노우에는 동아동문회(東亜同文会)의 간사로서 중국에서 활동했고(1895), 흑룡회 회장인 우치다 료헤이와 함께 시베리아 횡단여행을 감행할(1897) 정도로 일본의 대륙정책에 관심을 가졌다. 와세다 대학을 졸업하고 1901년 독일로 유학하여 베를린 대학에서 식민학과 경제학을 수학했다. 1904년 체신성의 촉탁으로 한국에서 특별임무를 부여받았고, 1905년에는 한국정부의 재무관으로 초빙되었다. 통감부가 문을 연 후에는 이토를 도와서 통감통치에 깊숙이 관여했다. 이노우에는 대륙낭인의 선구적 인물인 아라오 세이(荒尾精)에 관한 전기와 「支那論」, 「南洋」, 「移住と開拓」 등 저작도 남겼다.

42. 井上雅二, "國際上より觀たる朝鮮統治" 「朝鮮統治の回顧と批判」, p. 113

43. 당시 크로머의 업적에 관하여 많은 책이 번역되었다. 예컨대 大石善喜-抄譯 クローマ著, 「埃及内政改革」(1908); 「埃及植民警察」(1909); 「埃及村落自治制度」(1909) 등이 그 일부분이다.

44. 鳥谷部春汀, "伊藤候, クローマー, 及びラネッサン," 「太陽」 v. 13, no. 12(1907. 09), pp. 31-32. 그 외에도 「東京日日新聞」, 1907. 4. 9; 「中央新聞」, 1908. 7. 27; 「大阪朝日新聞」, 1909. 6. 15 등의 사설도 크로머의 식민통치를 논하면서 이토 통감이 이를 참조할 것을 제안했다.

45. 井上雅二, "國際上より觀たる朝鮮統治", p. 113; 松田利彦, p. 107

46. Alfred Milner, *England in Egypt*; Henry Duff Traill, *Lord Cromer: A Biography*(London: Bliss, Sands, And Co. 1897)

47. 「公使館記錄」 26권, pp. 296-297. 운노 후쿠쥬 지음/정재정 옮김, 「한국 병합사 연구」(논형, 2008), p. 293에서 재인용.

48. 크로머의 우라비 처리에 대하여, al-Sayyid, pp. 72-74; Tignor, pp. 11-24 참고.

49. 1873년부터 1883년까지 10년 동안 주일 미국 공사관의 영사로 도쿄에서 근무했다. 1883년 국무성을 사임한 후, 그는 워싱턴의 일본 공사관에서 일본 외교관의 일원으로 활동을 시작했고, 1884년부터는 도쿄의 외무성에서 근무했다. 1885년에는 임오군란을 매듭짓기 위한 한성조약을 체결하기 위해서 이노우에 가오루를 수행해서 처음으로 한국 땅을 밟았다. 무쓰 무네미쓰, 이토 히로부미 등과 긴밀한 관계를 유지한 그는 그후 일본 외무성의 중요한 구성원으로 조약들의 개정, 멕시코와의 조약 등을 위해서 적극적으로 활동했다. 스티븐스는 1904년 일본 외무성의 추천으로 대한제국 외무부의 고문으로 임명되었고, 통감통치가 시작되면서 통감부에서 통감 이토를 보좌했다. 메이지 정부는 일본을 위한 그의 공을 높이 평가하여 네 차례나 훈장을 수여했다.

50. Durham Stevens, "China and Japan in Korea", *The North American Review*(Sept. 1894), pp. 308-316

51. 스티븐스의 의견서 전문, 「公使館記錄」, 25권. 해설과 의견서, 琴秉洞, "「乙巳保護條約」についての史料", 「朝鮮硏究」 39(1965. 5), pp. 20-24 참고.

52. 1906년 봄부터 통감부에서 정식으로 이토를 도와서 활동한 스티븐스는 일본정부는 "5년 이내에 합병을 단행할 것이라고 예언했다." 馬場恒吾, 「木内重四郎」, p. 163

제11장

1. 「全集」 II, pp. 446-447

2. 을사5조약 완성 후 귀국한 이토가 12월 29일 도쿄에서 서울의 하야시 다다스 공사에게 보낸 편지에 "귀국 후 (12월) 8일 복명한 이래 내각 원로대신과 한국에 대하여 우리 정책의 대방침을 결의하고, 통감부 관제와 훈령 등의 기초에 착수하고 양3일에 걸쳐 이를 정돈했습니다"라고 하여 자신이 통감부의 조직, 권력, 행동 범위 등을 작성했음을 확인하고 있다. 東亜同文会, 「續對支回顧錄」(原書房, 1973) II, p. 92

3. 「外交文書」 38-1, p. 560

4. 당시 참모본부에 근무했던 야마가타 아리토모의 측근이며 뒷날 데라우치 내각에서 육군대신이었던 오시마 겐이치(大島健一)에 의하면, 군부가 직접 이토에게 군통수권을 요구하는 것은 옳지 못하다고 반대의 뜻을 전했으나, 이토는 "그렇다면, 나는 통감에 취임하지 않겠다"고 답했다고 회고했다. 「秘錄」 I, pp. 314-316

5. 「고종실록」, 1904. 2. 23. 「外交文書」의 조약문에는 시설(施設)이라는 단어를 쓰고 있다. 그러나 의정서 조인을 전후하여 고무라 외무대신과 하야시 공사 사이에 주고받은 거의 모든 전문에는 시정(施政)이라는 단어를 쓰고 있는 것으로 보아 '시설'과 '시정'을 같은 의미로 사용하고 있음을 알 수 있다. 「資料集成」 V, pp. 90, 97 등 참고.

6. 이러한 평가에 대하여, 伊藤之雄, 「伊藤博文: 近代日本を創った男」; 瀧井一博, 「伊藤博文: 知の政治家」 참고.

7. 友邦協會 編, 「韓國における司法制度近代化の足跡: 朝鮮司法界の往事を語る座談會記錄」(友邦協會, 1966), p. 12; 문영준, 「법원과 검찰의 탄생」(역사비평, 2010), p. 365

8. Jun Uchida, *Brokers of Empire*, p. 99

9. 小森德治, 「明石元二郎」 I, p. 302

10. 이토의 알현 기록 전문은, 「資料集成」 VI-1, pp. 121-125 참조. 「조선왕조실록」(1905. 3. 9)에는 고종황제는 "수옥헌(漱玉軒)에 나아가 황태자가 시좌(侍座)한 상태에서 통감 후작(統監 侯爵) 이토 히로부미(伊藤博文)를 접견하였다"라고만 기록되었을 뿐 대화 내용은 없다.

11. 「資料集成」 VI-1, p. 124

12. 같은 책, p. 124

13. 같은 책, p. 23. 이후 진행된 모든 이토의 "알현" 기록은 「外交文書」에 포함되어 정부문서로 남아 있다.

14. "제1차 한국 시정개선에 관한 협의회"의 회의록 전문은, 「資料集成」 VI-1, pp. 127-145 참조. 이후 진행된 모든 협의회의 회의록은 정부문서로 남아 있다.

15. 박제순 외에 이완용(학부), 이지용(내부), 민영기(탁지), 이하영(법부), 권중현(농상공부) 등이 참석했고, 일본 측에서는 메가다 외에 서기겸 통역관인 고쿠분과 이토 발언을 기록하는 측근인 후루야 히사쓰나가 참석했다. 이토가 주관하는 모든 협의회에 고쿠분과 후루야가 참석했다.

16. 「資料集成」 VI-1, pp. 131-132

17. 같은 책, p. 144

18. 제2차 협의회에서 메가다가 제출한 예산안은, 교육자금 50만 엔, 인천수도공사 170만 엔, 한국농공업은행보조 50만 엔, 평양-원산-진남포 도로공사 65만6,000엔, 광주-목포 도로공사 30만 엔, 대구-경주-영일만 도로공사 40만 엔, 전주-군산 도로공사 12만 엔이다. 제2차 협의회의 기록, 「資料集成」 VI-1, pp. 145-162 참조.

19. 실질적으로 이토는 1909년 1월 19일 제66차 협의회까지 주재했고, 그후 78회(6. 25)까지는 부통감 소네가, 그리고 최종 협의회인 97회(12. 28)까지는 통감으로서 소네가 주재했다.

20. 「資料集成」 VI-1, p. 83

21. 같은 책, p. 161

22. 같은 책, pp. 206-207

23. 같은 책, pp. 162-170

24. 같은 책, p. 338

25. 같은 책, p. 156

26. 같은 책, pp. 418-419

27. 같은 책, p. 219

28. 같은 책, p. 335

29. 같은 책, p. 230

30. 「伊藤傳」 III, p. 710; 「資料集成」 VI-1, p. 170

31. 「資料集成」 VI-1, pp. 190-191

32. 같은 책, p. 432

33. 한일의정서 문제를 수습하기 위하여 이토가 대한제국을 방문했을 당시 이토에게 제출한 하야시의 의견서(기밀) "對韓私見槪要" 전문, 「公使館記錄」, 22권, 一三, 機密本省往(13); 「資料集成」 V, pp. 267-268

34. 林權助, 「わが七十年を語る」, pp. 238-241. 하야시 곤스케를 가쓰라 다로와 고무라 주타로와 더불어 한국병탄을 주도한 세 주역의 한 사람으로 꼽는다. 가쓰라 총리가 목표한 제1의 정책구상이 한국병탄이었고, 고무라가 도쿄의 외무성에서 이 목표를 위한 정책을

고안했다면, 하야시는 현장에서 정책을 집행한 장본인이다. 아이즈 현[會津:福島縣]에서 출생한 그는 1887년 도쿄 제국대학을 졸업한 후 외교관으로 관료생활을 시작하였다. 1889년 인천 주재 부영사로 부임하면서 한국과 연을 맺었다. 그후 영사, 본부 통상국장을 거쳐 1899년 주한공사로 재차 부임하였다. 재임기간 7년을 통하여, 그는 한일의정서(1904. 2), 한일협약(1904. 8), 을사5조약(1905. 11)을 주도하면서 병탄의 길을 닦았다.

35. 「伊藤傳」 III, pp. 715, 749

36. 「資料集成」 VI-1, p. 431

37. 같은 책, pp. 198-203

38. 이토는 통감으로 부임한 이래 옷감이나 시계, 또는 목걸이와 같은 물품을 상궁들에게 선물하여 "궁중에서 이토 공작에 대한 명망과 신뢰가 남달리 두터웠다"고 한다. 1907년 궁내부에 들어간 곤도 시로스케(權藤四郎介)에 의하면 "숙련된 정치가 이토는 때때로 여성의 힘을 이용하는 독특한 방법을 사용했고", "상궁을 활용했다"고 기록하고 있다. 곤도 시로스케/이언숙, 「대한제국 황실비사」, p. 64. 「李王宮秘史」, pp. 15-16

39. 「保護及び併合」, p. 47-48

40. 「伊藤傳」 III, p. 722; 「資料集成」 VI-1, p. 236

41. 궁내부대신의 간청과 이토의 답변, 「資料集成」 VI-1, pp. 248-249 참고. 궁궐 내 단속방법 조사위원[取締方法取調委員]은 통감의 제의로 궁내부대신 李載克, 내부대신 李址鎔, 주전원경 李根澔, 경무고문 丸山重俊, 통감부 서기관 겸 통감 비서관 國分象太郎로 확정했다. 「保護及び併合」, pp. 170-171

42. 궁금령의 구체적 내용, 統監官房, 「施政年報, 1次(1906年~1907年)」, 2(1908), pp. 67-68 참고. 궁금령 시행의 결과 "일정한 관직을 가진 자 외에는 궁중의 출입을 금할 뿐만 아니라 출입이 필요한 사람에게는 문표를 발급하지만, 이를 사실상 관장하는 사람은 경찰고문이기 때문에 협잡간세(挾雜奸細)의 무리는 도저히 출입할 수 없게" 되었다. p. 68

43. *The Tribune*, 1906. 2. 8

44. 「資料集成」 VI-1, p. 431

45. 같은 책, p. 266

46. 서영희, p. 339

47. 「施政年報」 II, pp. 63-64

48. 같은 책, pp. 69-88

49. 「資料集成」 VI-1, p. 197

50. 같은 책, pp. 197-198

51. 「施政年報」 II, pp. 249-252

52. 柳在坤, "日本統監 伊藤博文의 對韓侵略政策(1906-1909) — 大臣會議 筆記를 중심으로", 「淸溪史學」 10(1993), p. 223

53. 「施政年報」 II, pp. 109-113

54. 고등군사경찰이 담당하기로 규정한 주 업무는 "집회, 정치, 사회단체 취체", "문서와 도서 등의 유포 등의 취체", "병기, 탄약, 폭발물 기타 위험물품 취체", "고등군사경찰시행지역내의 출입 취체" 등 네 가지였다. 「施政年報」 II, pp. 124-125

55. 「施政年報」 II, pp. 52-55

56. 우메 겐지로가 주도한 법무보좌관제도, 부동산법 관계, 재판제도 개정 등에 관하여, 李英美, 「韓國司法制度と梅謙次郎」(法政大學出版局, 2005) 참고.

57. 「施政年報」II(1906-1907), pp. 353-355

제12장

1. 「資料集成」VI-1, p. 427

2. 같은 책, p. 491

3. 같은 책, p. 494. 이토가 하야시 외무대신에게 보낸 기밀문서, "韓國內閣更迭始末" 전문은, 같은 책, pp. 490-500 참고. 이토는 이 문서를 사이온지 총리에게도 보냈다.

4. 같은 책, p. 476. 새 내각조직과 대신 임명을 둘러싼 22일의 고종과 이토의 대화내용 전문, 같은 책, pp. 475-479 참고.

5. 楢崎觀一, 「韓國丁未政變史」(日韓書房, 1907), p. 251

6. 「資料集成」VI-1, p. 483

7. 같은 책, pp. 472-473

8. 같은 책, p. 472

9. 魚潭(1881-1943)은 경기도 광주의 명문가에서 태어나 1895년 15세의 어린 나이로 당시 탁지부대신이었던 어윤중의 추천을 받아 일본에 유학하여 1899년 11월 제11기생으로 일본 육군사관학교를 졸업했다. 19054년부터 병탄이 성사될 때까지 5년간을 시종무관으로 처음 2년은 고종, 마지막 3년은 순종 측근에서 일했다. 어담의 약력과 회고록 일부에 관하여, 李基東, 「悲劇의 軍人들一日本陸士出身의 歷史」(一潮閣, 1982), pp. 109-137 참고.

10. 「魚潭少將回顧錄」(復刻版·高麗書林, 1987), p. 111

11. 「隆熙改元秘史」(金正柱 편, 「朝鮮統治史料」[韓國史料硏究所, 1970], IV권에 수록된 책을 인용), p. 41; 「일본제국주의의 한 연구」, p. 140

12. 「保護及び併合」, p. 313

13. 관제개편에 대한 구체적 내용, 「施政年報」II, pp. 36-41; 「保護及び併合」, pp. 124-130

14. Ye We Chong, "A Plea for Korea", *The Independence*, Vol. 63, pt. 1(Aug. 22. 1907), pp. 423-426

15. 「大韓帝國의 悲劇」, p. 150

16. 「小川平吉關係文書」I, p. 550

17. 「資料集成」VI-1, p. 476

18. 이토와 일본정부가 이 사건을 이용해서 대한제국에 대한 통치를 강화했던 방법, 또한 제국주의적 문명론과 국제법 담론을 활용하여 국제사회에서 지배의 정당성을 확보했던 것에 대하여, Dudden, pp. 7-26

19. 「外交文書」40-1, pp. 430-431

20. 「保護及び併合」, p. 136

21. 「資料集成」VI-2, pp. 581-582

22. 「小川平吉關係文書」II, p. 25

23. 「資料集成」VI-2, pp. 598-601

24. 회의에 참석한 외무대신 하야시는 원로의 결정에 이토가 동의하지 않고 귀국할 경우에는 사태가 대단히 어려워지기 때문에 "정부방침의 최저선만 제시하고 그 이상은 이토에게 위임할 것"과 "각료 가운데 한 사람을 파견하여 정부의 분위기를 잘 설명할" 것을 제안할 정도로 이토의 의견을 중요시했다. 수상관저에서 열린 원로 및 관계기관 각료회의의 분위기와 내용에 관해서, 「原敬日記」II, p. 249 참고.

25. 「伊藤傳」 III, pp. 755-756

26. 같은 책, p. 751

27. 같은 책, pp. 753-754

28. 「明治編年史」 XIII, p. 286

29. 「日韓合邦秘史」 I, pp. 282-283

30. 「韓國一進會日誌」(金正柱 편,「朝鮮統治史料」III권에 수록된 자료 인용), pp. 662-666

31. 「大韓每日申報」, 1907. 7. 19;「高宗時代史」 VI, pp. 636-637

32. 「資料集成」 VI-2, pp. 605-606

33. 「伊藤傳」 III, p. 759

34. 「原敬日記」 II, p. 250

35. 「大韓帝國의 悲劇」, p. 150

36. 최혜주 역, 「한국통사」, p. 113

37. 국사편찬위원회 편, 「韓國獨立運動史」(탐구당, 1970), I, pp. 204-205

38. 「皇城新聞」, 7월 22일;「大韓每日申報」, 7월 19일, 20일, 23일 참조.

39. 「資料集成」 VI-2, p. 617

40. 같은 책, pp. 622, 632, 633

41. 「大韓帝國의 悲劇」, p. 151

42. 순종에 대한 이토와 송병준의 평가, 「資料集成」 VI-2, pp. 897-898

43. 같은 책, pp. 624-625

44. 같은 책, p. 626

45. 이완용에게 보낸 조약안과 각서안의 자세한 내용, 같은 책, pp. 626-629 참고.

46. 같은 책, pp. 625-626

47. 「大韓每日申報」, 1907. 7. 27

48. 「秘錄」 II, p. 231, 연설 전문, pp. 228-231

49. 「韓國獨立運動史」 I, pp. 242-243

50. 이장희 역, 「韓國痛史(續)」, p. 106;「大韓每日申報」(8. 2)는 해산식이 끝나면서 하사 80원, 1년 이상의 병졸 50원, 1년 이하 병졸에게는 25원의 '恩金'이 지급되었다고 전하고 있다. 「韓國獨立運動史」 I, p. 246

51. 「韓國獨立運動史」 I, p. 248

52. 「資料集成」 VI-2, p. 631;「保護及び併合」, p. 161

53. 1907년 정미7조약 후 중앙, 지방, 궁중, 군부 관제개정에 관하여, 「施政年報」 II 참조. 궁내부차관에 쓰루하라 사다키치(鶴原定吉, 전 통감부 총무장관), 뒤이어 고미야 미호마쓰(小宮三保松, 대심원 검사), 내부차관에 기우치 주시로(木內重四郞, 전 통감부 농상공부총장), 학부차관에 다와라 마고이치(表孫一, 전 통감부 학부촉탁), 탁지부차관에 아라이 겐타로(荒井賢太郞, 대장성 주계국장), 법부차관에 구라토미 유자부로(倉富勇三郞, 도쿄 공소원 검사장), 농상공부차관에 오가키 시치로(岡喜七郞, 전 통감부 경무총장), 내부 경무국장에 마쓰이 시게루(松井茂, 부산이사청 이사관)를 임명했다.

54. 서영희, p. 364;「施政年報」 II, 부록

55. 「施政年報」 III, pp. 9-12. 이사청의 관제, 권한, 정원 등도 대폭 개정되었다. pp. 15-21 참고. 관제개혁에 대해서는 제13장에서 좀더 상세하게 설명할 것이다.

56. 「資料集成」 VI-2, pp. 646-647

57. Dudden, p. 22; 「資料集成」 VI-2, pp. 646-647
58. 「大韓每日申報」, 1907. 12. 6
59. 1897년에 태어난 영친왕(英親王) 은(垠)은 순종의 배다른 동생으로 엄비의 소생이다. 1907년 순종이 왕위에 오르자 국법에 따라 자손이 없는 형의 뒤를 이어 황태자로 책봉되었다. 그후 유학이라는 이름으로 일본으로 끌려가 모진 삶을 살았다. 일본에 유학하는 동안 그는 철저히 일본인으로 교육받았다. 학습원과 육군중앙유년학교를 거쳐 1915년 일본육군사관학교에 입학했다. 1920년 일본의 나시모토노미야 마사코(梨本宮方子) 공주(한국 이름 이방재[李方子])와 정략결혼이 이루어졌고, 부부 사이에 아들 구(玖, 1931년생)가 태어났다. 1935년 일본 육군 보병 대좌가 되어 우츠노미야 보병 제59연대 연대장이 되었으며, 육군 사관학교 교관 및 육군 예과 사관학교 교수부장을 거쳐, 1938년 육군 소장, 1940년 육군 중장으로 승진했다. 1943년 7월 일본 제1항공군사령부에 발령을 받았으며, 종전까지 제1항공군 사령관 및 군사참의관이 되었다. 해방 이후 일본에서 살다가 1963년, 혼수상태로 56년 만에 고국 땅을 밟았으나 끝내 회복하지 못하고 1970년 5월 1일 사망했다. 李方子, 「지나온 歲月」(여원사, 1967); 金乙漢, 「人間李垠」(한국일보사, 1971)
60. 金乙漢의 책 서문에 쓴 李方子의 "나는 후회하지 않는다", p. 4

제13장
1. 「資料集成」 VI-2, p. 650; 「伊藤傳」 III pp. 786-787
2. 「資料集成」 VI-2, p. 676
3. 「施政年報」 III, pp. 18-19. 판임관은 메이지 헌법하의 관리로서 고등관 밑에 위치한다. 1946년 폐지되고 3급에 해당한다.
4. 궁중관제 개편에 따른 기구 및 인원 구성의 변화에 관하여, 「施政年報」 III(1908-1909), pp. 8-15 참고.
5. 곤도 시로스케 지음/이언숙 옮김, 「대한제국황실비사」, p. 45. 이 책은 궁중관제 개편 후 서기관으로 궁내부에서 활동한 權藤四郎介의 「李王宮秘史」(朝鮮新聞社, 1921)을 번역한 것이다.
6. 黃夏鉉, "目賀種太郎의 對韓經濟攻勢," 趙恒來 편, 「日本의 對韓侵略政策史硏究」(玄音社, 1996), pp. 229-243 참고.
7. 사법제도 개편과 한국 사법권 침탈에 관하여, 문형준, 「법원과 검찰의 탄생」(역사비평, 2010) 참고. 특히 6장 "일제의 한국사법권 침탈과 사법제도 '개량'"은 통감부의 사법권 장악을 잘 설명하고 있다.
8. 「施政年報」 III, pp. 36-40
9. 小川原宏幸, p. 203
10. 「資料集成」 VI-2, p. 948
11. 「施政年報」 III, pp. 43-47
12. 경찰의 핵심부서라고 할 수 있는 경무국 정원 25명은 전부 일본인으로 채우고 한국인은 단 1명도 임명하지 않았다. 전체적으로 경찰의 최고위부라고 할 수 있는 경시는 일본인 29명과 한국인 19명, 그 다음 지위인 경부는 일본인 125명과 한국인 97명을 임명한 것에 반하여 하위직이라고 할 수 있는 순사는 일본인 1,708명, 한국인 3,057명이었다. 「施政年報」 III, pp. 52-53
13. "경찰사무집행에 관한 取極書"로 알려진 이 협약문은 "통감부 및 한국정부는 일본정부와

체결한 일한협약 제5조에 의하여 임명된 한국 경찰관은 당해 일본 관헌의 지휘감독을 받아 재한국 일본신민에 대한 경찰사무를 집행하기로 약속한다"고 하여 경찰통합의 법적 근거를 마련했다. 「資料集成」 VI-2, p. 662

14. 「施政年報」 III, pp. 20-29 참고.

15. Albert Memmi, *The Colonizer and the Colonized*(The Orions Press, 1965), p. 151

16. 한말 의병을 근대 민족운동의 태동으로 중시하면서 연구의 주제로 삼기 시작한 것은 대체로 1960년대부터로서, 그후 상당한 연구 축적이 이루어졌다고 할 수 있다. 의병사의 시대 구분은 여러 시기로 나누어지고 있으나, 대체로 을미사건을 전후한 초기, 을사5조약을 중심으로 한 중기, 그리고 정미7조약을 전후한 후기로 나누고 있다. 이에 대하여 한국독립운동사편찬위원회 편, 「한말전기의병」(2009), 「한말중기의병」(2009), 「한말후기의병」(2009) 참고.

17. 「施政年報」 III, pp. 58-60. 후쿠오카 출신의 아카시 모토지로(明石元二郎, 1864-1919)는 러일전쟁 당시 러시아 일본 공사관 무관으로서 100만 엔(당시 국가 총예산은 2억3,000만 엔 정도)이라는 막대한 공작금을 뿌리면서 레닌, 크로토프킨, 막심 고리키 등과 같은 제정러시아 내부의 반체제 인물들에게 접근하여 러시아 혁명 지원공작과 내부 폭동을 획책했다. 이토 히로부미는 러일전쟁 당시 아카시 혼자서 일본군 10개 사단의 역할을 수행했다고 찬양했다. 이토와 데라우치 시대에 헌병사령관과 경무총장을 겸임하면서 무단통치를 일선에서 담당했다. 1918년 제7대 대만총독에 취임하고 대장으로 승진했으나, 1919년 대만에서 병사했다.

18. 「資料集成」 VI-2, pp. 651, 678

19. 「大韓每日申報」, 1907. 9. 5; 「韓國獨立運動史」 I, p. 300

20. 매켄지, 「大韓帝國의 悲劇」, pp. 173-177

21. 외신에 보도된 일본군의 의병 진압에 대하여, 매켄지, 「大韓帝國의 悲劇」, pp. 207-216 참고.

22. 「伊藤傳」 III, pp. 790-792

23. 「資料集成」 II, p. 582

24. 「일본제국주의의 한 연구」, p. 155

25. 「日韓合邦秘史」 I, pp. 352-357, 394-397

26. 자위단 결성과 활동에 관하여, 「일본제국주의의 한 연구」, pp. 152-155

27. 「伊藤傳」 III, pp. 800-801

28. 같은 책, p. 828

29. 「순종실록」, 1909. 1. 4

30. 「伊藤傳」 III, p. 818

31. 「大韓每日申報」, "조국정신", 1909. 2. 7

32. 비슷한 내용의 기사는 '순행'이 진행되는 동안 「大韓每日申報」와 「皇城新聞」에 연일 보도되었다.

제14장

1. 「伊藤傳」 III, p. 823

2. 「小村外交史」, p. 834

3. 구라치가 남긴 "韓國倂合의 經緯"의 기록은 여러 곳에 남아 있다. 고마쓰 미도리(小松綠)의

「朝鮮併合之裏面」, pp. 15-17 참고.

4. 「小村外交史」, p. 834

5. 小松綠, 「朝鮮併合之裏面」, p. 11

6. 「明治史實外交秘話」, pp. 402-405. '밀담'의 내용과 분위기를 고무라 외무대신으로부터 직접 들었다는 고마쓰는 이토는 가쓰라 총리로부터 병합의 필요성과 고무라 외무대신으로부터 실행방법에 대한 설명을 들은 후 질문 없이 "의외로 적극적으로 동의했다"고 기록하고 있다. 「朝鮮併合之裏面」, p. 11

7. 「公爵桂太郎傳」 II, pp. 454-455

8. 「伊藤傳」 III, p. 838

9. 이러한 견해의 대표적 연구로 伊藤之雄, 「伊藤博文: 近代日本を創つた男」; 瀧井一博, 「伊藤博文: 知の政治家」

10. 「小村外交史」, p. 837

11. 「小村外交史」, p. 837; 信夫淳平, 「小村壽太郎」(新潮社, 1932), p. 300

12. 「原敬日記」 III(1910. 4. 15), p. 21

13. 石塚英藏, "一世の偉人伊藤公を憶ふ," 「朝鮮統治の回顧と批判」, pp. 25-27

14. 「外交文書」, 제40권 제1책, p. 124

15. 「主要文書」 I, pp. 272-273

16. 제1차 러일협약에 첨부된 "비밀협약"에 의하면, 러시아는 "일본과 한국 사이에 이루어진 현행 모든 조약과 협약에 존재하는 정사상의 이해공통의 관계를 승인하고, 일본이 그 관계를 더욱 발전시키는 데에 방해하거나 또는 간섭하지 않는 것"을 약속한다(제2조). 그 대신 일본은 "외몽고에서 러시아의 특수이익을 승인하고 그 이익을 손상시키는 어떠한 간섭도 하지 않는다는 것"을 약속했다. 같은 책, pp. 280-281

17. 小森德治, 「明石元二郎」 I, p. 300

18. 같은 책, p. 301

19. 「小川平吉關係文書」 I, p. 555

20. 「日韓合邦秘史」 I, pp. 546-547

21. "日人의 對韓政策", 「新韓民報」, 1909. 9. 22

22. 1909년 4월 7일 가쓰라 총리를 면담한 하라 다카시는 가쓰라에게, "늙은 사람을 오랫동안 조선에 머물도록 하는 것은 견디기 어려운 일입니다. 또한 재임이 길어지면 이토의 괴로움이 더욱 커질 것입니다. 이번 기회에 다시 부임하지 못하도록 하는 것이 어떻겠습니까라고 하자 그도 동감의 뜻을 표했다." 14일 일기에는 "사이온지는 이토에게 조선을 위해서도 좋지만, 우리나라 헌정을 위해서는 내지[일본 본토]에 있는 것이 바람직하다고 설명할 때 이토도 대체로 동의했다고 들었다"라고 기록하고 있다. 「原敬日記」 II, pp. 349, 351

23. 「公爵桂太郎傳」 II, p. 459

24. 「伊藤傳」 III, p. 841

25. 「木內重四郎傳」, p. 217. 이토의 측근인 고마쓰 미도리는 야마가타를 "조선병합 찬성론자 라기보다는 오히려 주창자였다"고 평했다. 「朝鮮併合之裏面」, p. 10

26. 「公爵桂太郎傳」 II, p. 451

27. 「全集」 II, pp. 473-474

28. 「原敬日記」 II, p. 351

29. 岡義武, 「山縣有朋」, p. 107

30. 우치다의 활동에 관하여, 「일본제국주의의 한 연구」, p. 210

31. 「明治史實外交秘話」, pp. 398-399

32. 「公爵桂太郎傳」 II, p. 459. 고마쓰는 "통감의 직에서 물러난 때가 바로 병합의 시기였음이
    틀림없다"고 기록했다. 「朝鮮併合之裏面」, p. 14

33. 「公爵桂太郎傳」 II, p. 454

34. 「小村外交史」, p. 837

35. 馬場恒吾, 「木內重四郎傳」, pp. 161-162

36. 「原敬日記」 II, pp. 351, 357

37. "韓國併合に関する件" 전문, 「主要文書」 1, pp. 315-316 참고.

38. 「小村外交史」, pp. 840-841

39. 전문, 「公爵桂太郎傳」 II, pp. 460-465

40. 「伊藤傳」 III, pp. 847-848

41. 「明治史實外交秘話」, p. 401

42. 「伊藤傳」 III, p. 848

제15장

1. 鶴見祐輔, 「後藤新平」(4권, 後藤新平傳編纂會, 1937-1938), 2권, pp. 955-977; 「伊藤傳」
   III, pp. 855-856

2. 「伊藤傳」 III, pp. 862-863

3. 같은 책, pp. 858-861

4. 「全集」 III, p. 209

5. 「伊藤傳」 III, p. 864

6. 같은 책, p. 868

7. 러시아의 기차를 이용하게 된 것은 러시아 측의 배려이기도 했지만, 철도의 게이지가 달라서
   만철의 기차를 이용할 수 없었기 때문이었다. 일본이 관리하는 창춘까지의 철도의 광궤는
   4.5피트였고, 러시아가 운영하는 창춘부터의 광궤는 5피트였기 때문에 만철의 기차로는
   더 이상 갈 수 없었다.

8. 창춘에서 하얼빈까지는 급행열차로 6시간 거리이지만, 러시아 측이 열차운행시간을 적당히
   조절하여 하얼빈에 9시에 도착하도록 했다.

9. 「伊藤傳」 III, pp. 870-871

10. 岡, 「山縣有朋」, p. 108에서 재인용.

11. 太陽臨時增刊號, 「伊藤博文公」 제15권, 제15호(1910)

12. 橫山達三, 「大將乃木」(先進堂書店, 1928), p. 267

13. 예컨대 1909년 11월 2일자 「新韓國報」는 이토의 죽음이 알려지자 논설에서 "대한을 도둑
    질하던 이등(伊藤博文)이 죽임을 받았도다. 뉘라시오. 우리 열사 뉘라시오. 우리 일사 천하
    고금에 열사가 없는 바는 아니로뇌 어찌 우리 열사와 같은 열사가 있으리오.……"라고 안중
    근을 "열사"로 기리며 이토의 죽음을 축하했다.("寇韓賊伊藤[伊藤博文]之受戮")

14. 「公爵桂太郎傳」 II, p. 465

15. 「小村外交史」, p. 836

16. 「日韓合邦秘史」 II, pp. 203-205

17. 우치다를 중심으로 일진회, 일본정부, 우익단체의 합병청원운동에 관하여, 「일본제국주의

의 한 연구」, pp. 165-180 참고.

18. 「日韓合邦秘史」 II, pp. 501-502; 「일본제국주의의 한 연구」, p. 177

19. 「公爵桂太郎傳」 II, p. 465

20. 병합준비위원회의 활동과 준비위원에서 작성하고 내각에서 통과된 21개조의 병합실행방법세목에 관하여, 「朝鮮併合之裏面」, pp. 89-94, 98-106 참고.

21. *Korea's Fight for Freedom*, p. 176

22. 「日韓合邦秘史」 II, p. 679

23. 統監府, 「韓国併合顚末書」(1910), pp. 9-11

에필로그

1. 「全集」 III, pp. 210-211. 이토 전기의 집대성이라고 할 수 있는 「伊藤傳」(1940)을 위시해서 거의 모든 이토 관련 서적이 이를 정설로 쓰고 있다. 이 에피소드의 진원지는 당시 동행했던 귀족원 의원이었던 무로다 요시아야(室田義文)로 알려졌다. 그는 이토를 저격한 사람은 안중근이 아니라는 '제3자설'을 제시하기도 했다. 「室田義文翁譚」(尙陽明治紀念會, 1938). 이 책은 모리다(1847-1938)가 죽은 후에 출간되었다.

2. *The New York Times*, 1909. 10. 27. "Kokovesoff Gives Details: Assassin Suddenly Forced His Way in Front of Prince." 이 기사에서 코코프체프는 "the body of the murdered statesman was removed", 즉 "사체를 옮겼다"고 설명하고 있다. 「뉴욕 타임스」는 그후 이토의 사체를 일본으로 옮겨 장례를 치르기까지 과정을 자세히 전달하고 있다.

3. 末松謙澄, 「孝子伊藤公」, p. 370

4. 사건 직후부터 사체를 하얼빈에서 다롄으로 옮겨 일본을 향해 출발할 때까지 상황전개에 대하여 오고간 모든 전문의 내용, 「藤公餘影」, pp. 284-316 참조.

5. 보고서 전문, 「藤公餘影」, pp. 288-294

6. 이토 암살과 후속조치에 관한 모든 전문은 「統監府文書」, 7권, "安重根關聯一件書類" 참고.

7. 이토 암살에 관한 신문 보도, 「明治編年史」 XIV, pp. 162-169 참고.

8. 폴 벤느/이상길-김현경 옮김, 「역사를 어떻게 쓰는가」(새물결, 2004), pp. 32-35

9. 瀧井一博, 「伊藤博文: 知の政治家」, p. 343

10. Colin Gordon, ed., *Power/Knowledge: Selected Interviews & Other Writings, 1927-1977* by Michel Foucault(Pantheon Books, 1980), pp. 109-133

11. 「고종-순종실록」은 일제 식민통치 기간에 편찬되었다. 1930년 4월 실록편찬위원회 초대 위원장에 일본인 이왕직 차관 시노다 지사쿠(條田治策)와 감수 위원에 경성제국대학 교수 오다 쇼고(小田省吾)를 임명하였다. 그러다 1932년 7월 시노다가 이왕직 장관에 임명되자 부위원장제를 신설하여 당시 이왕직의 예식과장이었던 이항구(李恒九)를 차관으로 승격시켜 부위원장으로 임명하여 실록편찬을 주도하게 했다. 그러나 실질적으로 실록편찬은 오다의 주도하에 이루어졌다.

참고 문헌

「朝鮮王朝實錄」, 「皇城新聞」, 「大韓每日申報」, 「新韓民報」, 「統監府文書」, 「駐韓日本公使館記錄」, 「韓國施政年報」, 「韓國獨立運動史」, *Annual Report on the Progress and Reforms in Korea*, *The New York Times*, *The Korea Review*

한글

角田房子/金恩淑 옮김. 「閔妃暗殺」. 朝鮮日報社, 1988

강창석. 「조선통감부연구」 II. 국학자료원, 2004

곤도 시로스케 지음/이언숙 옮김. 「대한제국 황실비사」. 이마고, 2007

W. E. 그리피스 지음/신복룡 옮김. 「隱者의 나라 韓國」. 평민사, 1985

金乙漢. 「人間李垠」. 한국일보사, 1971

까를로 로제티 지음/서울학연구소 옮김. 「꼬레아 꼬레아니 : 백년전 이태리 외교관이 본 한국과 한국인」. 숲과나무, 1996

막스 폰 브란트 지음/김종수 옮김. 「격동의 동아시아를 걷다 : 독일 외교관의 눈에 비친 19세기 조선, 중국, 일본」. 살림, 2008

에드워드 W. 사이드 지음/박홍규 옮김. 「문화와 제국주의」. 문예출판사, 2004

송병기. "광무연간(光武年間)의 개혁(改革)." 「한국사」 19. 국사편찬위원회, 1976

宋榮櫶. 「伊藤博文研究」. 제이앤씨, 2005

신용하. "광무개혁론(光武改革論)의 문제점." 「창작과 비평」, 1978(여름호)

신헌 지음/김종학 옮김. 「심행일기」. 푸른역사, 2010

F. A. 맥켄지 지음/申福龍 옮김. 「大韓帝國의 悲劇」. 평민사, 1985

문영준. 「법원과 검찰의 탄생」. 역사비평, 2010

미요시 도오루 지음/이혁재 옮김. 「사전(史傳) 이토 히로부미」. 다락원, 2002

朴殷植 지음/李章熙 옮김. 「韓國痛史」 2권. 博英社, 1974

박은식 지음/최혜주 옮김. 「한국통사」. 지식을만드는지식, 2010

朴宗根 지음/朴英宰 옮김. 「淸日戰爭과 朝鮮」. 一潮閣, 1989

서영희. 「대한제국정치사연구」. 서울대학교 출판부, 2003

운노 후쿠쥬 지음/정재정 옮김. 「한국병합사연구」. 논형, 2008

柳永益. 「甲午更張研究」. 一潮閣, 1990

李基東. 「悲劇의 軍人들 ― 日本陸士出身의 歷史 ―」. 一潮閣, 1982

李方子. 「지나온 歲月」. 여원사, 1967

이성환, 이토 유키오 편저. 「한국과 이토 히로부미」. 선인, 2009

이종각. 「이토 히로부미」. 동아일보사, 2010

이태진, 사사가와 노리가츠 공편. 「한국병합과 현대」. 태학사, 2009

정일성. 「이토 히로부미 : 알려지지 않은 이야기들」. 지식산업사, 2002

킨 도널드 지음/김유동 옮김. 「메이지 천황」. 다락원, 2002

폴 벤느 지음/이상길, 김현경 옮김. 「역사를 어떻게 쓰는가」. 새물결, 2004

A. M. 풀리 지음/申福龍 옮김 「林董秘密回顧錄」. 건국대학교출판부, 1989

韓相一. 「日本帝國主義의 한 研究」. 까치, 1980

한상일. 「1990 일본의 한국병탄」. 기파랑, 2010

한상일 옮김, 해설. 「서울에 남겨둔 꿈」. 건국대학교출판부, 1993

한상일, 한정선. 「일본, 만화로 제국을 그리다」. 일조각, 2006

黃夏鉉, "目賀種太郎의 對韓經濟攻勢," 趙恒來 편, 「日本의 對韓侵略政策史研究」. 玄音社, 1996

황현 지음/허경진 옮김. 「매천야록」. 한양출판사, 1995

일본어

岡義武. 「山縣有朋：明治日本の象徵」. 岩波書店, 1958

_____. 「近代日本の政治家」. 文藝春秋, 1960

_____. "日淸戰爭と當時における對外意識", 「國家學會雜誌」. 68권 3,4호(1953); 5, 6호 (1955)

慶應義塾 편. 「福澤諭吉全集」. 岩波書店, 1959

古谷久綱. 「藤公餘影」. 民友社, 1910

谷壽夫. 「機密日露戰爭史」. 原書房, 1966

久米邦武 편저/水澤周 역주. 「現代語譯 米歐回覽實記, 1：アメリカ編」. 慶應義塾大學出版株式會社, 2008

菊池謙讓. 「朝鮮雜記」. 鷄鳴社, 1931

琴秉洞. 「金玉均と日本 ― その滯日の軌跡」. 綠蔭書房, 1991

_____. "「乙巳保護條約」についての史料." 「朝鮮研究」. 39호(1965. 5)

宮崎滔天. 「三十三年の夢」. 文藝春秋社, 1943

金子堅太郎. "諸國憲法制定の由來", 「明治憲政經濟史論」. 國家學會, 1919

多田好問 편. 「岩倉公實記」. 原書房, 1968

大山梓 편. 「山縣朋友意見書」. 原書房, 1966

大西鄕全集刊行會 편. 「大西鄕全集」. 大西鄕全集刊行會, 1923

大町桂月. 「伯爵後藤象二郎傳」. 富山房, 1914

德富猪一郎(蘇峰). 「時務一家言」. 民友社, 1913

_____. 「蘇峰自伝」. 中央公論社, 1935

_____. 「我が交遊錄」. 中央公論社, 1938

_____. 「公爵桂太郎伝」. 原書房, 1967

東亞同文會 편. 「續對支回顧錄」. 原書房, 1973

藤本尙則. 「巨人頭山滿」. 田口書店, 1922

瀧井一博. 「伊藤博文：知の政治家」. 中央公論社, 2010

馬場恒吾, 「木內重四郎」, 非賣品, 1937

末松謙澄. 「孝子伊藤公」. スツノ書店, 1997 復刻(1910)

明治功臣錄刊行會 편. 「明治功臣錄, 天之卷」. 新時代社, 1919

明治百年史叢書 302. 「魚潭少將回顧錄」. 高麗書林, 1987

毛利敏彦. 「明治六年の政變」. 中央公論社, 1979

牧野伸顯. 「回顧錄」. 中央公論, 1948

_____. "伊藤博文公", 「太陽」 18권 9호

尾崎行雄. 「近代快傑錄」. 千倉書房, 1934

方光錫, 「伊藤博文の国家体制構想」. 立教大学 博士論文, 2003

服部之總. 「明治の政治家たち」. 岩波書店, 1950

山辺健太郎. 「日韓併合小史」. 岩波書店, 1966

森山茂德. 「近代日韓關係史研究」. 東京大學出版會, 1987

杉原勝臣. 「伊藤博文公小傳」. 東京國文社, 1925

三宅雪嶺. 「同時代史」. 岩波書店, 1949

三浦梧櫻. 「觀樹將軍回顧錄」. 中央公論社, 1988

西尾達雄. 「日本植民地下朝鮮學校における體育政策」. 明石書店, 2003

石塚英藏. "一世の偉人伊藤公を憶ふ", 貴田忠衛 편. 「朝鮮統治の回顧と批判」. 朝鮮新聞
社, 1936

小森德治. 「明石元二郎」. 臺灣日日新報社, 1928

小松綠. 「朝鮮併合之裏面」. 中外新論社, 1920

_____. 「明治史實外交秘話」. 中外商業新報社, 1927

小川原宏幸. 「伊藤博文の韓國併合構想と朝鮮社會 — 王權の相剋」. 岩波書店, 2010

小川平吉文書研究會. 「小川平吉關係文書」. みすず書房, 1973

松田利彦. 「日本の朝鮮植民地支配と警察」. 校倉書房, 2009

松井茂. "目醒め行く朝鮮民衆へ", 貴田忠衛 편. 「朝鮮統治の回顧と批判」. 朝鮮新聞社,
1936

宿利重一. 「兒玉源太郎」. 國際日本協會, 1942

升味準之輔. 「日本政黨史論」. 東京大學出版會, 1965

信夫淳平. 「小村壽太郎」. 新造社, 1932

室田義文. 「室田義文翁譚」. 尚陽明治紀念會, 1938

安達謙藏. 「安達謙藏自序傳」. 新樹社, 1960

煙山專太郎. 「征韓論實相」. 早稻田大學出版部, 1907

外務省 편. 「日露交渉史」. 原書房, 1969

外務省 편. 「小村外交史」. 原書房, 1969

友邦協會 편. 「韓國における司法制度近代化の足跡：朝鮮司法界の往事を語る座談會記
錄」. 友邦協會, 1966

原圭一郎 편. 「原敬日記」. 福村出版社, 1965

遠山茂樹. 「明治維新」. 岩波書店, 1951

_____. "征韓論·自由民權論·封建論" I, II. 「歷史學研究」, 143, 145호(1950/1, 5)

陸奧宗光/中塚明 편. 「蹇蹇錄」. 岩波書店, 1983

楢崎觀一. 「韓國丁未政變史」. 日韓書房, 1907

_____. 「新聞記者五十年」. 每日新聞社, 1955

伊藤之雄. 「伊藤博文：近代日本を創った男」. 講談社, 2009

伊藤仁太郎. 「伊藤痴遊全集 7卷：伊藤博文·井上馨」. 平凡社, 1929

李英美. 「韓國司法制度と梅謙次郎」. 法政大學出版局, 2005

林權助. 「わが七十年を語る」. 第一書房, 1930

林董/由井正臣 校主. 「後は昔の記 他 — 林董回顧錄」. 平凡社, 1970

日本史籍協會 편, 「木戸孝允文書」. 東京大學出版會, 1971

_____. 「大久保利通文書」. 東京大學出版會, 1983

田保橋潔. 「近代日鮮關係の研究」. 中樞院, 1940

田中彰校主. 「日本近代思想大系 1, 開國」. 岩波書店, 1991

井上晴樹. 「旅順虐殺事件」. 築摩書店, 1995

井上雅二. 「韓國經營資料·埃及に於ける英國」. 清水書店, 1906

_____. "國際上より觀たる朝鮮統治", 貴田忠衛. 「朝鮮統治の回顧と批判」. 朝鮮新聞社, 1936

鳥谷部春汀. 「明治人物評論」. 博文館, 1898

朝鮮總督府 편. 「朝鮮の保護及び併合」. (金正柱 편, 「朝鮮統治史料, 3」. 韓國史料研究所, 1970)

津田茂麿. 「明治聖上と臣高行」. 自笑會, 1928

中原邦平. 「伊藤公實錄」. 啓文社, 1909

池辺三山/瀧田樗陰 편. 「明治維新三大政治家: 大久保, 岩倉, 伊藤論」. 中央公論社, 1975

指原安三 편. 「明治政史: 正史編」. 日本評論社, 1927

芝原拓自 외 편주. 「對外觀」. 岩波書店, 1988

板倉卓造. 「政治家史論」. 慶應通信, 1954

平井晩村 편. 「岡本柳之助: 風雲回顧錄」. 中央公論社, 1990(초판, 1912)

平塚篤. 「伊藤博文秘錄」. 春秋社, 1929-30

海野福壽. 「韓國併合」. 岩波書店, 1995

玄洋社社史編纂會 편. 「玄洋社社史」. 玄洋社社史編纂會, 1917

橫山達三. 「大將乃木」. 先進堂書店, 1928

黑龍會 편. 「日韓合邦秘史」. 黑龍會出版部, 1930

_____. 「東亞先覺志士記傳」. 原書房, 1966

영문

Akita, George. *Foundations of Constitutional Government in Modern Japan, 1868-1900*. Harvard University Press, 1967

Arendt, Hannah. *The Origins of Totalitarianism*. Meridian Books, 1958

Baker Raymond William. *Egypt's Uncertain Revolution under Nasser and Sadat*. Harvard University Press, 1978

Beasley, W.G. *The Meiji Restoration*. Stanford University Press, 1972

Brown, Sydney D. "Kindo Takayoshi(1833-1877): Meiji Japan's Cautious Revolutionary," *Pacific Historical Review*, vol. 24(May, 1956)

_____. "Okubo Toshimichi: His Political and Economic Policy in Early Meiji Japan," *Journal of Asian Studies*, vol. 21(Feb. 1962)

Conroy, Hilary. *The Japanese Seizure of Korea: 1868-1910*. University of Pennsylvania Press, 1960

Craig, Albert. *Choshu in the Meiji Restoration*. Harvard University Press, 1967

Craig, Albert and Donald H. Shively, eds. *Personality in Japanese History*. University of California Pres, 1970

Dahl, Robert A. *Modern Political Analysis*. Prentice-Hall, 1963

Dudden, Alexis. *Japan's Colonization of Korea : Discourse and Power*. University of Hawaii Press, 2005

Duus, Peter. *The Abacus And The Sword*. University of California Press, 1995

Gordon, Colin ed. *Power/Knowledge : Selected Interviews & Other Writings, 1927-1977 by Michel Foucault*. Pantheon Books, 1980

Grajdanzev, Andrew J. *Modern Korea*. Institute of Pacific Relations, 1944

Hamada, Kengi. *Prince Ito*. Sansdeido Co., Ltd, 1936

Harootunian, H. D. *Toward Restoration : The Growth of Political Consciousness in Tokugawa Japan*. University of California Press, 1970

Harrington, Fred H. *God Mammon and the Japanese : Dr. Horace N. Allen and Korean-American Relation, 1884-1905*. The University of Wisconsin Press, 1944

Hobson, J.A. *Imperialism, A Study*. University of Michigan Press, 1965

Ike, Nobutaka. *The Beginnings of Political Democracy in Japan*. John Hopkins Press, 1950

_____. "Triumph of the Peace Party in Japan in 1873", *Far Eastern Quarterly*, II, 3(May, 1943)

Iwata Masakazu. *Okubo Toshimichi : The Bismark of Japan*. University of California Press, 1964

"The Japanese Imbroglio," *Blackwood's Edinburgh Magazine*, Sept. 1895

Kennan, George. "Korea : A Degenerate State"(1905. 10. 7); "The Sword of Peace in Japan"(1905. 10. 14); "The Korean People : The Product of A Decayed Civilization"(1905. 10. 21); "The Japanese in Korea"(1905. 11. 11) : "What Japan Has Done in Korea"(1905. 11. 18). *The Outlook*에 연재

Kim, Key-Hiuk. *The Last Phase of the Asian World Order : Korea, Japan, and the Chinese Empire, 1860-1882*. University of California Press, 1980

Ladd, George T. *In Korea with Marquis Ito*. Scribner's, 1908

_____. "The Annexation of Korea : An Essay in Benevolent Assimilation", *Yale Review* (1911-1912)

Langer, William. *The Diplomacy of Imperialism*. Alfred.A.Knopf, 1968

Lasswell, Harold D. *Psychopathology and politics*. The University of Chicago Press, 1930

_____. *Power and Personality*. Norton, 1948

Lebra, Joyce C. "Okuma Shigenobu and 1881 Political Crisis," *Journal of Asian Studies*, Vol 18(Aug. 1959)

Lensen, George A. ed. *Korea and Manchuria Between Russia and Japan 1895-1905 : The Observations of Sir Earnest Satow British Minister Plenipotentiary to Japan(1895-1900) and China(1900-1906)*. The Diplomatic Press, 1966

Lone, Stewart. *Japan's First Modern War : Army and Society in the Conflict with China, 1894-95*. MacMillan Press, 1994

Longford, Joseph H. *The Evolution of New Japan*. Cambridge University Press, 1913

McKenzie, F.A. *The Tragedy of Korea.* Hodder and Stoughton, 1908

_____. *Korea's Fight for Freedom.* Revell, 1920

McLanren, Walter Wallace. *A Political History of Japan During the Meiji Era, 1867-1912.* Frank Cass & Co. Ltd, 1965

Myers. Ramon H. and Mark R. Peattie ed. *The Japanese Colonial Empire, 1895-1945.* Princeton University Press, 1984

Memmi, Albert. *The colonizer and the colonized.* The Orions Press, 1965

Milner, Alfred. *England in Egypt.* Edward Arnold, 1892

Okamoto, Shumpei. *The Japanese Oligarchy and the Russo-Japanese War.* Columbia University Press, 1970

Owen, Roger. *Lord Cromer : Victorian Imperialist, Edwardian Proconsul.* Oxford University Press, 2004

Pittau, Joseph S.J. *Poltical Thought in Early Meiji Japan, 1868-1889.* Harvard University Press, 1967

al-Sayyid Marsot, Afaf Lutfi. *A Short History of Modern Egypt.* Cambridge University Press, 1985

_____. *Egypt and Cromer.* Praeger, 1969

Siemes, Johannes. *Herman Roesler and the making of the Meiji States.* Sophia University, 1968

Soviak, Eugene. "On the Nature of Western Progress : The Journal of the Iwakura Embassy," Donald H. Shively, ed. *Tradition and Modernization in Japanese Culture.* Princeton University Press, 1971

Stevens, Durham. "China and Japan in Korea", *The North American Review*(Sept. 1894)

Takeuchi Tatsuji. *War and Diplomacy in the Japanese Empire.* Doubleday, Doran & Company, Inc, 1935

Tignor, Robert L. *Modernization and British Colonial Rule in Egypt, 1882-1914.* Princeton University Press, 1966

Traill, Henry Duff. *Lord Cromer : A Biography.* Bliss, Sands, And Co. 1897

Uchida, Jun. *Brokers of Empire : Japanese Settler Colonialism in Korea, 1876-1945.* Harvard University Press, 2011

Uchimura, Kanzo. *The Complete Works of Kanzo Uchimura : Essays and Editorials 1, 1886-June 1897.* Kyobunkwan, 1972

White, John A. *The Diplomacy of the Russo-Japanese War.* Princeton Univeersity Press, 1964

Ye We Chong, "A Plea for Korea", *The Independence,* vol. 63, p.1(Aug. 22, 1907)

이토 히로부미 연보

연도	경력	비고
1841	山口縣 熊毛郡 束荷村에서 농부의 외아들로 태어남(9월)	아편전쟁. 영국의 홍콩 점령 (1월)
1846	부친 쥬조가 하기로 출향함(12월)	
1849	모친과 함께 하기로 이사함(3월)	철종 즉위(6월)
1854	부친이 이토 나우에몬의 양자가 되어 이토(伊藤) 성을 얻어 무사계층으로 신분이 상승함(1월)	미일화친조약(神奈川條約 3월). 요시다 쇼인, 밀항을 시도했으나 실패하고 구속(3월)
1856	미우라 반도의 미야다에서 경비병으로 근무. 구루하라 료조의 지도를 받음(9월)	Arrow 호 사건(10월)
1857	松下村塾에서 요시다 쇼인의 가르침을 받음(9월)	제2차 아편전쟁
1858	조정의 동정을 살피기 위해서 교토 잠행(7월) 구루하라 료조를 수행하여 나가사키에 출장(11월)	美日修好通商條約 및 貿易章程 조인(6월)
1859	기도 다카요시를 수행하여 에도에 감(9월)	요시다 쇼인 처형(10월)
1862	다카스기 신사쿠와 함께 영국공사관 방화(12월), 우노 야로와 하나와 지로 살해(12월)	진주 민란(2월)
1863	松下村塾에서 동문수학한 동지의 동생 스미코와 결혼함 (3월), 준무사(準士雇)로 승격(3월) 영국 유학(5월)	철종 사망. 고종 즉위(12월). 대원군 섭정
1864	유학을 중단하고 귀국(6월) 다카스기 신사쿠의 통역으로 영국과의 강화회담에 참여(8월), 다카스기 신사쿠의 奇兵隊에 참여(12월)	동학주교 최제우 처형(3월). 太平天國의 난 종식(7월)
1866	스미코와 이혼(3월), 우메코(梅子)와 재혼(4월) 장녀 출산(12월)	제너럴 셔먼 호 사건(9월). 병인양요(10월)
1868	외국사무담당관(神戶)으로 메이지 신정부에 참여(1월) 효고 현 지사(5월) 둘째 딸 출산(8월)	메이지 유신으로 왕정복고 (1월). 에도를 도쿄로 바꿈 (10월)
1869	대장성 少輔로 중앙 정부에 진출(7월) 큰딸 요절(7월) 민부 少輔 겸임(8월)	수에즈 운하 개통(11월). 경복궁이 완공되어 고종의 정궁이 됨(7월)
1870	재정제도 조사연구차 미국 출장(11월)	
1871	귀국 후 조세두 겸 조폐두(5월)에, 그리고 공부 大輔에 취임(9월) 이와쿠라 사절단의 부사로 미국과 유럽 순방(11월)	신미양요(1월). 독일 통일과 비스마르크 시대의 시작(1월)
1872	대사 일행과 미국 대통령 회견(1월) 조약개정을 위한 전권위임장 확보를 위해서 오쿠보 도시미치 일시 귀국, 재출국(5월)	

1873	이와쿠라 사절단 귀국(9월) 정한논쟁(10월), 반정한파의 승리와 參議 겸 工部卿으로 승진(10월)	대원군 실각과 고종의 친정 선포(11월). 내무성 설치와 오쿠보 실권 장악(11월)
1874	법제국 장관. 지방관 회의 의장(7월)	
1875	기도, 오쿠보, 이노우에, 이타가키 다이스케를 결집시킨 '오사카 회의' 주선(2월)	운요호 사건(9월)
1876	셋째 딸 출산(2월)	
1877	西南戰爭 진압 공로로 勳一等旭日大綬章을 받음(11월)	西南戰爭(2월). 기도 다카요시 사망(5월). 사이고 다카모리 할복자살(9월)
1878	오쿠보의 뒤를 이어 내무경에 취임(5월) 이노우에 가오루의 형의 아들 히로구니(博邦)를 양자로 삼음(6월)	오쿠보 도시미치 암살(5월)
1880	입헌체제에 관한 의견서 제출(12월)	
1881	오쿠마의 정체에 관한 의견 반대(7월) '1881년의 정변' 주도. 오쿠마 정부에서 추방(10월)	신사유람단 일본 방문(4월)
1882	헌법 조사연구를 위해서 독일 출장(3월). 1883년 8월 귀국	임오군란(7월). 제물포조약 체결(8월)
1884	백작 작위를 받음(7월)	갑신정변(12월).
1885	갑신정변 처리를 위한 청국과의 톈진 조약 체결(3월). 내각제 창설. 초대 내각총리 대신(12월). 한 정부(情婦)와의 사이에서 첫째 아들 후미요시 출산(12월)	한성조약 체결(1월)
1887	가나가와 현 나쓰시마 별장에서 헌법초안을 기초함(6월)	
1888	헌법 시행을 완수하기 위하여 총리직을 사임하고 초대 추밀원 의장에 취임(4월) 처음으로 한국을 거쳐 블라디보스토크 시찰(8-9월)	대일 쌀 수출 금지령(방곡령, 9월)
1889	헌법 공포, 헌법 제정 공로로 旭日桐花大綬章을 받음(2월)	헌법, 중의원선거법, 귀족원령 공포
1890	다른 정부와의 사이에서 둘째 아들 신이치 출산(7월) 초대 귀족원 의장(10월)	제1회 총선거
1891	제2차 추밀원 의장(6월)	
1892	제2차 이토 내각 조각(8월-1896년 8월)	제2회 총선거
1893	법전조사회 총재(4월)	
1894	청일전쟁 지휘	동학봉기(2월). 김옥균, 상하이에서 홍종우에게 암살됨(3월). 청나라 군사 아산 도착 그리고 일본군 인천 상륙(6월). 청일전쟁(8월)

1895	시모노세키 조약 주도, 조인(4월) 청일전쟁과 시모노세키 조약 공로로 大勳位菊花大綬章을 받음. 후작 작위를 받음(12월)	전봉준 처형(4월). 민비 시해(10월). 단발령(11월)
1896	두 번째 한국 방문	아관파천(2월). 서재필, 「독립신문」 발간(4월)
1897	영국 빅토리아 여왕 즉위 60년 축전 사절단으로 영국 방문(5월)	고종, 덕수궁으로 환궁(2월). 경인철도 기공(3월). 대한제국 성립(10월)
1898	제3차 이토 내각 조각(1-6월) 청나라 방문(7월). 세 번째 한국 방문	대원군 사망(2월)
1899	제실(帝室) 제도조사국 총재(8월)	경인선 개통(9월)
1900	입헌정우회 창당(9월) 제4차 이토 내각 조각(10월-1901년 5월)	의화단 난
1901	구미 순방길에 오름(9월) 미국 예일대학교 개교 200주년 기념식에서 명예박사학위를 받음(10월)	한국·벨기에 수호통상조약, 한불 우편협정
1902	한국 문제로 러시아 및 영국과 회담(1월)	제1차 영일동맹(1월). 경의선 착공
1903	입헌정우회 총재 사직, 추밀원 의장(7월)	용암포 조차에 관한 한러협정 체결
1904	원로들과 가쓰라 수상 관저에서 대(對)러시아 전쟁 결의(2월), 한일의정서 체결(2월) 한국 황실 위문 특파대사로서 고종 알현(3월) 한일협정서 체결(8월)	일진회 결성
1905	을사5조약 체결(10월) 한국 통감 취임(12월)	경부선 철도 개통(1월 1일). 민영환·조병세 등이 을사보호조약에 항거하여 자결
1906	통감부 업무 시작(3월)	경의선 개통(4월)
1907	정미7조약 체결(7월) 공작 작위를 받음(9월)	고종, 헤이그 세계평화회의에 특사 파견(6월). 고종 양위(7월). 한국군 해산(7월). 영친왕 도쿄 유학(12월)
1909	통감 사임, 추밀원 의장 취임(6월) 업무인계를 위한 마지막 한국 방문시 한국의 사법권 박탈(7월) 만주 여행(10월), 하얼빈 역에서 안중근에게 피살됨(10월) 히비야(日比谷) 공원에서 국장 거행(11월)	소네 아라스케 제2대 한국 통감에 취임(6월). 일본 내각, 한국합병 결정(7월)

색인